빛의 시대, 중세

폭력과 아름다움,
문명과 종교가 교차하던 중세 이야기

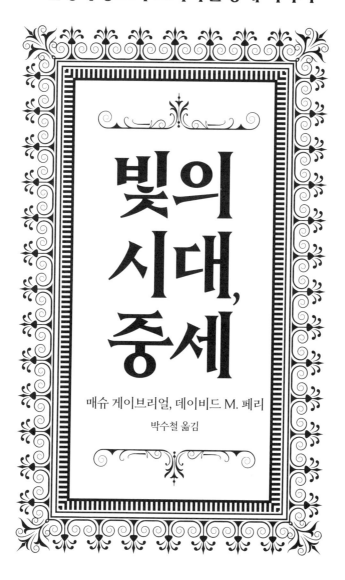

빛의
시대,
중세

매슈 게이브리얼, 데이비드 M. 페리

박수철 옮김

까치

THE BRIGHT AGES : A New History of Medieval Europe

by Matthew Gabriele, David M. Perry

역자 박수철(朴秀哲)
고려대학교 서양사학과를 졸업했으며, 현재 번역 에이전시 엔터스코리
아에서 출판기획 및 전문 번역가로 활동하고 있다. 옮긴 책으로는 『합스
부르크, 세계를 지배하다』, 『메트로폴리스』, 『다시 보는 5만 년의 역사』,
『비엔나 1900년』, 『역사를 바꾼 위대한 장군들』, 『사진으로 기록된 20세
기 전쟁사』, 『철학 교수님이 알려주는 공부법』, 『죽음을 다시 쓴다』, 『5분
철학』, 『어떻게 설득해야 마음을 움직이는가』 등 다수가 있다.

편집, 교정_옥신애(玉信愛)

빛의 시대, 중세
폭력과 아름다움, 문명과 종교가 교차하던 중세 이야기

저자/매슈 게이브리얼, 데이비드 M. 페리
역자/박수철
발행처/까치글방
발행인/박후영
주소/서울시 용산구 서빙고로 67, 파크타워 103동 1003호
전화/02 · 735 · 8998, 736 · 7768
팩시밀리/02 · 723 · 4591
홈페이지/www.kachibooks.co.kr
전자우편/kachibooks@gmail.com
등록번호/1-528
등록일/1977. 8. 5
초판 1쇄 발행일/2023. 7. 20

값/뒤표지에 쓰여 있음

ISBN 978-89-7291-802-8 93920

레이철, 율리, 섀넌, 니코, 엘리에게.

그리고 지금도 우리를 괴롭히는 중세학의 유령들을
쫓아내고자 씨름하며, 그 과거에 대한 연구를 더 공정하고
개방적이고 우호적인 분야로 만들고자 노력하는
모든 동료들에게 이 책을 바칩니다.

차례

이 책에 등장하는 주요 지역들

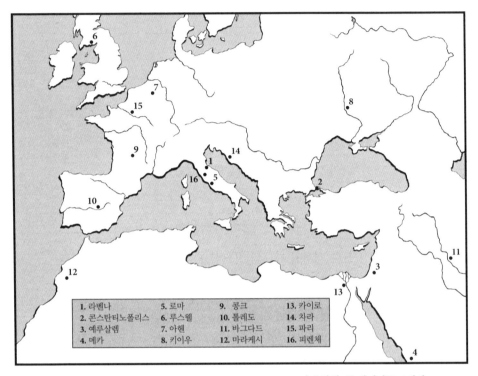

1. 라벤나	**5.** 로마	**9.** 콩크	**13.** 카이로
2. 콘스탄티노폴리스	**6.** 루스웰	**10.** 톨레도	**14.** 차라
3. 예루살렘	**7.** 아헨	**11.** 바그다드	**15.** 파리
4. 메카	**8.** 키이우	**12.** 마라케시	**16.** 피렌체

지도 작성 : 존 와이어트 그린리

머리말

빛의 시대

우리의 이야기는 기원후 430년경의 화창한 어느 날, 장인들이 이탈리아 동해안에 있는 조그만 예배당의 천장을 파랗게 바꾸는 장면에서부터 시작한다. 아마도 그들은 로마 황제의 여동생이자 서고트족의 여왕이며 훗날 서로마 제국의 섭정이 된 여인인 갈라 플라키디아의 명령에 따라 라벤나에서 일했을 것이다. 독실한 기독교인인 그녀는 예루살렘과 로마, 그리고 바로 이곳 라벤나에 교회를 짓거나 복원했다. 그녀는 그 작은 예배당을 일종의 성골함으로 꾸미도록 의뢰하고 지시했을 것이다. 아마 그곳을 자신의 무덤이나 어린 나이에 죽은 아들의 시신을 안치할 장소로 삼으려고 했을 것이다. 그러나 이것은 어디까지나 가설일 뿐 진실은 알 수 없다. 지금 남아 있는 것은 천장을 짙푸른 하늘처럼 표현하기 위해서 장인들이 유리 테세라(tescera)—청금석의 푸른색이 가득 스며든 사다리꼴 모양의 작은 유리 조각들—를 모르타르 위에 눌러 붙인 건축물이다. 그들은 금빛 유리 조각들을 가져와서, 그 건물의 천장을 별들로 가득 채웠다. 푸른색 벽에는 흰색, 노란색, 오렌지색 테세라를 덧붙여 에덴 동산의 꽃들을 옮겨온 듯한 효과를 냈다. 당시에 사용된 모자이크 제작 기술은 이미 오래된 것이었지만, 이 푸른 하늘과 금빛 별들의 세계에 묘사된 인물들은 무척 독특한 시간과 장소의 조합으로부터 탄생했다. 그 조합은 훗날 권력의 균형, 문화적 기준, 그리고 인간 존재의 가장 깊은 의미를 둘러싼 관념을 바꾸어놓을, 복잡하면서도 급격하지는 않은 전이 과정의 일환이었다.

아주 조금씩 다른 각도로 붙어 있는 그 모자이크 조각들은 오늘날에도 햇빛이나 촛불의 빛을 다른 조각들이나 관람자의 눈으로 반사한다. 거의 1,600년이 흘렀는데도 그 공간은 여전히 별들처럼 아른아른 빛나고 있다.

건물 내부로 들어가면 한 벽면에 예수가 양 떼 사이에 앉아 있는 선한 목자의 모습으로 등장한다. 선한 목자를 묘사한 더 과거의 작품들에서는 어깨 위에 어린 양을 들쳐맨 모습으로 그리스도의 꾸밈없는 인성(人性)을 강조했다면, 그 벽에서는 양들이 서로 떨어진 채 예수를 바라보고 있고 그중 한 마리는 코로 예수의 손을 비비고 있다. 그 벽화를 그린 한 명 혹은 다수의 예술가들은 고대 후기의 더 인간적인 예술 작품과는 다른 종류의 진리를 모색하면서, 길고 헐렁하며 찬란하게 빛나는 금빛 옷을 통해서 예수의 신성(神性)을 강조하고자 했을 것이다. 그 건물의 또다른 벽화에는 뜨거운 무쇠 석쇠 앞에 있는 성인이 묘사되어 있다. 아마 오늘날 요리사의 수호성인으로 통하고, 순교를 둘러싼 이야기로도 유명한 성 라우렌티우스일 것이다. 그는 뜨거운 석쇠 위에서 고문을 받다가 타 죽었지만, 죽기 전에 자기 몸의 한 쪽이 잘 구워졌으니 다른 쪽도 구워지도록 뒤집으라며 로마의 백부장 (centrion)에게 말할 정도로 평정심을 유지한 인물이었다. 혹은 라우렌티우스가 아니라면 갈라 플라키디아가 서고트족의 여왕으로 군림하던 이베리아 반도 지역의 유명한 성인인 성 빈센티우스일지도 모른다. 이교도들은 그의 책을 태워버린 후에 불로 그를 고문했다. 어쨌든 이 교회의 벽을 포함해서 5세기의 지중해 전역에서 전해지던 이야기들은 시간, 문화, 장소의 줄기들을 한데 엮어서 통합한다. 다시 말해서 의미심장한 변화를 드러내는 동시에 연속성을 보여준다.

시작과 끝은 제멋대로이다. 시작과 끝은 화자가 들려주고 싶은 이야기의 틀이다. 그동안 중세 세계는 그림자에 가려진 채 어렴풋하게만 이해되었고, 고정적이고 변하지 않는 대상으로, 결국에는 우리가 바라는 현대 세계의 대립항으로 여겨졌다. 이 책에서 우리가 들려주려는 이야기는 중세가 "암흑시대(Dark Ages)"였다는 수 세기에 걸친 신화에서 벗어나 있다. 그러므로 325년에 열린 니케아 공의회, 410년에 일어난 로마 약탈, 476년에 벌어진 서쪽의 "마지막" 로마 황제 로물루스 아우구스툴루스 폐위 사건 같은, 고대와 중세 사이의 전통적인 전환점들은 일단 잊자. 만약 중세가 존재했고 그 시작과 끝이 있었다고 결론을 내린다면, 굳이 쇠락이나 암흑, 사멸을 출발점으로 삼을 필요가 없다. 이 빛나고 거룩하고 고요한 공간에서 시작할 수도 있는 것이다. 물론 그렇다고 과거의 폭력이 지워지고 그 빈 자리를 순진한 향수가 차지하는 것은 아니다. 대신에 우리가 밟았던 길이 미리 정해진 것은 아니라는 점이다. 시각을 바꾸면, 다른 이야기들에서는 소외되던 사람들에게 집중할 수 있다. 다른 어딘가에서 시작하면 가능한 또다른 세계들을 엿볼 수 있다.

그리고 그로부터 약 1,000년 후인 1321년에 라벤나의 이 예배당의 바로 이 공간에서 중세가 끝났다고 말할 수 있다. 바로 이곳에서 우리는 중세의 시인 단테 알리기에리와 함께 걸으며 연속성을 확인하고 변화를 표시할 수 있다. 라벤나의 교회들에서 서성이던 단테는 우주 전체를 포괄하는 원대한 상상력의 작품을 쓰면서, 앞에서 언급한 모자이크로부터 영감을 얻었다. 단테는 피렌체 출신의 망명객이었고, 라벤나 군주의 궁정에서 눈을 감았다. 베네치아를 여행하던 단테는 그곳에서 12세기 초에 지어진 산업시설 아르세날레(Arsenale)를 목격했고, 훗날 아르세날레를 『신곡(La Divina Commedia)』의 「지옥」에 담았다. 지옥에서는 교황과 피렌체인들도 영원한 고통에 시달린다. 단테는 교황의 파벌정치와 피렌체의 중세 민주정치에 분노하고 저주를 퍼부었다. 그러나 라벤나에서는 갈라 플라키디아의 영묘에 감도는 평온함과 산 비탈레 성당에 있는 황제 유스티니아누스 1세와 황후 테오도라의 모자이크가 풍기는 장엄함에 감동한 듯싶다. 어쩌면 그는 바로 라벤나에서 1,000여 년 전에 세워진 교회 천장에 묘사된 아른아른 빛나는 하늘을 쳐다보며 『신곡』의 마지막 편인 「천국」을 마무리할 영감을 얻었을 것이다.

1,000년간 이탈리아를 관통한 예술과 문화, 종교의 세계에서 영감을 얻었으며 동시대의 정치적, 문화적 순간을 토대로 삼은 단테의 작

품은 중세의, 아니 어느 시대라도 손에 꼽을 수 있는 위대한 예술 작품이다. 『신곡』은 아름다움과 빛을 포착하는 동안에도 죽음과 어둠에 빠져 있다. 단테가 지옥과 연옥을 거쳐 마침내 천국으로 올라가는 승천의 과정은 그가 하느님을 순전한 광명으로 나타내는 것으로 마무리된다. 어쩌면 독실한 관람객이 갈라 플라키디아의 영묘에 있는 모자이크의 별들과 하늘을 응시할 때에 환하게 빛나는 천상을 떠올리는 것과 비슷할지도 모른다. 이처럼 빛의 시대는 빛의 은혜를 입고 싶다는 희망에서 시작하고 끝난다.

물론, 중세적 아름다움이 모두 신성하지는 않다. 적어도 신성하지만은 않다. 갈라 플라키디아의 영묘 옆에 있는, 비잔티움 제국 황제들의 초상화도 중세 작품에 속하는데, 중세 이탈리아 도시에서 온 수많은 사람들이나 아드리아 해를 건너온 여행자들이 제국의 수도에 들러 이 초상화를 구경했기 때문만이 아니라, 이 작품에 담긴 다양한 의미 때문이기도 하다. 황제의 모자이크는 늘 유동적이고 침투하기가 용이하던 중세의, 그리고 지중해 세계의 상징이다. 또한 모자이크 곳곳에서는 문화의 혼합과 이동성의 흔적을 볼 수 있다.

그래서 우리는 바라본다. 우리는 뱃사람들의 방언에 섞여 있는 언어에, 그리고 유럽, 아시아, 북아프리카 전역에서 공통으로 존재하던 다중언어 현상에 귀를 기울인다. 우리는 유대인들이 라틴어를 쓰고, 기독교인들이 그리스어를 쓰고, 모두가 아라비아어를 썼던 시장과 만난다. 코코넛과 생강, 앵무새가 베네치아 선박들에 실려 마침내 중세 잉글랜드의 항구에 도착할 모습을 본다. 우리는 음탕한 사제와 난잡한 여자, 쉽게 속아 넘어가는 남편들에 관한 음담패설을 떠드는 프랑스 남동부 해안의 농민들과 예전부터 브리튼 섬에 살던 북아프리카인들의 얼굴에서도 나타나는 갈색 피부에 주목한다.

그러나 시작이 있다면 끝도 있는 법이다. 그렇지 않다면 메디움 아이붐(medium aevum), "중간시대", "중세"는 없어진다. 우선, 14세기의 단테를 중세의 끝으로 삼아볼 수 있다. 그에 뒤이은 이탈리아의 인문주의자들은 중세를 명백하게 부정했고 자신들은 새로운 시대, 재생기, 이른바 르네상스에 와 있다고 자부했다. 아니면 같은 14세기이지만 단테보다는 좀더 이후, 역병이 아시아, 유럽, 북아프리카, 중동을 휩쓸었을 때를 중세의 끝으로 삼을 수도 있다. 또는 오스만튀르크인들이 지중해 동부 전역을 평정하고 인도양에서부터 (때때로) 오스트리아 빈의 성벽까지 펼쳐진 새로운 제국을 세운—베네치아인과 프랑스인 둘 다 기독교를 믿었지만, 이 제국은 베네치아인과는 싸우고 프랑스인과는 동맹을 맺었다—15세기를 중세의 끝으로 볼 수도 있다. 혹자들은 프랑스 혁명이 일어나고 군주제가 폐지된 18세기 말에 이르러서야 중세가 끝났다고 주장해왔다.

그러나 이 모든 순간들 중에 중세의 끝이라는 자격을 완비한 것은 하나도 없다. 좀더 면밀하게 살펴보면 단테를 비롯한 그 이탈리아인들이 얼마나 과거의 산물이었는지, 그들이 얼마나 "중세적인" 사람들이었는지가 드러날 것이다. 역병은 여러 세기 동안 확립된 아시아와 유럽의 관계 때문에 들이닥쳤다. 오스만튀르크인들은 여러 세대에 걸쳐 일어난 대초원 지대와 도시 간의 상호작용을 통해서 출현했다. 그들은 페르시아와 이베리아 반도 사이에서, 경전과 아리스토텔레스에 대한 서로 어긋난 해석들을 전달하는 지적 문화에 심취한 민족이자 여러 지역에 사치품과 세균을 골고루 퍼트리는 민족이었다. 프랑스 혁명은 중세인들이 민주적 대의제를 실험했기 때문에(대체로 소규모의 실험이었다), 그리고 반권위주의적 반란의 기나긴 역사를 지나왔기 때문에 일어날 수 있었다. 그 민족들, 역병, 예술, 통치 체제, 전쟁 등은 모두 중세 세계에 속한 것이다.

그러나 충분히 이해가 되는 최종 시점이 없고 모든 순간이 앞에서 일어났던 순간들과 비슷하다면, 우리는 중세라는 시기가 있었다고 볼 이유가 없을 것이다. 사실, 역사에는 출발점이나 종착점이 없다. 분명한 사실은 당대의 추악한 정치적 혼돈과 전쟁에 낙담한 14–15세기의 이탈리아인들이 고대 그리스 로마 세계에 닿는 향수 어린 연결고리를 마련하기로 결심했다는 점이다. 그들은 1,000년에 이르는 지난 역사와의 연관성을 끊기 위해서 로마와 그리스라는 먼 과거를 활용했다. 이후 18세기와 19세기 내내 유럽의 제국주의 열강들과 지식인들(중세학 분야의 선구자이거나 연구자인 경우가 많았다!)은 백인성(白人性)이라는 관념—중세에 뿌리를 두고 있지만 근대적인 관념—이 유럽의 세계 지배를 정당화하는 이유를 설명하기 위해서 그들의 새로운 세계 질서를 위한 역사를 찾아나섰다. 그들은 중세와 그리스 로마의 연관성, 그리고 중세 정치체들의 독립성과 독특한 전통에 주목하면서 중세의 원형(原型) 국가들이 유럽 열강의 근대적 기원에 해당하는 유용한 과거라는 점을 발견했다. 그 근대 사상가들은 근대 세계를 한데 묶기 위한 끈으로서 유럽이라는 허구와 "서양 문명"이라는 꾸며낸 개념을 사용했다. 그들은 외부로 눈을 돌려 야만성을 포착했다. 그들은 중세 유럽과 고대 유럽 모두를 들여다보았고, 자신과 비슷한 하얀 얼굴들이 자신을 되돌아본다고 생각했다. 그 모든 것은 착각이었다.

오늘날 중세는 일종의 역설이다. 예를 들면 이슬람교도들의 테러 행위, 코로나 바이러스에 대한 서투른 대응, 까다로운 행정 절차를 거치는 운전면허 취득 과정과 같은 현재의 문제를 과거로 되돌리고 싶을 때, 사람들은 그 문제를 "중세적"이라고 표현한다. 그런데 백인성의 기원을 둘러싼 이야기를 들려주고 싶을 때 백인 우월주의자들 역시 중세로 시선을 돌린다. 화려한 금빛 인공물, 커다란 성과 대성당을 활용하기 위해서, 그리고 인종적 순수성을 지향하는 가부장적 군국주의라는 단순화—본인들의 편협한 행위를 합리화하는 수단—를 시도하기 위해서이다. 중세는 좋으면서 나쁘고, 투명하면서 불투명한 시기이다. 오늘날의 대중문화에서도 무난히 살아남은 "암흑시대"라는 신화 덕택에 중세는 대중이 상상하는 온갖 모습을 띨 수 있게 되었다. 그 암흑 속을 들여다보지 못한다면, 보이는 작은 것들에만 주목하고 과도한 중요성을 부여하면서 상상력이 제멋대로 날개를 펼칠 수 있다. 그런 태도는 얼핏 순결하고 유용해 보이는 신화들, 특히 위험한 의도를 가진 사람들에게 유용한 신화들이 생길 여지를 줄 수 있다.

우리가 들려줄 이야기는 한층 더 복잡하다.

빛의 시대는 대성당의 높은 천장을 수놓은 스테인드글라스의 빛과 아름다움, 그것을 만든 사람들의 피와 땀, 기독교의 금빛 유산, 신앙심 깊은 사람들의 자선과 헌신뿐 아니라, 신성함의 개념을 둘러싸고 벌어진 전쟁, 옹졸함과 두려움 탓에 불태워진 이단자들의 살갗도 포함한다. 빛의 시대는 단테 이전에 1,000여 년간 서로 뒤섞인 유럽의 여러 문화들이 스며들 수 있는 환경이었음을 드러낸다. 빛의 시대는 유럽에서 바깥을 바라보았지만, 유럽에만 갇혀 있지는 않았다. 중세인들이 그러했듯이, 빛의 시대는 훨씬 더 크고 둥근 지구를 알고 있었다.

종교적 전통도 다양했고, 언어도 다양했다. 하나의 종교적 전통에도 온갖 형태들이 존재했다. 예컨대 기독교에는 여러 교파가 있었고 하나의 보편교회가 있었다. 그런데 유럽과 지중해 전역에는 이슬람교도와 유대인, 다신론자도 있었다. 모든 인간들이 그렇듯이 중세인들 역시 사랑하고 열망하고 증오했고, 서로 친구가 되기도 했다. 그들은 삶에 관한 글을 쓰거나 예술 작품을 만들었고, 1,000년 후에 발굴되어 오늘날의 우리가 접근할 수 있는 물질적인 흔적을 남기기도 했다.

빛의 시대에 유럽의 과학자들은 하늘을 쳐다보며 별을 관측했고, 대학을 설립했고, 세계적인 과학 혁명에 기여할 토대를 닦았고, 그러면서도 신에 대한 믿음을 저버리지 않았다. 빛의 시대에도 오늘날처럼 토론을 제한하고 사상 범죄를 기소하고 자유를 억압하는 자들, 자신과 다르게 보이는 사람들을 죽이는 자들이 있었다. 빛의 시대는 인간성에 내재된 온갖 가능성을 담고 있기 때문에, 인류 역사에서 중추적인 장소이자 시간이다. 그러나 지금까지 빛의 시대의 빛은 종종 여러 가지의 나쁜 역사 밑에 감추어져 있었고, 흔히 우리 중세사 연구자들에 의해서 빚어지고 굳어진, 암흑시대를 둘러싼 집요한 대중적 억측

이면에 숨어 있었다. 이따금 우리는 중세의 기묘함에 골몰한 채 연관성을 가르쳐야 한다는 점을 잊을 수 있다. 동시에 그 연속성을 지나치게 강조한다면, 시간의 흐름에 따라서 상황이 얼마나 많이 변했는지를 잊을 수도 있다.

이 책을 쓴 우리 두 사람은 중세 유럽을 연구하는 역사가이다. 우리는 수년 동안 1차 사료와 씨름하며 나름의 연구를 수행해왔다. 암흑시대의 한층 더 복잡하고 더 흥미로운 그림을 보여주고자 그 시기의 오래된 이야기들을 파헤친 수많은 학자들의 연구 성과에 힘입기도 했다. 어쩌면 이 점이 더욱 중요할지도 모르겠다. 우리의 동료와 스승들은 유럽을 더욱 광범위한 무역, 종교, 민족 이동, 질병의 전 세계적인 체계 속에 배치하는 데에 일조해왔다. 우리는 관용에 대한 중세적인 관념뿐만 아니라 인종적인 차이와 위계에 대한 관념의 형성 과정도 파악했다. 우리는 믿을 수 없는 아름다움의 순간과 충격적인 무지의 순간에 대해서도 배웠다. 그동안 중세 연구자들은 하나의 체계로서 봉건제 구조를 세웠다가 무너트렸다. 그리고 핵심 관념들과 지역을 넘나드는 전통에 따라서 그 형태가 바뀌고 유지되는, 친화성과 위계의 복잡한 연계망이라는 발상으로 봉건제 구조의 빈 자리를 채웠다. 오늘날 우리는 중세의 성(性), 폭력, 학식, 사회적 성별, 혐오, 관용, 정치, 경제에 대해서, 그리고 인간이 하는 모든 일, 인간적인 모든 특성, 인간이 만드는 모든 것에 대해서 훨씬 더 많이 알고 있다. 중세 연구자들은 암흑시대라는 관념을 만드는 데에 가담했고, 오늘날까지도 중세가 악의적인 이념에 이용되는 데에도 연루되어 있지만, 이제는 실수를 인정하고 그 관념과 방식을 해체하고자 애쓰고 있다.

2020년대를 보내고 있는 오늘날에 중세는 현대 사회로 끈질기게 침투하는 듯하다. 그러나 대중문화에 너무나 자주 진부한 형태로 등장하는 중세는 우리 같은 역사가들이 식별할 수 없는 대상으로 전락하고 말았다. 중세를 둘러싼 이런 관심은 「왕좌의 게임」이나 히스토리 채널의 「바이킹스」 같은 드라마들, 혹은 「크루세이더 킹스」와 「어쌔신 크리드」 같은 비디오 게임 등 중세 판타지 작품이 폭발적으로 늘어난 데에 일부분 기인한다. 가끔은 오늘날의 사건이나 권력자들의 논평 때문에 중세에 대한 관심이 촉발되기도 한다. 예를 들면, 정치인들이 "중세적"이라는 표현으로 장벽을 묘사하거나 "서양 문명"이라는 단어를 백인 민족주의를 가리키는 암호로 사용하는 경우가 있다. 중세의 상징들은 버지니아 주에서 배지 장식으로 쓰이거나 미국 국회의 사당이 습격을 당할 때 펄럭이던 깃발에 그려지거나 뉴질랜드의 대량학살범의 선언문 곳곳에 흩뿌려지는 등 극우파에 의해서 사용되기도 한다. 그리고 좌파도 이따금 장벽이나 유난히 끔찍한 폭력 행위가 "중세적"이라는 데에 공감한다면서 이런 표현들을 받아들인다. 이때 "중세적"이라는 표현은 경멸의 의미로 쓰이면서 후진성, 즉 우리가 이미 뛰어넘은 것을, 근대성이 극복한 것을 가리킨다. "암흑시대"는 우리의 입에서 오래 꾸물대고 있는 듯싶다.

이 모든 현상에서 드러나는 점은 정치적인 좌파와 우파 모두가 궁극적으로는 과거의 일반적인 한계에 동의한다는 사실이다. 좌파와 우파 모두 "암흑시대"를 소환하기 위해서 어떤 행위를 가리켜서 "중세적"이라고 주장할 수 있다. 우파는 잃어버린 무엇인가에 대한 향수 때문에, 그리고 좌파는 잊어버리는 것이 최선인 과거를 무시하고 싶은 마음에서 말이다. 중세사 수업을 듣는 학생들은 암흑과 배짱을 기대한다. 텔레비전 프로그램과 영화 제작자들이 중세를 "진정성" 있게 묘사하겠다는 논리를 방패로 삼아서 성차별, 강간, 고문 장면을 묘사한다는 점이 부분적인 원인으로 작용하기 때문이다. 그들이 "진정성 있는 묘사"를 내세우며 관용, 아름다움, 사랑을 묘사하는 경우는 없다. 그러나 중세, 즉 빛의 시대에는 빛과 어둠, 인간성과 참상 같은 온갖 요소들이 담겨 있다(다만 유감스럽게도 용은 그다지 많지 않다).

이 책은 새로운 중세 유럽의 이야기이다. 갈라 플라키디아의 여행, 책략, 승리, 비극을 추적하며 시작한다. 그리고 다음과 같은 한 가지 전제에 따라 기원후 5세기를 재구성한다. 로마는 멸망하지 않았다.

상황은 이어지고 또 바뀐다. 권력의 방향은 우선 대도시 콘스탄티노폴리스를 중심으로, 나중에는 새로운 이슬람 제국들의 도심지를 중심으로 바뀔 것이다. 예루살렘은 항상 중세 초기 민족들의 상상 속에 머물지만, 이후에 등장한 서사들의 내용과는 달리 지속적으로 경합의 대상이 되지는 않을 것이다. 저 멀리 북쪽에서는 코끼리가 독일 땅을 활보하고 사람들이 시간의 본질에 대해서 생각하고 고민할 것이다. 도시들은 결코 사라지지 않지만, 사람들이 안정을 추구하면서 정치적, 경제적, 문화적 삶을 체계화하는 새로운 방법을 발견함에 따라서 도시의 인구와 중요성이 모두 줄어든다. 그 안정은 하느님과 종교에 대한 혁신적인 사고방식과 더불어 찾아오고, 훗날 지적, 문학적 삶의 만개를 촉진할 격정을 일으킨다. 그러나 두 눈에 증오를 품은 자들은 그 동일한 격정을 통해서, 진리 밖에 있다고 생각한 모든 사람을 집어삼킬 것이다. 그러나 세상은 다시 한 바퀴 돈다. 도시들이 성장한다. 탑이 하늘 위로 솟아난다. 결코 단절되지 않았던 지역 간의 연관성은 수 세기에 걸쳐서 멀리 뻗어갔고, 그 연관성은 관념과 세균을 퍼트렸을 뿐만 아니라 중세 이탈리아의 시인이 로마 후기의 황후가 남긴 발자취를 따라갈 조건도 만들었다. 이제 본격적으로 빛의 시대를 만나보자.

1

아드리아 해에서
아른거리는 별들

라벤나에 있는 갈라 플라키디아 황후의 예배당으로 되돌아가자. 기원
후 5세기에 지어진 이 예배당은 황후의 시신이 매장되지 않았는데도
오늘날 영묘로 알려져 있다. 최근 들어 학계의 동향이 바뀌고 있기는
하지만, 갈라 플라키디아 황후는 아들의 섭정으로서 권력을 잡았을
때와 관련한 몇몇 경우를 제외하면 이 시기에 관한 역사서의 주요 등
장인물은 아니다. 중심이 되는 것은 남자, 피, 전투이다. 그러나 이 여
성과 이 공간을 중심으로 관점을 재구성하면, 우리는 중세 유럽의 매
우 색다른 "출발점"—로마가 멸망하지 않는 출발점—을 만나게 될
것이다.

　이 영묘의 작고 밀폐된 공간은 이전과는 분명히 달라진 새로운 기
독교 시대로 이행한 로마 제국의 성스러운 예술적, 정치적, 기술적 문

화의 지속성을 구체적으로 드러낸다. 이 영묘를 헌정받은 갈라 플라키디아는 생전에 지중해 세계 도처를 누볐다. 그녀는 콘스탄티노폴리스에서 태어났고, 어릴 적에 이탈리아로 건너갔으며, 그곳에서 다시 프랑스와 스페인으로 향했다가 다시 이탈리아로 돌아왔고, 이탈리아에서 또 콘스탄티노폴리스로 갔다가 결국 이탈리아로 되돌아왔다. 이탈리아의 도시 라벤나에 머물던 그녀는 423년에 어린 아들의 섭정이 되어 서로마 제국 전체를 다스렸다. 갈라 플라키디아는 남녀를 불문하고(물론 여성들은 항상 로마의 파벌정치와 권력과 왕좌를 둘러싼 경쟁에 가담했다) 지난 500년간 누구 못지않은 로마 통치자의 위치에 있었다. 그녀는 450년에 세상을 떠났는데 당시 제국은 위기와 과도기를 겪고 있었지만, 그 위기가 종류와 정도의 측면에서 이전에 로마를 엄습했던 위기와 꼭 다르다고는 할 수 없었다. 로마에는 예전부터 늘 파벌 싸움이 있었고 외부의 위협도 언제나 존재했다. 수천 킬로미터에 걸쳐 널리 펼쳐져 있는 세계, 아름다움을 빚어내는 세계, 유연함을 드러내는 세계, 그러면서도 거의 무한한 폭력의 능력을 보여주는 세계가 항상 있었다.

갈라 플라키디아의 영묘에서 반짝이는 별들은 라벤나의 이 고요하고 평온한 공간에서 왜 이토록 환하게 빛날까? 이 물음에 대한 답변은 5세기 예술가들의 비범한 재능에서 찾을 수 있다. 한쪽에는 촘촘하게 박혀 있는 금빛 별들이 천장(궁륭)의 가장 높은 부분을 우아하게 수놓고 있고, 그 아래쪽에는 청금색 유리로 만들어진 꽃 모양의 별들이 떠 있다. 눈부시게 빛나는 붉은색, 금색, 흰색의 무늬들은 관람자의 눈에 만화경처럼 보인다. 그보다 더 어두운 여러 색깔들 덕분에 관람자는 움직이지 않는 유리 속에서 움직임을 보는 듯한 착시를 겪는다. 반짝이는 설화석고의 유백색 벽은 햇빛이든 깜박이는 촛불이든 간에 빛의 효과를 드높인다. 덕분에 금에서부터 빛이 사방으로 퍼지는 것처럼 보인다. 인위적으로 높이 쌓은 바닥 덕분에 관람자는 천장을 더 가까이 보면서 황홀한 빛의 효과를 더 강렬히 받아들일 수 있다. 지중해 세계 곳곳에 자리한 고대의 성지들은 다신교적이든 유대교적이든 간에 오래 전부터 지상과 천상을 관람자의 시선과 뇌리에 한데 모을 수 있도록 하늘을 묘사하면서 빛을 잘 활용했다. 갈라 플라키디아가 활동한 기독교 시대까지 이어진 그 방식은 지상과 천상을 한데 모아 독실한 신자들이 지상과 천상을 진짜 같고 친밀하게 느끼도록 만드는 효과를 빚어냈다.

한편, 로마와 로마 제국으로 시선을 돌려보자. 14세기부터, 아니 어쩌면 갈라 플라키디아의 생전부터도, 400년대의 정치적, 사회적, 종교적 동요는 로마의 멸망을 둘러싼 논쟁을 불러일으켰다. 410년에 고트족 장군이자 족장인 알라리쿠스 1세 휘하의 대규모 병력이 로마를 약탈한 것은 사실이다. 그 병력 중의 다수는 그즈음에 로마 영토로 넘어온 게르만족의 일족에 속했다. 476년에 군사 지도자 오도아케르가 서로마 제국의 황제 로물루스 아우구스툴루스를 폐위한 후에 굳이 황제 자리에 오르지 않은 것도 사실이다. 이후 서쪽 제국은 종말을 맞은 듯이 보인다.

각각 410년과 476년에 찾아온 그 두 순간은 흔히 하나의 끝이자 다른 하나의 시작으로 거론되어왔다. 갈라 플라키디아보다 수십 년 먼저 태어난 히포의 유명한 주교 아우구스티누스는 대작 『신국론(*De Civitate Dei*)』의 제1권 전체를 할애해 로마를 덮친 410년의 폭력 사태를 설명했다. 그는 두 가지 점을 확신했다. 첫째, 그 사태는 절대로 기독교인의 책임이 아니었다. 둘째, 무엇인가가 확연히 바뀌었다. 이러한 서사는 근대에도 다시 등장했다. 가장 유명한 사례가 에드워드 기번의 18세기 역사서 『로마 제국 쇠망사(*The History of the Decline and Fall of the Roman Empire*)』이다. 그리고 (물론 약간의 미묘한 차이는 있지만) 오늘날까지도 되풀이되고 있다. 이른바 로마의 멸망과 암흑시대의 시작이라는 근본적인 순간들이 있다는 것이다.

그러나 문제는 더 복잡하다.

476년에 오도아케르는 로마 황제를 폐위했지만, 당시 그는 콘스탄티노폴리스에 있는 또다른 로마 황제의 신하를 자처하기도 했다. 그러므로 어떤 의미에서는 소아시아에 있는 단 1명의 통치자 아래에 동로마 제국과 서로마 제국이 재결합되었다고 볼 수 있다. 그 선례는 답습되었다. 그로부터 수 세기 동안, 서유럽의 지도자들은 지중해 동부에 여전히 왕성하게 살아 숨 쉬는 로마 제국과의 유대를 통해서 정치적 정통성을 주장하는 방법을 찾아냈다. 그다음의 1,000년간 유럽이나 지중해에서 최소한 1명의 통치자가 저 아득한 과거 아우구스투스까지 거슬러올라가는 로마 제국과의 믿음직한 연관성으로 정치적 정통성을 주장하지 않은 순간은 단 한 번도 없었다. 그 연관성의 본질이 서로 크게 다를 수는 있지만, 대체로 1명 이상의 통치자가 똑같이 "로마다움(Romanitas)"을 둘러싼 믿음직한 주장을 내세웠다. 게다가 유의미하게 로마 황제의 지배를 받는다고는 느끼지 않았을 중세의 여러 민족들조차 로마 제국의 유산에 기대어 형성된 문화적, 사회적 기준에 얽혀 있었다(특히 기독교의 역할이 컸다).

게다가 권력의 중심이 라벤나와 콘스탄티노폴리스로 이동하기는 했어도 로마 자체는 유력자들에게 여전히 중요한 도시였다. 이는 아득한 과거의 전설적인 로마 창건자들인 로물루스와 레무스까지 거슬러올라가는 이념적 연관성, 즉 정치적 정통성에 대한 필요와 향수로 더욱 굳어진 이념적 연관성을 어느 정도 반영한다. 그러나 이념적 연관성은 일시적인 것이었다. 도시로서의 로마는 여전히 이 시기 내내 사회적, 문화적 생산의 장소였고, 특히 최상류층 여성들이 통치와 권력 구조에서 중요한 역할을 하는 곳이었다. 그러므로 갈라 플라키디아와 눈부시게 빛나는 별들로 가득한 그녀의 영묘 천장으로 되돌아가야 한다.

갈라 플라키디아는 어린 아들인 발렌티니아누스 3세를 대신해 425년부터 437년까지 서로마 제국을 다스렸다. 437년은 18세가 된 발렌티니아누스 3세가 황제로서 직접 통치하기 시작한 해이다. 갈라가 권좌를 지킨 곳은 라벤나였다. 라벤나는 402년에 갈라의 이복 오빠인 호노리우스 황제(재위 395–423)가 밀라노를 버리고 라벤나로 천도하면서 서로마 제국의 수도가 되었다. 천도의 이면에는 아드리아 해 연안에서 지중해 동부로 쉽게 접근할 수 있으니 제국의 통치자들 간의 유대가 강화될 것이고 라벤나 주변의 습지가 외침을 막아줄 것이라는 계산이 있었다. 라벤나에서 통치하는 동안 갈라는 웅장한 종교 단지를 만든 듯하다. 증거가 아니라 전설을 통해서 그녀의 영묘라는 딱지가 붙은 그 종교 단지의 여러 건물들 가운데 오늘날까지 남은 것은 십자가 형상의 작은 예배당뿐이지만 말이다. 그녀는 이탈리아 동해안에 위치한 도시 라벤나에서 제국을 경영하는 동안 로마의 우월성과 연속성에 대한 믿음을 결코 잃지 않았다.

세상을 떠날 무렵인 450년경, 갈라는 콘스탄티노폴리스에 있는 조카들인 테오도시우스 2세(재위 416-450)와 그의 누나 풀케리아에게 편지를 보냈다. 갈라는 엄격한 고모처럼 행동했다. 조카들이 종교를 등한시한다고 나무랐고, 행실에 주의하라고 충고했다. (그녀가 보기에는) 지중해 동부의 기독교회가 엉망진창이었기 때문이다. 한편, 갈라는 자신과 아들 발렌티니아누스 3세(재위 425-455)가 로마의 주교, 즉 교황 레오 1세(재위 440-461)에게 좋은 대접을 받았다는 이야기도 꺼냈다. 레오 1세는 갈라와 일행이 "그 오래된 도시에 도착하자마자" 직접 맞이했고, 지중해 동부에서 벌어지는 교회 분쟁들 때문에 콘스탄티누스 1세까지 거슬러올라가는 기독교에 대한 제국의 지원이 줄어들고 있다고 말했다. 무엇이든 조치가 필요했다. 그래서 갈라가 조카들에게 편지를 보낸 것이었다. "가장 경건하고 유복한, 영원무궁한 아우구스타(Augusta, 황후)이자 어머니"로 자처하고, 로마의 질서와 고색창연함을 상대적으로 신흥 도시인 콘스탄티노폴리스의 뒤죽박죽인 상황과 대조하며 본인의 지위를 강력히 내세우는 데에 주력한 편지를 말이다.

로마의 주교(즉, 레오 1세)의 말에 귀 기울이는 것이 해법이었다. 성 베드로가 "처음으로 수위권(예수의 제자들 가운데 가장 으뜸이 되는 지위/옮긴이)을 받았으며 하늘나라의 열쇠를 받을 자격이 있는 사람으로 여겨졌기" 때문이다. 갈라는 조카들을 가볍게 꾸짖었다. "모든 땅의 안주인인 이 위대한 도시에 마땅히 표해야 할 존경을 그 어떤 경우에도 유지하는 것이 우리다운 처신이다. 그리고 옛날에 우리 가문이 지켰던 것이 지금도 견고히 지켜지고 있는 듯이 보이도록 주의를 기울여야 한다." 다시 말해, 로마가 고트족에게 "약탈"을 당한 지 수십 년이 지난 5세기 중반에도 갈라는 로마가 기독교의 중심지라고 단언했다. 로마는 제국의 중심이었다. 동쪽의 후배들은 서쪽의 선배들에게 더 공손한 태도를 보여야 했다.

갈라 플라키디아가 450년경에 로마를 방문한 것이 처음은 아니었다. 그녀는 60여 년간 살면서 로마를 여러 번 방문했다. 410년경에도 방문했다. 당시에 서고트족은 로마를 포위하고 약탈한 후에 떠났다가 다시 돌아왔고, 아마도 다시 약탈한 후에 갈라 플라키디아를 포로로 사로잡았다.

갈라 플라키디아의 기독교 교우들은 로마의 운명에 대해 반신반의했다. 교부인 히에로니무스는 로마의 운명에 무척 부정적이었다. 로마 제국의 속주인 팔레스티나의 도시 예루살렘 근처에 머물던 그가 이탈리아에 있는 사람에게 보낸 편지들에서—그는 그곳으로부터 1,600킬로미터 이상 떨어져 있어서 안전했다—410년의 사건들을 참화로 표현했다. "로마 제국의 수도가 거대한 불길에 휩싸였다. 로마인이 떠돌지 않는 곳은 세상 어디에도 없다."

그러나 로마의 운명에 더 낙관적인 사람들도 있었다. 아우구스티누스는 『신국론』에서 로마가 내부적, 혹은 외부적 폭력에 노출된 것이 처음은 아니라고 지적했다. 물론 아우구스티누스에게는 동기가 있었다. 그 무렵에 다신론자들은 410년의 폭력 사태에 대한 책임을 기독교에 뒤집어씌우고 있었고, 그는 이 혐의를 벗기고자 했다. 그는 로마의 장구한 역사에서 볼 때 410년의 약탈 행위가 결코 이례적인 참화가 아니며, 제국을 멸망시킨 대격변도 확실히 아니라고 언급했다. 아우구스티누스(그리고 훗날 그의 영향력 있는 제자 오로시우스)는 이교도들의 시대에 "구름처럼 많은 신들"이 로마를 지켰지만, 로마가 격정과 싸움에 자주 시달렸다고 썼다. 지상의 도시는 불화와 투쟁의 도시였다. 도시도 제국도 아닌 로마도 마찬가지였다.

그러나 역사가들은 각자의 맥락 속에 처해 있기 마련이고, 히에로니무스와 아우구스티누스도 다르지 않았다. 우리는 실제로 무슨 일이 벌어졌는지, 혹은 더 정확히 말하자면 그 일이 무엇을 의미했는지 이해하기 위해서 그들이 속해 있던 맥락을 살펴볼 필요가 있다. 당대인들에게 히에로니무스는 수도사, 즉 세속을 떠나 영적인 사안을 더 고민하는 사람이었다. 그는 이탈리아에 있는 한 친구에게 보낸 편지에서 그 친구의 딸을 결혼시켜야 할지 말지를 거론하던 중에 폐허로 전락한 로마의 현실을 장황하게 언급했다. 그가 로마의 곤경을 묘사한 데에는 친구(편지의 수신자)에게 딸이 수녀가 되도록 허락하게끔 설득하려는 의도가 담겨 있었다. 그는 친구의 딸이 수녀가 되면 성폭력을 당하는 비극을 막을 수 있다고(그리고 친구가 자신의 금욕주의적 이상에 공감할 수 있으리라고) 생각했다. 아우구스티누스는 주교였다. 중세에 주교는 종교적 역할뿐만 아니라 행정적 역할도 맡았다. 따라서 그는 영원까지 뻗어 있는 성스러운 역사의 웅장한 흐름 속에 하나의 사건을 배치하며 장기적인 관점을 견지했다. 동시에 그는 그의 양 떼, 즉 로마인 동포들이 두려움에 허둥대지 않기를 바랐다. 물론 그렇다고 이 두 사람의 저작들을 일축해야 하는 것은 아니다. 다만 제국들의 흥망을 평가하기 위해서는 반드시 교부들의 저작과 그들의 신학적 목적을 뛰어넘어야 한다. 우리는 다른 증거를 고려할 수도 있다.

우선 고트족부터 살펴보자. 410년에 로마를 약탈한 이 사람들은 과연 누구였을까? 외부 세력 때문에 붕괴했다는 숱한 이야기들처럼, 불쑥 나타난 대규모 "야만인들"의 침입에 관한 이야기는 대량 이주, 수용, 변화와 관련한 더 복잡한 이야기와 함께 조심스럽게 살펴보아야 한다. 게르만족—언어적, 종교적, 문화적 유사성이 있는 여러 다양한 민족 집단을 가리키는 느슨한 용어—과 북유럽과 동유럽, 서북 아시아와 중앙 아시아의 여러 민족들은 수 세기에 걸쳐서 로마 제국의 국경을 오갔다. 그 민족들은 때때로 침략자로, 가끔은 동맹군으로, 종종 무역 상대자로 왔고, 특히 300년대 말부터는 난민으로 왔다. 370년대에 기근이 닥치자, 거대한 무리의 고트족이 동유럽(대부분 발칸 반도 지역의 로마 제국의 속주 트라키아)으로 넘어왔다. 난민을 돌보아야 했을 로마의 관료들은 오히려 그들을 억지로 수용소에 몰아넣은 후에 굶겼다. 고트족 부모들은 살아남기 위해서 개고기를 대가로 자식을 노예로 팔기도 했다(최소한 역사가 암미아누스 마르켈리누스의 기록에 따르면 그렇다). 이 이야기들이 사실이라면, 고트족이 반격에 나설 첫번째 기회를 잡은 것은 당연할 것이다.

대개는 그후에 일어난 잔인한 전쟁에 초점을 맞추는데, 이는 이해할 만한 반응이다. 378년에 하드리아노폴리스에서 벌어진 유명한 전투는 모든 이의 예상을 뒤엎고 고트족의 승리로 끝났으며 고트족은 로마 황제 발렌스마저 죽여버렸다. 그러나 이후의 평화도 전쟁만큼 중요하다. 고트족은 발렌스의 후임 황제인 테오도시우스 1세와 협상을 체결했고, 유럽 동남부 곳곳에 대규모로 정착한 후에 심지어 제국 도처의 로마군 군단에 복무하는 등 한두 세대에 걸쳐 사실상 로마화되었다. 그러나 로마 내부의 권력 투쟁이 재발하는 바람에 고트족, 즉 알라리쿠스 1세 휘하의 "서"고트족은 이탈리아에서 서쪽의 로마 제국과 싸움을 벌여야 했다.

세 차례의 포위전과 결국 410년에 벌어진 로마의 함락과 약탈을 초래한 군사적, 외교적 공훈, 실책, 동맹, 배신, 최후의 구출, 편협한 완고함 등은 모두 전설의 소재가 되었다. 알라리쿠스 1세는 로마인과 반달족의 피가 절반씩 섞인 로마의 장군 스틸리코에 맞서 싸웠다. 당시 스틸리코는 로마군 대부분을 차지한 게르만족 군인들을 지휘하고 있었다. 나중에 알라리쿠스 1세는 스틸리코와 동맹을 맺었다. 그런데 그후, 황제 호노리우스 1세(갈라 플라키디아의 오빠)가 스틸리코와 그의 아들, 그리고 그의 여러 부하들의 일족을 처형했다. 나머지 로마 군인들은 알라리쿠스 1세 진영에 투항했고, 덕분에 알라리쿠스 1세에게는 불패의 군대가 생겼다. 서고트족 장군 알라리쿠스 1세는 로마를 포위한 채 강화를 꾸준히 요청했다.

알라리쿠스 1세가 로마로 진군하면 패배할 것이라고 생각했다는 뜻이 아니다. 오히려 그는 정반대의 결과, 즉 승리할까 봐 두려워했을 것이다. 알라리쿠스 1세는 군이 전쟁을 그 특정한 결말로 밀어붙이고 싶어하지 않았다. 주로 로마화된 게르만족으로 구성된 군대를 이끈 고트족 장군이었던 알라리쿠스 1세는 그 성스러운 도시에 군대를 들이는 행위에 대한 완강한 금기—로마의 뼈아픈 여러 내전들 와중에도 적용되었다—와 마주했던 과거의 로마 장군들의 전철을 밟고 있다고 생각했을 것이다. 달리 말해서, 그는 자신을 로마인으로 생각했다. 로마는 그대로 있었고, 따라서 알라리쿠스 1세는 비록 자신이 우위에 있기는 해도 그 위대한 제국과의 동맹을 복원하기를 바랐다.

그러나 군사 활동은 계속되었고, 알라리쿠스 1세는 로마를 약탈했다. 로마에서 고트족은 관저에 머물고 있던 갈라 플라키디아를 발견했다. 그녀는 전쟁 기간 내내 관저에 머물며 로마를 방어하는 과정에 핵심 역할을 맡고 있었다. 스틸리코의 부인이자 자신의 사촌인 세레나에게 고트족과 내통한다는 혐의—아마 누명일 것이다—를 씌워서 교살형에 처해버린 갈라 플라키디아는 오빠인 호노리우스 1세와 스틸리코 간의 협력관계를 깨트린 쐐기인 셈이었다. 그녀는 자신이 써내려가는 이야기에서 늘 주체적으로 움직였고, 무시할 수 없는 독자적인 세력이었다.

갈라 플라키디아는 410년에 일어난 로마의 첫 번째 약탈 사태에서 살아남았지만, 얼마 지나지 않아 알라리쿠스 1세 사후에 고트족의 새로운 지도자가 된 아타울푸스(재위 411-415)가 로마로 돌아와서 그녀를 포로로 사로잡았던 것 같다(우리가 확보한 사료로는 그 모든 일이 어떻게 진행되었는지를 분명하게 알 수 없지만, 확실한 점은 갈라가 결국 아타울푸스와 만났다는 사실이다). 이후 아타울푸스는 곧바로 이탈리아를 떠나 프랑스 남부로 향한 후에 피레네 산맥을 넘어 이베리아 반도에 도착했다. 그리고 우리가 알고 있기로 414년에 갈라와 아타울푸스는 결혼했다. 갈라는 결혼식에서 실크 드레스를 입었고, 아타울푸스는 로마에서 빼앗은 전리품을 결혼 선물로 주었다.

갈라 플라키디아와 권력자들의 관계에만 시선을 빼앗겨 그녀를 왕좌 각축전의 대상으로만 바라보기 쉽다. 예컨대 우리는 그녀가 흔쾌히 아타울푸스와 결혼했는지는 모르지만, 정략결혼은 남녀를 불문하고 로마의 최상류층에게 흔한 일이었다. 그리고 오빠인 황제가 고트족을 상대로 전쟁을 벌이는 도중에 스틸리코를 처형하는 과정에서 갈라 플라키디아가 했던 역할을 고려할 때, 그녀가 고트족과의 전쟁을 단번에 끝내기 위해서 오빠와 손발을 맞추었다고 당연히 추정할 만하다. 사실, 두 사람의 결혼은 로마 제국의 파멸을 가리키는 징후가 아니었다. 그보다는 오히려 로마인이 되고 싶어하는 고트족의 욕망을 드러내는 징후이자, 정복으로 정당화된 체제와 로마 제정의 유산을 통합하기 위해서 게르만족 "침략자들"과 결혼하려는 로마인의 의지를 나타내는 징후이다.

콘스탄티노폴리스에서 활동한 고트족 태생의 관료로(다시 말하지만, 게르만족이 로마 제국에서 일하는 것은 일반적인 현상이었다) 550년에 고트족의 역사를 집필한 요르다네스는 갈라와 아타울푸스의 결혼을 다음과 같이 서술한다. "아타울푸스는 고귀함과 아름다움, 정숙한 순결함 때문에 [갈라 플라키디아에게] 매료되었고, 그래서 아이밀리아 지방의 도시 포룸 율리이에서 합법적인 결혼식을 통해 그녀를 아내로 맞이했다. 두 사람의 결혼 사실을 알았을 때 이민족들은 한층 더 두려움에 휩싸였다. 바야흐로 로마 제국과 고트족이 하나가 된 것처럼 보였기 때문이다." 향후 수 세기에 걸쳐 이탈리아 반도가 전쟁터가 되었다는 점을 감안하면, 요르다네스가 그 한 차례의 결혼을 근거로 너무 성급하게 고트족과 로마인의 통합을 선언한 것인지도 모른다. 그러나 그 선언 자체가 당시 요르다네스와 동로마 제국의 관료들이 게르만족의 이동을 몰락의 증거로 여기지 않았다는 점을 분명히 드러낸다. 여러 무리의 사람들이 관직과 높은 지위를 얻으려고 로마 제국을 수시로 드나들었다. 종종 그들은 독자적인 정체성을 간직한 채 로마인이라는 의식도 그것과 동등한 정도로 가지고 있었다.

어쨌든 갈라의 결혼 생활은 오래가지 못했다. 그녀는 남편과 함께 스페인으로 건너갔다. 그곳에서 두 사람은 새로운 로마 동맹 국가를 세우기 시작했고, 테오도시우스라는 이름의 아들을 낳았다. 그렇게 고트족 왕의 아들에게 로마 황제의 이름이 붙게 되었다. 그 아이는 태어난 해에 죽었고, 바르셀로나 성벽 밖의 어느 교회에서 은으로 장식한 관에 안치되었다. 그리고 나서 이듬해에 아타울푸스는 분노한 하인에게 욕조에서 살해되었다. 아타울푸스의 암살을 사주한 시게리크는 정적들을 제거하고 싶어했고, 갈라에게 바르셀로나를 궁극적으로는 스페인을 떠나도록 명령했지만, 그는 갈라가 떠나기 전에 같은 서고트족인 왈리아에게 살해되었다. 이후 왈리아는 갈라의 이탈리아 송환 방안을 포함한 휴전 문제를 로마와 협상했다. 결국 갈라는 이탈리아로 돌아왔고 417년에 서로마 제국의 뛰어난 장군인 콘스탄티우스 3세와 결혼했다. 두 사람은 곧바로 딸 호노리아와 아들 발렌티니아누스 3세를 낳았다. 421년, 갈라의 운명은 호노리우스 1세가 그녀의 남편 콘스탄티우스 3세를 공동 황제로 승격함에 따라서 또다시 상승세를 탔던 것 같다.

그러나 상승세는 오래가지 못했다. 공동 황제의 자리에 오른 콘스탄티우스 3세가 그해 말에 세상을 떠났기 때문이다.

갈라의 남편이 세상을 떠나자 호노리우스 1세는 다시 권력을 장악했다. 그는 차츰 여동생의 영향력을 의심의 눈초리로 바라보았고, 결국 갈라는 자식들과 함께 이탈리아를 떠날 수밖에 없었다. 그녀는 동쪽으로 향했고 콘스탄티노폴리스에서 수년간 피신해 있었다. 그러나 또다시 운명이 재빨리 바뀌었고, 갈라는 425년에 의기양양하게 라벤나로 돌아왔다. 호노리우스 1세가 죽었고, 그녀를 보호해주던 조카이자 동로마 제국의 황제인 테오도시우스 2세의 군대가 적들을 무찌른 덕택이었다. 당시 겨우 여섯 살이던 아들 발렌티니아누스 3세는 로마 원로원에서 서로마 제국의 아우구스투스, 즉 황제로 선포되었다. 그것은 갈라가 플라비우스 아에티우스 장군(제국 내부의 게르만족에게 인기가 높은 인물이었다)과 협상을 맺어서 그를 서로마 제국의 최고 사령관(마기스테르 밀리툼)으로 임명한 데에 힘입은 바가 컸다. 그때부터 갈라는 라벤나에 정착했고, 이후 12년 동안 섭정으로 서로마 제국을 다스렸다.

그녀는 늘 동로마 제국과 서로마 제국 모두에서 복잡한 정치적 사안에 대해 협상하는 능력을 보여주었다. 황제, 왕, 장군, 형제, 사촌들 모두가 쓰러졌지만 갈라 플라키디아는 끝까지 쓰러지지 않았고, 마침내 아들 발렌티니아누스 3세가 황제로 순조롭게 등극하는 모습을 지켜보았다. 갈라는 5세기 초 내내 로마의 연속성을 구체적으로 드러낸 인물로 평가될 수도 있다. 그녀의 재능은 정치 분야에 국한되지 않았다. 기록에 의하면 갈라는 신성한 건물들 내부의 모자이크 도안 작업에도 몸소 참여했다. 오늘날까지 남은 그녀의 서신 몇 통에서는 주교, 수도사, 황제 등을 상대로 성모 마리아의 역할뿐만 아니라 예수의 신성과 인성의 본질에 대해서도 토론할 만큼의 확신과 지식, 풍부한 신학적 교양이 드러난다.

예순 무렵인 450년, 갈라는 아들인 황제와 함께 로마로 건너가 교황 레오 1세를 만났다. 그 여행은 일상적이고 평범했지만, 갈라는 병에 걸려 그해 말에 로마에서 세상을 떠났다. 그녀는 로마의 성 베드로 대성당에 묻혔다. 그러나 갈라는 죽기 전에 한 가지 일을 더 해냈다. 눈을 감기 직전에, 그녀는 오래 전 스페인에 머물 때 죽은 어린 아들 테오도시우스의 시신을 성 베드로 대성당에 다시 묻었다. 테오도시우스의 시신이 어떻게 로마에 도착했는지는 알 수 없다. 혹시 그녀가 사람을 보내 아들의 시신이 안치된 조그만 은관을 가져왔을까? 아니면 그녀가 오래 전에 죽은 아들이 너무 가엽고 그리운 나머지 수십 년간 그 은관을 간직해온 것일까? 아마 갈라가 본인이나 성인의 유골을 안치하기 위해서 라벤나의 그 작은 예배당을 짓지는 않았을 것이다. 오히려 죽은 아들의 시신을 안치하고 영혼을 위로하기 위해서 그 영묘의 푸른 천장을 꾸몄을 것이다. 다만 로마에서 병에 걸리자 마음이 바뀌었을 것이다.

갈라의 인생에는 여전히 왕성하게 살아 숨쉬지만 확실히 과도기를 겪던 로마 제국의 이야기가 담겨 있다. 그것은 새로운 종교와 민족들이 기존의 관념, 풍습과 통합될 시대의 무대를 마련하는 복잡한 이야기이다. 새로운 형태의 황제권을 배경으로 온갖 부류의 통치자들이 다양한 기독교인 집단이나 종교 지도자들과의 친밀한 유대관계를 통해서 정통성을 주장했고, 그런 식의 황제권은 지중해 세계 전역과 갈리아 지방(훗날에는 프랑크 왕국이 되고, 결국에는 프랑스가 되는 지역)의 대부분에서 표준으로 자리를 잡았다. 새로 출현한 이민족들은 로마의 통치 세력인 최상류층 가문들과 동맹을 맺는 데에 열중했고, 로마의 전통을 받아들였다. 기독교가 전파되는 과정에서 로마의 영토는 로마식 관료제의 기준에 따라 여러 개의 행정 구역으로 나뉘었다. 새로운 수도회에 소속된 수도사들은(이후의 장들에서 더 깊이 다룰 것이다) 라틴어 문헌을 읽고 필사했으며, 독자적인 문헌을 만들어냈다. 로마 제국은 진화하고 있었고, 서유럽과 남유럽 통치자들의 마음과 머릿속에서도 여전히 버티고 있었다.

"제국"으로서의 로마는 변화했지만, 로마는 예전부터 늘 변해왔다는 점을 기억해야 한다. 변화는 처음부터 로마 이야기의 일부분이었다. 권력의 중심지는 바뀌었다. 권력이 영향을 미치는 영역은 분열했고 연합했고 다시 분열했다. 반면에 로마가 "멸망했다"는 관념은 동질성 개념, 즉 역사적인 평형 상태 개념에 기댄다. 아주 오래된 이 관념은 중앙집권화된 근대 국민국가의 원형을 가정하는데, 그 이상적인 국민국가는 고대의 실제 현실보다는 에드워드 기번이 살던 18세기 대영제국과 훨씬 더 비슷하다. 기번의 시각에서 볼 때, 초기 기독교의 미숙한 열정은 로마의 영광을 파괴했고, 고결하고 안정적인 제국을 허물어버렸다. 그러나 당시 기번은 프랑스 혁명이라는 폭풍우 때문에 심란한 상태였다. 기번은 열정을 위험하다고 생각했다. 그는 예술을 사랑하는 여행자로서 로마와 라벤나의 유적을 살펴보면서, 자신이 상상하던 더 순수한 이탈리아를 고대했다. 그가 보기에 로마는 변화하는 유럽과 지중해 세계의 새로운 현실에 적응하고자 했을 때 "소멸했다." 그는 게르만족은 **진정한** 로마인이 될 수 없었고, 여자는 **진정**한 통치자일 수가 없었다고 보았다. 그러나 지금까지 살펴보았듯이, 이 시기의 로마인들은 기번과 달리 그런 상태를 문제시하지 않을 때가 많았다.

새로운 집단들은 기꺼이 로마인 사회에 진입했다. 또 한편으로는 여러 세기에 걸쳐서 그러했듯이, 전쟁으로 수많은 사람들이 노예 시장에 끌려갔고 제국 곳곳으로 흩어졌다. 그래도 제국, 그리고 제국이라는 관념은 지속되었다. 한 해에만 4명의 황제가 자리 바꿈을 한 69년, 3세기 초의 혼돈, 280년대에 일어난 동서 분열(서쪽에는 갈리아 제국이, 동쪽에는 팔미라 제국이 들어서면서 로마 제국이 삼분할된 상태/옮긴이), 4세기에 찾아온 콘스탄티노폴리스의 발흥, 끝으로 우여곡절이 많은 갈라 플라키디아의 생애를 거치면서도 말이다. 상황은 바뀌었다. 그러나 상황은 늘 바뀌기 마련이다.

라벤나에 자리 잡은 갈라의 작은 예배당에서 로마 후기의 기독교를 위험한 열정의 온상으로만 해석하는 것은 무리가 있다. 물론 기독교인들은 파괴하고 죽였다. 갈라도 수천 명의 죽음에 대한 책임이 있을 것이다. 그러나 기독교인들은 아른거리는 별빛의 장소도 만들었다. 수 세기 후에 기록된 비문에 따르면, 갈라 플라키디아는 라벤나의 고요한 예배당에 설치할 나뭇가지 모양의 커다란 금빛 촛대를 주문했는데, 그 촛대 한가운데에는 그녀의 초상이 새겨져 있고 그 둘레에는 다음과 같은 글귀가 있었다고 한다. "나의 그리스도를 위해서 등잔을 준비합니다." 이후 1,000년에 걸쳐 우리는 여러 성지에서 그 비슷한 빛을 발견하게 될 것이다. 바그다드의 웅장한 성벽에서 반사되거나 샤르트르 대성당의 커다란 장미창을 통과하는 빛 말이다. 410년에 로마를 덮친 격정 같은 일들이 누차 되풀이되지만, 장인들은 하늘에, 사람들이 약간의 고요함을 느낄 수 있는 장소들에 새로운 별들을 꾸준히 걸어놓는다.

로마가 알라리쿠스 1세와 그의 군대에 약탈당한 지 40년이 흘렀어도, 갈라는 여전히 그 도시를 "땅의 안주인"으로 불렀고, 황제권을 휘두르며 지중해를 호령하는 동안에도 자주 로마로 돌아왔다. 5세기에, 혹은 이후 여러 세기에 로마의 권좌를 차지한 농민과 이방인들이 있었다는 사실이 몰락을 의미하지는 않았다. 갈라 플라키디아는 첫 아이가 안치된 작은 은관을 옆에 둔 채 성 베드로 대성당의 간소한 무덤에 최소한 1,000년을 더 누워 있었다. 그녀는 오래 전에 죽은 자식을 고향인 로마로 데려와서 쉬게 했다.

2

새로운 로마의
반짝이는 타일 조각

갈라 플라키디아가 젖먹이 아들의 시신 옆에 묻힌 지 약 90년 뒤, 로마인들이 라벤나로 돌아왔다. 그러나 그 로마인들은 갈라나 그녀의 아들인 황제와는 다른 사람들이었다. 그들은 동쪽 콘스탄티노폴리스에 자리를 잡은 새로운 로마가 파견한 군인이었고, 서로마 제국의 수도를 에워싸고 있었다. 벨리사리우스 장군은 이미 유스티니아누스 1세 황제(재위 527–565)를 위해서 북아프리카 정복을 이끌었고, 이제는 라벤나 포위 작전을 통해서 이탈리아 땅의 대부분을 수복하려는 동로마 제국의 과업을 완료하고자 했다. 갈라 플라키디아가 세상을 떠난 이후 수십 년간 이탈리아는 고난을 겪었다. 로마의 통치자들은 서로 다툼을 벌였고, 잇따른 외침으로 제국의 지배력은 약해졌다. 455년에 로마는 반달족 무리에게 또 약탈을 당했다. 그다음에는 동고트족(제1장에서 살펴본 고트족과는 다르다)이라는 새로운 무리가 이탈리아 반도의 대부분을 장악했고 이들은 490년대 초에는 테오도리쿠스 왕의 치세 아래 통치권을 굳건히 다졌다.

로마화된 다른 외지인들처럼, 테오도리쿠스 역시 자신의 체제와 로마 제국의 과거를 연결하는 것을 중요시했다. 그는 콘스탄티노폴리스와 대체로 우호적인 관계를 유지했고, 유능한 "신하"로서 동로마 제국 황제를 섬겼다. 실제로, 6세기 초 동고트족 치하의 이탈리아는 로마의 통치제도를 충실하게 유지했고, 그러므로 동로마 제국의 황제가 직접 지배하는 다른 지역들보다―예술, 관료제, 정치적 관례의 측면에서―더욱 "로마적"이었을 것이다. 변화보다는 연속성이 6세기 초의 특징이었다. 그러나 테오도리쿠스가 죽은 후에 동고트족 사이에 왕위를 둘러싼 분쟁이 벌어졌고(엄밀히 말하자면 중세 초기에는 왕위 계승이 순조롭게 이루어지는 경우가 극히 드물었다) 권력을 잡은 새로운 국왕은 테오도리쿠스의 딸을 처형했다. 530년대에 유스티니아누스 1세는 그 사실을 빌미로 장군을 파견하여 이탈리아를 "해방"시키려고 했다. 로마는 실질적으로도 문화적으로도 지속되었지만, 저 멀리 동쪽 보스포루스 해협이 내다보이는 궁전에서 새로운 로마가 권력을 쥐며 새로운 정치적 현실이 등장하자 이탈리아 반도는 중심에서 벗어나고 말았다.

벨리사리우스가 라벤나의 성벽을 둘러싸고 있을 무렵, 이미 이탈리아 땅은 거의 수복되었다. 라벤나의 성벽 안의 시민들은 의기소침했다. 내부자의 배반이나 벨리사리우스의 음모, 혹은 우연히 떨어진 벼락 때문에 일어난 화재로 곡물 창고가 파괴되었고, 자신들은 곧 굶주림에 시달릴 것이며 그다지 오래 버티지 못할 것이라는 점을 그들은 알고 있었다. 고트족으로 구성된 구원군이 알프스 산맥을 내려오고 있었지만, 제시간에 당도하지 못할 듯했다. 그리고 아마 더 중요한 점이겠지만, 아드리아 해 연안의 도시 라벤나의 시민들 대부분이 동로마인들을 동족으로 느꼈고, 통치자인 동고트족의 국왕 비티게스를 공격할 각오를 다지고 있었던 것 같다.

그러나 항복은 뜻대로 되지 않았다. 칙사 자격으로 콘스탄티노폴리스에서 파견된 원로원 의원 2명이 협상안으로, 비티게스가 라벤나를 떠나되 이탈리아 북부 지방의 서쪽에서 동쪽으로 흐르는 포 강 이북의 영토는 계속 보유한다는 조건을 제안했다. 그러나 벨리사리우스는 결정적인 승리를 얻고 비티게스를 포로로 잡아 콘스탄티노폴리스까지 데려가기를 원했기 때문에 휴전안을 받아들이지 않았다.

이후 사태가 한층 더 복잡해졌다. 라벤나의 유력자들은 콘스탄티노폴리스에서 파견된 원로원 의원들을 무시하고 장군 벨리사리우스에게 서로마 황제의 칭호를 제안하는 등 그에게 직접 항복하고자 했다.

프로코피우스—벨리사리우스의 비서이자 유스티니아누스 1세가 위대한 도시 콘스탄티노폴리스에서 쌓은 업적을 연대기로 기록한 작가였으며, 그 두 사람과 아내들이 저지른 갖가지 사악한 짓을 고발하는 도색 도서의 저자—는 벨리사리우스가 옥좌를 노리는 척했을 뿐 결코 진심은 아니었다고 주장했지만, 벨리사리우스는 틀림없이 유혹을 느꼈을 것이다. 그리고 적어도 이 부분에서는 프로코피우스의 판단이 옳았을 수도 있다. 라벤나의 성문이 열렸을 때 벨리사리우스는 유스티니아누스 1세와 로마 제국의 이름으로 그 도시를 접수했기 때문이다. 프로코피우스는 벨리사리우스가 거둔 승리에 경탄했고, 벨리사리우스의 군대가 아무런 전투도 없이 라벤나에 입성하는 모습을 지켜본바 "인간의 지혜나 빼어난 장점" 때문이 아니라 "신의 권능"이 작용한 덕이라고 『고트족 전쟁(*De Bello Gothico*)』에 기록했다.

만약 벨리사리우스가 라벤나 시민들의 제안을 받아들였다면 어땠을지 상상해보자. 그러했다면 6세기의 현실에, 그리고 로마 제국의 쇠망을 둘러싼 근대의 신화에 어떤 의미가 되었을까? 사실과는 정반대로 벨리사리우스가 서로마 황제 칭호를 받아들였다면, 540년의 로마 제국은 갈라 플라키디아의 통치 아래에 있던 시절의 상태로 완전히 돌아갔을 것이다. 지중해 전역을 무대로 동로마와 서로마의 황제 모두가 서로 협력하고 싸우고 경쟁했을 것이다. 이미 성공을 거둔 장군인 벨리사리우스는 황제로서 그런 상황을 십분 활용했을 것이고, 이탈리아에서 수 년, 수십 년, 혹은 수 세대 동안 이어질 새로운 왕조를 세웠을 것이다. 역사에 필연적인 것은 없다. 정치적 풍향이 아주 조금만 바뀌어도 우리는 매우 다른 이야기를 하게 된다.

그러나 역시 벨리사리우스는 라벤나 시민들의 제안을 받아들이지 않고 황제와 로마 제국에 충성을 유지했다. 6세기 초 로마 세계의 정치적 현실 때문에, 그리고 콘스탄티노폴리스의 종교적, 정치적 지도자들이 보스포루스 해협을 그들이 상상하는 가상의 지형의 중심에 배치하려는 전략 때문에라도, 아마 벨리사리우스는 계속 충성해야 했을 것이다. 그가 중요한 인물로 떠오른 직접적인 비결은 황제의 총애였다. 그는 유스티니아누스 1세를 위해서 페르시아인을 상대로 승리를 거두었고, 532년에 니카 반란이 일어났을 때에는 황제를 구하려고 수천 명을 학살했다. 그러나 아마도 다음 질문이 더 중요했을지도 모른다. 새로운 로마가 보스포루스 해협에서 따뜻한 햇볕을 받으며 환하게 빛나고 있는데, 6세기의 로마인이라면 아드리아 해 연안의 질퍽한 전초지를 통치하고 싶을까? 동쪽과 서쪽은 아직 연결되어 있었지만, 콘스탄티노폴리스는 이미 로마와 라벤나를 앞지른 상태였다.

그 옛날 로마의 아시아 속주에 자리한 시골 어촌이었던 도시 비잔티온은 콘스탄티누스 1세(재위 306-337) 시절인 330년에 권력 중심지로 거듭나고 "콘스탄티노폴리스"(즉, "콘스탄티누스의 도시")로 이름이 바뀌면서 완전히 탈바꿈했다. 이후 수백 년간, 그 도시는 대형 공공사업, 막대한 부, 문화적 우위, 소란스러운 정치 등으로 대변되는 도시가 되었다. 콘스탄티누스 1세는 제국 도처의 물산을 강탈하고, 보물을 그 새로운 도시로 가져오고, 새로운 교회를 짓거나 후원하며 건설 과업에 착수했다. 이후의 통치자들도 건설에 몰두했고, 그 도시는 불과 몇 세대 만에 급격히 성장하여, 약 50만 명에 달하는 주민들을 수용하고 도시 면적을 넓히기 위해서 성벽—여전히 대부분이 거대한 모습으로 남아 있다—을 새로 쌓아야 했다. 그 성벽 안에서 목욕탕, 광장, 수로교, 그리고 통치자와 유명인사의 기념비를 갖춘 전형적인 로마 도시가 성장했다. 여러 언어를 쓰고 여러 종교의 가르침을 실천하고 같은 종교의 여러 교리를 따르는(이 부분은 특히 콘스탄티노폴리스의 기독교인들에게 중요한 문제였다) 3개 대륙 출신의 사람들이 모인 콘스탄티노폴리스는 다양성의 측면에서도 전형적인 로마 도시였다.

콘스탄티노폴리스를 근거지로 통치하는 로마인들은 결코 "비잔티움인"으로 자처하지 않았다. 비잔티움인이라는 표현은 16세기에야 비로소 일반화된 용어였다. 앞으로 이 책에서는 콘스탄티노폴리스를 중심으로 그리스어를 구사하는 사람들의 로마 제국과 또다른 곳들에 있는 로마인들의 모든 제국들을 구분하기 위해서 이 용어를 쓰겠지만, 콘스탄티노폴리스를 근거지로 통치하던 그 제국의 사람들이 로마인으로 자처했다는 사실을 반드시 기억해야 한다. 훗날, 중세 후기의 라틴 기독교인들은 그 제국 사람들을 "그리스인"으로 치부하며 비웃었지만, 그 제국 사람들의 우방들과 적들은 종종 그들을 로마인으로 부르기도 했다. 그들은 자신들이 다스리는 땅을 로마, 루마니아, 루멜리 같은 이름으로, 즉 변화가 아니라 연속성을 가리키는 다양한 명칭으로 불렀다. 한편, 5세기 말부터 유스티니아누스 1세와 테오도라의 치세가 절정에 이른 6세기까지 동로마인들은 제국 내부에서 수 세기 전부터 진척되고 있던, 중심부에서 주변부로의 이동 과정을 마무리하면서 세계가 콘스탄티노폴리스를 중심으로 돌아가도록 열심히 노력했다. 동시에 그들은, 기독교 이전 시대의 로마의 유산과 개념적인 연관성을 유지하는 한편, 새로운 무엇인가를 만들려고 했다.

이탈리아에 대한 비잔티움인의 지배력은 차츰 줄어들고 흔들렸다. 새로운 로마와 옛 로마는 아직 연결되어 있었지만 새로운 로마는 지중해 전역의 새로운 현실에 대응해야 했고, 따라서 황제의 관심은 6세기 내내 서쪽에서 동쪽으로 옮겨갔다. 콘스탄티노폴리스를 근거지로 삼은 로마의 해군력은 랑고바르드족이 전쟁의 소란을 틈타 이탈리아 북부의 여러 지역을 장악했을 때조차 아드리아 해에 대한 비잔티움인의 지배권을 든든히 뒷받침했다. 그러나 벨리사리우스와 그의 정복을 둘러싼 기억은 아직 남아 있었다. 황제와 테오도라 황후를 표현한 모자이크들이 얼마 전에 완공된 6세기의 성당인 산 비탈레 성당에 새로이 제작되었다. 천장에 가득한 별이 반짝이는, 갈라 플라키디아의 고요한 영묘와 아주 가까운 곳이었다. 이 새로운 모자이크들은 기독교의 승리와 제국의 재건 이야기를 들려주기 위해서 『구약 성서』와 『신약 성서』에 묘사된 장면들을 결합했다. 라벤나에 있는 이들 모자이크는 도시에 있는 다른 로마의 상징들과 더불어, 최소한 1300년대까지 수 세기 동안 유럽 황제로서의 권위의 가치를 고취했다. 카롤루스 마그누스와 붉은 수염 프리드리히 1세 바르바로사 같은 유명한 통치자들은 그 상징들이 뿜어내는 광채를 응시하며 그것들에 걸맞는 정책과 조치를 구체화했을 것이다. 라벤나의 이 모자이크들은 관람자들에게 동로마 제국과 서로마 제국 사이의 지속적인 연관성을 상기시켰다. 그러나 더 중요한 점은 이제 새로운 중심인 콘스탄티노폴리스에서부터 사방으로 힘이 퍼져나간다는 사실이었다.

콘스탄티노폴리스 같은 "새로운 중심"을 어떻게 진짜처럼 보이게 할 것인가? 그 수많은 사람들이 세계를 이전과는 다르게 바라보도록 어떻게 설득할 것인가? 중세의 신화 작가들은 **그들의** 도시, **그들의** 교회, 혹은 **그들의** 통치자가 로마 제국의 세속적, 종교적 유산을 도용한 행위를 정당화하려고 애쓰면서 중세 내내 이 문제와 씨름했다. 콘스탄티노폴리스의 경우 로마라는 도시를 정복하는 것이 하나의 목표였지만, 사람들의 상상력을 재구성하기 위해서는 신화 작가들이 훨씬 더 많은 일을 해야 했다.

그렇다면 가상의 세계 지도를 어떻게 다시 그릴 것인가? 사람들이 시선을 바꿀 수밖에 없는 물리적, 실재적 힘의 상징들—예컨대 교회와 궁전, 성스러운 물건이나 왕권을 나타내는 의식용 물건—이 쓰이는 경우도 있지만, 처음에는 흐릿해도 시간이 흐르면 뚜렷해지는 머릿속의 현실이 더 미묘한 효과를 내는 경우도 있다. 비잔티움 제국의 중심 콘스탄티노폴리스는 지중해 세계의 정신의 중심이 되었고 중력이 워낙 강력한 나머지 한동안 거의 모든 종교적, 문화적, 정치적 힘이 그 도시에서 표현되었다는 머릿속의 현실처럼 말이다. 콘스탄티노폴리스가 중심으로 탈바꿈하는 과정의 일부는 거대한 건물들과 교회의 신자 대표위원회를 통해서 이루어졌다. 그러나 여기에서 재미있는 이야기, 특히 여러 세대에 걸쳐 회자된 이야기의 힘을 과소평가하면 곤란하다. 시간을 돌려 벨리사리우스, 유스티니아누스 1세, 테오도라의 이전으로 가서, 훗날 성인으로 추존된 5세기의 수도사 다니엘의 사례를 살펴보자. 그는 콘스탄티노폴리스가 세계의 중심이라는 말을 천사에게서 들었다고 한다.

5세기 후반기의 어느 시점에, 이 다니엘이라는 인물은 유프라테스 강 연안의 도시 사모사타 인근에 있던 작은 수도원의 원장 자리에서 물러난 후에 알레포를 향해 걸어갔다. 다른 사람들과 동떨어져서(도시에서 최대한 벗어난 채) 하늘 높이 솟은 큰 기둥 꼭대기에만 머물며 절대 내려오지 않고 악천후를 견디고 사는 "주상 고행자(柱上苦行者, stylite)" 시메온에게 다니엘은 찾아가고 싶었다. 다니엘도, 시메온도 수도사였다. 4세기에 이집트에서 시작된 비교적 새로운 종류의 기독교 수행법이 로마령 팔레스티나 속주에, 북아프리카 곳곳에, 마침내 유럽에도 전파되었다. 수행의 핵심에 따라서 수도사들은 영적인 문제에 집중—자신의 영혼을 구원—하고 세속적인 혼란과 유혹을 피하고자 세상과 동떨어져 지냈다. 처음에 수도사들은 은둔자로서 사막에서 "홀로" 지냈지만, 길잡이나 지도자, 혹은 아버지(수도원장을 뜻하는 영어 단어 abbot은 "아버지"를 가리키는 그리스어 단어 abbas에서 유래했다)의 통솔 아래 고행자들의 공동체가 서서히 형성되기 시작했다. 시메온은 초기 형태의 수도사였다. 다니엘은 후기 형태의 수도사로 시작했지만 더 엄격한 수행을 추구했고, 따라서 시메온을 길잡이로 여겼다.

　두 사람은 만났고 시메온은 다니엘에게 알레포에서 함께 지내자고 설득했지만, 다니엘은 예루살렘까지 가서 부활의 현장을 확인한 후에 사막에서 은거하기로 마음먹었다. 그러나 다니엘의 성인전을 집필한 어느 추종자에 따르면, 하느님에게는 다른 계획이 있었다. 다니엘이 예루살렘을 향해 가던 어느 날, 수도사처럼 보이는 "털이 아주 많은 남자"가 나타났다. 다니엘은 예루살렘으로 가고 있다고 말했고 그 늙은 남자는 이렇게 대꾸했다. "진실로, 진실로, 진실로, 세 번 주의하라. 그대에게 명하노니 그곳으로 가지 말고, 비잔티온으로 가라. 그러면 제2의 예루살렘, 콘스탄티노폴리스를 보게 될 것이다." 당연한 일이겠지만, 그 말을 듣고도 다니엘은 마음을 정하지 못했을 것이다.

두 사람은 저녁이 될 때까지 함께 걸어갔고, 다니엘은 하룻밤 묵을 요량으로 근처의 수도원을 찾아갔다. 그런데 다니엘이 뒤돌아보았을 때 정체불명의 그 털이 많은 늙은 남자는 사라지고 없었다. 그날 밤, 그 남자가—이제는 천사의 모습으로—다니엘에게 나타났고, 또다시 예루살렘 대신에 콘스탄티노폴리스로 가라고 말했다. 다니엘은 마음을 정했다. 다니엘은 신이 보낸 사자(使者)의 말을 거역하지 않았다. 그는 예수가 십자가에 못 박혀 죽은 도시 대신에, 새로운 예루살렘이자 5세기 로마 제국의 수도이자 기독교 세계의 새로운 중심인 곳으로 떠났다. 콘스탄티노폴리스에 도착한 다니엘은 시메온처럼 행동했다. 그는 대도시의 분주한 풍경 속에서도 기둥에 올라가 방문객들과 숭배자들의 눈길을 끌고 조언을 내놓았으며, 숭고한 기독교의 본보기가 되어 널리 알려졌다.

콘스탄티노폴리스가 6세기에 정치적, 문화적 중력을 발휘하여 라벤나와 이탈리아를 그 궤도로 끌어당겼듯이, 이미 5세기의 주상 고행자 다니엘의 이야기에서도 하느님은 (천사를 통해) 새로운 종교적 현실을 인정하고 있었다. 당시 콘스탄티노폴리스는 새로운 로마일 뿐만이 아니라 새로운 예루살렘이기도 했다. 그곳은 황제의 본거지였고, 얼마 후면 다른 모든 신전들보다 더욱 화려하게 빛날 새로운 성전의 터전이었다.

❧

콘스탄티노폴리스의 물리적, 지적 변신은 하룻밤에 일어난 일이 아니었다. 그 도시와 제국은 천천히 성장했다. 그러나 5세기 말과 6세기 초의 정치적인 상황이 상대적으로 안정적이었다는 점은 행운이었다. 발렌티니아누스 3세가 암살된 후 짧은 기간에 몇 명의 통치자들이 연이어 옥좌에 올랐던 서쪽의 제국과 달리, 비잔티움 제국에는 제논(주상 고행자 다니엘을 찾아간 적이 있고 491년까지 통치했다), 아나스타시우스 1세(재위 491-518), 유스티누스 1세(재위 518-527) 같은 오래 재임한 지도자들이 있었다.

유스티누스 1세는 여러 로마 황제들처럼 미천한 출신(아마도 농민이었을 것이다)이었지만 유능한 군사 지도자였다. 그는 근위대장 자리에까지 오른 입지전적 인물이었다. 518년의 어느 여름밤에 아나스타시우스 1세가 세상을 떠났다. 당시 거의 70세이던 노인 유스티누스 1세가 정적들의 의표를 찌르고, 콘스탄티노폴리스 시민 문화의 핵심적인 장소였던 대형 전차 경기장에서 황제로 인정되었다. 그후에 살육이 시작되었다.

이후 몇 주일 동안, 유스티누스 1세는 그때까지 옥좌를 두고 다투었던 정적들을 암살하도록 지시함으로써 통치 기반을 다졌다. 그는 자기 가족을 비롯해 믿을 만한 사람들로 주변을 채웠다. 측근 가운데 한 사람이 조카인 유스티니아누스 1세였다. 유스티니아누스 1세 역시 미천한 출신의 유능한 정치인이었다. 유스티니아누스 1세는 삼촌이 황제로 등극하도록 뒷받침했고, 유스티누스 1세가 황제로 즉위한 지 불과 수년 만에 제국의 상당 부분을 직접 맡아 다스렸던 것 같다. 527년, 유스티누스 1세가 노환으로 사망했고, 유스티니아누스 1세는 운명을 피하지 않았다.

유스티니아누스 1세는 비교적 가난한 트라키아 농촌 출신이었지만, 삼촌이 죽은 후에 황제의 자리에 올랐다. 그러나 우리가 들려주는 이야기에서는 그의 부인인 테오도라가 중요하다. 두 사람은 유스티누스 1세의 치세가 저물고 있을 때, 그러니까 아마 유스티니아누스 1세가 사실상 제국을 통치하고 있을 무렵에 결혼했다. 테오도라 역시 출신이 미천했다. 그녀는 제국의 수도인 콘스탄티노폴리스의 하층민에 속하는 공연가 출신이었다. 당시에 전차 경주는 콘스탄티노폴리스 시민들의 주요 오락이었는데, 양대 파벌인 청색당과 녹색당을 중심으로 조직되었다. 그 2개의 파벌은 각각 말, 전차, 선수들을 거느리고 있었고, 전차 경주가 열리는 날에는 종일 춤이나 곰 싸움 같은 다양한 오락을 제공하기도 했다. 테오도라는 495년경에 곰 사육사인 아버지와 배우인 어머니의 딸로 태어났는데, 부모 둘 다 녹색당을 위해서 공연을 했다.

테오도라의 언니는 가수였다. 테오도라도 무언극단의 일원으로 무대에 오른 듯싶다. 테오도라를 비판한 사람들이 꼬집은 그녀의 심각한 악행은 사실이 아니라 성차별적이고 계급주의적인 경멸에서 기인한 것일 수도 있지만, 아마도 그녀가 펼친 공연들 중에 일부는 선정적이었을 것이다. 실제로 그랬을 가능성이 높다. 테오도라는 어느 속주 총독의 첩—장기적으로는 안정성이 취약했으나 단순한 연인이나 매춘부, 정부(情婦)보다는 중요했던 일종의 공인된 유사 혼인관계—이 되었다. 그 속주 총독과의 사이에서 딸 하나를 낳았지만, 얼마 후에 두 사람의 관계는 파경을 맞았다. 그러나 이후에도 테오도라는 최상류층 인사들과 어떻게든 계속 접촉할 수 있었고, 유스티니아누스 1세를 만났다. 그러나 두 사람이 정확히 어떻게 만났는지는 알 수 없다. 우리가 알고 있는 사실은 유스티니아누스 1세가 공교롭게도 전직 공연가와 로마 사회의 최상류층 인사 간의 결혼을 합법화하는 법이 통과되도록 힘을 썼다는 점과 523년에 두 사람이 결혼했다는 점이다.

이 두 사람을 어떻게 평가할 수 있을까? 유스티니아누스 1세와 테오도라는 진정으로 사랑에 빠졌던 것 같다. 확실히 정치적 유망주였던 유스티니아누스 1세가 하층계급 출신의 여성과 결혼하는 것은 정치적으로 큰 부담이 되었을 것이기 때문이다. 설령 그 여성이 박식하고 무척 총명하다고 해도 말이다. 그러나 우리는 이 시기를 다루는 주요 저작들의 저자인 역사가 프로코피우스의 작품에서 묘사된 유스티니아누스 1세와 테오도라의 복잡성 때문에 그들에 대한 평가가 엇갈릴 수밖에 없다는 사실을 인정해야 한다. 이 장의 도입부에 등장한 벨리사리우스의 비서였던 프로코피우스는 꽤 많은 저작들을 남겼는데, 대부분의 저작들에서는 유스티니아누스 1세와 테오도라를 신으로부터 위임을 받아서 통치하는 인물들로 찬양했다. 그러나 프로코피우스 스스로 『비화(*Anecdota*)』라고 부른 책에서는 유스티니아누스 1세를 악마 같고 탐욕스러운 바보로 낙인찍었고, 테오도라를 매춘부라고 혹평했다. 여기에서 우리는 프로코피우스의 공식 역사서들을 선전으로 치부하고, 『비화』(혹은 『비사[*Historia Arcana*]』라고 불리기도 한다)를 그의 진정한 견해가 담겨 있는 책이라고 여기며, 유스티니아누스 1세와 테오도라의 미천한 출신 배경이 불안정성의 징후였고 그 징후가 비잔티움 제국이 맞이할 곤경을 예고한다고 단언하고 싶은 유혹을 느낀다.

그러나 이 문제를 오늘날의 계급의식에서 벗어나 다른 시각으로 바라볼 수도 있다. 그들은 분명히 비범한 재능과 추진력을 가진 인물들이었다. 유스티니아누스 1세와 테오도라는 전성기에 가까웠던 위대한 사회의 유연성에 힘입어서 당시 세계에서 가장 막강한 권력자의 반열에 오를 수 있었다. 앞에서 살펴보았듯이, 제국이 연속할 수 있었던 요소들 중의 하나는 타고난 신분을 극복하는 비범한 사람들이었다. 만약 이런 식으로 해석한다면 연약함의 징후는 활력의 징후로 바뀔 것이다. 새로운 전성기를 맞이하는 문명에서 퍼져나오는 빛의 징후로 바뀔 것이다. 암흑시대는 좀더 밝아진다.

그 빛은 단지 은유에 그치지 않았다. 532년, 유스티니아누스 1세와 테오도라는 반란이 최고조에 이르며 벌어진 전차 경기장에서의 대규모 시위에 직면했다. 전차 경주를 둘러싼 양대 파벌인 청색당과 녹색당을 가릴 것 없이 수많은 사람들이 폭동에 가담했다. 서로 경쟁하는 두 파벌의 지지자들이 공동의 적에 대해서 같은 태도를 취했다. 중세에서나 현대에서나 전대미문이라고 일컬을 만한 실로 위험한 순간이었다. 일설에 의하면 폭도들은 "니카!", 즉 "승리!"라고 외치며 콘스탄티노폴리스의 여러 부분을 장악했고, 결국에는 자기들 중에서 새로운 황제를 추대했다. 프로코피우스에 따르면, 유스티니아누스 1세와 참모들은 피신을 고려하고 있었다. 그러나 테오도라는 황제의 통치권을 상징하는 눈부신 보라색의 옷이 "더 고귀한 수의(壽衣)를 만들 것이므로" 도망치지 않겠다고 말했다. 그들은 테오도라의 말을 듣고 마음을 단단히 먹었다. 유스티니아누스 1세는 벨리사리우스와 장군 한 사람을 보내 병력을 모으도록 한 후에 폭도들이 모여 있는 전차 경기장에 모든 군사력을 동원하여 무자비한 학살을 저질렀다. 그 순간, 걷잡을 수 없이 타오르는 불—아마 폭도나 군인들이 붙였을 것이다—에서 그 시대의 빛이 퍼져나왔다. 그 불은 전차 경기장이나 황궁과 가까운 거리에 있던 성 소피아 성당을 태워버렸을 뿐만 아니라 콘스탄티노폴리스 사람들의 시체도 집어삼켰다. 성 소피아 성당의 목재들은 비명과 살육의 와중에 탁탁 소리를 내며 타올랐다.

이후 유스티니아누스 1세는 도시 재건에 착수했고, 그러는 동안 그 밝고 복잡한 땅에서 로마다움을 정의하고 관리하려는 시도의 복잡성이 수면 위로 떠올랐다. 그의 최우선 과제는 거룩한 지혜의 성당을 재건하는 것이었다. 그는 탁월한 과학자이자 발명가이며 도시계획가인 안테미오스와 이시도루스에게 과업을 맡겼다. 그들은 고대인들의 지혜, 특히 고대 그리스의 수학과 공학을 활용하고 인간 지식의 총합을 늘리는 전문가 계층 출신이었다. 안테미오스는 지진을 연구할 목적으로 증기력을 이용해 인공 지진을 일으켰다고 한다(지진은 콘스탄티노폴리스의 고질적인 문제였다). 그의 지진 연구는 아마 홍수 조절 기술을 향상시키려는 노력과 관계가 있었을 것이다. 두 사람은 그런 전문가로서의 감각을 성 소피아 성당(소피아[sophia]는 그리스어로 "지혜"라는 뜻이다) 재건 작업에서 발휘해, 널리 알려진 대로 아주 넓은 공간 위에 장엄하게 솟은 거대한 돔을 세웠다. 그 넓은 공간은 당시 기독교 세계에서 가장 큰 규모의 실내 공간이었고, 그 커다란 돔은 1,000년 후에 로마의 성 베드로 대성당이 재건될 때까지 최대 규모를 자랑했다. 그들이 만든 돔은 중세 내내 현지인과 순례자들의 시선을 사로잡았다. 오늘날까지도 대부분 회반죽이 발린 돔의 금빛 천장과 공간의 엄청난 규모는 방문객들에게 충격을 선사할 만하다. 더군다나 그 교회는 불과 5년 만에 완공되었다. 생각조차 할 수 없을 만큼 빠르고 정밀하게 이루어진 작업이었다.

그리고 빛을 받아 반짝이는 금이 있었다. 일부 학자들은 그 건물 창문의 절반 이상이 오늘날 가려져 있는데 이 때문에 실내 공간이 어두워졌다고 본다. 바닥의 대리석은 하루의 특정 시간에 빛을 포착했고, 바로 그 시간에 보스포루스 해협에서 햇빛이 반사되는 것처럼 빛을 반사했다. 촛불 속에서든 태양 광선 속에서든, 성 소피아 성당은 반짝거렸다.

프로코피우스는 『건축물에 대하여(De Aedificiis)』에서 빛이 설계의 일부분이라고 썼다. "아치의 꼭대기에는 원통형의 원형 구조물이 놓여 있다. 바로 이것을 통해서 언제나 햇빛이 첫 미소를 짓는다. 그것은 대지보다 높이 솟아 있기 때문이다.……그리고 충분한 양의 빛이 들어오는 통로가 되도록 그 원형 구조물에는 개구부(開口部)들을 의도적으로 남겨두었다." 여기에서 우리는 영리한 건축술뿐 아니라 프로코피우스가 지구와 태양의 관계를 고려하는 방식에도 주목해야 한다. 프로코피우스는 돔이 "허공에 걸려 있다"라고 묘사했다. 그것은 예배자들의 마음이 마치 저 위쪽의 하느님을 향해서 고양되며, 하느님이 저 멀리 떨어져 있지 않으시고, 우리는 주님이 택하신 이곳에 기쁨으로 머물러야 한다고 느끼도록 계산된 아름다움이었다. 그런 경험은 성 소피아 성당에 처음 왔을 때만이 아니라 매번 방문할 때마다 새롭게 겪게 된다. 물론 당시의 모든 성당들은 총체적인 감각적 경험의 장소였지만, 성 소피아 성당은 규모의 측면에서 달랐다. 소리의 울림 효과—현대의 고고학자들이 찾아내 재현했다—로 인해서 여러 음이 울려 퍼지고 겹치는 동안—예술사가인 비세라 펜체바의 말을 빌리자면 "흐르는" 동안—향기와 촛불 연기로 가득 찬 돔 주변에는 해로운 공기가 머물고 있었을 것이다.

콘스탄티노폴리스가 "진정한 도시"가 되었듯이, 성 소피아 성당도 "진정한 성당"이 되었다. 성 소피아 성당이 예루살렘의 성전이나 로마의 대성당들보다 우월하고 그 장소들을 대체할 것이며, 로마와 그 너머의 세계에서 구해온 보석과 금으로 장식한 이 성당이 바로 기독교 숭배의 중심이라고 선언한 것이나 다름없었다. 그러나 대체에는 연속성이 필요하다. 콘스탄티노폴리스와 마찬가지로 성 소피아 성당도 그보다 모든 면에서 더 뛰어나고 우월한 과거의 유산에 경의를 표할 수밖에 없다. 성당에 있는 한 모자이크에서 이 점이 명백히 드러난다. 성모 마리아를 묘사한 모자이크를 보자. 한쪽에서는 황제 콘스탄티누스 1세가 콘스탄티노폴리스의 모형을, 반대쪽에서는 유스티니아누스 1세가 성 소피아 성당의 모형을 성모 마리아에게 바치고 있다.

지금까지 우리는 빛으로 가득한 교회에 초점을 맞추었다. 비잔티움 제국의 법, 신학, 교육을 둘러싼 역사에서도 비슷한 이야기를 발견할 수 있다. 유스티니아누스 1세는 법제 개혁을 시작했다. 예를 들어 휘하의 학자들은 로마법의 파편들을 한데 모아, 제국 운영의 토대로 삼을 모든 기본적인 법리를 마련하기 위한 단 하나의 "요람(要覽)"을 만들었다. 동시에 그는 고대에 뿌리를 둔 권위 있는 철학학교인 아테네 학당을 폐쇄했다. 플라톤과 아리스토텔레스의 유산을 연구하는 데에 많은 시간과 노력을 쏟은 현대 역사가들은 암흑시대의 도래를 지적할 때 바로 이 아테네 학당의 폐쇄 조치를 거론해왔다. 그러나 우리는 전체를 바라보아야 한다. 그때까지 기독교권에서는 늘 다신교적 지식의 활용을 둘러싼 지적 긴장 상태가 있었지만, 어쨌거나 그 지식은 활용되었다. 유스티니아누스 1세 치세에 그 긴장 상태는 개작과 혁신으로, 새로운 법제로, 새로운 홍수 통제 기술로, 하늘 높이 솟은 새로운 교회로 이어졌다. 로마는 계속되었지만, 훗날 유스티니아누스 1세와 그의 추종자들이 주장했듯이 새로운 로마는 더 환하게 빛났다.

더구나 유스티니아누스 1세와 테오도라는 새로 정복했거나 다시 정복한 땅들에 로마 제국과 기독교의 장엄함이라는 의미를 전하기 위해 그 빛을 서쪽으로 퍼트렸다. 라벤나의 산 비탈레 성당에 설치된 모자이크는 그런 계획들 중의 하나였다. 오늘날에도 유스티니아누스 1세와 테오도라, 그리고 그들의 수행원들이 예배자를 내려다보는 그 모자이크들은 빛을 포착해 반사하고 있다. 라벤나의 그 모자이크들은 당대인들에게 로마 제국이 지속되었다는 점뿐만 아니라 6세기의 콘스탄티노폴리스, 즉 제2의 로마가 여러 측면에서 여전히 번창하고 있다는 점도 웅변했다.

그러나 가상의 지형에는 현실적인 비용이 따르는 법이다. 그 모든 건설 및 재건 사업, 그리고 지중해와 동쪽 지역 주변에서 치른 전쟁은 콘스탄티노폴리스와 그 시민들에게 부담이 되었다. 유스티니아누스 1세가 부과한 세금으로 콘스탄티노폴리스와 지중해 세계는 탈바꿈했다. 그 세금은 유스티니아누스 1세의 건설 사업을 뒷받침하는 자금이 되었을 뿐 아니라, 동쪽의 막강한 페르시아 제국이 "영원한" 평화조약을 체결하도록 회유하는 수단이 되기도 했다. 그렇게 찾아온 평화는 페르시아 제국에 돈을 바치는 동안에만 유지되었다. 경제적 어려움은 무력을 동반한 반발을 부르기 마련이다.

콘스탄티노폴리스의 평민들은 세금에 몸서리쳤다. 실제로 무거운 세금 때문에 자칫 유스티니아누스 1세의 치세를 끝내버릴 뻔한 니카 반란이 발발했다. 게다가 제국은 끊임없이 세수를 확보하기 위해서 돈이나 재물을 대가로 고위직을 팔아넘기기도 했고, 그런 매관매직 행위는 (유스티니아누스 1세와 테오도라 같은) 평민의 출세에 불만을 느끼던 전통적인 최상류층의 분노를 초래했다. 그 거대한 도시 내부에서 공존하던 다양한 기독교 교단들 사이의 종교적 긴장 상태 외에도, 안정성을 흔들 만한 위험 요인들이 많았던 것이다.

사실 그 내부적, 외부적 긴장 상태는 프로코피우스와 그의 저작들에 드러나는 모순적인 평가를 둘러싼 해묵은 수수께끼를 푸는 데에 도움이 될 수 있다. 그는 공식 역사서에서는 연이은 전쟁에, 그리고 저수지와 종교 시설 같은 환경의 변화에 환호했을 뿐만 아니라 황제의 관료제 및 법제 개혁에도 기뻐했다. 유스티니아누스 1세의 법전은 장차 중세 유럽 대륙법의 기반을 형성하게 된다. 여러 측면에서 프로코피우스의 저작은 대부분 유스티니아누스 1세와 테오도라가 펼치는 사업의 범위 안에 놓여 있다. 그는 펜으로 황제 부부를 극진히 섬겼다.

그러나 알려져 있다시피 프로코피우스는 바로 그 사업의 알맹이를 빼버린 짧은 책 『비화』도 집필했다. 『비화』는 어떻게든 여러 세기를 견뎌냈고, 지금 바티칸 도서관에 유일한 사본의 형태로 보관되어 있다(프로코피우스가 죽은 후에 여러 세기 동안 그 존재가 알려져 있었지만, 현대에 이르러서야 재발견된 책이다). 『비화』에는 테오도라의 젊은 시절에 관해 알려져 있는 구체적인 내용 대부분이 실려 있다. 프로코피우스는 『비화』에서 그녀를 "매춘부"로 불렀고, 그녀가 끊임없이 공공연한 성행위를 즐기고 평생 욕정에 타올랐다고 비난했다. 그 자신이 매우 오랫동안 모시던 장군인 벨리사리우스의 부인이 다른 사내와 정을 통했다고 조롱했다. 그는 유스티니아누스 1세를 인두겁을 쓴 악마로, "1만의 1만의 1만의 사람들", 다시 말해 1만의 세제곱, 즉 1조 명의 사람들을 살해한 자로 일컬었다(중세의 "사료"를 다룰 때 항상 조심해야 한다는 점을 일깨워주는 유익한 표현이다).

　이렇듯 프로코피우스는 두 얼굴의 사나이였다. 공식 역사서에서는 가면을 쓴 채 호구지책에 여념이 없었지만, 비공식 저작에서는 가면을 벗었다. 그는 유스티니아누스 1세와 테오도라보다 영향력이 더 큰 가문 출신이었다. 그러므로 그의 분노를 확인한 것에 더해서, 프로코피우스를 정치를 예리하게 관찰했을 뿐만 아니라 정치에 참여하기도 한 사람으로 바라볼 필요가 있다. 유스티니아누스 1세 치세의 영광도, 혼란도 모두 목격한 그는 혹시 반란이 일어났을 때 자신이 유스티니아누스 1세 정권의 공모자로 지목되어 처벌을 받을까 봐 걱정했을지도 모른다. 실제로 반란이 일어났다면 프로코피우스의 그 짧은 책 『비화』는 자신이 반란으로 쫓겨난 통치자를 전혀 좋아하지 않았다는 증거로 제시할 수 있는 보험증서 구실을 했을지도 모른다. 그러나 그가 예상한 반란은 일어나지 않았다. 테오도라는 548년에, 유스티니아누스 1세는 565년에 숨을 거두었다. 둘 다 평화 속에 잠들었다. 프로코피우스가 서랍 속에 넣어둔, 근거가 부족한 이 비공식 저작은 그가 사망한 후에야 발견되었다. 그 책에는 근대 이전의 사람들도 이후의 사람들만큼이나 까다롭고 약삭빠른 사람들이었다는 증거를 제공한다. 근대 이전의 사람들도 자신의 이익을 위해서 양다리를 걸치거나 한쪽으로 입장을 결정하고자 했다. 그러나 동시에 우리는 과거의 사람들이 미래를 알 수 없었다는 점을 상기해야 한다. 우리는 현재의 시점에서, 다시 말해 과거인들의 미래의 시점에서 서술할 수 있다는 이점이 있기 때문에, 역사를 예정된 결론을 향해서 필연적으로 돌진하는 것으로 바라보는 경우가 너무 많다. 그러나 역사는 절대 그런 식으로 흘러가지 않는다.

끝으로, 프로코피우스의 저작과 테오도라의 이야기를 통해서 여성 권력자들에 대한 묘사와 공격으로부터 드러나는 가부장적 기준의 끈질긴 힘을 읽어낼 수도 있다. 성적 능력을 여성의 출세와 연결하는 관행은 문학과 역사에서 반복적으로 나타나는데, 그것은 남성들이 두려움을 느꼈다는 증거이기도 하다. 유스티니아누스 1세와 테오도라의 경우에도, 잘못은 남자가 아니라 성적인 계략으로 통치자와 그의 제국을 타락시킨 악마 같은 여자에게 있었다. 그러나 테오도라는 오늘날에도 최후의 승리자로서 라벤나의 성벽에 남아 있다.

콘스탄티노폴리스는 눈부시게 빛났다. 그 도시의 빛은 실재적인 현상이자 정치적인 전략이기도 했다. 그러나 콘스탄티노폴리스의 통치자들이 결코 "비잔티움인"으로 자처하지 않았다는 사실을 명심해야 한다. 그들은 로마인으로 자처했다. 그들의 우방과 적들도 그들을 로마인으로 불렀다. 그러나 로마인으로 자처한 사람들은 수없이 많았다. 비잔티움의 통치자들은 세계를 향해서 패권을 외치고 있었지만, 그들의 외침을 들은 세계는 수많은 언어로 되받아쳤다. 수많은 다른 사회들이 고유의 방식으로 나름의 우월성을 주장하고 있었다.

중세 내내 로마가 복수형으로 존재했다고, 즉 두 개 이상의 로마가 있었다고 생각해야 할 것이다(이것은 기독교, 유대교, 이슬람교, 프랑스, 독일 등에도 해당하는 말이다). 그 전형적인 제국의 유일하고 진정한 후손을 가려내고자 하는 대신, 연관성과 정통성을 주장한 사람들의 방식과 그 동기를 분석해야 한다.

　그런데 콘스탄티노폴리스의 황제들이 발전시킨 가상의 지형에서 로마와 예루살렘이 하나가 되었다고 해도, 비잔티움인들이 기독교적 과거와 로마의 세속적 과거를 둘러싼 일체의 소유권을 두고 내세울 만한 모든 주장들은 물거품이 되었다. 지중해 영토들에 대한 유스티니아누스 1세의 장악력은 점점 약해졌다. 서쪽에서는 새로운 세력들이 출현했고, 비잔티움 제국과 페르시아 제국이 다시 잔인한 투쟁에 돌입했을 때 아득히 멀리 떨어진 메카라는 도시에서 무함마드라는 인물이 천사 가브리엘을 통해 하느님의 거룩한 말씀을 들었다고 대중을 향해 설교하기 시작했다. 무함마드와 그의 추종자들은 훗날 제국적 권력과 종교적 권력 모두에 관한 새로운 이야기를 내놓았다. 그렇게 세계는 과거와 결별했다.

3

예루살렘의
여명

638년(이슬람력으로는 16년이나 17년으로, 예수 탄생을 원년으로 삼느냐 무함마드와 그의 추종자들이 메디나로 이주한 사건을 기점으로 보느냐에 따라서 달라진다)에 제2대 칼리파인 우마르 이븐 알-카타브가 흰 낙타를 타고 예루살렘에 나타났다. 이미 수년에 걸쳐 그의 군대는 전력이 약해진 예루살렘 주둔 로마군을 쓸어버렸고, 이제 예루살렘은 곧 그의 손아귀에 들어가기 직전이었다. 당시의 기독교인들이 쓴 역사서에 따르면, 그가 예루살렘으로 진군해올 때 예루살렘 총대주교 소프로니우스는 솔로몬의 탑에서 그 광경을 지켜보고 있었다. 전해내려오는 바에 따르면, 그는 "그러므로 너희는 예언자 다니엘이 말한 대로 황폐의 상징인 흉측한 우상이 거룩한 곳에 선 것을 보게 될 것이다"라고 말했다. 그것은 「다니엘」(12장 11절)에서 가져온 묵시론적 언명이자 앞으로 다가올 무시무시한 일에 대한 경고였다. 소프로니우스는 그 구절을 인용하며 예루살렘과 그곳 기독교인들의 완전한 파멸을 예언하면서 예언자처럼 행동했다. 그러나 대부분의 예언자들이 그렇듯이, 소프로니우스의 예언도 완전히 빗나갔다.

그의 예언과 달리 우마르와 소프로니우스는 예루살렘을 정복군에게 넘겨주되, 그곳 기독교인들의 유구한 독립 상태를 허용한다는 조건으로 협정을 맺었다. 기독교인들은 2등 시민으로 전락했지만, 그들이 세금을 내는 한 개종하라는 압박에 시달리지는 않았다. 그들은 교회와 렐리기오(religio)─신성한 존재를 위한 공동체의 관행들─를 원래대로 유지할 수 있었다. 그들의 지도자들도 그대로 유지되었다. 우리는 역사적인 상황을 도외시한 채 종교를 시대를 초월하는 것으로 간주하는 경향이 있다. 우리는 "신념"과 "신앙"을 특별히 대우하는 반면, 유럽 안팎에서 다른 전통을 고수하며 살아가는 사람들의 생생한 체험은 무시하는 계몽주의 이후의 개신교적 프레임을 과거에 들이대고는 한다. 그러나 분명 근대 이전 대부분 기간에는 사람들이 실제로 **살던 방식**이 중요했다. 그리고 우마르는 기독교인들이 오래 전부터 늘 살아온 방식을 어느 정도 유지할 수 있다는 점을 보장했다.

예루살렘은 확실히 3대 일신교 간에 벌어진 경쟁의 역사를 가지고 있지만, 그 도시를 문명의 충돌을 둘러싼 수천 년에 이르는 기나긴 역사의 중심지로 바라보는 것은 실수이다. 고대 히브리인의 종교적 숭배의 중심이었던 예루살렘과 그곳의 성전은 기원후 70년에 로마인에 의해서 파괴되었고, 제2차 봉기 이후인 140년에 또다시 로마인에게 더 철저히 유린되었다. 사실, 예루살렘이 아일리아 카피톨리나라는 로마의 새로운 식민 도시가 된 이후로 도시로서의 예루살렘은 1세기 넘게 존재하지 않았다. 애초 기독교인들은 그 도시를 크게 중요시하지 않았다. 그 이유는 물론 소수 집단이자 가끔 박해를 당하는 공동체라는 그들의 위치와 관계가 있기도 했지만, 그것은 하나의 이념적인 태도이기도 했다. 예수의 추종자들은 그들이 유대교를 대체했으며, 천상의 왕국이 있으므로 지상에는 왕국이 있을 필요가 없다고 믿었다.

콘스탄티누스 1세의 생각은 달랐다. 4세기 초에 기독교로 개종했을 때 그는 새로운 기독교의 예루살렘을 재건하는 작업에 착수했고, 로마의 제국적 관념과 기독교적 대체주의(supersessionism : 근본적으로 교회가 하느님의 계획에 따라 이스라엘을 대체했다고 믿는 사조로, 유대인이 더는 선민이 아니라고 여긴다/옮긴이)를 결합했다. 예루살렘에는 예수의 삶을 기리기 위한 새로운 교회들이 건설되었다. 150년경부터 고대 로마의 신 유피테르에 헌정된 신전이 있던 성전산(聖殿山)은 콘스탄티누스 1세에 의해서 쓰레기장으로 바뀌었다. 그의 지독한 반(反)유대교적 태도에서 예루살렘이 이제 기독교 도시가 되었다는 점이 분명히 드러났다.

일례로, 오늘날 요르단의 도시 마다바(당시에는 로마령 시리아에 속해 있었다)에 있는 6세기의 성 게오르그 교회에서 복구된 지도 모자이크를 들 수 있다. 모든 지도가 기본적으로 그렇듯이 그 지도 역시 이념적인 표현의 일종인데, 콘스탄티누스 1세가 사망한 지 수백 년이 지났는데도 그의 이상적인 미래상을 단단히 부여잡고 있다. 그 모자이크

지도는 6세기 당시의 예루살렘의 실제 모습을 그린 것이 아니라, 가상의 예루살렘의 모습을 그린 것이다. 예루살렘은 성벽으로 둘러싸여서 표시되어 있는데, 지도의 왼쪽이 북쪽에 해당한다. 북쪽의 다마스쿠스 문에서 남쪽(지도의 오른쪽)의 유스티니아누스 1세의 네아("새로운") 교회까지 거리가 길게 뻗어 있다. 정중앙에는 콘스탄티누스 1세가 4세기에 지은 성묘교회가 있다. 동쪽(지도의 위쪽)에 있어야 할 성전산은 보이지 않는다.

7세기에 아라비아인들이 펼친 정복 사업은 모든 정복 사업과 마찬가지로 파괴, 죽음, 혼돈을 일으켰다. 그러나 일반적인 믿음과는 달리, 그들의 정복이 기존의 민족들과 관습이 전멸하는 결과를 초래하지 않았다. 새로운 일신론자들—훗날 우리가 이슬람교도라고 일컫는 집단—이 아라비아 지역 밖으로 지중해 세계의 많은 지역들을 거쳐서 중앙 아시아까지 퍼져나갔을 때, 우마르와 그의 뒤를 이은 지도자들은 합의를 통해서 다양한 민족의 공존을 위한 프레임을 마련했다. 심지어 역사가 프레드 도너는 그 정복 사업 시기에 초기 이슬람교도가 토착 기독교인(그리고 아마 유대인들까지)과 나란히 한자리에서 각자의 종교를 기린 것 같다고 설명하기도 했다. 가령, 예루살렘에서 그들이 처음 마련한 예배당은 성묘교회 옆에 있었다(또는 성묘교회 안에 있었을지도 모른다). 그리고 다마스쿠스에서는 이슬람교가 자매 일신교들로부터 명확히 분리되고 성 요한 성당의 구조가 모스크로 탈바꿈하기 전까지, 한동안 성 요한 성당이 기독교와 이슬람교가 모두 예배를 드리는 장소로 쓰였던 것 같다. 지중해와 그 너머의 모든 곳에서 다양한 종교를 믿는 사람들, 그리고 한 종교의 다양한 전통을 따르는 사람들은 서로 근처에서 살 수 있었고 실제로 그렇게 살았으며, 그럭저럭 평화롭게 지내는 경우가 많았다.

공존은 보통 쉽지 않고 언제나 불평등하지만, 최소한 이슬람교가 유럽과 아시아, 아프리카 도처에서 그토록 빨리 전파될 수 있었던 비결이 되었다. 사실, 그 새로운 신자들의 출현에서 눈에 띄는 점은 변화보다는 연속성이다. 이슬람교가 도래하면서 개종을 강요하는 압력이 초래된 것은 분명하다. 그러나 로마와의 지적 연속성도 잃지 않았다. 그리고 어쨌든 당시 일부 기독교인들의 항변에도 불구하고, "흉측한 우상(abomination of desolation)"과 비슷한 것은 전혀 없었다.

~~~~~

유럽의 관점에서, 혹은 지중해의 관점에서도 아라비아 반도는 얼핏 머나먼 주변부처럼 보일지 모른다. 그러나 아라비아는 결코 중세 초기 세계에서 주변부가 아니었다. 아라비아 반도는 고대 교역망의 핵심 교차점으로 번성했다. 아시아를 가로지르는 북쪽의 육로를 이용하면 페르시아를 거쳐 콘스탄티노폴리스에, 남쪽의 육로를 이용하면 안티오키아, 아크레, 또는 카이사레아에 도착할 수 있었다. 페르시아를 우회하는 다른 육로를 이용하면 곧장 아라비아 반도를 꿰뚫고 지나가 북아프리카에 이를 수 있었다. 인도양을 가로지르고 동아프리카 해안 여기저기를 거쳐 홍해로 들어가는 모든 항로는 아라비아 반도의 항구들―특히 비교적 비옥한 남쪽 지역의 항구들―을 거쳤다. 아라비아 반도의 중심부는 사막이었지만 현지인들은 사막을 건너는 방법을 알고 있었고, 도시화된 주변부의 이쪽에서 저쪽으로, 그리고 인접한 북쪽의 교역망으로 상품을 운반하며 이득을 챙길 수 있었다.

6세기 말 아라비아 반도의 종교적, 정치적 문화는 확대된 친족관계망(서양의 백인 학자들이 너무 쉽게 "부족"이라고 일컫는 집단)을 중심으로 편성되었다. 그 집단들은 교역이나 침략을 통해서 상품과 관념을 교환하고 결혼이나 납치, 노예화를 통해서는 사람들을 교환하면서, 평화적으로 또 적대적으로 끊임없이 다른 집단들과 접촉했다. 그 공동체들은 대부분 다신교적 성향을 띠었고 여러 신들을 숭배했지만, (로마인들처럼) 종종 친족관계망과 관련된 단 하나의 신을 섬기는 데에 집중하고 그 신을 특정한 자연 현상이나 자연물과 연관시키기도 했다.

여러 종교적 전통들에서 뚜렷하게 나타나는 양상에 따라 성스러운 장소들은 하람(haram)이 되었다. 하람은 폭력이 금지되어 상거래가 안전하게 이루어질 수 있는 구역이었다. 아라비아에서는 물이 있고 주요 하람이 있는 곳에서 도시들이 발전했다. 그러나 아라비아는 일신교의 본산이기도 했다. 어떤 지역들에서는 다양한 형태의 유대교를 쉽게 찾아볼 수 있었지만, 기독교 역시 여러 세기에 걸쳐서 아라비아 반도에 흘러들어온 것으로 보인다. 아무튼, 기독교를 믿는 로마인과 조로아스터교를 믿는 페르시아인 모두가 아라비아인과의 군사적, 상업적 교류를 유지했다. 아라비아의 상인과 용병들이 북쪽으로 건너갔을 때도 마찬가지였다. 다시 말해서, 그 제국들의 일신론자와 아라비아의 다신론자 간의 교류를 엄격히 차단하는 밀봉재는 없었다. 역사적으로 그런 것은 거의 없다. 서로 인접한 공동체들은 항상 어떤 식으로든 뒤섞인다.

메카의 심장부에는, 성스러운 검은색 정육면체 석조 구조물인 카바를 중심으로 한 하람이 하나 있었다. 아라비아 반도 서해안, 즉 홍해와 가까운 내륙에 위치한 메카는 한 도시 지역에서 중요한 도시로, 다양한 관념과 다양한 민족이 뒤섞이고 새로운 종교가 태어날 장소였다. 6세기 말, 메카는 근대 이전 시기에서 가장 중요한 무역 품목인 기본 식품류를 장악한 지도층 쿠라이시족이 지배했다. 쿠라이시족은 인도양과 실크로드를 통한 원거리 무역으로 이익을 챙기기도 했다. 특정 친족 집단에 의해서 종교적 권위와 경제적 권위가 결합한 상황에서, 무함마드라는 비교적 미천한 출신의 사내가 예언적 미래상에 대해 말하기 시작했다.

무함마드가 어린 시절을 보내고 부유한 과부와 결혼하고, 명상하기 위해서 메카 밖의 광야로 떠나고, 그곳에서 계시를 받고, 훗날 역사상 가장 영향력 있는 인물의 반열에 오른 이야기는 오늘날까지 줄곧 회자되었다. 그 이야기는 유명하면서도 논란의 대상이기도 하며, 그의 아주 어린 시절은 구전과 수수께끼에 싸여 있다. 그러나 여기에서 그 모든 이야기를 다루기는 너무 벅차다. 무함마드는 그가 창시한 종교가 자신들의 권력을 위협한다고 생각하는 메카의 최상류층을 상대로 싸워야 했다. 그는 622년에 초기의 신봉자들과 함께 이웃 도시인 야트리브(훗날 메디나로 이름이 바뀌었다)로 이주하거나 피신했고, 622년은 이슬람력의 원년이 되었다. 야트리브에서 그는 거룩한 율법에 따라서 통치되는 새로운 사회의 틀을 마련했고, 종종 현지의 유대인이나 아라비아 공동체들과 팽팽하게 대립했지만, 결국 그 도시를 통합하는 데에 성공했다.

그런 다음 무함마드는 메카에서 경쟁자들을 무찔렀고, 그들을 이슬람 신앙공동체로 이끌었다. 죽기 전에 그는 물려받은 전통이나 출신 민족, 거주지를 막론하고 신자들 간의 유대관계를 형성하는 이슬람교의 명령을 정했다. 신자들은 처음에는 예루살렘을 향해 기도했지만, 이제는 방향을 바꾸어 아라비아인의 도시인 메카 쪽으로 기도를 올렸고, 예언자 무함마드처럼 메카로 순례를 떠났으며, 더 넓은 세상을 지향했다.

그 모든 일이 아라비아 반도, 비잔티움 제국, 페르시아 제국에서 벌어지는 동안, 북쪽의 그 거대한 제국들은 수십 년간(계산 방식에 따라서는 수백 년간) 이어진 무자비한 투쟁의 마지막 단계에 접어들었다. 유스티니아누스 1세의 치세에는 갖가지 기독교 종파들의 정체성이 강화되었다. 신성(특히 예수)의 본질을 다르게 해석하는 종파들이 있었고, 어떤 종파들은 교회의 권위에 초점을 맞추기도 했다. 각각 다른 기독교 종파들 사이에서 각 종파의 지도자들이 정치적, 사회적 영향력을 차지하려고 다투는 바람에 충돌이 자주 빚어졌다. 그러나 비잔티움 정교회가 승리하는 경우가 많아지자, 제국 도처에서 긴장과 불만이 고조되었다. 페르시아 제국의 조로아스터교 신자들도 여러 종파로 나뉘어 있었지만, 비잔티움 제국에서 도망쳐온 비(非)정교회 기독교인과 유대인들을 대체로 환영하는 편이었다. 비정교회 기독교인들 중에서 5세기의 교리 싸움에서 패배한 네스토리우스파는 훗날 아시아 전역으로 널리 전파되어 중세 내내 반향을 일으켰다.

따라서 비잔티움 제국과 페르시아 제국은 거대한 영토를 자랑했으나 문화적으로, 정치적으로 산산조각이 나 있었다. 두 제국 모두 통치자들이 무리 없이 다스릴 수 있는 규모보다 훨씬 넓은 영토를 거느리고 있었고, 내부의 투쟁과 상대 제국과의 싸움으로 기진맥진한 상태였다. 그런 상태는 이따금 다른 지방의 지도층이나 제국의 통치에 맞서서 세력을 확장하던 각 지방의 지도층에게 기회가 되었다. 그리고 늘 그렇듯이 가난이나 질병, 부패한 행정, 대외 전쟁으로 인한 징용과 같은 국내외적 불안정성의 폐해를 고스란히 겪은 평민들도 떠올려보자. 비잔티움 제국과 페르시아 제국에는 깊게 갈라진 틈이 여럿 생겼고, 점점 팽창하는 아라비아인들의 정치체는 그 틈을 더 벌리는 지렛대 구실을 했다.

614년에 페르시아인들이 침략에 나서서 지중해 동부 해안과 이집트의 많은 부분을 빼앗았을 때, 틈 하나가 벌어졌다. 페르시아인들은 지난 수십 년간 치명적인 유행병뿐만 아니라 여러 차례의 정변과 내전을 겪은 비잔티움 제국의 정치적 불안을 틈타 재빨리 진군했다. 행군 도

중에 페르시아인들은 예루살렘을 약탈했고, 콘스탄티노폴리스까지 포위하기도 했다. 그러나 황제 이라클리오스 1세의 지휘 아래에 로마인들은 다시 결집해 반격에 나섰다. 이라클리오스 1세와 비잔티움 제국의 논평자들은 그것을 성전(聖戰)으로 일컬었다. 전해지는 이야기로는 비잔티움 제국군이 성모 마리아의 성상을 콘스탄티노폴리스의 성벽 주변에 줄지어 늘어놓았을 때 페르시아군의 포위망이 뚫렸다고 한다. 비잔티움인들은 하느님이 그들에게 은혜를 베풀어주기 위해서 돌아왔다고 생각했다. 그런 생각은 이후 수년간 이라클리오스 1세와 그의 군대가 연전연승을 거두며 지난날 빼앗겼던 땅을 되찾았을 뿐만 아니라 페르시아 영토 안으로 깊숙이 진군하자 그들의 마음속에 한층 더 확고히 자리를 잡았다.

더는 원하는 것이 없던 페르시아의 군 지도자들은 비잔티움인들에게 화평을 청했고, 정변을 일으켜 황제 호스로 2세를 투옥하고 처형한 후에 그의 아들을 새로운 황제로 추대했다. 그렇게 수 세기 동안 간헐적으로 싸웠던 두 제국, 로마와 페르시아는 최후의 화해에 이르렀다. 이라클리오스 1세는 629년에 성십자가 유물을 되찾아 예루살렘에 입성하고 콘스탄티노폴리스에서 개선 행진을 거행하며 승리를 마무리했다.

630년경에 비잔티움 제국은 주요 적수에게 결정적인 승리를 거두면서 기세를 올린 듯하다. 그러나 7세기의 그 로마 제국은 다종교, 다민족 사회였다. 예를 들면 이집트는 농산물과 무역품을 통해서 비잔티움 제국에 막대한 부를 제공했지만, 이집트에서는 기독교의 다양한 종파들이 불편하게 공존하고 있었고 지역적인, 그리고 아마도 인종적이거나 민족적인 차이로 분열되어 있었다. 다양한 기독교 종파들 사이의 그런 긴장은 특히 시리아와 팔레스티나 주변 지역에서 높았다. 그 지역의 공동체에 속한 사람들은 (그들이 보기에) 콘스탄티노폴리스의 손아귀가 자신들의 목을 움켜쥔 듯한 느낌에 기분이 별로 좋지 않았다. 그 점은 특히 632년에 아라비아 군대가 나타났을 때 명백해졌다. 비잔티움 군대는 아라비아 군대를 상대하려고 달려갔지만, 결국 640년까지 완패하고 말았다. 636년의 야르무크 전투에서, 로마인들은 아마 그들의 역사상 가장 심각한 패배를 당했고, 침략자인 아라비아 군대는 북쪽으로 진격해 소아시아(오늘날의 튀르키예)까지 휩쓸어버렸다. 그러나 현지인들은 비잔티움 제국의 패배를 참담하게 여기지 않았다. 현지의 기독교인 공동체와 유대인 공동체가 비잔티움 제국의 패배에 기뻐했으며 심지어 정복자들에게 성문을 열어주기도 했다는 기록들이 있다.

로마 군대가 패배하고, 콘스탄티노폴리스가 남겨놓은 공백을 새로운 지도자들이 채우자, 그동안 소외되었던 집단들이 새로운 통치자들 아래에서 인정을 받을 기회를 잡았다. 새로운 통치자들은 기독교 신학의 세세한 사항들보다는 피정복민을 안정적으로 지배하는 데에 관심이 더 많았다. 정복 이후, 아라비아인들은 대체로 피정복지의 기존 관료제를 장악했으나 관료들 대부분을 통치 구조 속에 그대로 존속시켰고, 부유한 지주가 원래의 지위를 유지하도록 허용했으며, 종교 문제에는 간섭하지 않겠다고 약속했다. 최초의 이슬람 제국, 즉 다마스쿠스를 근거지로 삼은 우마이야 칼리파국은 바로 그런 실용주의를 바탕으로 세워졌고, 지역들을 단절시키는 것이 아니라 연결해나가면서 비교적 원활하게 고대 후기 세계의 조직 속으로 엮여 들어갔다.

638년에 제2대 칼리파인 우마르에 정복된 이후의 예루살렘으로 돌아가보자. 당시의 예루살렘 상황은 기독교 지도자들과 이슬람교 지도자들이 새로운 제국의 창건 과정에서 보여준 호혜적인 실용주의에 관한 훌륭한 사례연구 자료이기 때문이다. 당시 기독교인에게 예루살렘은 세상의 중심이었다. 물론 실제로는 그렇지 않았다. 앞에서 살펴보았듯이, 콘스탄티노폴리스도 세상의 중심이었고, 아마 로마도 세상의 중심이었을 것이다. 4세기 황제 콘스탄티누스 1세의 치세에 새로운 기독교 도시가 재건되었을 때(종교의 교체를 보여주기 위해서 의도적으로 옛날의 폐허 위에 재건되었다), 예루살렘은 성스러운 과거의 도시였을 뿐 성스러운 현재의 도시라고는 볼 수 없었다. 유럽과 비잔티움 제국의 많은 사람들은 예루살렘이 아닌 다른 곳을 신성하게 여겼다. 그들은 옛 로마와 새로운 로마로, 혹은 각 지역의 성당과 예배당으로 시선을 돌렸다. 그래도 이라클리오스 1세 시절에 예루살렘을 빼앗겼다가 되찾은 것은 로마의 통치자들이 정치적 권위를 강화하고 신학적 단일성을 촉진하는 데에 보탬이 되었다. 물론 중세 내내 전반적으로 예루살렘에 강한 애착을 느꼈던 유대인들의 사정은 달랐다. 랍비 유대교가 출현함에 따라서 상황이 더 복잡해졌지만, 예루살렘의 상실과 탈환은 유대인들에게 부분적으로는 성전이 파괴되고 지중해 여기저기로 뿔뿔이 흩어진 이후의 현실에 적응하는 과정이었다. 유대인들은 한때 잃어버린 성전에서의 희생을 기억하고 희망을 되찾는 것에 집중했다.

이슬람교도 사이에서 예루살렘은 흔히 세계에서 세 번째로 중요한 도시로 일컬어진다. 그러나 여기에도 더 복잡한 사정이 얽혀 있다. 무함마드 이후 최소한 1,000년 동안 바그다드나 다마스쿠스, 카이로, 코르도바 같은 여러 도시들이 그 중요성을 두고 서로 다투었을 것이다. 가령, 11세기 말에 예루살렘이 유럽인들의 군대에 함락되었을 때, 다수의 이슬람교도들—특히 그 옛날의 로마령 팔레스티나에서 멀리 떨어진 곳의 이슬람교도들—이 보인 첫 반응은 집단적 무시였다. 그래도 훗날 이슬람교로 알려질 종교에 예루살렘은 예언자 무함마드의 언행에 대한 형식화된 전통에 따라 성스러운 역사가 펼쳐지는 과정에서 중요한 역할을 맡았다.

이 부분에서는 기도의 방향을 메카로 바꾼 점이 결정적이었다. 초창기 이슬람교의 일일 기도 형태에서는 신자들이 예루살렘을 향해 기도해야 했는데, 그 관행은 북쪽의 일신론자들—그리고 메디나의 유대인들—이 신흥 종교인 이슬람교의 발전에 영향을 미친 여러 방식들 중에 하나였다. 그러나 나중에 무함마드는 그 관행을 바꾸어 메카와 카바를 향해 기도하도록 했다. 정치적 측면에서 그 조치는 메카의 지도층이 무함마드를 인정하는 한편, 자신들의 도시의 특권적 지위를 유지할 수 있는 길을 열었다. 제2대 칼리파이자 이 장의 도입부를 장식한 인물인 우마르는 사실 애초에 무함마드의 지도자 역할에 극렬히 반대한 쿠라이시족 출신이었다.

메카가 점점 더 중요해졌지만, 예루살렘은 주요 성지로서의 지위를 유지했다. 구체적인 사항들이 논쟁의 대상이고 원문 전승이 불분명하기는 해도(대부분이 구전으로 전해졌고 여러 세대 이후에야 문자로 기록되었다) 예언자 무함마드가 메카에서 예루살렘으로 떠났다는 기적 같은 야간 여행에 관한 이야기가 7세기부터 생기기 시작했다. 날개 달린 말이 하룻밤 만에 그를 예루살렘으로 데려갔다. 그곳에서 무함마드는 이전의 예언자들과 함께 기도를 드리기 위해서 하늘로 올라갔고, 오늘날 성전산에 있는 바위에 발자국을 남겼다. 이 이야기는 성스러운 공간을 통해서 이슬람교를 아브라함계 종교들과 단단히 묶는 강력한 서사이다. 기독교인들이 예루살렘을 재건함으로써 유대교를 대체했다고 주장했듯이, 그 이야기도 여러 세대의 예언자들과 그 성스러운 도시를 무함마드의 새로운 전통과 이어주면서 이슬람교도가 기독교인과 동일한 주장을 내세우도록 도와주었다.

칼리파인 우마르의 군대가 예루살렘 지역을 휩쓸었을 때 휘두른 무기는 예루살렘의 중요성을 둘러싼, 유연하고 중첩적이면서도 독특한 전통이었다. 그러나 "휩쓸었다"는 것은 잘못된 은유이다. 최소한 처음에는 "휩쓸려 떠내려간" 것이 별로 없었기 때문이다. 638년, 예루살렘 총대주교 소프로니우스는 예언자 무함마드의 동료이자 우마르 휘하의 최고사령관인 아부 우바이다 아미르 이븐 아브딜라 이븐 알자라에게 예루살렘을 내주었다. 아부 우바이다는 시리아와 레반트 지방의 정복 과정을 이끌었고, 두 지방의 주요 도시들에 세 가지 선택지를 제시했다. 첫째는 항복하고 이슬람교로 개종하는 것, 둘째는 항복하고 무거운 세금을 내는 대신 안전을 보장받는 것, 셋째는 전쟁을 통해서 파멸을 맞이하는 것이었다. 비잔티움 군대가 도착해 구출해줄 기미가 전혀 보이지 않자, 해당 지역의 지도자들은 재빨리 두 번째 선택지를 골랐다. 그들은 항복했고, 무거운 세금을 내기로 했다.

총대주교 소프로니우스는 우리가 추정할 수는 있어도 결코 알 수는 없는 어떤 이유 때문에 그 정도에 만족하지 않았다. 그는 항복하기로 합의했지만, 칼리파를 직접 만나 항복하겠다고 요구했다. 638년 2월에 낙타를 타고 그 거룩한 도시에 도착한 우마르는 일단 감람산 위의 성벽 밖에 임시로 머물렀고, 그곳에서 총대주교를 만났다. 바야흐로 역사의 흐름이 바뀌는 순간이었다. 칼리파와 총대주교는 협정을 맺었고, 우마르는 엄숙하게 그 도시 안으로 들어갔다.

총대주교와 칼리파는 함께 예루살렘 이곳저곳을 둘러보았다. 그러다가 칼리파가 기도를 드릴 시간이 다가왔다. 소프로니우스는 우마르를 성묘교회로 안내했고, 그가 기도를 올릴 자리를 그 교회 안에 마련해주었다. 그러나 전해지는 말에 따르면, 우마르는 교회 안에서 기도하기를 거절했고, 교회 밖으로 나가 홀로 기도를 올렸다. 10세기의 역사가이자 아라비아어로 글을 남긴 고위 기독교 성직자 알렉산드리아의 에우티키우스에 의하면, 우마르는 소프로니우스에게 다음과 같이 말했다고 한다. "'내가 왜 성묘교회 안에서 기도하지 않았는지 아십니까?' [총대주교가] 대답했다. '모릅니다, 우마르 대교주(大敎主)님.' 그러자 우마르가 말했다. '만약 내가 성묘교회 안에서 기도했다면 당신들은 성묘교회를 잃어버릴 것이고, 그 교회는 당신들의 손에서 사라질 것입니다. 왜냐하면 내가 죽은 후에 우리 신자들이 우마르가 이곳에서 기도를 드렸다고 말하며 교회를 빼앗아버릴 것이기 때문입니다.'" 실제로, 우마르는 무함마드의 신봉자들이 그 교회 밖이라고 해도 절대 무리를 지어 기도하지 말며 개인 자격으로만 기도해야 한다고 판결을 내리면서 그 신성한 장소에 대한 기독교인들의 권리를 보호했다.

물론 에우티키우스가 남긴 이 기록은 의심스럽다. 그는 그로부터 수백 년 후에 활동한 기독교인이기 때문이다. 게다가 그에게는 기독교인의 성지들을 수호해야 한다는 분명한 의무가 있었다(그리고 이슬람교도들이 남긴 사료에는 조금 다른 이야기가 실려 있다). 그러나 이 일화는 종교가 항상 공존하거나 항상 충돌하지는 않는다는 점을 보여준다. 638년에 예루살렘이 정복되었을 때부터 약 300년 후에 에우티키우스가 이 일화를 남길 때까지, 기독교인들과 이슬람교도들은 서로 전쟁을 벌이고 화평을 맺었고, 비잔티움인들은 우마이야 칼리파국이나 아바스 칼리파국을 상대로 투쟁하고 교역하고 동맹을 맺었다. 이 10세기의 기독교인 역사가(아라비아어로 글을 남겼다!)는 공존이라는 오랜 전통을 암시하기 위해서 근원적인 정복의 순간으로 되돌아갔다.

사실, 기독교인들은 우마르와 소프로니우스 간의 협정을 불완전하고 불공평한 공존을 유도하는 협정의 원형으로 활용하며 예루살렘에 있는 성지들을 둘러싼 지배력을 대체로 유지했다. 이후 수 세기 동안 이슬람 세력의 지배를 받는 동안에도 기독교인들은 예루살렘으로 끊임없이 순례를 떠났고 대부분 환영을 받았다. 기독교인 저자들이 그러했듯이, 이슬람교를 믿는 저자들도 그런 상호작용을 재료로 삼아 나름의 역사적 전통을 확실히 만들어냈고, 결국 이슬람교도가 아닌 사람들과 상호작용하는 문제와 관련하여 "우마르의 약속"을 이슬람 율법의 핵심에 자리하는 법적 문서의 반열에 올려놓았다. 딤미(dhimmi : 이슬람 국가에 거주하는 비이슬람교도를 가리키는 아라비아어)에게는 보호를 받을 권리를 비롯한 각종 권리와 의무가 있었다. 이슬람 제국이 급속도로 확대되고 있을 때 그들은 초기 이슬람 사회 내부의 다수 집단이었다. 예를 들어 확실한 역사적 증거에 따르면, 소아시아 지역이 정복되고 나서 불과 수백 년 만에 그 지역 인구의 대다수가 기독교에서 이슬람교로 개종했다. 즉, 그들은 여러 세대에 걸쳐서 원래의 렐리기오를 유지했다. 이베리아 반도의 상황도 마찬가지였다. 아마 대체로 부득불 그러했겠지만, 예언자 무함마드의 생애 이후 수세기 동안 신학적, 역사적, 법적 문헌에서 인정되면서 이슬람 세계는 비이슬람교도들이 살고 번성할 수 있는 공간을 만들어주었다.

물론 이슬람교 역시 세계 각지로 전파되며 번성했다. 711년, 아라비아인들과 새로 개종한 북아프리카 출신 민족들이 스페인을 정복하면서 이슬람교를 대서양 연안까지 퍼트렸다. 750년, 아바스 칼리파국은 우마이야 칼리파국을 무너트리고는 수도를 다마스쿠스에서 바그다드로 옮겼다. 이슬람 세력이 동쪽으로 진출하기 시작한 751년, 아바스 칼리파국의 군대는 중국 당나라의 군인들과 티베트인들로 구성된 군대에 맞서 싸웠다. 그것이 바로 중앙 아시아 깊숙한 곳에서 벌어진 탈라스 전투였다. 알다시피 이 시기 내내 선박들이 무역풍에 힘입어 인도를 들락거렸는데, 아마 아라비아인들은 그보다 이른 시기에 훨씬 더 멀리 항해했을 것이다. 830년경, 상선 1척이 인도네시아 해안에서 침몰했다. 선창에는 도자기, 동전, 붓순나무 같은 당나라의 무역품이 가득 있었다. 그 상선을 만드는 데에 쓰인 목재 가운데 최소한 일부는 아프리카 동남부에서만 자라는 나무를 가공한 것으로 보인다. 따라서 그 상선은 아라비아인들의 선박으로 볼 수 있다. 이렇듯이 상선들이 아라비아 반도에서 중국으로 운항했고, 그러므로 제1천년기가 끝나기 한참 전에 이슬람 문화의 덩굴을 따라서 동쪽 저 멀리까지 뻗은 항로가 있었다고 추정할 수 있다.

당시 이슬람교 신봉자들은 대서양 연안과 티베트, 중국 서부에 살고 있었을 뿐만 아니라, 개종과 노예로 전락한 사람들에 대한 인신매매를 통해서(그 대초원 지대 출신의 노예들은 강제로 개종을 당했다) 드넓은 중앙 아시아의 대초원 지대에 퍼져 있었다. 그리고 모든 것이 세월을 겪으며 적응 과정을 겪듯이, 이슬람교는 새로운 환경에 적응했고 서로 경쟁하는 여러 신학 체계와 정치적 중심지를 가진, 활기 넘치는 형태의 종교로 변모했다. 우리가 이 장에서 언급한 바 있고 다음 장에서 더 깊이 논의할 여러 기독교 교리들과 마찬가지로, 우리는 여러 이슬람교에 대해서도 말해야 한다. 여러 이슬람교를 둘러싼 이야기들에는 이슬람교를 받아들인 수많은 민족들, 이슬람 지배자들 밑에서 살았던 사람들, 그리고 민족적, 종교적 경계와 정치적 경계를 넘나드는 수많은 교환 형태가 포괄된다.

아브라함계의 모든 종교적 전통들은 서남아시아에 그 뿌리를 두고 있다. 그 전통들은 때때로 예루살렘이라는 도시를 중심으로 삼았지만, 근대 이전의 시대에는 신앙과 권력의 중심지들이 3개 대륙 여기저기 흩어져 있었다. 8세기부터 21세기까지 유럽에는 항상 많은 이슬람교도들이 살았다. 특히 중세에는 많은 이슬람교도들이 유럽에서 번영했다. 관념과 여러 민족의 사람들과 물건이 동쪽에서 서쪽으로, 서쪽에서 동쪽으로 언제나 흘러갔다. 중세 초기의 세계는 여러 항구를 거치고, 여러 곳을 자기 고향으로 일컫고, 여러 명의 통치자들을 추종한 민족들, 하나의 신을 숭배하면서도 섬기는 방식과 이유는 달랐던 민족들에 의해서 물질적으로나 지적으로 연결되어 있었다. 고대의 끈질긴 유산은 여러 세기에 걸쳐서 바다를 건너갔지만, 6세기와 7세기에는 항상 로마로 되돌아왔다.

4

황금 암탉과
로마의 성벽

역사가이자 주교였던 투르의 그레고리우스(594년 사망)에 따르면, 589
년에 로마에서 테베레 강이 둑을 넘어 범람했다. 밀을 저장하는 창고
들이 망가졌고, 낡은 건물들이 무너졌다. 평야에는 뱀들이 나타났다.
뱀들은 로마 도심을 거쳐 바다로 떠내려갔고, 바다에서 파도에 부딪
혀 으깨졌다. 그런데 뱀들이 지나간 자리에 역병이, 구체적으로 말해
"사타구니" 역병(십중팔구 페스트균이 원인이었을 것이다)이 퍼졌다. 그
레고리우스는 역병이 로마를 망가트리고 로마의 지도자를 앗아갔다
고 한탄했다. 그러나 그레고리우스가 거론한 지도자는 황제나 로마의
장군이나 비잔티움 제국의 지방 태수가 아니었다. 그가 아쉬워한 것
은 로마 주교의 죽음이었다.

여기에서 위대하고 무서운 존재로 여겨지는 중세의 교황에 대해서

논의하기는 아직 이르다. 엄격한 교계제도(敎階制度)에 근거하고 제도로 확고히 자리를 잡은 교회를 통치하는 교황은 그로부터 600년 후에야 등장했다. 그렇지만 6세기 말에도 로마 주교는 **중요했다.** 게다가 600년경의 로마는 지중해 동부에서 이탈리아를 거쳐 저 멀리 유럽 북서부까지 흘러가던 관념, 상품, 여러 민족들의 연계망의 핵심 교차점이었다. 이 연계망은 이전보다 축소되었을지는 몰라도 여전히 활발했다. 왕, 여왕, 성직자들이 권력과 안보와 영향력을 다양하게 모색하며 대화를 나누고 귀중한 성물들을 주고받는 동안, 새로운 국가들이 출현하고 기독교의 새로운 종파들이 나타났다. 다양한 종파의 기독교 신봉자들 사이에도 많은 갈등이 있었지만, 그들은 서로 합쳐지고 화해하고 협력하기도 했다.

고대 후기 내내, 적어도 4세기 초 콘스탄티누스 1세가 개종한 후에는 주교들이 지역의 권력망에 공백이 생긴 것으로 판단하여 서쪽과 동쪽의 로마 제국 통치자들과 긴밀하게 협조했고, 제국의 행정관이자 영적 목자로서 복무하며 그 공백을 메웠다. 황제들이 라벤나와 콘스탄티노폴리스로 떠나고 없는 도시 로마에서도 마찬가지였다. 그런데 로마 주교는 언제나 특별한 존재였다. 로마 주교라는 직책의 힘이 로마에 갔다가 살해된 사도 베드로의 유산으로부터 비롯되었기 때문이다. 확실히, 제국 전체에 걸쳐 있는 종교적 권력의 소재지들을 둘러싼 문제는 새로운 제국의 중심인 콘스탄티노폴리스, 베드로가 첫 번째 보금자리로 삼은 안티오키아, 지적 유산을 물려받았으며 금욕주의의 기원과 관계가 있는 알렉산드리아, 그리고 당연히 예루살렘 등에서 활동하는 중요한 주교들("총대주교[patriarch]"로 불린 사람들) 때문에 복잡해졌다. 그러나 로마는 과연 로마였다.

589년에 주교 펠라기우스 2세가 역병에 걸려 죽고난 후, 로마는 그레고리우스(훗날의 대교황 그레고리우스 1세, 재위 590-604)에게 기대를 걸었다. 그는 옛 로마 원로원 가문의 후손인데 한동안 수도 생활을 하다가 로마 주교의 사절 자격으로 콘스탄티노폴리스에 주재했고, 이후 원래의 수도원으로 돌아왔다가 590년에 로마 주교로 선출되었다. 모든 사람이 역병을 로마인들의 죄악에 대한 하느님의 징벌로 생각한 그레고리우스는 주교로 선출되자마자 로마 거리에서 참회 행진을 이끌었다. 일부 참석자들이 행진 도중에 쓰러져 죽는 상황에서도 군중은 횃불을 환하게 밝힌 채 필사적으로 기도했다고 한다. 세월이 한참 흐른 후에 나온 기록에 의하면, 참회 행진이 끝날 무렵 그는 하늘을 쳐다보았고, 대천사 미카엘이 공중에서 불타오르는 칼을 뽑아 휘두르는 모습의 환각을 보았다. 그러나 행렬이 다가오자 미카엘은 칼을 칼집에 넣은 후에 사라졌다. 새로운 지도자인 그레고리우스가 이끈 회개는 효과가 있었다. 사람들이 회개하자마자 역병의 기세가 꺾였다.

우리는 그레고리우스가 겪었다는 환각의 진실성을 의심할 수 있고 그렇게 해야 한다. 다만, 역병 때문에 6세기의 세계가 근본적으로 탈바꿈했다는 점은 확실하다. 540년대 초반에 찾아온 이른바 유스티니아누스 역병은 단순히 새로운(그리고 영향력이 큰) 로마 주교의 출현을 예고하는 데에 그치지 않았고, 로마인의 이탈리아 수복 과업을 철저하게 방해했다. 동쪽에서 다시 시작된 외부적인 위협과 심각한 인구 감소에 직면한 비잔티움 제국은 또다시 위축되기 시작했다. 앞의 제3장에서 살펴보았듯이 처음에는 페르시아가, 나중에는 이슬람 세력이 비잔티움 제국의 동쪽을 위협했다.

서쪽에서는 서고트족이 되살아나 왕국을 세웠다. 이베리아 반도에 자리 잡은 그 왕국은 8세기 초까지 살아남았다. 한편 동고트족은 벨리사리우스에게 패배한 후에 활동을 멈추었고, 나중에 이탈리아 북부에 왕국을 세운 랑고바르드족이라는 새로운 집단에 자리를 내주었다. 비잔티움인이 라벤나 방어를 위해 아드리아 해에 선박을 파견하는 등 이탈리아 반도 북부에 관심을 쏟는 동안 로마는 방치되었다.

현존하는 사료를 바탕으로 600년경의 랑고바르드족 고유의 종교적 전통을 식별하는 것은 다소 어렵다. 왜냐하면 그 사료들은 600년경 이후에, 그러니까 랑고바르드족이 기독교로 개종한 후에 기록되었거나 랑고바르드족이 아닌 사람들이 남긴 것이기 때문이다. 랑고바르드족은 원래 다신교적 성향을 띠었지만, 차츰 기독교를 수용한 듯하다. 다른 게르만족 집단들도 대부분 300년과 600년 사이에 조금씩 다신론에서 벗어나 기독교적 일신론에 기울어지며 랑고바르드족과 비슷한 행보를 밟았다. 그러나 개종 과정은 생각보다 약간 더 복잡하다. 특히, 당시에 여러 종파의 기독교가 있었다는 점을 감안하면 더욱 그렇다.

이 사실은 중요하다. 흔히 고대의 기독교를 획일적인 것으로 생각하지만 실제로는 전혀 그렇지 않았다. 다행히 오늘날 역사가들은 단하나의 초기 기독교가 아니라 동로마 제국과 서로마 제국 전역에 존재했던 다양한 기독교들을 언급한다. 서로 뚜렷이 구분되는 문화적, 사회적 공동체에서 등장한 신학적 논쟁들은 예수의 정확한 본질―예수의 신성과 인성 간의 관계―을 결정하는 문제를 중심으로 전개되는 경우가 많았다. 가장 오래 이어진 논쟁의 대상은 알렉산드리아 출신의 사제 아리우스가 주장한 신학, 아리우스주의(Arianism)였다. 정통파는 예수가 인성과 신성을 동등하게 가지고 있다고 여겼지만, 아리우스파는 예수가 성부의 피조물이므로 삼위일체의 한 위격이 아니라고 주장했다. 아리우스파는 지중해 세계 곳곳에서 엄청난 인기를 끈 공동체였다. 예컨대 로마 영토로 들어온 서고트족과 반달족은 원래 다신론자들이었지만, 아리우스파로 개종했다. 반면 랑고바르드족은 잠시 아리우스파에 관심을 쏟았다가 대부분 다신교에서 벗어나 정통 기독교에 귀의했다. 아리우스파를 신봉하는 게르만족은 대체로 정통파를 따르는 토착 로마인들과 거의 정면으로 충돌하게 되었다.

여러 가지 기독교 사이에 조성된 긴장 상태의 원인은 전적으로 교리상의 차이였을 것이다. 왜냐하면 예수의 인성 문제는 분명히 신봉자들에게 감정적으로, 또 지적으로 호소하는 부분이 있었기 때문이다. 그러나 정치적 측면도 고려해야 한다. 앞으로도 누차 확인되겠지만, 개종은 공동체와 가족, 동맹과 제휴 등을 고려하다가 구체화되기 마련이다. 게르만족 통치자들은 아리우스파 기독교를 믿으면 더 넓은 기독교 세계로 진입하거나 다른 최상류층 가문과 혼인관계를 맺을 기회를 얻었고, 정통파를 신봉하는 황제, 총대주교, 주교들의 교리 문제와 관련한 감시로부터 벗어날 수 있었다. 다른 한편, 정통파 기독교를 믿으면 "전통"을 주장할 수 있는 지적 영향력을 누릴 뿐 아니라 기존의 모든 권력망에 접근할 수도 있었다. 그리고 한쪽이 다른 쪽과 경쟁하도록 유도될 수도 있었다.

이 점은 랑고바르드족의 사례에서 무척 중요하다. 동고트족은 6세기 초에 정교회 로마인(비잔티움인)에게 패배한 아리우스파 신봉자들이었다. 이탈리아 북부로 쳐들어온 랑고바르드족에게는 정복 과정을 합리화할 수 있는 무엇인가가 필요했다. 피정복민들과 잠재적 경쟁자들이 보기에도 통치를 정당화할 수 있는 것 말이다. 랑고바르드족은 한편으로는 종교를 통해서, 다른 한편으로는 멸망하지 않은 두 로마 중의 하나, 즉 새로운 로마인 동쪽의 콘스탄티노폴리스로 시선을 돌리는 대신에 바로 가까이에 있는 오래된 로마 그리고 그곳의 주교들과 동맹을 맺으려고 애쓰면서 정복과 통치를 정당화했다.

랑고바르드족은 592년과 593년에 이탈리아의 한가운데를 가로질러 진군하고 재산을 약탈하고 사람들을 노예로 삼거나 죽이고 로마의 성벽 밖에 진을 치며 위협했지만, 결코 로마를 약탈하지는 않았다. 그들은 성벽을 지키는 로마인들이 볼 수 있도록 노예로 삼은 사람들을 행진시키기도 했다. 항복하지 않으면 어떻게 될지를 보여주는 경고였다. 로마 주교(그레고리우스 1세)는 로마인들의 지도자로서 랑고바르드족을 상대로 간신히 평화조약을 맺었고, 로마는 화를 면했다. 의미심장하게도, 당시 그레고리우스는 저 멀리 콘스탄티노폴리스에 있는 황제의 반대를 무릅쓴 채 그렇게 했다. 콘스탄티노폴리스의 황제는 랑고바르드족을 그 지역에 대한 비잔티움 제국의 지배력을 위협하는 걸림돌로 보았다(그의 판단이 옳았다). 문제는 비잔티움 제국이 도와줄 기미가 보이지 않는다는 점이었다. 그래서 그레고리우스는 콘스탄티노폴리스의 유명무실한 주장보다는 자신이 살고 있는 도시의 안전을 더 중시하며 주민들의 영적, 세속적 보호자로 처신했고, 랑고바르드족의 왕비(아길루프의 부인인 테오델린다를 가리킨다/옮긴이)의 협조에 힘입어 랑고바르드족을 상대로 영구적인 평화를 이끌어냈다.

그레고리우스는 군대도, 재산도, 본인의 관할 구역 밖의 교회를 통제할 능력도 없었지만, 편지를 쓸 능력은 있었다. 그는 글로 영향력을 확대하고자 애썼다. 다른 주교들은 글쓰기를 평범한 취미로 여겼겠지만, 그레고리우스는 유달리 많은 글을 썼다. 그는 관심을 보이는 모든 이에게(그리고 가끔은 관심을 보이지 않는 사람에게도) 자기 생각을 밝히며 더없이 기뻐했다. 그레고리우스가 보낸 편지들에는 그 비범한 인물의 사상이 드러나 있고, 한 인간의 관념이 중세 초기의 그 쇠퇴하는 제국의 풍경을 누비던 방식이 담겨 있다. 그 서신들은 상대방을 설득하기 위한, 다시 말해서 적어도 옛 로마의 영향력을 지적으로 확대하고 더 넓은 세계를 자기 궤도 안으로 끌어들이기 위한 수사학적 활동이기도 했다. 예를 들면, 그는 『사목 규범(*Liber regulae pastoralis*)』(훌륭한 성직자가 되는 방법에 관한 일종의 교본)을 라벤나 주교에게 보냈을 뿐만 아니라 그 책의 사본을 세비야와 콘스탄티노폴리스에도 보냈다. 그레고리우스는 『사목 규범』에서, 사목자의 목표가 본인과 본인의 세속적 성취를 돌보는 것이 아니라 양 떼를 보살피는 것이라고, 적절한 교육은 미래의 성직자가 유능하고 헌신적인 지도자와 교사로 활동할 수 있게끔 준비시키는 것이라고 말한다. 『사목 규범』은 그의 개인적인 견해를 밝힌 책이었지만, 다른 사람들에게도 영향을 미쳤다. 그 책의 사본을 받았을 때 콘스탄티노폴리스의 황제 마우리키우스는 크게 감동한 나머지 그리스어로 번역하도록 명령했다.

또다른 저서인 『대화록(*Dialogi*)』에서 그레고리우스는 이탈리아의 거룩한 역사를 선전하는 역할을 맡는다. 『대화록』의 도입부에는 그레고리우스라는 "허구의" 인물이 화자로 나서서 이야기를 풀어간다. 그는 우울하고 세상사에 짓눌린 기분에 사로잡힌 채 남들과 떨어져 홀로 생각에 잠긴다. 그가 슬퍼진 까닭은 이탈리아 성인들의 생애에 대해서 심사숙고하다가 자신의 부족함을 느꼈기 때문이다. 곧이어 훌륭한 인물들의 삶과 사제로서의 탁월한 행동, 성인과 기적들에 관한 이야기가 잇달아 나온다. 그레고리우스가 소개한 이야기의 주인공들은 모범적인 영적 삶을 보냈지만, 세속에서의 삶도 잘 살아가는 사람들이었다. 한때 수도사였다가 그 영원한 도시(Eternal City : 로마의 별칭/옮긴이)를 이끌도록 소환된 인물에 제격인 삶이었다. 라틴어로 집필된 『대화록』은 그리스어로 번역되어 지중해 세계 곳곳으로 퍼졌는데, 그는 사본 하나를 간직하고 있다가 북쪽에 있는 중요한 협력자이자 랑고바르드족의 왕비인 테오델린다(약 570-628)에게 보냈다.

테오델린다는 바이에른 공작의 딸이자 그 옛날 랑고바르드족을 통치한 인물의 후손이었다. 589년, 그녀는 랑고바르드족의 왕과 결혼했다. 남편은 이탈리아 반도 북부의 대부분을 장악하고 비잔티움 세력을 해안으로 밀어내면서도, 로마의 일부 통치 수단과 상징을 도입한 인물이었다. 그러나 그는 결혼한 지 1년 만에 죽었다. 테오델린다는 두 번째 남편을 선택해 차기 왕을 결정할 수 있도록 몇몇 경쟁자들과의 대립 구도를 형성함으로써 그 만만찮은 상황에 교묘히 대처해나갔다. 그녀는 스폴레토의 공작인 아길루프를 선택했고, 그 와중에도 로마에 있는 그레고리우스와 편지를 주고받으며 나름의 대화 통로를 유지했다. 616년에 아길루프가 세상을 떠나자, 테오델린다는 어린 아들 아달랄트의 섭정이 되어 또다시 랑고바르드족을 이끌었다.

말하자면 테오델린다는 거미집 한가운데에 앉아 랑고바르드족 세계의 권력 거미줄을 이리저리 오갔고, 자신과 가문을 지키려고 기민하게 협력자를 모았다. 그런 처신은 부분적으로 종교와 관계가 있었다. 그레고리우스가 그 특별한 랑고바르드족 왕비를 매우 든든한 협력자로 여긴 점은 당연히 우연이 아니고, 또 기독교인이었다고 단언할 수 있는 초기의 랑고바르드족 왕들이 바로 테오델린다와 연관된 3명의 왕이라는 점도 확실히 우연이 아니다. 제5장에서 곧 살펴보겠지만, 이 시기의 여왕이나 왕비는 흔히 기독교 개종 과정의 최전선에 있었다. 그러나 우리는 그들의 처신을 순전히 냉소적인 행보로 바라보지 말아야 한다. 중세 세계가 세상을 바라보는 방식은 현대와는 완전히 달랐다. 빛의 시대에는 정치가 종교였고 종교가 정치였다. 예컨대, 8세기의 역사가 파울루스 디아코누스가 기록한 바에 따르면, 테오델린다는 몬차(밀라노 바로 북쪽의 도시)에 있는, 세례자 성 요한에게 헌정된 대성당 같은 성당들을 세우고 자금을 제공했다. 여러 세기 동안 장인들이 아름답게 꾸민 그 대성당은 현재에도 남아 있다.

몬차에 있는 성당의 귀중품실에는 테오델린다와 연관된 물건들—그녀가 아들을 위해서 주문 제작한 것으로 추정되는 봉헌 십자가, 테오델린다가 그녀의 가문과 기독교 교단에 대해서 맡은 역할에 대한 은유로 아마 그레고리우스 교황이 그녀에게 보냈을 것 같은(이와 관련해 현존하는 기록은 많지 않다) 황금 암탉과 병아리 조각상, 예루살렘과 로마의 흙이 담긴 조그만 금속 그릇(암풀라[ampulla])—이 보관되어 있다. 봉헌 십자가와 황금 암탉과 병아리 조각상은 랑고바르드족 왕비인 테오델린다의 통치권을 은유하는 물건으로, 기독교를 향한 그녀의 충실한 태도와 그녀 가문의 정치적 운명을 연결한다. 실제로 그레고리우스가 암탉 조각상을 그녀에게 보냈다면, 그는 테오델린다가 "양 떼"를 보살피는 통치자로서의 권력을 인정—심지어 지지—하는 셈이었을 것이다. 그리고 암풀라도 있다. 접촉 성유물—성인들이나 예수의 손길이 닿았다는 이유로 어느 정도의 거룩함을 띠는 물건—에 해당하는 그 조그만 금속 그릇은 랑고바르드 왕국과 더 광범위한 기독교 세계 간의 신비로운 연관성을 암시한다. 그런데 종교와 정치는 서로 얽혀 있었다. 암풀라에는 성스러운 도시인 예루살렘의 흙뿐 아니라 로마의 흙도 담겨 있었다. 600년의 세계는 아직도 사람들이 기억하는 제국의 영광에 지배를 받고 있었다. 테오델린다는 아들이 아버지의 왕좌를 이어받도록 하는 데에 성공했고, 기독교를 신봉하는 여느 통치자와는 달리 아들이 교회가 아니라 밀라노의 로마식 원형극장에서 대관식을 치르도록 했다. 권력의 상징물에는 힘이 있다. 그리고 그 순간 교회와 국가는 서로 사이좋게 어울렸다.

테오델린다의 이야기는 행복하게 마무리되지 않는다. 아들이 실성해버리고 내란이 일어나자 그녀의 영향력은 시들해졌다. 아들의 치세는 어머니가 살아 있는 동안에만 지속되었다. 테오델린다는 628년에 눈을 감았고, 아들은 같은 해에 살해되었다.

✦

그러나 테오델린다는 중요한 인물이다. 정통파는 아리우스파에 승리를 거두었고, 그레고리우스 같은 성직자들과 테오델린다 같은 여성들에 힘입어서 서유럽에서 지배적인 기독교 종파가 되었다. 정통파를 믿는 여성 귀족들은 다신교나 비정통파를 믿는 통치 가문으로 시집가서 자녀를 정통파로 키웠고, 그러면서 다른 종파의 기독교들을 차츰 밀어냈다. 당대의 통치자들은 틀림없이 그런 일이 얼마나 자주 벌어지는지에 주목했을 것이고, 이는 아마도 여러 종파의 기독교들이 자신이 믿는 기독교와 얼마나 뚜렷하게 다른지 하는 문제로 이어졌을 것이다. 우리는 종교 간의 실존적인 투쟁을 떠올리기 쉽다. 실존적인 투쟁이 관계의 자연스러운 형태라고 배우는 경우가 많기 때문이다. 그러나 그들이 살고 있던 세계는 그렇지 않았던 모양이다. 우리는 이 점을 제3장에서 확인했고, 앞으로도 여러 번 확인할 것이다.

중세 초기의 게르만족 통치자들은 바보가 아니었다. 최소한 그들은 영향을 미칠 만큼 오래 살지 않았다. 이베리아 반도의 서고트족 통치자들은 지배층과 피레네 산맥 북쪽의 주민을 구별하기 위한 수단으로 아리우스파 신앙을 고수한 것 같지만, 다른 게르만족 통치자들은 피정복민을 결속시키기 위한 수단으로 공통의 신앙을 활용했고, 결혼을 활용해서 최상류층 가문들을 결속시켰다. 결혼은 그런 구별과 연계의 전통적인 수단이었다. 그리고 여성이 거의 모든 정치적 승부에서 수동적으로 쓰이는 졸(卒)이 아니었다는 점을 기억해야 한다. 여성에 관한 사료들을 살펴보면 여성의 주체성이 드러난다. 대부분 남성 성직자였던 그 사료들의 저자에게는 실망스러운 일이겠지만 말이다.

예를 들면 프랑크족으로 불린 민족 치하에서 이루어진 기독교화 과정은 방금 살펴본 랑고바르드족의 사례와 비슷한 노선을 따랐다. 다만 프랑크족의 이야기가 훨씬 더 일찍 시작되었다. 5세기 말에 프랑크인들은 로마 장군의 지휘 아래 훈족의 아틸라가 이끄는 유목민 무리에 맞서 싸웠다. 이 싸움은 저 멀리 중국 서부에서부터 시작된 대규모 민족 이동의 결과물이었는데, 아시아 대륙 전체에 서서히 파문을 일으키다가 결국에는 튀르크계 기병들이 유럽을 공격하기 시작하는 사태로 비화된 것이었다. 로마인들과 그들의 동맹군은 아틸라의 무리를 무찔렀지만, 이후 라벤나에서 벌어진 권력 대결로 인해서 로마의 장군 아에티우스가 암살을 당했고 프랑크족은 문화적으로 로마 제국에 얽매여 있으면서도 기본적으로 독자성을 가질 수 있었다. 프랑크인들은 차츰 영토를 넓히고 민족으로서 그들 자신에 대해서 이야기하는 방식을 점차 확대하며 로마 제국의 영토에 임명된 통치자에서 독자적인 왕국의 왕으로 탈바꿈했다.

주교이자 역사가인 투르의 그레고리우스에 의하면, (아직 다신교를 믿던) 프랑크족의 왕 클로도베쿠스 1세는 기독교 신자인 부르군트족 공주 클로틸드와 결혼했다(결혼 기간 493–511). 그들은 아이 둘을 낳았고 왕비 클로틸드는 두 아이에게 세례를 베풀었지만, 세례를 받은 맏이가 사망하자 클로도베쿠스 1세는 기독교 신에게 비난을 퍼부었다. 그래도 훗날 알레만니 지역으로 넘어가려는 다른 게르만족 집단과 전투를 치를 때 클로도베쿠스 1세는 부인이 믿는 신에게 호소했고, 전투에서 이기면 개종하겠다고 서약했다. 적들은 달아났다. 클로도베쿠스 1세의 부하들은 세례를 받게 해달라고 일제히 외쳤다. 그레고리우스는 다음과 같이 썼다. "그리고 세례를 베풀어달라고 주교에게 가장 먼저 요청한 사람은 왕이었다. 제2의 콘스탄티누스는 고대의 나병을 뿌리 뽑고 오래 전에 생긴 더러운 반점을 깨끗한 물로 씻어내기 위해서 세례반(洗禮盤) 앞으로 나아갔다." 전투의 결과가 아마 클로도베쿠스 1세와 부하들이 개종한 원인이었겠지만, 이 이야기에서 저자인 그레고리우스는 개종을 정당화하기 위해서 로마까지 거슬러올라간다(개종 과정의 진정한 동력은 클로틸드였다).

그러나 여기에서 우리는 투르의 그레고리우스를 전적으로 신뢰할 수는 없다. 부인이 남편을 정통파 기독교 신자로 개종시키는 것은 당시에 익숙한 문학적 수사였다. 게다가, 그레고리우스는 수동적인 관찰자가 아니라 교회 정치와 프랑크 왕국의 왕실 정치에 몸담은 당파성 짙은 참여자였다(교회 정치와 왕실 정치가 구분될 수 있다고 한다면 말이다). 그는 좋아하는 통치자들도 있었고, 경멸하는 통치자들도 있었다. 예컨대 그는 왕비였던 푸아티에의 라드공드와 절친했다. 라드공드는 남편이 처남, 즉 자신의 남동생을 살해하자 투르 바로 남쪽에 있는 푸아티에로 피신했다. 그녀는 수녀가 되었지만, 그레고리우스, 그리고 시인이자 주교인 베난티우스 포르투나투스를 비롯하여 왕국의 학식 있는 최상류층 인사들과 긴밀히 교류했다. 그녀는 왕비 자리를 되찾지는 못했지만, 비잔티움 제국의 황제 유스티누스 2세에게 받은 성십자가 유물의 이름을 본뜬 성십자가 수녀원의 원장이 되었다.

얼마 지나지 않아 라드공드는 새로운 권력을 키웠다. 정치적 지위가 아닌 종교적 지위에서 비롯된 것이었다. 그녀의 성인전을 집필한 작가에 따르면, 라드공드는 성십자가를 가지고 있다는 점에 고취되어 치유의 기적을 행했다. 수녀원장인 그녀가 세상을 떠난 이후 수녀들은 수년간 그녀의 이야기를 전파하고 라드공드의 전설로 부풀리면서 독자성과 자치권을 주장했고 그들에 대한 주교의 감독권을 인정하지 않았다. 투르의 그레고리우스도 그런 이야기들을 들려주었다. 눈먼 소녀가 앞을 보게 되었고, 그 신성한 나무 십자가 가까이에 있는 등잔에서 기름이 끝없이 흘러나왔고, 작은 불꽃이 큰 등불로 바뀌었다고 한다. 그 물건의 거룩함이 모두에게 드러났고, 6세기의 푸아티에에 그 순간이 널리 알려졌다. 라드공드가 위험한 뱀을 쫓아버리는 이야기는 과장되다가 결국 "그랑굴(Grand'Goule)"이라는 용을 물리친 이야기로 바뀌었다. 라드공드의 성십자가 유물과 개인적인 고결함 덕분에 하느님이 그녀를 통해서 그 괴물을 물리쳤다는 것이었다.

라드공드가 가진 권력의 원천은 그렇게 세속적인 것에서 영적인 것으로 바뀌었다. 우리는 앞에서 주상 고행자 다니엘과 사막의 고행자들을 통해 이 점을 살펴보았다. 물론 음식, 부, 성(性)을 포함한 여러 세속적 쾌락과 육체를 부정하는 극단적 고행은 여러 종교에서도 찾아볼 수 있다. 지중해 동부에서 고행자들은 흔히 개인적 혹독함의 길을 고수하겠노라고 맹세했지만, 그들은 공동체에서 남들과 함께 지내는 경우가 많았다. 반면, 외톨이 고행자들은 공동체 밖에서 생활하며 일종의 격리된 종교적 유명인사나 격투가 같은 역할을 맡았고, 더 넓은 공동체를 위해서 (기도, 때로는 환상 속의 격투를 무기로) 악마에 맞서 싸우며 거룩한 일을 행했다. 그러나 로마의 속주인 갈리아 지방(대략 오늘날의 프랑스에 해당한다)의 사정은 로마령 팔레스티나와 달랐고, 6세기는 4세기가 아니었다. 관념이 시간을 뛰어넘어 전파되려면 종종 번역이 필요하다. 그리고 서쪽의 로마에서는 누르시아의 베네딕토라는 인물이 고행의 번역자인 셈이었다.

베네딕토는 480년경부터 547년경까지 이탈리아에서 생애를 보냈다. 그는 고트족과 그리스인들이 이탈리아 반도를 두고 싸움을 벌이던 시기에 여러 수도원들을 세운 인물이다. 그가 남긴 유명한 저서로는 최고의 수도 생활 방법을 기술한 얇은 책 『규칙서(*Regula Sancti Benedicti*)』가 있다. 이 책은 개인이 하느님에게 삶을 바치는 길을 개척하려는 여러 비슷한 시도 중에 하나일 뿐이었지만, 베네딕토가 제시한 규칙은 지중해 동부의 외톨이 수도사들의 고행 관행을 받아들인 후에 공동체의 단일한 정체성을 형성했다는 차별점이 있었다. 그 단일한 정체성이 확립되면 개인은 악마와 싸우는 영웅이 되어야 한다는 압박감에 덜 시달리게 되고 공동체는 구원을 향해 나아갈 수 있었다. 대수도원장이 주의 깊게 지켜보는 가운데 수도사들은 외부 사회의 유혹과 단절된 채 생활하며 경건한 삶, 식사와 복장 수칙, 침묵 규정, 땅을 일구면서 동시에 하느님을 경배하는 방법 등에 관한 책들을 『규칙서』와 더불어 매일 읽어야 했다. 『규칙서』의 주안점은 단련, 즉 스콜라의 육성에 있었다. 현대 영어 단어 학교(school)는 스콜라(schola)에서 유래했지만, 라틴어 단어 스콜라에는 다른 뜻도 있었는데, 그중 하나가 로마 군단 소속의 특수훈련을 받은 부대라는 뜻이었다.

베네딕토는 이 세상에서 악마의 책동에 맞선 영적 전쟁을 수행하도록 특별한 훈련을 받은 군대를 양성하고자 했다. 실제로, 대교황 그레고리우스 1세가 쓴 『베네딕토의 일생』(『대화록』 제2권/옮긴이)을 보면, 베네딕토는 자신의 육체를 거칠게 다룬다. 그리고 정욕을 떨치기 위해서 가시나무 덤불로 뛰어들어 악마의 유혹을 물리친다. 베네딕토와 그를 따르는 수도사들은 평화를 기도하기 위해서, 사람들을 죄와 불화, 폭력의 늪으로 유혹하는 세속의 악마들을 쫓아내기 위해서 육체를 단련했다. 라드공드의 이야기처럼 이따금 악마들이 세상에 모습을 드러내기도 했지만, 대개의 경우 악마와의 싸움은 기본적으로 인간이 올바르게 살 수 있도록 하려는 의도가 담긴 은유적인 전투였다.

대교황 그레고리우스는 『대화록』 제2권에서 성 베네딕토의 삶을 다룰 때 기적—마귀 쫓아내기, 질병 치유, 수도원 규칙을 무시한 벌로용과 마주친 어느 수도사의 사례(수도사는 더 잘하겠다고 약속했다)—을 묘사했을 뿐만 아니라 수도원을 운영하는 데에 따른 중압감과 세속 세력이 가하는 끊임없는 압력을 둘러싼 사연도 털어놓았다. 어떤 수도사들은 수도원을 몰래 빠져나가서 여자들과 함께 음식을 먹었고, 어느 젊은 수도사는 맹세를 저버린 채 부모와 함께 살려고 집으로 돌아갔다(나중에 그가 죽자 부모가 아들의 시체를 묻으려고 했으나 땅이 받아들이지 않았다). 물론 성인들의 이야기를 통해서 그레고리우스는 베네딕토의 사상과 그 이탈리아의 성인에 대한 존경심을 바탕으로 삼은 수도원제도를 선전했을 뿐 아니라 자신이 보기에 기독교가 마땅히 맡아야 할 거창한 역할에 관한 메시지도 보냈다. 현대의, 그리고 (가끔은) 중세의 이의 제기에도 불구하고, 영적 요소와 물질적 요소는 항상 서로 뒤엉켜 있었고 절대 분리되지 않았으며 항상 더 복잡했다.

그레고리우스 시절의 로마는 두 국면 사이의 과도기에 있었다. 로마는 이제 더는 광범위한 제국의 주요 도시가 아니었으나 정치적, 종교적 주권의 새로운 중심지도 아직은 아니었다. 그것은 나중의 일이었다. 그래도 로마는 중요한 도시였다. 그레고리우스의 생애와 저작에는 여러 세기에 걸쳐 지중해 세계 전역에서 맺어진 지적, 정치적 유대가 드러난다. 그레고리우스가 세상을 떠난 604년 무렵, 그의 세계는 소아시아와 북아프리카와 오늘날의 프랑스, 그리고 심지어 저 아득한 북쪽 지역인 오늘날의 영국에까지 닿았다. 몬차에 있는 성당의 유물실은 테오델린다가 바이에른 공작의 딸이자 랑고바르드족 왕의 부인이라는 지위상의 이점이 있기는 해도 아무튼 그녀의 세계가 라인 강 건너까지, 바다 너머의 예루살렘까지 뻗어 있었다는 사실을 보여주는 증거이다. 라드공드가 프랑스 서부 지방에서 보낸 삶은 콘스탄티노폴리스에서 보낸 편지들과 예루살렘에서 건너온 유물들을 통해서 드러난다. 종교와 정치는 걸핏하면 마치 하나이자 같은 것인 양 구분되지 않았고, 결국 주교와 여왕, 수녀원장이 깃펜으로 독피지(犢皮紙)에 글을 쓰는 것만큼이나 쉽게 로마 세계를 지적으로 연결할 수 있었다.

597년, 그레고리우스는 브리타니아 섬으로 떠날 예정인 멜리투스라는 수도원장에게 편지를 보냈다. 멜리투스의 사명은 브리타니아 섬의 민족들을 개종시키는 것, 그레고리우스의 말을 빌리자면, "우상들"과 "악마 숭배"를 일소하는 것이었다. 그러나 그레고리우스는 "그들에게서 모든 외적인 즐거움을 빼앗지 않아야 그들이 내적인 즐거움을 더 쉽게 맛볼 것"이라는 이유를 내세우며 선교사들에게 다신교 신전을 파괴하는 대신 성수로 정화하라고, 또 그곳 주민들이 원래의 종교 의식을 고수하도록 장려하라고 당부했다. 그가 랑고바르드족을 상대로 그러했듯이, 요점은 응징이 아니라 교육이었다. 사명의 요점은 기독교를 활용해 잃어버린 속주를 다시 영원한 로마의 궤도에 올려놓는 것이었다. 그러나 브리타니아의 여러 민족들은 아마 다른 이야기를 들려주었을 것이다.

5

북쪽 들판의
햇빛

수도사 베다가 남긴 8세기 초의 기록에 따르면, 멜리투스는 그레고리우스 1세가 브리타니아로 선교사들을 보낼 계획이라는 이야기를 가장 먼저 들은 인물은 아니었다. 아마도 (6세기 말의) 어느 날, 그레고리우스 1세는 로마의 거리를 걸어가다가 멀리 떨어진 섬들에서 건너온 상인들로 북적대는 시장에 우연히 들렀는데, 어느 노점이 그의 시선을 사로잡았다. 그곳에서는 노예로 전락한 사람들을 팔고 있었다. 대다수가 유럽 대륙을 가로질러 남쪽으로 끌려와서는 이탈리아 곳곳에서 노예로 팔려나갈 운명인 사내아이들이었다. 그레고리우스 1세는 로마의 시장에 노예들이 있다는 사실이 아니라, 그들이 기독교인이 아니라는 사실에 충격을 받았다(노예제는 중세 내내 이어진 고대의 잔재였다). 그는 브리타니아로 선교사들을 파견해서 그곳 사람들을 개종시키기로 마음먹었다.

출처가 미심쩍은 이 이야기는 진실이 아닐 공산이 크다. 이 이야기의 저자인 수도사, 즉 베다는 브리타니아와 로마를 연결함으로써 자신이 살고 있는 곳에 기독교가 존재한다는 사실을 정당화하고자 아득한 과거를 거론한 것이다. 오늘날 이 이야기의 전반적인 윤곽은 반질반질해졌고, 여러 세기를 거치며 낭만화되었으며, 심지어 과거를 둘러싼 백인우월주의 사상의 건국 신화로도 활용되었다. 이 이야기는 잊어버린 땅, 개간되었으나 항상 풍요로운 땅, 역설적이게도 로마 기독교인들이 식민지로 삼았으나 영원히 독자성을 유지한 땅, 기독교의 승리가 (1,000년 이후의) 대영제국으로 향하는 길을 닦기만을 기다린, 게르만족 다신론자들이라는 동질적인 백인 민족 집단이 살던 땅을 만나는 이야기이다. 그러나 이 이야기는 중세와 현대의 제국들을 위해서 전해진 이야기였다. 이 이야기를 들려주는 사람들이 자신의 지위를 높이기 위해서 다른 민족들을 정복했음을 합리화하기 위한 것이었다.

이 시기와 이 장소에 대해서 생각하는 데에 보탬이 되는 더 적합한 또다른 이야기들이 있다. 과거에 대한 더 솔직한 이야기들이다. 아주 먼 곳에서 건너온 여행자들, 그러니까 외부에서 의도적으로 파견한 사람이 아니라 현지인에게 환영을 받은 여행자들을 소재로 브리타니아를 둘러싼 이야기를 시작하면 어떨까?

오늘날의 튀르키예 중남부 지방의 도시 타르수스 출신인 캔터베리 대주교 테오도루스(690년 사망)는 669년에 브리타니아 섬에 도착했다. 얼마 지나지 않아 "아프리카 민족 출신인 사람"으로 묘사된 하드리아누스(709년 사망)라는 인물이 합류했다. 하드리아누스는 캔터베리 수도원의 원장을 맡았다. 두 사람은 그리스어와 라틴어를 가르칠 학교를 세웠고, 고대의 학문과 현지의 지식을 접목했다. 그들의 노력은 대성공을 거두었다. 곳곳에서 학생들이 캔터베리로 몰려들었고, 머지않아 브리타니아 섬에 있는 여러 왕국들에서 중요한 직책들을 맡게 되었다. 하드리아누스의 가장 유명한 제자였으며 북아프리카인의 "문하생"으로 자처한 알드헬무스는 훗날 수도원장과 주교 자리에 올랐다. 그는 라틴어로 논문과 시를 썼고, 몇 세대 후에 어엿한 장르로 자리 잡은 100개의 수수께끼 모음집도 엮었다. 테오도루스와 하드리아누스의 영향은 거기서 그치지 않았다. 특히 중세 초기에는 성인과 성녀가 지역적 개성을 띠는 경우가 많았다. 그들의 거룩함에 대한 사람들의 존경심은 흔히 특정 지역에 한정되었다. 따라서 소아시아(오늘날의 튀르키예)와 페르시아처럼 멀리 떨어진 곳 출신의 성인들이 갑자기 브리타니아에 종교를 전파하고 그후에 성인과 성녀 일부가 현지에서 수용되었다는 점은 테오도루스와 하드리아누스 같은 사람들의 영향력을 보여주는 지표이다.

이것은 시작에 불과하다. 중세 초기의 영국은 다른 곳과의 연관성에 힘입어 형성되었다. 석류석이 박혀 있고 목에 거는 용도로 만들어진 황금 펜던트인 7세기의 윌튼 십자가는 정중앙에 비잔티움 제국의 금화가 자리 잡고 있다. 그러나 테오도루스와 하드리아누스가 도착하기 얼마 전에 제작된 것으로 추정되는 그 펜던트는 당시 드문 물건이 아니었다. 수천 킬로미터 떨어진 곳에서 건너온 수많은 사치품과 일상용품들 중에서 가장 화려한 편에 속하는 물건이었을 뿐이다. 오늘날까지 영국 전역의 무덤들에서는 비잔티움 제국이나 심지어 페르시아의 사산 제국에서 만들어진 6세기와 7세기의 주화와 보석이 종종 발견된다. 잉글랜드 서퍽 주의 그 유명한 서턴 후 배 무덤(Sutton Hoo ship burial)에서 발견된 어깨 죔쇠에는 인도나 스리랑카에서 건너온 것으로 추정되는 석류석이 박혀 있다. 그리고 그런 물건들과 함께 사람들이 이동했다. 과학자들은 치아의 법랑질에서 산소 동위원소를 측정함으로써 오래 전에 죽은 사람들이 지구상의 어느 지역에서 태어났는지를 알아낼 수 있다. 영국 곳곳의 무덤들에는 청동기 시대부터 중세에 이르기까지 아시아와 아프리카에서 태어난 사람들이 묻혀 있다. 아시아와 아프리카 출신 사람들의 숫자는 당연히 로마 시대에 정점을 찍었고, 중세에도 결코 0명이지 않았다.

오늘날 학자들은 민족주의적 신화에 얽매이지 않고 과거 자체에 더욱 정직하게 접근하여 중세 초기의 영국을 근본적으로 재구성하고 있다. 이 학자들은 예술, 인문학, 과학 분야의 엄밀한 연구를 주도하면서 중세 초기 영국을 둘러싼 이야기들의 껍질을 벗겨냈고, 브리타니아가 진정으로 고립된 섬이었던 적은 없었다는 사실을 알아냈다. 중세 초기 브리타니아 섬은 적어도 3개 대륙 출신의, 다양한 언어를 구사했을 법한 남녀노소로 가득했다. 예를 들어 베다는 당시 브리타니아 섬에서 쓰이는 언어로 최소한 5가지 언어를 꼽았고, 다중언어가 일반적이라고 여긴 듯하다. 사람들은 해외로부터 문물과 사상을 수입했지만, 그렇다고 원래 있던 문물과 사상이 지워졌다고 보는 것은 곤란하다. 그곳의 전통은 현지인들이 이해할 수 있는 방식에 따라서 새로운 요소들과 융합되었다. 그들은 가끔 언덕 반대쪽에 있는 마을에 대해서 생각하는 만큼이나 수천 킬로미터 떨어진 곳들에 대해서 생각했다. 빛의 시대 내내 어디에서나 사람들은 아주 멀리 떨어진 곳의 사람들에 대해서 생각했다. 그러나 당시의 브리타니아를 더 큰 공동체의 일부분으로 인식하기 시작한 것은 수십 년 전부터 나타난 비교적 최근의 시각이며, 혁신과 적응성을 강조하는 새로운 발전 모형이다.

중세 초기의 영국을 융합의 장소로 재해석하는 작업은 가장 널리 알려진 몇몇 유물과 문헌들, 다시 말해서 중세 초기 영국의 지나치게 단순하고 이방인 혐오적인 이야기를 뒷받침하는 데에 쓰이던 물건과 문헌들을 통해서도 이루어질 수 있다. 들판에 퍼져나가는 8세기의 햇빛이 거대한 돌 십자가에 내려앉던, 노섬브리아 왕국의 외딴 시골로 시선을 돌려보자.

높이 5.5미터에 한때는 밝은색으로 칠해져 있던 루스웰 십자가(The Ruthwell Cross)는 브리타니아 사람들이 그들 자신에 관한 이야기, 즉 그들의 역사와 미래를 들려주기 위해서 만든 것이다. 현대인과 다르지 않게 중세인도 듣는 이들을 위해서 특별한 과거의 서사를 만들어내고자 기념물을 세웠고, 이 루스웰 십자가도 마찬가지였다. 루스웰 십자가는 기독교를 믿는 브리타니아, 결국에는 만인의 구원을 상상하면서 관람자들을 다가올 세계로 투사했다. 얼핏 이 십자가의 이야기는 단순한 하향식 기독교 역사인 듯하지만, 이 이야기에는 더 복잡하고 유기적인 요소가 작동하고 있다. 루스웰 십자가의 구도와 모양은 다른 브리타니아인이나 켈트인들로부터 영향을 받는 만큼이나 유럽 대륙에도 영향을 받는 사회, 여러 언어를 구사하고 적응성 있는 사회의 산물이자 증거였고, 되도록 다양한 사람들에게 이야기를 들려주게끔 고안된 것이다.

이 십자가에 담긴 이야기들 중에 하나는 서쪽에서 남쪽으로, 시계 방향을 따라 읽도록 설계되었다. 생동감 있게 조각된 이 이미지들은 구원의 길을 환하게 비춘다. 시선을 밑에서 위로 옮기며 읽어보자. 원래의 서쪽 면은 마리아가 이집트로 피신하는 장면으로 시작하고, 사막에서 성체 성사를 하는 성 안토니우스와 테베의 성 바울(둘 다 지중해 동부 출신의 은둔자 겸 수도사였다)의 생애를 묘사한 장면이 이어지며, 뒤이어 지상의 짐승들을 다스리는 예수의 모습을 보여주는 이미지가 나온다. 서쪽 면은 양을 안고 있는 사도 요한의 묵시록적인 이미지로 마무리된다. 원래의 동쪽 면에는 수태고지 모습이 나오고, 뒤이어 눈먼 사람을 치유하는 예수의 기적 장면이, 그리고 마리아 막달레나와 함께 있는 예수, 끝으로 마리아와 마르타가 보인다. 그 모든 조각상 주변에는 라틴어 비문이 새겨져 있다.

모든 기념물처럼 루스웰 십자가도 미래 이야기를 들려주었다. 기독교를 믿는 브리타니아, 결국에는 만인의 구원을 상상하면서 관람자에게 다가올 세계를 보여주는 것이다. 동쪽 면에서는 괴로워하는 사람들에게 기적이 일어나거나 마리아 막달레나가 하느님을 향한 헌신을 통해서 승격될 수 있었던 구원의 이야기가 펼쳐졌다. 서쪽 면은 수도사들과 "사막"의 고행뿐 아니라 전례 예식과 미사, 그리고 상징을 통해서 개작된 복음서의 이야기(예수가 이 세상의 중심에서 승리를 거두었다는 내용)에도 할애되었다. 동쪽 면과 서쪽 면 모두 조각상들 주변에 라틴어가 새겨져 있는데, 아주 오래 전에 대교황 그레고리우스의 요청에 따라 로마에서 파견된 사제들의 언어를 통해서 그 조각들의 의미를 분명히 드러낸 것이다. 그러나 루스웰 십자가에는 두 방향의 면이 더 있다. 그 십자가 같은 기념물들을 사제들만 감상한 것이 아니었기 때문이다. 중세 초기 영국의 이야기에는 지역민에게 얕보는 투로 말하는 중심부의 인물들이나 토착어를 억누르는 라틴어 문화뿐 아니라, 모든 방향에서 들리며 서로 자주 부딪히기도 하지만 활발하고 복잡한 다성 음악 같은 것을 빚어내는 목소리들도 등장한다.

원래의 북쪽 면과 남쪽 면에는 덩굴 소용돌이 무늬와 동물들 사이에 고대 영어로 음독할 수 있도록 룬 문자로 새긴 글귀가 있는데, 시의 일부분으로 추정된다. 이 시는 로마의 언어가 아니라 토착어로(효과적인 의사소통이 없다면 통합이 불가능하기 때문이다) 예수가 십자가형을 당한 일을 언급한다. 더욱 유명한 11세기의 시 "십자가의 꿈"과 비슷한 그 시는 현존하는 가장 이른 시기의 비(非)라틴어판 시이다. 다시 시계방향을 따라서 움직이면 북쪽 면에서 십자가 관점의 이야기가 시작된다. "전능하신 하느님은 교수대에 오르고자 하실 때 옷을 벗으셨다.……나는 감히 절을 할 수 없었다. 나는 권세 있는 왕을 [들어올렸다]……사람들은 우리를 함께 모욕했다. 나는 피에 흠뻑 젖었다." 남쪽 면에서는 다시 십자가의 목소리가 등장하면서 완전한 원호 모양과 룬 문자로 새겨진 시와 예술적 과정이 마무리된다. "그리스도는 십자가에 못박혀 있었다.……나는 깊은 슬픔에 시달렸다. 나는 화살에 맞아 다친 몸으로 절을 올렸다. 사람들은 그리스도를 내려놓았다.…… 하늘의 주님을 바라보았다." 서쪽 면은 짐승들에 대한 예수의 승리와 묵시론적 환각으로 마무리되고, 북쪽 면에서는 예수가 십자가에 못박혀 피를 흘리며 인성을 드러낸다. 그리고 동쪽 면에서는 예수의 인성, 예수의 탄생, 예수가 죄인들을 치유하고 구원하는 과정 등이 강조되고, 남쪽 면에서는 십자가가 모든 인간과 함께 예수의 죽음을 애도하는 모습과 함께 이야기가 끝을 맺는다.

루스웰 십자가는 모든 권력 중심지와는 멀리 떨어진, 오늘날의 스코틀랜드에 해당하는 지역의 작은 교회나 수도원이었을 것 같은 건물 밖에 서 있던 기념물이었고, 그 십자가가 들려주는 이야기에서는 남자와 여자, 아이들, 농민과 왕과 저 먼 곳에서 건너온 상인들이 포함되어 있다. 거대한 인공물에서 발견될 수 있는 이 다변적인 문화의 이야기는 책, 특히 수도사 베다가 쓴 『앵글인의 교회사(*The Ecclesiastical History of the English People*)』에서도 찾아볼 수 있다. 베다는 오늘날의 잉글랜드에 해당하는 땅의 북동부 지방에서, 정확히는 노섬브리아 왕국의 몽크웨어머스 대수도원에서 생활하며 저술에 몰두했는데, 교황 그레고리우스 1세가 노예 시장에서 겪은 이야기를 보존한 장본인이기도 하다(물론 이 부분에서는 온갖 현실적인 장애물에도 불구하고 순탄한 역사를 모색하려는 그의 의도를 엿볼 수 있다). 베다가 책을 쓰던 수도원에서부터 서쪽으로 겨우 145킬로미터 떨어진 곳에 있는 그 기념비적인 십자가처럼, 그의 이야기는 비기독교인과 사제, 수도사들을 비롯한 기독교인들(몇몇 학자들이 주장했듯이, 루스웰 십자가의 조각들을 고려하면 아마 수녀들도 포함될 것이다)의 삶을 한데 묶는다. 그러나 이 사실이 놀랍지는 않다. 지금까지 우리는 로마, 콘스탄티노폴리스, 예루살렘과 같은 주요 도시와 그 배후지들에 많은 시간을 할애했지만, 도심과 주변부는 중세 내내 서로 연결되어 있었다. 가장 중요하고 의미심장한 이야기들 몇 가지는 도시뿐 아니라 들판에서도, 심지어 늪지대에서도 펼쳐졌다.

그러나 이러한 개방성은 기회뿐만이 아니라 충돌과 긴장도 초래한다. 그 사실은 중세 초기의 영국으로부터 우리에게 전해져오는 목소리들에도 담겨 있다. 베다가 활동하고 루스웰 십자가가 만들어질 무렵 노섬브리아의 남쪽, 즉 머시아 왕국과 이스트 앵글리아 왕국 사이의 습지대에서, 구틀락이라는 인물이 머시아 왕국의 귀족과 전사로서의 삶을 뒤로하고 수도사가 되었다. 그의 길은 평탄하지 않았다. 그는 렙턴 수도원에서 수도 생활을 시작했지만, 일설에 따르면 만족하지 못한 나머지 앞에서 우리가 만나본 사막의 성인들 같은 은둔자가 되기로 마음먹었다고 한다.

구틀락이 715년에 세상을 떠난 직후 펠릭스라는 수도사가 쓴 『구틀락의 생애(Life of Guthlac)』에 의하면, 은둔자 구틀락은 그의 본보기였던 성 안토니우스처럼 그 비슷한 정신적 충격을 겪었다. (아마도) 그는 악마들에게 지옥의 문으로 끌려갔다가 사도 성 바르톨로메오에게 구출되었을 뿐 아니라, 비기독교 민족들과 맹수들과 표리부동한 동료 수도사들로부터 신체적 위협을 당했다. 그러나 모든 위험이 습지대에서만, 기독교의 손길이 닿지 않은 황무지에서만 닥친 것은 아니었다. 구틀락과 그의 삶이 두 왕국의 군사적, 안보적 문제와 결부되어 있었기 때문이다. 펠릭스의 책은 구틀락이 은거하던 이스트 앵글리아의 국왕 앨프왈드(재위 713–749)에게 헌정되었고, 그 책을 읽어보면 훗날의 머시아의 국왕 애설볼드(재위 716–757)가 그를 찾아갔다는 내용이 있다. 실제로, 구틀락이 세상을 떠난 후에 애설볼드는 경의를 표하기 위해서 돌아왔으며, 그때 이 미래의 통치자는 이제는 천국에 있는 은둔자 구틀락의 환영이 나타나더니 애설볼드가 언젠가 왕좌를 차지할 것이라며 안심시키는 환영을 본다. 여기에서 주목할 점은 주변부가 정치 권력의 중심과 연결되어 있었을 뿐 아니라 실제로 중심부의 선택을 제한할 수도 있었다는 사실이다. 애설볼드는 늪지대의 물을 빼는 대신 그곳의 힘을 활용하기로 마음먹었다.

로마의 노예 시장에서 그레고리우스가 겪은 이야기를 들려줄 때 베다는 이미 결과를 알고 있었기 때문에 장차 로마(그리고 기독교)가 브리타니아로 돌아올 것이라고 확신할 수 있었겠지만, 로마의 선교사들은 브리타니아에서 다루기 힘든 세계를 마주쳤다. 루스웰 십자가에 새겨진 룬 문자는 라틴 문자와 뒤섞여 있었고, 복음 성가는 의인화된 나무의 목소리를 통해서 울려 퍼졌으며, 덩굴 소용돌이 무늬는 사도들과 뒤얽혀 있었고, 전체적인 예술적 과정은 유식한 수도사나 수녀들뿐만이 아니라 (교회의 시각에서 볼 때) 무식한 민중에게도 관심을 쏟는다. 그리고 은둔자 구틀락에 관한 펠릭스의 이야기에서 드러나듯이, 기독교인 공동체의 관계망과 왕국들은 일찌감치 확고히 자리를 잡은 반면에 농촌에는 위험이 만연했다. 농촌은 위협적인 비기독교 민족들이 활동하는 지대 근처에서 악마들이 활보하고 맹수들을 조종하는 곳이었다. 베다의 이야기에서도, 펠릭스의 이야기에서도 힘은 뜻밖의 장소들에 있다. 즉, "주변부"는 곧 새로운 중심이 될 수 있다.

중세 초기의 영국 역사 내내, 이처럼 여러 나라와 다양한 민족, 신념들이 무질서하게 결합된 땅이 있었다. 그곳은 율리우스 카이사르의 지휘 아래에 로마인들에게 폭력적으로 정복되었다가 4세기에 처음으로 (최소한 부분적으로는) 기독교를 믿은 주민들의 땅이었다. 5세기와 6세기에는 침략자들이 더 많이 나타났고, 주민들은 침략자들을 상대로 싸우거나 타협했고, 그 결과 새로운 왕국들이 탄생했다. 7세기에 다시 기독교가 (거의) 복원되었고, 그 결과 훨씬 더 많은 정치적 재조정 과정이 불가피했다.

갈라 플라키디아가 손쉽게 지중해를 건너기 불과 30년 전쯤인 5세기 초, 고트족이 로마를 약탈할 무렵에 황제 호노리우스(재위 393–423)는 브리타니아 속주의 주민들에게 알아서 자립하라고 말했다. 그에게는 이탈리아에서 처리해야 할 문제가 있었다. 브리타니아에 더는 지원군이 오지 않을 상황이었다. 로마계 브리타니아인들은 때로는 독자적으로 문제를 해결하고 때로는 대륙에서 새로 건너온 공동체들과 합의를 맺으며 그럭저럭 헤쳐나간 듯싶다. 그곳은 이주, 협력, 전쟁으로 만들어진 섬이었고, 그런 상태는 서로마 제국의 지배가 종식된 세계에서도 이어졌다. 그러나 권력이 지방으로 넘어가면서 브리타니아 섬은 분열한 것 같다. 왕들이 나타났다. 왕국들이 무너졌다. 전쟁이 벌어졌다.

그 분열상은 고대 영어로 작성된 유명 서사시 『베오울프(*Beowulf*)』에 표현되어 있다. 원문의 유일한 판본은 11세기 초의 필사본인데, 지중해에서 멀리 떨어진 스칸디나비아 반도와 북해 도처를 중심으로 한 과거가 주제이다. 이 이야기는 중세 세계를 바라보는 우리의 진부한 시각에 부합한다. 왕과 전사들, 괴물과 위험, 대담한 영웅적 행위가 등장한다. 그러나 빛의 시대의 나머지 부분처럼, 이 이야기도 그런 고정관념을 뒤흔든다. 이 서사시는 남자들의 승리와 어리석은 짓에 대해서만 말하고자 하는 듯싶지만, 저자인 익명의 시인은 여자들이 인간 사회의 형상을 부여하는 골격이라는 점을 분명히 하고 있다.

베오울프가 괴물 그렌델을 무찌르자, 데인족의 왕비인 웨알데오우는 베오울프에게 접근한다. 그녀는 베오울프를 칭찬하고 그의 승리에 고마워하고 자신과 남편의 귀중한 보물을 주지만, 그녀의 연설에는 이상한 느낌이 담겨 있다. 그녀는 연설 내내 아들들을 언급한다. 웨알데오우는 베오울프의 의도를 염려한다. 그의 명성과 영예가 자기 가문의 명성과 영예를 대신해버릴까 싶어서 걱정한다. 저자가 분명히 밝히듯이, 그녀의 연설은 베오울프에 대한 경고이다. 이제 고마워하고 집으로 돌아가라는, 자식들의 보호자 이상의 지위를 노리지 말라는 경고, 연회장 안에 있는 모든 참석자들이 이해할 수 있는 경고이다.

바로 그날 밤, 그렌델의 어미가 "깊은 슬픔에 잠기고 복수에 굶주린 채" 나타난다. 그렌델의 어미는 또다시 데인인들을 습격해 죽인 후에 자기 아들의 팔을 가지고 떠난다. 그렌델의 팔은 베오울프가 전리품으로 챙겼던 것으로, 데인인들의 연회장에 놓여 있었다. 베오울프가 그렌델의 어미가 사는 집까지 쫓아가보니 아들의 죽음을 슬퍼하는 어미가 굴 속에 놓아둔 그렌델의 시체가 보인다. 그렌델의 어미는 베오울프에게 패배하고 나서 마침내 아들과 재회한다. 같은 세계를 공유하는 웨알데오우와 그렌델의 어미 같은 여자들의 힘과 무력함이 바로 이 이야기의 줄기이자 뼈대이다.

앞에서 언급한 더 공식적이고 종교적 색채가 짙은 8세기의 사료들도 조금 더 깊이 살펴보면 영웅적인 행위를 보여주는 남자들, 예를 들면, 늪지대에서 칼이나 찬송가로 괴물들과 싸우는 남자들의 이야기들에서 여자들의 주체성과 권력이 끊임없이 드러나고 있다는 점을 확인할 수 있다. 루스웰 십자가에 새겨진 승리의 조각물들은 성스러운 역사를 전진시키는 성인과 성녀로 양분되어 있다. 구틀락이 수도사 생활을 시작한 렙턴 수도원은 머시아 왕실과의 긴밀한 유대를 바탕으로 어느 수녀원장의 주도하에 세워진 수도원이었고 남녀가 함께 생활하는 곳이었다. 실제로 구틀락은 렙턴 수도원의 수녀원장들과 밀접한 관계를 유지했고, 세상을 떠나기 직전에 수녀원장 에크버러(『구틀락의 생애』를 헌정받은 이스트 앵글리아 왕국의 국왕 앨프왈드의 딸)에게 편지를 보내 납관과 수의를 보내달라고 요청했다. 그의 장례식은 나중에 구틀락의 여동생인 페가가 집전했다. 구틀락은 한 여성에게 훈련을 받아 수도사의 길로 들어섰고, 영적 측면에서 자신보다 뛰어난 두 명의 여성에게 위탁함으로써 유산을 지킬 수 있었다. "암흑시대"는 폭력적인 남자들과 순종적인 여자들의 세계, 고정관념에 부합하는 세계를 상상하지만, 선입견이 아니라 사료에 주목하는 빛의 시대는 훨씬 더 미묘한 무엇인가를 발견한다.

이 겹겹이 쌓인 층들을 벗겨내면, 중세 초기의 영국과 세계 전체의 이야기는 과연 어떻게 전개될까? 선교사들을 북쪽 저 멀리 보내는 대교황 그레고리우스, 습지대에서도 굴하지 않는 구틀락, 괴물들을 이겨내는 베오울프 등으로 시작하는 이 장의 영웅 서사는 꽤 달라질 것이다. 우리는 과거에 대한 향수를 하늘에 날려버리고, 그 아래의 더 인간적이고 더 다채로운 세계를 보아야 한다.

우리는 일찍이 브리타니아 남동부에서 활동한 왕비들의 이야기를 들려줄 수 있을 것이다. 브리타니아인이 다시 기독교로 개종한 것에 대해서는 로마의 주교와 브리타니아 현지 국왕들보다는 메로베우스 왕조의 프랑크족 왕의 딸이자 기독교도인 왕비 베르타(사망 약 606)에게 공(功)을 돌려야 한다. 그녀는 원래의 기독교 신앙을 고수하고 자신의 고해신부와 함께 해협을 건너겠다는 조건으로 다신론자인 켄트인의 왕 에설버트(재위 589-616)와 결혼했다. 596년부터 597년까지 그레고리우스의 선교사들이 로마를 떠나 브리타니아에 도착할 수 있는 발판을 마련한 사람이 바로 베르타였다. 그녀는 아마 남편인 에설버트의 개종을 밀어붙였을 것이고, 그가 더 많은 사람의 개종을 허용하도록 촉구했을 것이다. 그러나 베르타의 아들인 에아드발드(재위

616–640)는 아버지에 뒤이어 왕좌에 올랐을 때에도 다신론자였다. 그가 또다른 프랑크족 출신의 여성과 결혼하고 나서야 비로소 그와 왕국 전체가 기독교로 개종했다.

664년에 열린 휘트비 종교회의에 대해서도 다른 이야기를 들려줄 수 있을 것이다. 노섬브리아 왕국의 국왕이 부활절 날짜와 관련해 로마의 관습을 따를 것인지 아니면 전통적인 켈트인의 관습을 따를 것인지를 따지는 토론을 지켜본 이 유명한 사건은 사람들 사이에서 논쟁거리가 되었다. 왕은 토론을 판정하는 역할을 맡았고, 리펀 수도원의 원장은 노섬브리아 주교에게 반론을 제기했다. 나머지 주요 인사들은 협의하고 협조했다. 그런데 그 사건이 벌어진 장소는 수녀원장 힐다(680년 사망)가 보살피던 휘트비 수도원이었다. 그녀는 아버지가 켄트의 국왕 에아드발드의 가문으로 새장가를 들고 난 이후인 627년에 기독교로 개종했고, 30대에 이를 때까지는 주로 정치에 몸담았다. 이후 그녀는 아버지가 전사하자 북쪽을 떠나 피신해야 했지만, 곧 계모의 가족에게 의탁했다. 나중에야 북쪽으로 돌아와 브리튼 섬 북쪽의 도시 하틀풀에서 수녀원장에 임명되었고, 이후 657년에 남녀가 함께 생활하는 휘트비 수도원을 세우는 데에 일조했다. 부활절 날짜를 둘러싼 토론에서 패배한 쪽에 속했지만, 그녀는 여전히 매우 강력하고 중요한 인물로 평가되었고, 실제로 휘트비 종교회의에서 힐다의 견해에 불리한 판정을 내렸던 노섬브리아 왕국의 국왕은 죽은 후에 그녀의 수도원에 묻혔다. 그리고 680년에 세상을 떠나기 직전에 힐다는 토론에서 맞섰던 요크의 성 윌프리드를 주교직에서 내려오도록 하는 데에 중요한 역할을 한 것 같다.

사회적 성별과 권력을 둘러싼 더 복잡한 상황뿐 아니라, 대륙들을 가로질러 뻗어 있는 연관성도 보인다. 8세기 말, 머시아 왕국의 국왕 오파(재위 757-796)는 금화를 주조하도록 했다. 장인들은 금화 정중앙에 "오파 왕"이라는 뜻의 라틴어 문구인 오파 렉스(Offa rex)를 박아넣었다. 그런데 금화의 가장자리에 아무렇게나 새겨넣은 아라비아어가 눈에 띈다. 문제의 아라비아어는 이슬람교의 기본적인 신앙 고백인 샤하다(shahada)를 나타내는 것으로 보인다. 우리의 가설과 달리, 그 금화에는 오파의 종교적 헌신에 대해서는 말해주는 것이 없다(예컨대 그 아라비아어는 위아래가 뒤집힌 채로 적혀 있다). 장인들은 틀림없이 어떤 모형을 바탕으로 작업한 것이다. 특히, 773-774년경에 아바스 왕조의 제2대 칼리파인 알-만수르(재위 754-775)에 의해서 주조된 디나르 금화가 본보기였다. 그 금화가 밟은 여정을 살펴보면, 중세 초기의 광활한 여러 지역들과 다양한 민족들 간의 연관성에 대한 한층 더 많은 사실이 드러난다. 금화는 현대에 이르러 로마에서 발견되었는데, 추정컨대 그 옛날 로마 주교에게 바친 공물의 일부분이었을 것이다. 따라서 우리는 바그다드에서 브리타니아를 거쳐 로마로 건너간 관념―그리고 아마 여러 사람의 손을 거치는 동안 번쩍번쩍 빛났을 금화―의 경로를 추적할 수 있다.

브리타니아 섬을 떠나 대륙으로 건너간 것이 물건뿐만이 아니었다. 중세 세계 도처의 사람과 관념들이 브리타니아로 건너왔듯이, 브리타니아에서도 사람과 관념들이 대륙으로 향했다. 하드리아누스가 세상을 떠나기 얼마 전, 웨어머스-재로의 수도사들이 화려한 삽화로 장식된 『성서』를 제작했는데, 『성서』가 워낙 크고 무거운 나머지 수레에 실어 옮겨야 했다. 코덱스 아미아티누스(Codex Amiatinus)로 알려진 이 필사본 『성서』는 아마 국왕 오파의 금화처럼 로마 주교를 위한 공물이었을 것이다. 영국의 선교사들이 해협 너머로 파견되기 시작했다. 남자뿐 아니라 여자들도 대륙으로 건너가서 프리슬란트인 같은 다신교 집단에 복음을 전파했다. 앨퀸이라는 수도사도 노섬브리아의 왕을 대신해 로마로 떠났다. 그러나 이후 앨퀸은 그 북쪽의 왕국으로 돌아오지 않았고, 카롤루스 마그누스라는 외국의 왕의 궁정에 눌러앉은 채 궁정학교를 운영했다. 흔히 "암흑시대"의 가장 "어두운" 곳, 가장 멀리 떨어진 곳으로 평가되는 중세 초기의 영국에서조차 사람들은 스스로를 훨씬 더 넓은 세계의 일부분으로 여겼다.

◦◦◦◦◦◦

이 장의 막바지로 치닫고 있는 지금, 8세기 초의 어느 시점에 저 아득한 노섬브리아의 어느 들판에 서 있던 다채로운 루스웰 십자가로 다시 돌아가보면, 이제 그 십자가가 다르게 보일 것이다. 루스웰 십자가는 일찍이 우리가 생각했던 것만큼 고립무원의 처지가 아니다. 그 동쪽에서는 로마로 보낼, 부피가 크고 무거운 『성서』가 완성되는 중이고, 선교사들이 대륙의 또다른 "주변부"에 기독교를 전파하려고 해협을 건너고 있다. 그 들판에서 이제 우리는 언어를 사용하거나 정체성을 주장할 때 유연성을 발휘하던, 다양한 사회적 지위의 기독교인, 비기독교인 주민들과 나란히 서 있다. 노예제의 기나긴 역사를 외면할 수 없으므로 왕이나 심지어 지역 수도원을 위해서 일해야 하던 사람들도 포함된다. 그리고 물론 수녀와 수도사들도 있다. 아마 그들은 대부분은 주변 공동체 출신이었겠지만, 바다 건너에 있는 캔터베리의 하드리아누스의 고향처럼 훨씬 더 멀리 떨어진 곳에서 건너온 사람들도 있었을 것이다.

중세 예술품은 박물관에만 머물지 않았다. 기념물과 그밖의 작품들은 이 세상에서 살아가며 사람들과 함께 호흡했다. 예술역사학자 허버트 케슬러의 말을 빌리자면 그것들은 "느끼고, 입맞춤하고, 먹고, 냄새를 맡도록" 되어 있었다. 높이 솟은 기념물 앞에 모인 사람들이 시선을 밑에서 위로 옮기며 영웅적인 구원의 이야기를 읽는다. 그 이야기는 안전한 곳으로의 피신으로 시작해 짐승에 대한 정복, 그리고 하느님의 뜻의 계시로 마무리된다. 그리고 그 뒷면도 있다. 그곳에는 여자들이 있다. 성모 마리아와 수태고지, 그리고 예수와 마리아 막달레나의 관계로 시작하는 이야기를 뒷받침하는 여자들이 보인다. 그 장면은 의심의 여지 없이 중세가 빛의 시대였다는 은유이다. 어떤 사람들은 앞으로 나아가 당나귀(루스웰 십자가에 새겨진 당나귀 조각상/옮긴이)를 만지고, 성모 마리아에게 입맞춤하며, 콧구멍으로 들어오는 그 돌 십자가의 흙냄새를 맡는다.

이곳 8세기 초의 유럽 북부, 어느 북쪽 왕국의 머나먼 변두리에서 햇빛이 이 들판과 이 십자가에 내리쬐었다. 두 방향의 면에 새겨진 덩굴 소용돌이 무늬에는 아마도 물감이 칠해져 있었을 것이고 이끼도 껴 있었을 것이다. 자연에서 가져온 그 돌 십자가는 모양이 바뀌었고 다시 서서히 자연으로 돌아갔다. 그곳에 새겨진 새들은 진짜 새들에게 보금자리를 내주었다. 아마 이제 그 십자가가 지저귀는 듯했다.

그곳에 모인 사람들은 특별한 이야기를 들려주는 기념물을 한껏 감상했다. 그 이야기는 섬에서 이미 여러 세기 동안 전해졌다. 그러나 이곳에서, 이야기는 라틴어 운문과 룬 문자 시를 통해 그 세계의 복잡성을 환기하는 여러 예술 양식들이 응집되면서 특유의 맥락에 맞게 재구성되었다. 이곳에서, 이 기념물은 그들이 여전히 더 큰 세계의 일부분이라고, 소멸하는 대신 적응하고 혁신하며 사람들을 꾸준히 해안으로 맞이한 세계의 일원이었다고 말한다. 그곳에 모인 사람들에게 이 기념물은 한때 지중해 동부에서 아프리카로 건너간 유대인 망명객들에 대해서 말한다. 그리고 그리스도가 자연경관 속에 아늑하게 자리 잡고 그들 사이에서 함께 편히 지내며 그들의 일부가 된 브리타니아 섬으로 다시 돌아온 유대인 망명객들에 대해서도 이야기를 꺼낸다.

6

우뚝 솟은
상아

802년 여름, 낯설지만 갑작스럽지는 않은 손님이 황제 카롤루스 마그누스(재위 768–814년, 이 기간은 프랑크인의 왕으로서의 재위 기간이다/옮긴이)의 본거지인 아헨에 도착했다. 평소 카롤루스 마그누스가 손님을 맞이하는 것은 특이한 일이 아니었다. 그는 그로부터 2년 전에 로마에서 황제로 대관했고, 남쪽의 피레네 산맥 너머에서부터 북쪽의 덴마크까지, 그리고 서쪽의 대서양 연안에서부터 동쪽의 도나우 강 양안에까지 이르는 유럽 도처에서 사는 민족들에 대한 지배권을 쥐고 있었기 때문이다. 그런데 802년 여름에 나타난 이 손님은 꽤 먼 길을 왔다.

그 손님은 (십중팔구) 사하라 사막 너머의 어느 곳에서, 아마 카메룬이나 콩고에서 여정을 시작했을 것이다. 북동쪽으로 방향을 잡아 바그다드로 과감히 향했다가, 다시 북아프리카 전체를 가로지르다시피해서 오늘날의 튀니지 어느 곳, 아마도 아득한 옛날 그의 조상들을 전쟁으로 끌어들였던 항구 도시 카르타고에 도착한 후에 유럽행 배에 올랐을 것이다. 이탈리아 반도의 남부에 당도한 그 손님은 북쪽으로 방향을 잡았고, 알프스 산맥을 거쳐 마침내 오늘날의 독일 서부 아헨에 있는 카롤루스 마그누스의 궁전에 도착했다. 사실, 그로부터 4년 전에 카롤루스 마그누스는 그 손님을 보내달라고 칼리파인 하룬 알-라시드에게 부탁했고, 칼리파는 즉시 승낙했다. 그러나 아불-아바스라는 이름의 그 손님은 수행원들이 감당하기에는 너무 느리고 까다로웠다. 카롤루스 마그누스가 보내달라고 부탁한 손님은 무게가 3톤 넘게 나가는 멋진 아프리카 코끼리였다.

아헨에 도착한 아불-아바스가 어떻게 되었는지는 거의 알려져 있지 않다. 아불-아바스의 행적은 도착 직후 사료에서 사라진 듯한데, 810년에야 기록에 다시 등장했다. 810년, 아불-아바스는 프랑크인들이 오늘날의 덴마크로 원정을 떠날 채비를 하고 있을 때 갑자기 죽었고, 프랑크인들은 그의 죽음을 애도했다고 한다. 아불-아바스의 여정이 어땠는지, 다시 말해서 그 코끼리가 북유럽에서 만들어냈을 사건들, 코끼리가 겪었을 고생과 학대, 그리고 콩고에서부터 독일 땅까지 4,800킬로미터가 넘는 거리를 코끼리를 몰고 오며 온갖 일을 견뎌야 했을 조련사들의 경험도 알 수가 없다. 다만 그 일이 구체적으로 카롤루스 마그누스와 하룬 알-라시드의 주도 아래 일어났고, 아불-아바스가 당시에 콩고에서 독일까지 그 먼 거리를 이동했으며, 카롤루스 마그누스의 궁정에 찾아온 방문객들이 코끼리의 반짝이는 순백색 상아를 마주했다는 사실이 어떤 의미인지만을 알 뿐이다. 그 코끼리의 굉음을 듣고 상아를 목격한 모든 이의 머릿속에는 동쪽이, 그리고 특히 프랑크인들의 머릿속에는 대등한 두 인물 간의 연관성—기독교를 믿는 "로마의" 황제와 이슬람교를 믿는 "페르시아의" 칼리파—이 떠올랐다.

카롤루스 마그누스의 왕조("카롤루스 왕조")는 750년부터 집권을 시작했다. 약 300년 동안 프랑크인을 통치했던 메로베우스 왕조로부터 카롤루스 마그누스의 아버지인 단신왕 피피누스 3세 브레비스(재위 750-768)가 권력을 빼앗았던 것이다. 카롤루스 마그누스의 왕실과 가까운 누군가가 연도별로 사건을 기록한 책 『프랑크인 열왕편년사(Annales regni Francorum)』에 따르면, 피피누스 3세는 로마 주교에게 다음과 같은 (유도성) 질문을 던지려고 사절단을 보냈다. 왕의 칭호를 타고난 사람과 "실권"을 휘두르는 사람 가운데, 누가 왕국을 다스려야 하는가? 교황 자카리아스(재위 741-752)는 영리하게 분위기를 파악했고, 실권자인 피피누스 3세가 왕이 되어야 한다고 대답했다. 사절단은 즐거운 마음으로 프랑크 왕국으로 돌아왔고, 『프랑크인 열왕편년사』에 따르면 피피누스 3세는 "평화롭게" 왕으로 선출되었으며, 전임 왕 킬데리쿠스 3세는 여생을 명상하며 지내도록 수도원에 유폐되었다. 그런데 그후로 『프랑크인 열왕편년사』는 갑자기 조용해진다.

『프랑크인 열왕편년사』는 오늘날 바로 "역사서"로 인정할 만한 책이 아니다. 이 책은 주로 연도에 따라서 구별된 주요 사건들의 목록

같은 것이다. 어떤 사건은 비교적 길게, 또 어떤 사건은 짧게 기재되었는데, 여기에서 관건은 각 항목의 완성도이다. 이런 서술 양식("편년사")의 저자는 여러 해가 잇달아 지나갔으며 어느 해는 기록할 만한 가치가 있는 중요한 사건들이 일어났다는 점을 드러낸다. 카롤루스 왕조의 편년사에는 카롤루스 마그누스의 할아버지의 죽음으로 시작해 카롤루스 마그누스의 아들 루도비쿠스 1세 피우스(재위 814–840)가 보름스에서 회의를 열고 셉티메니아의 백작 베르나르를 시종관에 임명하고 가을에 사냥으로 소일하고 겨울에 아헨의 궁전으로 돌아와 지냈다는 것으로 끝나는, 741년부터 829년까지 모든 해의 사건들이 상술되어 있다.

그런데 사실 이것도 정확하지는 않다. 『프랑크인 열왕편년사』에는 피피누스 3세가 권좌에 오른 직후인 751년과 752년이 누락되어 있다. 그 두 해를 건너뛰더니 갑자기 (마치 아무 일도 없었다는 듯이) 753년이 나타난다. 751년과 752년의 누락은 명백하면서도 교묘히 감추어져 있다. 이 사실은 권력 이양을 둘러싸고 중요한 일, 즉 정변이 일어났으며 심지어 십중팔구 군사 정변이었다는 점을 상기시킨다. 『프랑크인 열왕편년사』는 프랑크인들이 유럽을 지배하고 주요 세력이 되어 세계 무대에 진출하기까지 밟은 길을 완벽하게 요약하고 있다.

프랑크인들은 기록을 많이 남겼다. 특히 자신들의 최근 역사에 주안점을 두는 경우가 많았다. 그러나 모든 역사 서술은 주관적이며(물론 "주관적"은 "거짓"의 동의어가 아니다) 특히 중세에 역사를 기록한 저자들은 더 심오한 진실이라고 생각한 내용을 담았다. 『프랑크인 열왕편년사』는 원래 승리의 목록이다. 즉, 카롤루스 왕조가 통치 자격이 있다는 "진실"을 드러내는, 승리에 대한 찬가이다. 이제 누락된 두 해의 직전과 직후에 벌어진 일을 더 면밀하게 살펴보자. 749년, 프랑크인들은 교황에게 사절단을 보냈고, 교황의 지지를 얻어냈다. 750년, 권력을 찬탈한 피피누스 3세는 "왕으로 선출되었고", 전임 왕은 수도원에 유폐되었다. 그리고 나서 753년에 피피누스 3세는 북동쪽 국경에서 작센족을 공격해 격파했고, 반란을 일으켰던 동생이 죽었다는 소식을 들었고, 랑고바르드족에 맞서 교황에게 군사적 지원을 하겠다고 서약했다.

이 편년사에 기재된 사항들은 권력 이양의 문제들을 해결한다. 원문에 따르면, 피피누스 3세는 이제 이론의 여지가 없는 왕이다. 전임 왕은 사라졌고 반란을 일으킨 동생마저 죽었다. 신임 왕은 작센족에 맞서 프랑크족의 국경을 방어한다. 그는 교황권을 보호함으로써 기독교회를 떠받친다. 일부 통치자들은 대가성 거래 때문에 통치권을 잃어버리는 결과를 맞았지만, 피피누스 3세와 그 후계자들은 재미를 톡톡히 보았다. 난잡한 내란에서 벗어난 후(이 부분은 감추어져 있다), 프랑크인들은 밖으로 방향을 돌려서 기독교를 믿지 않는 외부의 적(작센족)과 맞서 싸우는 동시에 기독교회와 특별한 관계를 맺어 호의를 베풀었다. 물론 원하는 대로 역사를 쓰는 관행도, 종교와 폭력을 결합하는 방식도 프랑크인들이 발명한 것은 아니었으나 그들은 그 두 가지를 매우 효과적으로 활용했다.

오늘날의 북해 연안 저지대 주변에 자리한 심장부에서부터 밖으로 밀고 나온 프랑크인들은 북동쪽으로는 다신교를 믿는 작센족, 서쪽으로는 기독교를 믿는 브르타뉴족, 남서쪽으로는 기독교를 믿는 아키텐족과 기독교를 믿는 가스코뉴족과 이슬람교를 믿는 우마이야 칼리파국 사람들, 그리고 남동쪽으로는 다신교를 믿는 아바르족 등을 상대로 끊임없이 전쟁을 치렀다. 8세기 말의 프랑크인들은 기독교를 믿는 남쪽의 랑고바르드족, 비잔티움인들과도 싸웠다. 랑고바르드족과 비잔티움인들은 예전부터 교황의 권능을 위협했고, 따라서 교황들은 피피누스 왕가가 권력을 잡도록 도와주고 싶어했다.

그렇게 끊임없는 전쟁을 수행하려면 매년 봄과 여름에 군사 작전을 펼쳐야 했다. 군사 작전은 전투를 동반했고, 또한 그 자체가 정치 전략이기도 했다. 중세 초기의 왕은 휘하의 귀족들에게 인정을 받아야 왕으로 남을 수 있었다. 어쨌든 피피누스 3세는 고위 귀족의 신분으로 권력을 잡았다. 프랑크 왕국의 역대 통치자들 모두가 이 점을 잊지 않았고, 실제로 귀족의 심각한 반란을 최소한 한 번은 겪었다. 잠재적, 실질적 위협이 어디에나 도사리고 있었다. 귀족들의 동조(프랑크인들의 왕이 원하는 바)를 이끌어내는 비결은 약탈품에 있었다. 즉, 프랑크인들이 승리를 거둔 후에 전리품으로 분배한 토지와 특권이 바로 그것이었다. 일례로 『프랑크인 열왕편년사』에 의하면, 아바르족이 프랑크인들에게 마침내 정복된 796년에 약탈품이 카롤루스 마그누스에게 보내졌는데, 그는 "[그 보물의] 대부분을 로마로" 보냈고 "나머지는 평신도뿐 아니라 성직자도 포함하여 유력자들에게 나누어주었다."

이것은 여러 측면에서 각별히 의미심장한 일화이다. 프랑크인들의 국왕이 자신을 위해서 싸운 사람들(세속의 유력자들)뿐만 아니라 기도한 사람들(교회의 유력자들)과도 전리품을 나누었다는 뜻이기 때문이다. 이 부분에서는 순환논리가 적용되었다. 프랑크인들이 다른 민족들을 정복했다는 것은 (그들이 보기에) 하느님이 자신들 편이라는 의미였다. 또한 하느님이 자신들 편이기 때문에 그들은 다른 민족들을 정복할 수 있었다. 카롤루스 마그누스와 프랑크인들이 이민족을 정복하려면 전쟁터에서 싸울 군인도, 기도를 드릴 성직자도 모두 필요했다. 이 시기에 종교와 폭력은 동전의 양면이었다. 실제로도 종교와 폭력의 긴밀한 관계는 도움이 되는 것 같았다. 결국 카롤루스 마그누스의 권력은 로마의 전성기 이후로는 유례가 없을 만큼 유럽 전역으로 확대되었다. 프랑크인들은 승승장구했다.

『프랑크인 열왕편년사』에 의하면, 아바르족과의 전쟁은 791년에 "아바르족이 거룩한 교회와 기독교인들에 저지른 과도하고 참을 수 없는 무도한 행위 때문에" 시작되었다. 『프랑크인 열왕편년사』에는 그 전쟁의 승리가 "당신의 백성을 인도하시고, [프랑크 왕국의] 두 군대를 무사히 이끌고 아바르족 요새로 들어가신 그리스도" 덕분이라고 기록되어 있다. 다시 말해서, 아바르족을 상대로 군사 활동을 펼친 이유는 단지 그들이 프랑크인의 정치적 권력을 위협하기 때문만이 아니라(물론 바이에른에서는 위협하고 있었지만) 그들이 기독교인 전체를 위협하는 존재이기 때문이기도 했다. 게다가 『프랑크인 열왕편년사』에는 하느님이 "당신의 백성을" 지켜주었기 때문에 프랑크인들이 이겼다는 내용이 나온다. 카롤루스 마그누스는 성직자와 평신도를 막론하고 휘하의 모든 유력자들에게 보상을 내렸다. 교회와 세속의 유력자들 모두 그가 왕으로서 보살피는 대상이었기 때문이다. 『프랑크인 열왕편년사』에 따르면, 그것은 하느님조차 인정한 사실이었다.

카롤루스 마그누스와 프랑크인들이 기독교적 통치라는 개념을 발명한 것은 아니다. 앞에서 살펴보았듯이, 기독교의 교계제도 안에서 통치자의 지위는 비교적 막연했다. 따라서 왕은 권위가 주어지도록 기다리는 대신에 스스로 권위를 키울 방법을 찾아야 했는데, 왕이 주장할 수 있는 권한의 범위에는 비교적 제한이 없었다. 4세기에 기독교인들은 로마 세계의 국외자 공동체에서 세력이 최고조에 이른 공동체로 급속하게 발전했다. 이 지점에서 황제가 의심의 여지없이 통치했던 비잔티움인들의 사례가 생각날지도 모르겠다. 그러나 콘스탄티누스 1세 시절부터 로마 황제들은 누가 "진정한" 책임자인지를 분명히 밝히기 위해서 콘스탄티노폴리스 총대주교, 로마 주교 등 온갖 부류의 주교들과 충돌했다. 카롤루스 마그누스와 프랑크인들은 통치자의 지위가 교계제도의 최정상에 있다고 단언하면서 콘스탄티누스 1세의 외피를 뒤집어쓰려고 했다(여기에서 교회는 모든 신앙인들의 공동체를 가리킨다).

다만 이 점을 꼭 강조하고 싶은데, 그것은 냉소적인 행보가 아니었으며 진짜 기독교를 "교묘히 조작하는" 것과도 무관했다. 중세 초기의 기독교는 역사적 맥락과 지리적 특질에 끊임없이 적응하며 발전하는 사상이었다. 틀림없이 카롤루스 마그누스는 종교 지도자로서의 책임을 진지하게 받아들였을 것이고 추종자들의 물질적 복리뿐 아니라 정신적 복리에도 깊은 관심을 두었을 것이다. 예컨대 그는 수도사가 지방 주교나 세속 귀족의 간섭을 받지 않도록 하고 수도원이 프랑크 국왕에게만 종속되도록 조치하는 등 치세 내내 수도원 개혁을 선도했다. 왜 그랬을까? 카롤루스 마그누스는 분명 그런 관례들을 통해서 실질적인 것, 즉 대륙 도처에서 활동하는 왕권의 대리인들을 확보했다. 그러나 더욱 중요한 점은 그가 자신을 위해서 기도하는 사람들도 확보했다는 사실이다. 카롤루스 마그누스는 왕의 화신을 통해서 수도사들과 왕국 전체 사이에 상호호혜적인 관계를 조성하고 있었다. 수도사들은 하느님과 그들 사이의 특별한 관계를 이용해 국왕과 프랑크인 전체의 안전과 번영을 기도했고, 이 세상에 반목과 혼란의 씨앗을 뿌리려고 애쓰는 악마와 싸웠다. "신성한 섬"으로 불린 수도원들은 이곳 지상에서 찬란한 천상의 예루살렘의 보루 역할을 맡았다.

카롤루스 마그누스는 수도사들만 보살피지는 않았다. 그는 주교들, 심지어 로마 주교까지 보살폈다. 8세기와 9세기의 교황제도는 중세 말기 무렵의 교황제도와는 달랐다. 대교황 그레고리우스의 사례에서 확인했듯이 로마 주교는 한 도시의 종교 지도자였을 뿐만 아니라 정치 지도자이기도 했고, 유럽과 지중해 전체를 호령한다는 자부심이 있었다. 그러나 그 자부심은 가끔 그저 자부심에 그칠 뿐이었다. 그레고리우스가 사망하자 로마 주교들은 항상 북쪽의 랑고바르드족을 의식하면서 고개를 돌려 콘스탄티노폴리스를 더 똑바로 마주했다. 그러다가 8세기 초에 사태가 급변했는데, 그 시기에 비잔티움인들이 성상파괴 운동을 받아들이면서 기독교의 종교적 관행에 성상을 사용하지 않기로 한 것이다. 서쪽의 기독교인들은 성상 파괴 운동을 가차없이 비난했고, 결국 동쪽과 서쪽의 로마가 서로 멀어지게 되었다. 힘의 공백을 감지한 랑고바르드족이 끼어들더니 이탈리아 중부의 로마 땅을 차지했다. 교황들에게는 새로운 동맹이 필요했고, 그래서 프랑크인들에 기대를 걸었다. 결국, 피피누스 3세는 교황을 상대로 구체적인 조건을 가진 대가성 거래를 맺으며 권력을 잡은 것이다. 교황은 피피누스 3세의 새로운 왕조에 정통성을 부여하고, 프랑크인들은 이탈리아 중부에서 로마 주교의 권력을 위협하는 랑고바르드족과 비잔티움인들을 물리쳐주는 것이었다.

그 거래는 양쪽 모두에게 도움이 되었다. 770년대 초, 카롤루스 마그누스는 교황의 요청으로 이탈리아를 침공해 파비아를 정복한 후에 랑고바르드 왕국의 국왕을 몰아내고는 "프랑크인과 랑고바르드인의 왕"으로 자처했다. 그 원정 기간에 그는 친히 로마를 방문했고, 환영 인파는 행렬을 이루며 그를 해방자로 맞이했다. 그러나 더 가혹한 시험이 기다리고 있었다. 799년, 교황 레오 3세(재위 795–816)가 동포인 로마인들에게 습격을 당하고 감금되었다. 탈출한 레오 3세는 카롤루스 마그누스의 도움을 받고자 북쪽의 파더보른으로 향했다.

카롤루스 마그누스는 레오 3세를 다시 교황 자리에 앉히기 위해 즉각 로마로 군대를 보냈고, 이듬해에는 직접 알프스 산맥을 넘어 로마로 향했다. 교황은 제기된 혐의에 대해서 무죄를 선고받았고, 습격에 가담한 자들은 적발되어 재판을 받고 추방되었다. 그러나 카롤루스 마그누스가 북쪽의 아헨으로 돌아가기 전 겨울에 로마에서 지내는 동안, 두 가지 중요한 일이 일어났다. 첫째로, 800년 말에 카롤루스 마그 누스가 서쪽의 예루살렘 총대주교가 보낸 외교 사절을 맞이했다. (『프 랑크인 열왕편년사』에 따르면) 그들은 "성십자가 유물과 더불어 주님 의 무덤과 갈보리 언덕의 유품들"도 포함된 선물을 "그 도시와 산[구 체적으로 어디인지 알 수 없다]으로 가져왔다." 그리고 둘째로, 그로부 터 얼마 지나지 않아 성탄절에 열린 미사에서 촛불이 깜박이는 와중 에 교황 레오 3세가 카롤루스 마그누스에게 "황제"의 관을 씌웠고, 그 곳에 모인 사람들은 즉시 그를 황제로 부르며 환호했다.

이 두 가지 사건은 서로 연결된 것으로 보아야 한다. 첫째, 지리적 요소가 중요하다. 로마와 예루살렘은 기독교 역사와 중요하게 결부 된 두 곳의 현장이었다. 물론 예루살렘은 예수의 도시였고, 로마는 성 베드로의 도시이자 이후 여러 세기 동안 발전한 에클레시아(ecclesia), 즉 교회의 토대였다. 예루살렘 총대주교가 성십자가 유물과 함께 선 물들을 보냈다는 것은 카롤루스 마그누스에게 예루살렘의 성문뿐만 아니라 예수의 죽음과 부활의 현장에 대한 지배권을 부여한다는 상징 이었다. 예루살렘 총대주교는 매우 직접적으로 카롤루스 마그누스에 게 그 이름 높은 도시의 지배권을 건넨 셈이다. 카롤루스 마그누스가 예루살렘 근처에 없었기 때문에 상징적인 차원이기는 했지만 말이다. 교황도 대관식을 통해서 본질적으로 총대주교와 같은 행동을 했다. 비잔티움인들과 소원해진 총대주교와 교황은 이제 정통성 있는 통치 자인 새로운 로마 황제에게 후원을 기대했다.

로마 사람들의 복리에 대한 관심을 드러낸 후에, 카롤루스 마그누스는 교황과 그 도시 사람늘에 의해서 황제가 되었다. 이 부분에서 반드시 주의해야 할 점은 그것이 "신성 로마 제국"의 시작은 아니라는 사실이다. 신성 로마 제국은 그보다 한참 후인 12세기 말에 출현했다. 카롤루스 마그누스는 대관식을 통해서 유스티니아누스 1세와 테오도시우스 1세를 거쳐 콘스탄티누스 1세까지, 그리고 심지어 초대 황제인 아우구스투스까지 거슬러올라가는 역대 로마 황제들과 한 몸이 되었다. 게다가 대관식은 로마 주교가 집전하는 의식이었고, 로마뿐 아니라 예루살렘과도 연관된 행사였다. 따라서 카롤루스 마그누스는 대관식을 통해서 훨씬 더 오래된 혈통과 연결된 것이었다. 그의 대관식은 세속 통치자의 대관식이었을 뿐만 아니라, 『성서』에 나오는 이스라엘의 다윗과 솔로몬 같은 거룩한 왕의 도유식(塗油式 : 신성한 힘을 불어넣기 위해 몸에 기름을 바르는 종교적 의식/옮긴이)이기도 했다.

로마인과 기독교인, 이스라엘인의 종합적 통치는 불분명한 사료에 지나친 의미를 부여하려는 역사가들이 주장하는 바가 아니다. 중세의 프랑크인들은 파악하기 까다로운 사람들이 아니었다. 789년의 법전에 따라서 카롤루스 마그누스는 새로운 요시아(Josiah)로 자처했는데, 요시아는 선민들의 이교도 관습을 정화한 유대의 왕이었다. 프랑크 왕국의 도시 오를레앙의 바로 남동쪽에 위치한 생-제르맹-데-프레 성당의 제단 위쪽에는 언약궤를 지키는 두 천사의 형상을 담은 9세기 초의 모자이크가 있었다. 그 모자이크에 힘입어 9세기 프랑크인들의 그 교회는 예루살렘의 성전을 표현―재현―한 곳으로 자리매김할 수 있었다. 관람자들은 그 모자이크를 보면서, 기독교 『구약 성서』의 이스라엘인들이 싸움터로 가져갔던 상자, 즉 하느님의 가호를 상징하는 언약궤가 이제는 하느님의 새로운 선민인 프랑크인들을 지켜준다는 점을 떠올렸다.

그러므로 당대인들은 카롤루스 마그누스가 로마 황제의 지위로 승격한 것을 "새로운" 현상으로 생각하지 않았다. 그 현상은 이미 예전부터 있던 현상들의 속편이었고, 통치자를 공동체의 화신으로 여기는 프랑크인의 정체성과 연관된 것이었다. 프랑크인은 이스라엘인의 후계자였고, 로마인의 상속자였다. 800년에도 그들은 여전히 정변을 정당화했고, 그러기 위해서 종교와 문화, 정치의 관계망을 가동했다.

카롤루스 마그누스의 제국의 심장부에 있는 아헨의 궁전 예배당이 아마도 이 상호침투적인 이념을 가장 명확하게 보여주는 사례일 것이다. 790년대에 시공되었고 805년에 완공되어 헌정되었으며, (지금은 소실된) 모자이크와 대리석판이 가득하고 돔으로 덮인 그 8각형 건물은 유스티니아누스 1세와 테오도라가 찬연히 빛나는 모자이크 속에서 숭배자들을 내려다보는 라벤나의 산 비탈레 성당과 비슷하다. 게다가 그 궁전 예배당의 형태는 유스티니아누스 1세와 연관되어 로마 황제의 권력을 나타낸다. 실제로 9세기의 프랑크인들은 산 비탈레 성당을 로마 제국이 영광을 누리던 시기와 자신들을 이념적으로 연결해주는 로마 양식의 고대 건물로 기억했다.

그런데 당시 아헨의 건축가들은 여기에 또다른 것을 추가했다. 8각형 실내의 둘레는 카롤루스 왕조의 도량형으로 144피트(약 43.2미터/옮긴이)인데, 이는 「요한의 묵시록」 21장에 나오는 천상의 예루살렘의 벽 둘레와 동일하다. 중세 초기의 도상학에 조예가 깊던 사람들이 볼 때, 천상의 예루살렘은 지상의 예루살렘을 본뜬 것이었다. 다시 말해 천상의 예루살렘은 「요한의 묵시록」뿐 아니라 콘스탄티누스 1세가 재건한 로마령 팔레스티나의 그 도시, 옛날에 다윗과 솔로몬의 치세를 지켜본 성전을 상기시키는 그 도시도 떠오르게 했다.

아헨의 궁전 예배당은 아주 중요한 것을 의미했다. 카롤루스 마그누스의 대관식이 열린 순간에 그러했듯이, 그곳은 로마와 예루살렘이었다. 그곳은 유스티니아누스와 콘스탄티누스 1세와 솔로몬을 연상시키는 황제들과 왕들을 의미했다. 그곳은 하늘과 땅이었다. 기독교 『성서』에서 서술된 합류점이었다. 그곳은 외부와 단절된 사적 구역인 동시에 교구 예배당이기도 했다. 따라서 그곳으로 걸어들어가는 여러 사람들에게 권력을 투사하고 있었다. 그리고 프랑크인들과 그들의 왕은 그 모든 요소와 연관되어 있었다. 휘황찬란하게 반짝이는 다채로운 대리석으로 꾸민 아헨 궁전 예배당의 실내, 촛불의 불빛이 금빛 모자이크에 반사되는 방식, 카롤루스 마그누스가 기도하러 들어갈 때 틀림없이 보고 느꼈을 따뜻한 빛, 그 모든 요소들은 과거와 현재와 미래를 떠올리게 했다. 프랑크인들은 옛날 이스라엘인들이 지상의 예루살렘에서 입었던 하느님의 은혜가 로마로 넘어갔다가, 다시 아헨과 프랑크인들—하느님의 은혜를 끝까지 입을 사람들—에게로 넘어왔다고 글과 돌로 말하고 있었다.

그러고 나서 코끼리가 나타났다.

카롤루스 마그누스는 황제로 등극하기 전에 그 커다란 짐승을 보내

달라고 부탁했다. 확실히 그것은 카롤루스 마그누스가 황제를 참칭하는 문제를 고려하기 시작한 이후였고, 아헨의 궁전 공사가 시작되기 한참 전이었다. 그렇게 아불-아바스는 프랑크인들이 완벽하게 형성해놓은 세상에 나타났다. 820년대에 어느 저자는 과거를 되짚어보며 "프랑크인들 왕국의 모든 사람들이 카롤루스 황제의 치세 동안 코끼리를 보았다"라고 썼다. 그리고 그들은 단지 코끼리가 아니라, 이념적으로 연상되는 여러 가지 의미들을 보았다. 그들은 커다란 짐승을 길들이는 통치자를, 새로운 『성서』속의 왕 다윗이자 새로운 황제 콘스탄티누스 1세 같은 통치자를 보았다. 그들은 새로운 황금 도시 바그다드를 근거로 삼은 동쪽의 막강한 세력, 아바스 칼리파국의 이슬람교도들이 프랑크인의 힘을 인정하고 그들을 (최소한) 대등한 상대로 평가하는 모습을 보았다. 권력을 투사하려면 칼리파의 상징물을 전용할 필요가 있다는 것을 이해한 사람이 머시아 왕국의 국왕 오파뿐만이 아니었던 것이다. 그 거대한 동물, 그리고 주변의 모든 것보다 우뚝 솟아 있는 순백색 상아는 살아 숨 쉬는 프랑크인의 자의식이었다. 그 화려한 예배당의 8각형 돔 속으로 코끼리의 큰 울음소리가 울려 퍼지자 마치 하느님이 새로운 선민들에게 은혜를 베푸는 듯했다.

그러나 하느님의 은혜는 항상 우연한 것이었다.

 카롤루스 마그누스의 유일하게 살아남은 아들인 루도비쿠스 1세

피우스는 814년에 아버지가 세상을 떠나자 왕좌를 물려받았다. 그러나 실책이 쌓이면서, 프랑크인들이 하느님과 맺은 관계의 화신이라는 역할을 맡은 통치자로서 비난에 시달렸다. 루도비쿠스 1세는 830년과 833년에 잠시 왕좌에서 내쫓기기도 했다. 두 번 모두 아들들이 그를 폐위했다. 그러므로 루도비쿠스 1세가 840년에 세상을 떠나자 곧이어 내전이 발발한 것은 전혀 놀라운 일이 아닐 것이다. 그의 장남인 로타리우스 1세(재위 840–855)는 황제를 참칭했고, 제국을 분할하지 않으려고 했다. 그러나 그의 동생들인 카롤루스 2세 칼부스(재위 840–877)와 루도비쿠스 2세 게르마니쿠스(재위 840–876)는 독자적인 왕국을 원했다.

그런 대립 구도는 결국 841년에 오늘날의 프랑스 도시 오세르의 바로 남서쪽에 있는 마을 퐁트누아에서 폭력 사태를 일으켰다. 각 진영의 지도자들은 상대 진영에 사절을 보내며 충돌을 피하고자 애썼지만, 6월 25일 새벽에 전투가 벌어졌다. 이 장의 처음부터 지금까지 살펴보았듯이, 프랑크인들은 폭력에 익숙했다. 그들은 기독교인이었지만 다른 기독교인을 죽였다. 그러나 이번에는 그 이상이었다. 이번에 그들은 같은 프랑크인들끼리 싸웠다. 각 진영의 지도자들 모두가 카롤루스 마그누스의 손자였다. 그들의 군대 모두가 말 그대로 피를 나눈 형제였다.

장남 로타리우스 1세의 추종자로 퐁트누아 전투에 참가한 앙젤베르는 전투 직후에 시를 썼다. "보통 사람들은 그곳을……퐁트누아라고 부르지 / 프랑크인의 학살과 피비린내 나는 파멸이 [일어난 곳이라고.] / 들판이 움찔하고, 숲이 움찔하고, 늪이 움찔하네." 이 시에서 다름 아닌 땅이 살육에 반응을 보인다는 점, 그리고 앙젤베르가 그 전투가 인간들의 기억 속에서 사라지기를 바란다는 점에 주목해보자. 앙젤베르는 예언자의 목소리로 「예레미야」에 나오는 운문을 이용하면서 자신이 목격한 참상을 한탄하며, 하느님의 시선으로 볼 때 선민들이 죄를 짓는 또 하나의 사건인 퐁트누아 전투를 거룩한 시간 속에 배치한다. 그 전투는 일찍이 프랑크인들이 거두었던, 선과 악이 분명한 승리와는 달랐다. 새로운 선민들 사이에서 일어난 그 내전은 더 불분명했다. 전사자들의 운명은 불확실했다. 앙젤베르는 이제 할 일은 모두가 기도하는 것뿐이라고 맺는다.

퐁트누아 전투 이후 카롤루스 마그누스의 제국은 분할되었다. 로타리우스 1세는 황제였고, 덴마크 남부에서 이탈리아 중부까지 대륙을 남북으로 가로지르며 펼쳐진 영토를 다스렸다. 루도비쿠스 2세 게르마니쿠스는 동쪽 영토를 다스렸고, 카롤루스 2세 칼부스는 서쪽 영토를 차지했다. 형제들은 줄기차게 서로 싸우다가 855년에 로타리우스 1세가 사망하자 카롤루스 2세 칼부스와 루도비쿠스 2세 게르마니쿠스가 형의 땅을 나누어 가졌다.

이 내전 시기의 사료들은 그보다 불과 한 세대 전의 사료들과는 무척 다른 느낌을 풍긴다. 미래를 향한 희망은 이제 거의 자취를 감추었다. 841년과 843년 사이의 어느 시점에, 두오다라는 이름을 가진 어느 귀족 여성은 카롤루스 2세 칼부스의 궁정에서 활동하는 자신의 아들 기욤을 위해서 『교본(Liber Manualis)』을 썼다. 『프랑크인 열왕편년사』

는 829년에 루도비쿠스 1세 피우스가 셉티메니아의 백작 베르나르를 시종관에 임명했다는 이야기로 끝을 맺었다. 베르나르는 퐁트누아 전투에 참전하지는 않았지만, 승패가 갈린 후에 카롤루스 2세 칼부스를 지지한다는 의미로 자기 아들인 기욤을 (볼모로) 그의 궁정에 보냈다.

두오다의 『교본』은 앞과 뒤 모두를 바라보는 책이었다. 그 책은 깊은 학식이 돋보이는 전문 서적이자 궁정에서 생존하고 성공하는 방법, 권력의 본질, 민족으로서의 프랑크인들과 그들이 하느님과 맺은 관계에 대한 지침서로서, 아들을 위한 그녀의 사랑이 얼마나 환하게 타오르는지를 담고 있다. 더 구체적으로 말하자면, 두오다는 아들 기욤이 궁정에서 맞이할 만한 여러 가지 상황에 대비하여 도덕적, 정치적 가르침을 제시한다. 그녀는 아들이 왕 앞에서, 또 하느님 앞에서 올바르게 처신하기를 바란다. 왕은 어떤 측면에서 보면 하느님의 연장선이자 대리인이다.

그러나 두오다의 훈계는 조언이고 한탄이다. 오늘날의 프랑스 남서쪽 구석에 자리한 제국의 변경에서 살았음에도 불구하고, 두오다는 시대의 난맥상, 그리고 아들을 가족의 품에서 빼앗아간 정치적 상황을 이해하고 있다는 점을 아주 분명히 보여준다. 훈계가 이어지다가 끝을 향할 때, 두오다는 자신의 건강을 자포자기한다. 또 앞으로 기욤을 다시 만나지 못할 것이라는 점을 인정하는 듯하다. 궁정에서 생활하면서 귀족들의 복잡한 음모를 헤쳐나가는 방법에 관한 실용적인 조언들은 사라진다. 그녀는 희망을 잃은 듯하고, 다음과 같은 말로 책을 마무리한다. "잘 있거라, 우리 귀한 아이야. 그리고 늘 그리스도 안에서 강건하여라.……기욤을 위한 이 교본은 여기에서 복음의 말씀으로 끝을 맺는다. 이제 다 이루었다[「요한의 복음서」 19장 30절].” 두오다는 「요한의 복음서」에 실린 예수의 유언으로, 즉 그리스도가 어머니와 제자들을 사랑스럽게 바라보며 남긴 말로 책을 마무리한다. 어떤 점에서는 적합한 결말이다. 예수는 마지막 순간에 이 세상에서 자신을 가장 사랑하던 사람들을 바라보고, 두오다는 집필을 끝내는 순간에 그 모습을 머릿속에 떠올린다.

두오다와 같은 시기인 840년대 초에 니타르두스(카롤루스 마그누스의 후손이다)는 그녀의 한탄을 그대로 흉내 낸 듯한 글에서, 프랑크인들이 잃어버린 것을 애석하게 회고했다. “좋은 기억으로 남아 있는 카롤루스 대제 시절……평화와 화합이 모든 곳을 지배했다. 우리가 공동 복리의 길을, 따라서 하느님의 길을 걷고 있었기 때문이다.” 니타르두스의 시절에는 폭력과 기만, 이기심, 약탈이 있었다. 카롤루스 가문은 정변을 통해서 왕조를 세웠고, 그 왕조는 종교와 정치를 뭉뚱그려서 그들이 거둔 승리 이면의 자기 강화적 관념으로만 여겼다. 종교와 정치의 동맹은 스스로 무너졌다. 땅이 프랑크인들에게 덤벼들었다. 니타르두스의 연대기에 담긴 마지막 말은 빛의 소멸과 봄철의 대규모 눈보라에 관한 것이다. “내가 이 점을 언급하는 까닭은 온갖 강탈과 악행이 사방에서 횡행했으며 이제 계절에 맞지 않는 날씨가 앞으로 좋은 날이 오리라는 마지막 희망을 꺾었기 때문이다.”

두오다는 843년에 집필을 끝냈고, 아마도 얼마 후에 세상을 떠났을 것이다. 남편인 베르나르는 카롤루스 2세 칼부스에게 반역했다는 혐의로 844년에 처형되었다. 아들 기욤도 850년에 카롤루스 2세 칼부스를 상대로 아버지의 원수를 갚으려다가 체포되어 살해되었다. (최소한 1명의 역사가에 의하면) 체포 당시 그는 아마 두오다가 쓴 책의 사본을 가지고 있었을 것이다. 무질서와 내전을 둘러싼 니타르두스의 한탄은 묘비들과 함께 이어졌다. 니타르두스도 845년에 폭력에 희생되었다. 그러나 그것은 예기치 못한 폭력, 저 멀리 북쪽에서 온 위협적인 무리의 침략 때문이었다. 우리가 누차 지켜보았듯이, 습격자 무리가 프랑크 왕국 내부의 무질서를 틈타서 "온갖 강탈과 악행"을 더하려고 쳐들어온 것이었다. 그렇게 몰려온 노르드인들은 수도원을 불태우고 농촌을 약탈했다. 카롤루스 왕조 시대가 막바지로 치달았다. 바이킹의 시대가 열렸다.

7

볼가 강에서
불타오르는 배

793년에 노섬브리아 왕국에서의 일이다. 노섬브리아보다 더 북쪽에서 건너온 침략자들이 중세 초기의 기독교 세계에서 가장 중요한 장소였던 성 쿠트베르트의 매장지를 약탈하려고 한다. 어느 수도원의 연대기 저자는 습격으로 인한 "강탈과 살육"을 슬퍼하면서, 침략자들과 함께 들이닥친 여러 마리의 용들과 재난, 기근을 언급한다.

921년에 볼가 강 연안에서의 일이다. 아라비아 출신인 듯한 어느 이슬람 율법학자가 상인과 전사의 무리인 북쪽의 루스인들의 신체적 능력에 깜짝 놀란다. 또한 그는 루스인들의 불결함에 움찔하고, 지도자의 죽음을 애도할 때 자행하는 노예 소녀에 대한 관습적인 강간과 인신공희(人身供犧)를 냉정하게 기록한다. 그 의식은 지도자의 시신과 그가 생전에 거느렸던 노예들을 루스인 특유의 폭이 좁고 긴 배 한 척과 함께 불태우는 것으로 끝난다.

986년에 키예프에서의 일이다. 루스인의 군주인 블라디미르의 대공이 이슬람교를 믿는 불가르족, 유대교를 믿는 하자르족, 기독교를 믿는 독일인들이 각각 보낸 선교사들을 맞이하지만, 결국 그를 개종의 길로 이끈 것은 콘스탄티노폴리스의 로마인들이다. 블라디미르의 대공과 백성들은 세례를 받고, 이로써 스칸디나비아인과 슬라브인의 피가 섞인 그의 혼혈 왕국은 새로운 로마와 연결된다.

1010년에 세인트로렌스 만 인근에서의 일이다. 멀리서 건너와서는 그곳에 천막을 치고 머물던 그린란드 사람들과 북아메리카 원주민들이 무기를 거래하려고 한다. 원주민들은 대가로 우유를 받는 데에 만족해야 한다. 우유는 아직 젖을 짜낼 수 있는 가축이 없던 대륙의 거주자들에게 고마운 거래 품목이었다. 그러나 그후에 싸움이 일어나고, 침입자들이 달아난다. 스스로 드러낸 한쪽 젖가슴을 칼로 철썩철썩 치며 겁을 주어 공격자들을 내쫓는 프레위디스라는 여성을 빼고는 모두 도망친다.

1038년에 시칠리아에서 벌어지는 일이다. 노르웨이에서 망명한 왕자 하랄드 3세 하르드라디는 노르만인 동지들과 함께, 비잔티움 제국군 소속으로서 시칠리아 섬의 이슬람교도 통치자들에 맞서 싸운다. 나중에 그는 콘스탄티노폴리스로 돌아오고, 로마인 공주를 납치하고, 키예프로 달아나고, 노르웨이의 지배권을 둘러싼 싸움에 나서고, 잉글랜드를 정복하려다가 최후를 맞는다. 그는 쉰한 살에 이르는 일생 동안 수천 킬로미터를 누빈다.

146

바이킹은 온갖 일을 저질렀고 그 모든 곳에 있었던 듯싶다. 그들은 카롤루스 왕조가 유럽 북부에 남긴 것들을 휩쓸었고, 지중해에 쳐들어갔고, 비잔티움 제국군에 소속되어(혹은 비잔티움 제국군에 맞서) 싸웠고, 아메리카 원주민이나 이슬람 국가의 최고 지도자인 칼리파를 상대로 거래했다. 그들은 현대인의 상상력을 엄습한다. 그들은 인기 텔레비전 프로그램과 비디오게임의 주인공이 되기도 하고, 그들의 폭력성, 그리고 아마도 그들이 품었을 여성 혐오 때문에 극우 집단이 바이킹의 이미지를 모방하기도 한다. 그러나 빛의 시대는 그보다 더 복잡하다. 바이킹도 예외는 아니다.

종종 "바이킹"으로 불리는 사람들이 차지한 세계의 범위를 바라보려면, 우리의 시선을 좁히고 또 넓혀야 한다. "바이킹"이라는 용어는 "해적"과 비슷한 무엇인가를 가리키는 제한적인 용어이다. 그러므로 그 역사적 맥락에서 항상 모든 집단에 적용될 수는 없다. "비잔티움인"을 비롯하여 여러 세기 동안 원래의 맥락과는 다르게 이어져 내려온 용어들과 마찬가지로, 우리는 이 책에서 바이킹이라는 용어를 간결성을 위해서 사용할 것이다. 그러나 흔히 "바이킹 시대"로 알려진 것을 논할 때에는 반드시 시야를 확장해야 한다. 왜냐하면 바이킹 시대는 하나의 시기이자 유럽 대륙, 지중해, 아시아, 북대서양의 섬들, 그리고 심지어 북아메리카까지를 전부 가로지르는 일단의 활동이기 때문이다. 바이킹만큼 그렇게 먼 거리를 그토록 빠르게 이동하고 그처럼 오래 지속되는 긍정적, 부정적 결과를 상대에게 초래한 민족은 드물었다. 바이킹과 여러 민족의 조우를 기록한 글은 여러 언어들, 특히 그리스어, 라틴어, 아라비아어, 슬라브어, 아이슬란드어 등으로 작성되었다. 수백 년간 바이킹은 브리튼 섬 사람들, 프랑크인, 슬라브인, 루스인, 비잔티움인, 북아프리카인, 아라비아인, 심지어 아메리카 원주민들과도 접촉했다. 바이킹은 모든 아브라함계 일신교의 신봉자들, 그밖의 수많은 종교적 전통의 추종자들과 어깨를 나란히 하며 혹은 그들에 맞서서 교역하거나 싸웠다. 그리고 바이킹의 이야기들은 1,000년 넘게 우리 곁에 머물렀다. 그러나 이처럼 생생한 설명에서도 엿보이듯이, 바이킹은 엄청나게 끔찍한 폭력을 저지를 수 있었던 한편으로 초지역적 교역망에 참가했고 사람이 살지 않던 땅을 개척했고(나중에 그 판단이 틀린 것으로 밝혀지자 이누이트족을 비롯한 아메리카 원주민들과 교역했을 뿐 아니라 그들과 싸우기도 했다) 새로운 왕국과 국가를 세웠으며 그 나라들은 얼마 지나지 않아 주변국들과 공식적인 외교관계를 맺었다.

사실, 그로부터 수 세기가 지나기 전에 그 북쪽 사람들은 대부분 기독교로 개종했고, 무척 촘촘하게 연결된 중세 세계의 여러 세력들, 민족들의 일부가 되었다. 그 "노르드인들"은 훗날 노르만인들로 탈바꿈했다. 한편, 노르드인들은 기독교로 개종한 후에도 원래의 언어적, 문화적 전통을 고수하는 동시에 변화를 꾀했고, 그러면서 스칸디나비아 지역은 문화적, 예술적, 정치적, 경제적 혁신의 현장이 되었다. 아이슬란드인들은 포악한 유혈 복수극과 살인의 이야기를 들려주는(그리고 그 이야기에 가담하는) 동안에도 민주주의와 문학을 사랑했다. 데인족은 북해에 제국―물론 작은 제국이었지만, 여러 왕국과 민족들을 아울렀다는 점에서는 분명히 제국이었다―을 건설했다. 바이킹 장인들은 대양 항해에 적합하면서도 강을 따라 내륙으로도 갈 수 있는, 중세 세계에서 최고 수준의 선박을 건조했다. 바이킹 사회는 상당한 성평등 수준을 이룩했다는 특징도 있었다. 최소한 사회의 주요 분야들에서는 그러했다. 바이킹의 도시들은 활기찬 상거래의 중심지였다. 바이킹 남자들은 세련된 옷차림을 했다. 그리고 하랄드 3세 하르드라디의 개인적인 여정에서 드러나듯이, 바이킹은 단 한 명일지라도 접촉과 교류의 매개체가 될 수 있었다. 그가 어디에서든지 폭력적인 충돌을 추구하고 유발했다고 해도 말이다. 바이킹은 풍부한 부와 취약한 정치 구조가 눈에 띄면 침략했다. 초지역적 교역망이 눈에 띄면 교역에 뛰어들었다. 군인들을 모으려는 강력한 지도자가 보이면 그 지도자의 군대에 복무했다. 빈 땅이 보이면 그곳에 농사를 지었다.

더 광범위한 중세 체제에서 펼쳐진 중세 스칸디나비아의 이야기, 그곳의 민족들과 그곳에서 일어난 침략과 포괄의 이야기를 읽어내려면 일종의 이중적인 시선이 필요하다. 우선, 바이킹이 중세 사회들의 다양한 변경 지역에 등장한 현상과 그 지역에 스며들어 그곳을 재편한 방식을 살펴야 한다. 그다음, 스칸디나비아 내부를 들여다보면서 변화를 팽창의 결과로 인정하고, 새로운 통합적 문화를 살펴야 한다.

시간을 거슬러 브리튼 섬의 노섬브리아 해안 가까이에 있는 린디스판 섬으로 돌아가자. 이 섬은 현지 기독교인들의 성지이자 793년에 바이킹이 약탈 목적으로 습격한 곳이다. 그들이 브리튼 섬에 나타나 린디스판 섬을 약탈한 사건은 여러 문헌 중에서 특히 고대 영어로 작성된 편년사 모음집 『앵글로–색슨 연대기(*Anglo-Saxon Chronicle*)』에 기록되어 있다. 카롤루스 왕조의 사건을 연대순으로 기록한 『프랑크인 열왕 편년사』처럼, 브리튼 제도에서 제작된 『앵글로–색슨 연대기』 역시 해마다 일어난 사건들을 기록했다. 기본적인 경제적, 기상학적, 정치적 사항과 성직자 관련 사항들을 꾸준히 기록으로 남기는, 수도원 같은 기관의 보편적인 관행이었다. 주목할 만한 인물들의 사망 소식과 칭호(수도원장이나 주교 자리에 오르거나 왕관을 물려받는 경우), 활동 등을 열거하는 문헌은 무척 지루하기 마련이다. 그런데 가끔은 793년의 경우처럼 사태가 흥미진진해진다. 아니, 더 정확히 말하자면 무서워진다. 그해의 기록을 남긴 무명의 저자에 따르면 "소름 끼치는 사전 경고가 노섬브리아 사람들의 땅에 [들이닥쳤고] 그곳 사람들은 정말 가련할 정도로 겁을 먹었다. 그 경고는 공중에 쫙 퍼지는 거대한 빛이었고 회오리바람이었고 창공을 가로질러 날며 불을 뿜어대는 용들이었다." 용들이 지나가고 기근이 닥쳤다. 곧이어 "이교도들이 통탄스럽게도 사람들을 마구 죽이고 그 성도(聖島)에 있는 하느님의 교회를 파괴

해버렸다."

이후 약 40년 동안 『앵글로-색슨 연대기』에는 급격한 변화가 보이지 않는다. 그저 주교들이 취임한다. 왕들이 서로 전투를 벌인다. 각 지방의 고위 성직자들이 종교회의를 연다. "이교도들"이 출현한 것은 화산 폭발 같은 사건이었지만, 이미 지나갔다. 적어도 832년까지는 그러했다. 832년, "이교도들이" 남동부의 "셰피 섬에 쳐들어와 쑥대밭으로 만들었다." 851년, "이교도들이 최초로 타넷 섬에서 겨울을 보냈고", 침략기가 끝났는데도 스칸디나비아로 돌아가지 않았다. 연대기를 주의 깊게 읽어보면, 이후 바이킹의 출현이 익숙한 사건이 되었다는 새로운 현실이 드러난다. 865년에 이르자 바이킹은 침략자 무리가 아니라 군대로 나타났다. 그리고 그들이 "이스트 앵글리아에 겨울 숙영지를 확고히 마련했고, 곧 그 숙영지에서 지냈으며, 현지 주민들과 화평을 맺었다"라고 어느 저자가 썼듯이, 바이킹은 머물기 위해서 그곳으로 왔다.

오랫동안 역사가들—특히 현대의 영국 역사가들—은 이 이야기를 훌륭한 잉글랜드 국왕들을 격파하는 이교도 대군의 침략 이야기로 해석했다. 그러나 『앵글로-색슨 연대기』와 도움이 될 만한 그밖의 사료들(인공물도 포함된다)을 해석하는 또다른 방법들이 있듯이, 최근에는 이 이야기를 재평가한다. 그렇다. 브리튼 섬의 국왕들은 바이킹과 싸웠고, 항상은 아니어도 대체로 졌다. 그러나 브리튼 섬 사람들은 말을 비롯한 약탈품과 돈으로 종종 평화를 살 수 있다는 사실을 깨달았고, 바이킹에게 더 좋은 곳으로 이동할 것을 권했다. 그러나 이후 노르드인들은 정착하기 시작했고, 노르드인 집단들은 웨섹스 왕국을 제외한 브리튼 섬의 대부분을 지배하기에 이르렀다. 웨섹스 왕국의 국왕인 앨프레드 대왕(재위 871-899)은 그 침략자들(대다수가 오늘날의 덴마크 출신이었다)을 무찔러 독립을 지켰지만, 데인족이 이제 잉글랜드 동부 지역 대부분을 지배한다는 새로운 현실을 인정하고 조약을 맺을 수밖에 없었다. 한편, 침략자들인 데인족은 거래의 일환으로 기독교에 귀의하는 데에 합의했다. 그후로 브리튼 섬에서 여러 정치 세력들이 흥망을 거듭했지만, 바이킹은 결코 떠나지 않았다. 고대의 토착 영어는 스칸디나비아어 단어들을 차용했고, 권력 구조는 데인족 대군주들의 존재에 맞게 재편되었고, 바이킹은 기독교로 개종했다.

브리튼 섬의 데인족은 9세기 말과 10세기 초부터 기독교로 개종하기 시작했다. 그러나 우리가 앞에서 확인했듯이 진정한 움직임은 통치자들이 개종하고 신민들을 개종의 대열에 합류시킬 때 일어난다. 하랄드 블라톤은 덴마크의 국왕(재위 958-986)이자 노르웨이의 국왕(재위 960-986)이었는데, 왕좌에 오른 지 얼마 되지 않아 남쪽 멀리에서 찾아온 선교사들을 통해서 개종했다. 자신과 백성들이 기독교를 받아들인 일을 기념하기 위해서 하랄드 블라톤은 그리스도를 묘사하고 자신을 새로운 기독교 왕국을 통일한 인물로 선전하는 내용을 담아 화려하게 채색한 룬석(Runestone : 룬 문자가 새겨진 돌/옮긴이)을 세우도록 명령했다. 오늘날 그 돌은 풍화되어 흐릿해졌지만, 당시에는 선명하게 밝은색을 띠고 있었을 것이다. 루스웰 십자가와 흡사하게 옐링 룬석 유적에서도 "이교도적" 형상이라고 부를 만한 것과 "기독교적" 형상이라고 부를 만한 것이 결합되어—노르드 양식의 덩굴 소용돌이 무늬와 동물들에 에워싸인 채 십자가 위로 뚜렷하게 보이는 예수의 모습—있었다. 종교, 문화, 지리의 투과성은 옐링 룬석 유적에서 물감과 석조물을 통해 우아하게 드러났고, 얼마 지나지 않아서 제도화되었다. 하랄드 블라톤의 아들이자 후계자인 스베인 튜구스케그가 비록 치세는 짧았지만, 1013년에 덴마크와 노르웨이와 잉글랜드의 국왕이 되었다.

개종을 둘러싼 다른 이야기도 있다. 1000년, 아이슬란드인들의 민주주의 조직체인 알팅그(Althing)는 표결을 거쳐서 기독교 개종을 결정했다. 아마 중세 역사에서 민주주의를 통해서 이루어진 유일한 개종 사례일 것이다. 그보다 더 전형적인 개종 사건이 덴마크에서 일어났고, 그보다 더 훨씬 전 노르망디에서도 벌어졌다. 911년, 카롤루스 왕조의 "단순왕" 샤를 3세(재위 898−922)가 센 강 어귀 주변의 땅을 노르드인의 우두머리인 롤로에게 양도했다. 센 강은 이전부터도 침략자들의 접근 경로였고, 프랑크 왕국의 남은 영토는 수십 년간 그들의 손아귀에서 고통에 시달려왔다. 이제 현명하게도 샤를 3세는 적들을 매수했다. 바이킹은 훗날 기독교인들로 탈바꿈했고, 샤를 3세를 위해서 프랑크 왕국을 방어해주는 대가로 땅을 얻었다. 그러나 어느 연대기 저자에 의하면, 매수가 그다지 순조롭게 이루어지지는 않았다. 토지권을 넘길 때 샤를 3세는 롤로에게 복종의 의미로 자기 발에 입맞춤을 하도록 요구했다. 롤로는 주저하다가 결국 요구에 따랐다. 다만 굳이 무릎을 꿇지 않으려고 부하들을 시켜서 샤를 3세를 거꾸로 뒤집었다. 이 이야기는 당연히 진실이 아니겠지만, 훗날 여러 세대에 걸쳐 이어질 긴장 상태를 보여준다. 그 노르드인들, 즉 노르만인들의 땅은 노르망디가 되었고 훗날 롤로의 후계자들은 노르망디의 공작으로서 프랑스 국왕들의 고질적인 우환거리가 되었다. 특히 1066년 이후 롤로의 후손들이 (잉글랜드의) 왕위에 오르면서는 더욱 그러했다.

◌❦◌

데인족이 브리튼 섬에 정착하는 동안 멀리 동쪽에서는 여러 부류의 침략자와 상인 무리들이 다른 정치체, 민족들과 접촉하고 있었다. 아시아 서부와 중부 지역에서 펼쳐진 이야기는 유럽 서부와는 매우 달랐다. 바이킹이 출현하기 전 그 지역의 상황이 무척 독특했기 때문이다. 바이킹은 중국과 인도에서부터 지중해까지 뻗은 방대한 교역망에 속한, 여기저기 흩어진 정착지들의 북쪽 가장자리에 도착했다. 아쉽게도 그곳에는 분열된 국가나 습격에 취약한 종교 기관들에 보통 쌓여 있던 재산이 없었다. 그 방대한 교역망에서 콘스탄티노폴리스는 하나의 교차점이었다. 바그다드도 마찬가지로 초원과 산, 사막, 숲을 가로질러 수백 개의 도시들과 연결되어 있었다. 그 도시와 문명들의 중앙 집중화된 권력과 군사력은 빈번한 침략을 저지하지는 못했지만, 협력적인 경제 교류로 훨씬 큰 이득을 챙기는 데에는 보탬이 되었다.

　바이킹은 북쪽의 근거지에서 드네프르 강과 볼가 강 같은 아시아 서쪽의 강에 배를 띄워 남쪽으로 내려올 수 있었고, 뱃길이 막히면 잠시 배를 짊어지고 육로로 이동하거나 필요하다면 배를 새로 만들기도 했다. 900년경, 앞에서 언급한 방대한 교역망 속의 정착지들은 노브고로드 공국을 세운 류리크를 위시한 스웨덴 출신의 전설적인 창건자들과 뿌리가 같은 가문들이 지배하게 되었다. 그 가문들은 점점 세력이 커지던 스칸디나비아 지역의 왕국들과 유대관계를 맺는 한편, 다시 남쪽으로 밀고 내려가 침략하고 교역했다. 예를 들면 860년에 루스인들은 비잔티움 제국을 침략하여 콘스탄티노폴리스를 포위했고, 비잔티움 군대의 의표를 찔러 당시 기독교 세계의 가장 위대한 도시의 변두리 지역을 잔인하게 짓밟았다. 그들은 대초원 지대의 하자르족과 동맹을 맺기도 했다(하자르족의 지도자들은 유대교로 개종했다가 10세기 말에 다시 이슬람교로 개종했다). 하자르족은 북방 지대와 흑해 사이의 영토를 지배하고 있었다. 실크로드가 하자르족의 땅을 통과했기 때문에, 바이킹은 비단, 향신료, 향료, 귀금속, 모피, 무기, 노예로 전락한 사람들 등 세계에서 가장 귀중한 사치품들의 거대한 교역망에 뛰어들게 되었다. 아울러 바이킹은 큰 강을 건너다니며 북쪽으로부터 모피, 목재, 노예로 전락한 사람들을 가져왔고, 돌아가는 길에는 금속 세공품, 구슬, 칼리파국의 주화인 디르함 은화를 거두어갔다. 실제로 디르함 은화는 노브고로드에서부터 스칸디나비아 반도를 거쳐 스코틀랜드의 스카이 섬, 아이슬란드까지 이르는 바이킹 매장지와 그들이 몰래 저장해둔 물건들 사이에서 발견되었다.

920년대 초, 바그다드의 아바스 칼리파국은 북쪽으로 돌아가는 루스인들과 동행하는 교역 사절단에 외교관 1명을 딸려 보냈다. 그 외교관의 이름은 이븐 파들란이었다. 그에 대해서는 잘 알려져 있지 않다. 그가 여행길에 마주친 사람들에 대해서 적었고, 나중에는 자신의 여정에서 만난 민족들의 문화에 대한 기술을 남겼다고 하지만, 오늘날에는 돌아오는 길이 아니라 떠나는 길의 기록만 존재한다. 그런 형태의 문헌은 당시 아라비아의 지식인들 사이에 그다지 특이한 것이 아니었다. 그런 종류의 여행기는 이미 여러 세기에 걸쳐 아라비아 문화에 깊이 스며들어 있었다. 이븐 파들란은 이슬람 땅에서 활동하는 루스인들을 묘사한 유일한 저자도 아니었다. 그와 대략 비슷한 시기의 지리학자 겸 세무 관리인 압달라 이븐 코르다드베 역시 "슬라브인의 땅"에서 "칼뿐 아니라 비버와 여우의 모피와 함께" 내려오는 루스인들에 대해서 묘사했다. 루스인들은 비잔티움인이나 하자르족과 교역했지만, 가끔은 카스피 해 주변 지역으로 들어가서 현지인들을 상대로 배를 낙타로 교환했고, 낙타에 물건을 싣고 저 멀리 바그다드까지 이동했다. 바그다드까지의 긴 여정에서는 기독교 지역 출신의 환관들이 통역을 맡았다. 이 낙타를 타는 바이킹은 다신교 신자보다 적은 세금을 내려고 기독교 신자인 척했다. 앞에서 살펴보았듯이, 이슬람 국가들은 기독교인을 위해서 사회적으로 동등하지는 않아도 보호받는 독특한 지위를 만들어냈지만, 이교도인 북쪽 지방 사람들은 그런 지위를 누릴 수 없었다. 그래서 바이킹은 기독교 신자인 체했다.

그러나 이븐 파들란의 이야기가 상상력을 자극하는 이유는 그가 전반적으로 감정을 분명히 드러내지 않은 채 차분한 목소리로 자신이 마주친 세계를 묘사할 때조차, 그 중세 초기의 만남에 사람들의 인간성—찬미와 공포—이 드러나는 순간들이 존재하기 때문이다. 예컨대, 확실히 그는 함께 여행하는 동안 루스인들에 관해서 더 많이 알게 되자 상반되는 반응을 보였다. 우선, 그는 "그들보다 더 완벽한 몸을 본 적 없다. 그들은 야자나무 같았다. 그들은 혈색이 좋다"고, 또한 중무장을 했다고 말했다. 여자들은 세련된 장신구로 치장했다. 아마 브로치의 일종이거나 목걸이 사슬이었을 것이다. 그러나 그 아름다움에 감탄하면서도 이븐 파들란은 그들을 "하느님의 피조물들 중에 가장 불결한 자들……어슬렁거리는 당나귀들"이라고 비난했고, 아침에 세수하며 코를 풀고 침을 뱉어놓은 대야를 하녀에게 돌려주면 하녀가 그 더러운 대야를 다음 사람에게 건네주는 관습에 깜짝 놀랐다.

　위생 문제 외에도 이븐 파들란이 마주친 모습들 가운데 충격적인 것들이 있었다. 그중 하나는 그가 묘사하는 어느 루스인 우두머리의 매장 의식이었다. 그 의식은 마약에 취한 노예 소녀를 중심으로 이루어지는데, 그 소녀는 루스인 무리의 유력자들에게 차례로 겁탈을 당한 후에 주인의 시신이 안치된 배 위에서 의식에 따라 살해된다. 사치품들, 노예로 전락한 사람과 제물로 바쳐진 동물들의 사체, 그리고 품위 있게 차려입은 우두머리의 시신을 실은 그 배는 장작더미가 쌓여 있는 강기슭 쪽으로 끌려온 후에 불로 태워진다. "불이 나무와 남자와 소녀를, 배 위에 있는 모든 것을 뒤덮었다. 거센 바람이 불기 시작했고, 불의 열기가 한층 더 세졌다." 그때 어느 루스인이 이븐 파들란을 비웃으며 말한다. "가장 사랑하는 사람을 땅에 묻는 당신들은 바보들이야. 땅에 묻으면 벌레가 시체를 먹어치우거든. 우리는 곧바로 천국에 갈 수 있도록 불에 태우지."

루스인의 이 말에는 양쪽이 서로 다른 문화적, 종교적 관습을 이해하는 듯한 특이한 만남의 모습이 담겨 있다. 이븐 파들란이 루스인에 대해서 알아가고 있는 것처럼, 그의 대화 상대도 이슬람의 매장 관습을 알고 있다. 그러나 이 구절의 핵심은 노예로 전락한 소녀의 운명이다. 우리는 그녀의 운명에 충격을 느끼지만, 아라비아인 화자는 그런 것 같지 않다. 이미 살펴보았듯이 노예제는 중세 초기의 세계에서 비교적 흔한 일이었고, 바이킹 사회도 다르지 않았다. 바이킹은 이동 경로를 따라서 전쟁이나 습격으로 사로잡은 사람들을 때때로 목재, 모피 등의 물건과 함께 사고팔았다. 어떤 바이킹 정착지들은 성매매의 통로 구실을 했다. 바이킹들은 남자는 죽이고 여자는 다른 곳으로 팔아넘기거나 추종자들에게 선물로 주기 위해서 습격을 벌였다. 바이킹 사회 내부에서도 다양한 종류의 법적 판결에 따라서 사람이 노예 상태(부자유 상태)로 전락할 수 있었다. 다만 자유가 박탈된 상태라는 것은 장소와 시간에 따라서 다른 의미를 가질 수 있다. 노예로 전락한 많은 사람들이 상당한 수준의 법적 보호를 받으며 생활하고 일했다는 것도 사실이다. 그러나 노예로 전락한 사람들이 존재했다는 것 자체는 결코 부정할 수 없다. 그들은 고통에 시달렸고, 주인이나 영주의 변덕에 이리저리 휘둘렸다. 이븐 파들란의 기록에 나오는 특이한 강간과 살인 의식은 극단적인 사례였다고 해도, 그 의식은 소름 끼치는 현실의 영역 안에 있었다. 따라서 이븐 파들란이 그날 밤 볼가 강에서 목격한 바를 정확하게 기술했다고 말해도 과언은 아닐 것이다.

그렇지만 그 가여운 소녀가 무참하게 살해되는 모습을 보고 그 소녀가 바이킹 사회의 모든 여성을 대변한다고 생각하면 곤란하다. 노예로 전락한 사람들은 고통을 당했지만, 바이킹 여자들은 깜짝 놀랄 정도로 남자와 동등한 생활 수준을 누렸다. 중세 유럽 북부의 영웅담과 역사는 성별에 따른 폭력으로 가득하지만, 중세 스칸디나비아 법은 일반적으로 어느 쪽이든 이혼을 요구할 수 있도록 허용했다. 여자들은 재산을 소유했다. 여자들은 이야기뿐 아니라 현실에서도 전투를 벌였다. 남자들이 배를 타고 멀리 떠날 때, 여자들도 종종 남자들과 동행했다. 심지어 저 아득한 북아메리카 해안까지 말이다. 바이킹 여자들의 무덤에는 그들이 사용하던 온갖 물건이 가득 들어 있다. 흔히 보석이나 생활용품이 발견되지만, 간혹 칼도 눈에 띈다. 그러므로 일부 바이킹 여자들은 침략—혹은 고대 스칸디나비아인의 표현대로 "바이킹"—에도 나섰을 것이라고 볼 수 있다(아직은 논쟁의 여지가 있다). 싸우고 다스리고 삶의 주체성을 보여준 여자들에 대한 문학적인 묘사, 외부인들의 불평, 고고학적 증거들이 매우 많다.

일례로 레이프 에이릭손의 누이인 프레위디스를 들 수 있다. 두 사람은 제1천년기에서 제2천년기로 넘어갈 무렵에 활동한 인물들이다. 레이프는 아마 오늘날의 북유럽 영웅담에 실린 활약상(침략과 교역 목적으로 그린란드에서부터 서쪽으로 항해하여 콜럼버스보다 약 500년 먼저 아메리카 대륙에 도착했다는 내용)으로 유명할 것이다. 아메리카 원주민 시각의 이야기들은 남아 있지 않지만, 빈란드(정확히 어디인지는 모르지만 북아메리카 북동부 지역으로 추정된다)를 언급하는 두 편의 바이킹 영웅담은 의미심장하다. 두 편의 영웅담 모두에서 바이킹은 주저 없이 폭력을 사용하면서도 현지인들과 기꺼이 교역한다. 현지인들도 사정에 따라서 기꺼이 싸우거나 교역할 마음이 있었던 것 같다. 두 편의 영웅담 모두에서 프레위디스는 주역을 맡았다. 공격을 당했을 때 프레위디스는 임신한 몸으로 부하들에게 외쳤다. "너희처럼 용맹한 자들이 왜 저토록 하찮은 놈들을 피해 달아나느냐? 나에게 무기가 있다면 누구보다 더 잘 싸울 수 있을 것이다." 그녀의 호언장담은 사실이었다. 프레위디스는 어느 바이킹 전사의 시체를 발견하고 나서 칼을 뽑아들었고, "한쪽 젖가슴을 조끼 밖으로 꺼낸 후에 칼로 철썩철썩 쳤다. 스크렐링기(skrælingi : 바이킹이 원주민을 일컬을 때 사용한 경멸적인 별명)들은 겁을 먹었고, 자기들이 타고 온 배 쪽으로 도망쳤다." 또다른 영웅담에서, 프레위디스는 바이킹 식민지가 내분으로 몰락할 때 원정대를 이끌고 빈란드로 향한다. 프레위디스는 두 파벌 간의 싸움을 시작하고 도끼로 몇 명을 죽인다. 그 식민지는 해체되고 생존자들은 그린란드로 돌아간다.

바이킹이 북아메리카에 머물렀다는 것은 부정할 수 없는 사실이기는 해도, 그 기간은 상대적으로 짧았던 듯싶다. 그러나 놀랄 일은 아니다. 중세 초기에는 바이킹이 섬과 섬 사이의 비교적 짧은 거리를 이동하면서 대서양을 건너 서쪽으로 이동했으나, 중세 말기에 가까워질수록 규모나 인원이 축소되고 철수가 이루어졌다. 스코틀랜드에서 북쪽으로, 노르웨이에서 서쪽으로 멀리 떨어져 있는 페로 제도의 여러 섬들은 아이슬란드라는 훨씬 더 큰 육지로 가기 위한 디딤돌이 되었고, 바이킹이 도착했을 때 페로 제도와 아이슬란드에는 사람이 살고 있지 않았다. 페로 제도와 아이슬란드에서 바이킹은 항해를 뒤로하고 농업과 어업, 수렵과 축산에 종사했다. 930년경, 아이슬란드인들은 섬 전체를 아우르는 의회인 알팅그를 창설했다. 아이슬란드인들의 연대기는 알팅그가 세계에서 가장 오래된 민주주의 조직체라는 그들의 주장을 뒷받침한다. 바이킹은 꾸준히 서쪽으로 이동해 10세기 말에는 그린란드에 이르렀고, 그곳에서부터 다시 수천 명의 바이킹이 더 좋은 땅과 부를 찾아 이동했다. 그린란드는 북아메리카로 갈 수 있는 항로를 열어주었다.

그후 바이킹 세계는 빠르게 형성된 만큼이나 빠르게 무너지기 시작했다. 제2천년기 초에 북아메리카의 목재와 교역 장소가 방치되었고, 프레위디스의 이야기에서 언급되었듯이 그곳의 거주자들은 그린란드로 되돌아갔다. 그린란드에 마련된 식민지들도 14세기에 쇠퇴하기 시작했다. 아마 흑사병으로 인해서 인구가 줄어들자 바다코끼리에 대한 수요가 감소했기 때문일 것이다. 15세기 중반에 이르자 그 거대한 섬의 주요 정착지 두 곳이 자취를 감추었다. 1347년에 배 한 척이 마크랜드(캐나다의 래브라도 지역으로 추정된다)에서 목재를 채취한 후에 아이슬란드에 당도했다는 기록이 있지만, 그 무렵 아이슬란드는 이미 북대서양을 건너는 사람들에게 중간 지점이라기보다는 최종 목적지 역할을 맡았다. 항로에서 이탈한 그 배가 열악한 상황을 최대한 활용했을 뿐이다.

어떤 측면에서 보면, 두려운 외부자로서의 바이킹의 시대는 군사적 행동이 아니라 문화적 변화로 인해서 종식되었다. 앞에서 확인했듯이 그 속도가 느리고 종종 심각한 갈등을 동반하기는 했지만, 바이킹은 대부분 기독교로 개종했다. 따라서 바이킹이 스스로에 대해서, 그리고 다른 사람들이 바이킹에 대해서 전하는 이야기들도 바뀌었다. 제1천년기가 막을 내리고 나서 몇 년 후에, 노르웨이의 새로운 국왕 올라프 2세 하랄손(재위 1015–1029)은 여러 군장국가로 나뉜 노르웨이를 기독교 왕국으로 통일하여 자신의 통치 아래 두고자 했다. 그는 수년 전에 노르망디 지역을 여행할 때 개종한 듯하고 나중에는 성 올라프로도 알려졌지만, 학자들은 그가 독실한 지도자는 아니었다고 강조한다. 사실, 그는 그다지 위대한 지도자는 아니었던 것 같다. 휘하의 영주들이 잉글랜드와 덴마크의 국왕 크누트의 1029년 침공을 환영할 정도로 영향력을 크게 상실했다. 올라프 2세 하랄손은 1030년에 스티클레스타드 전투에서 전사했다.

그의 동생인 하랄드 3세 하르드라디는 15세의 나이로 형 올라프 2세와 함께 스티클레스타드 전투에 참전했지만, 전투가 끝난 후에는 키예프로 피신하여 야로슬라프 대공의 군대에서 복무했다. 그의 생애를 기록한 영웅담에 의하면, 훗날 하르드라디는 콘스탄티노폴리스로 향했고 그곳에서 로마 황제를 위한 일종의 경호원과 용병으로 복무하는 노르드인 무리인 바랑기아 친위대에 가담했다. 용병과 모험가들이 아주 흔히 밟을 만한 경로였다. 성 소피아 성당의 석재를 샅샅이 살펴보면, 다음과 같은 내용의 룬 문자 낙서가 새겨져 있는 모습이 보일 것이다. "아리가 이 룬 문자를 새겼다." 또다른 낙서에는 할프단이라는 이름이 보인다. 하르드라디는 시칠리아와 이탈리아 남부에서 전투에 참가한 후에 콘스탄티노폴리스로 돌아왔고, 1040년대에는 그 도시의 정치적 음모에 깊이 연루되었다. 1040년대는 내전의 시기, 단명한 황제들의 시기였기 때문에 하르드라디의 운수는 좋아진 만큼이나 빠르게 나빠졌다. 그는 배를 타고 콘스탄티노폴리스를 탈출해 키예프로 돌아왔고, 야로슬라프 대공의 딸과 결혼한 후에 노르웨이의 왕좌에 오르는 일에 착수했다.

1046년에 하르드라디는 노르웨이의 국왕이 되어 20년 동안 통치하다가, 1066년에 잉글랜드의 왕좌도 맡아달라는 요청을 받고는 불과 한 세대 전에 통합되었던 왕국들을 다시 통합하려고 했다. 그러나 그가 이끈 노르웨이 군대는 오늘날의 잉글랜드와 스코틀랜드의 경계에서 벌어진 전투에서 해럴드 2세 휘하의 잉글랜드 군대에 패했다. 그러나 해럴드 2세의 승리는 오래가지 못했다. 얼마 후 해럴드 2세는 남쪽에서 쳐들어온 노르만인들에게 패했다. 이후에도 바이킹의 간헐적인 침략이 이어졌지만, 아마 1066년에 이곳에서 바이킹 시대가 막을 내렸다고 보는 것이 좋을 것이다. 그해 9월과 10월 사이에 노르망디의 공작 기욤(카롤루스 왕조의 프랑크 왕국에 최초로 정착한 롤로 휘하의 바이킹의 후손, 훗날 정복왕 또는 사생아왕으로 불린 윌리엄 1세와 동일 인물/옮긴이)은 해럴드 2세(모계 쪽으로 덴마크계 바이킹의 후손)의 군대를 격파했다. 해럴드 2세는 하랄드 3세 하르드라디(노르웨이의 바이킹 왕)의 군대를 무찌른 인물이었다.

제1천년기에서 제2천년기로 넘어갈 때를 기준으로, 팽창기의 바이킹과 중세의 기독교화된 스칸디나비아를 가르는 선을 그어볼 만하다. 바이킹은 사라지지 않았지만, 북쪽의 왕국들과 그 주변국들이 맺은 관계의 성격은 바뀌었다. 우리는 이 장에서 바이킹을 따라 동쪽으로 러시아의 강을 거쳐 카스피 해까지 들어갔고, 낙타를 타고 습격하고 기회가 생기면 아바스 칼리파국 사람들과 비단을 거래했다. 바이킹은 서쪽의 북대서양으로 나아가 아이슬란드에서 바다코끼리를 사냥하거나, 그린란드에서 소를 키우거나, 비옥한 땅이 있는 북아메리카 해안까지 항해했다. 그들은 대서양 남쪽으로 방향을 틀어 프랑스의 강을 따라 이동하며 공격했고, 심지어 지브롤터 해협을 거쳐 지중해 서쪽까지 진출했다. 800년대에 스페인을 침략한 노르웨이인들이 1040년대에는 시칠리아에서 로마를 위해서 싸웠듯이 그 시작과 끝이 완전히 들어맞지는 않지만, 하나의 원은 거의 완성된다. 사실, 바이킹은 전형적인 중세적 현상으로 보인다. 그들은 언제나 새로운 곳에 침투할 수 있었고, 거칠고 사나운 폭력을 저지를 수 있는 동시에 상업적 이득을 위해서 평화롭게 교류할 수도 있었다.

8

프랑스의
황금 소녀

11세기 초, 오늘날의 프랑스 남부 깊숙한 곳에서, 제르베르라는 군인이 포로 3명을 목격했다. 폭력을 즐기고 종종 사람들을 납치해 몸값을 뜯어내는, 어느 지역의 잔인한 통치자 기에게 사로잡힌 사람들이었다. 자비심 가득한 제르베르는 포로들이 도망가도록 도왔다. 그러나 그들은 곧바로 다시 잡혔고, 고문 끝에 제르베르의 도움을 받았다고 자백하고 말았다. 제르베르는 체포되었고, 기는 악랄한 부하들에게 제르베르의 두 눈을 뽑아버리라고 명령했다.

제르베르는 체념했고, 스스로 목숨을 끊고 싶었다. "그는 염소젖을 마시려고 했다. 다친 지 얼마 되지 않은 사람이 염소젖을 마시면 즉사한다는 소문이 있었기 때문이다." 다행히, 아무도 그에게 염소젖을 주지 않았다. 그래서 제르베르는 굶어 죽기로 마음먹었다. 그런데 여덟

째 날, 그에게 환영이 나타났다. 빛으로 뒤덮였고 형용할 수 없을 만큼 아름다운 10세 소녀가 금빛 옷차림으로 나타났다. 그 소녀는 제르베르를 유심히 바라보고는 두 손을 그의 눈구멍 속으로 밀어 넣었다. 그의 두 눈을 다시 심어준 것 같았다. 깜짝 놀란 제르베르는 정신을 차리고 소녀에게 감사하려고 했지만, 아무도 없었다. 그는 서서히 시력을 되찾기 시작했다.

성인과 기적에 관한 이야기, 즉 성인전은 그것이 만들어진 세계를 들여다볼 수 있는 유용한 창이다. 성인전에는 초자연적 현상이 일어나는 자연경관이 담겨 있고, 사람들이 신과 함께 살았던 공간의 경계가 묘사되어 있다. 따라서 그런 유형의 이야기들에서는 지역 특유의 종교적 신념과 관습이 드러난다. 더구나 그 이야기들은 중세인들이 삶의 모든 양상을 둘러싼 희망과 두려움을 표현하는 캔버스 구실도 했다. 그 이야기들은 수사학적인 설득 행위였다. 제르베르의 경우, 황금 소녀의 이야기는 우리가 제1천년기 막바지의 위기를 인식할 수 있는 통로가 된다.

카롤루스 왕조가 9세기 말에 붕괴하고 바이킹이 침입한 이후, 북아프리카 해적들이 프랑스와 이탈리아 해안을 습격하고, 중앙 아시아에서부터 이동해온 마자르인들이 동유럽으로 쳐들어오는 상황에서, 선조들이 "카롤루스 르네상스"를 뒤로하고는 곧장 암흑시대의 가장 어두운 시기로 다시 뛰어들었다는 것이 기존의 통설이다. 로마가 약탈을 당하고 아틸라와 훈족이 유럽을 휩쓸고 새로운 왕국들이 로마의 속주에서 출현하기 시작하던 5세기와 11세기는 크게 다르지 않았다.

카롤루스 마그누스의 옛 제국에 살던 11세기의 사람들은 완전히 극심한 혼란을 느꼈을 것이다. 그런 순간들이 완전한 붕괴를 의미하지는 않았지만, 그래도 주변의 혼돈 상태를 인지한 사람들의 평정심은 흔들렸다. 현대 역사가는 로마의 몇몇 양상이 5세기 이후에도 그대로 남았으며 5세기를 강타한 폭력은 3세기부터 이어진 것이라고 지적할 수 있지만, 하느님이 로마가 약탈당하도록 하신 이유를 설명하려고 애쓰던 아우구스티누스나 히에로니무스에게는 별로 위안이 되지 않았을 것이다. 제르베르를 비롯한 후대인들에게도 마찬가지였을 것이다. 그들은 새로운 의미, 새로운 구조, 새로운 안정을 모색하고 있었다. 카롤루스 왕조가 끝난 후의 프랑스에서 당시의 사회 상황과 자기 영혼의 상태를 깊이 우려하던 지도층 인사들을 살펴보면, 빛의 시대에서 익히 예상되는 인간의 의미심장한 복잡성을 확인할 수 있다. 그리고 그들이 들려주는 이야기에 내재된 복잡성을 통해 평화를 위해서 나아갈 수 있는 방법에 관한 새로운 발상의 길을 찾아낼 수 있다.

황금 소녀의 환영이 나타난 후, 제르베르는 시력을 회복하고 전사로서의 삶으로 돌아갔다. 그러나 제르베르는 기적을 경험하고 나자 원래의 생활방식에 대한 갈등을 느꼈다. 그는 권세 높은 백작의 부인인 테오트베르가에게 고민을 털어놓았다. 그녀는 제르베르에게 콩크 수도원에 가서 세속의 혼란에서 벗어나고 수도사가 되라고 설득했다.

제르베르는 그녀의 말에 따랐고 그 수도원의 수호성인이자 어린 나이에 순교한 활동적인 성녀 푸아와 수도원을 위해서 여생을 헌신했다.

이야기는 여기에서 끝나지 않는다. 제르베르와 기의 이야기는 성녀 푸아와 연관된 여러 기적들의 모음집에 등장하는데, 기는 결국 천벌을 받는다. 그 이야기에 의하면, 기는 제르베르가 눈을 되찾은 기적이 일어났다는 소식을 전해 듣고도 믿지 않았고, 푸아를 가짜 성인이라고 헐뜯었다. 그러나 얼마 후에 기가 죽었을 때, 그의 시체는 도저히참을 수 없는 악취를 풍겼고, 별안간 그의 침대에서 뱀 한 마리가 나타나 그를 점액으로 뒤덮고 나서 자취를 감추었다. 주변 사람들은 악취와 뱀을 기가 생전에 저지른 죄에 대한 벌을 받았다는 표시로 여겼다. 뱀은 기가 살아 있을 때의 스승이었던 악마였고, 악취는 그의 영혼이 곧바로 지옥에 떨어졌다는 신호였다.

다른 이야기들에 비해서 제르베르의 이야기는 (선과 악의 대결이라는 의미에서) 승리의 분위기를 띠지만, 그 시절의 불확실성에 여전히 짓눌려 있다. 기는 주변 사람들을 위협하려고 힘을 휘둘렀다. 제르베르는 자비를 보여주었다가 잔인한 폭행을 당했다. 기는 (결국) 처벌을 당하지만, 그 처벌은 내세에 이루어진다. 현세에는 사람들이 정의를 구현해달라고 호소할 국왕이 없다. 권력을 행사할 카롤루스 마그누스나 그의 상속자들도 없다. 악인을 심판할 법정도 없다. 그러나 희망은 있다. 이 이야기들에서도, 때로는 현실에서도 지혜, 안정, 복수는 백작부인인 테오트베르가 또는 오래 전에 죽은 10세 소녀 푸아 같은 여자들에게서 비롯된다. 그들은 잘못을 바로잡는다. 테오트베르가는 제르베르에게 올바른 일을 하도록 독려하고, 푸아는 자비로운 행동을 한 제르베르에게는 보상을, 죄를 저지른 기에게는 벌을 내린다. 그 황금 소녀는 기가 죽는 순간에 개입한 듯한 때조차 자신과 친구가 되어준 제르베르에게 고마움을 전하고 있었다.

이 이야기가 전달된 방식을 깊이 파고들어보면, 이 시기의 사람들이 안정을 모색하던 방식을 훨씬 더 많이 알 수 있다. 우리가 기와 제르베르에 대해서 알고 있는 것들은 대부분 앙제의 베르나르 덕택이다. 그는 샤르트르(파리의 남서쪽에 있는 도시)의 주교좌 성당 학교에서 공부한 후에 루아르 계곡의 도시인 앙제에서 교사가 되었다. 베르나르의 책 『성녀 푸아전(*Liber miraculorum sancte Fidis*)』을 보면, 그는 "이상한" 기적과 "이상한" 성녀에 관한 소문을 들었다고 언급하고는 직접 조사하기로 마음먹는다. 그는 1013년에 오리야크라는 소도시로 갔고, 성 제랄도의 금빛 찬란한 조각상을 보았다. 베르나르는 오직 십자가만이 진정한 기독교적 숭배의 적절한 형상이라고 생각했기 때문에 처음에는 감동하지 않았다. 그는 더 남쪽으로 내려갔다. 콩크 수도원에서는 황금 소녀와 마주쳤다. 비교적 작은 성녀 푸아 조각상 형태의 그 성골함은 오늘날에도 콩크 수도원에 남아 있고, 종종 그 수도원 성당의 본 제단 바로 옆에 전시되고는 한다. 성녀 푸아는 왕좌에 앉아 있고, 두 눈은 평온하다. 조각상은 전체가 금으로 덮여 있고, 수많은 장신구로 뒤덮여 있으며, 여기저기 박아놓은 보석이 반짝거리고, 햇빛에 찬란하게 빛난다.

베르나르는 그 조각상이 히브리 『성서』에 나오는 금송아지와 같은 그릇된 우상이나 다름없다고 생각하며 비웃었다. 그러나 곧 그는 경배와 기념의 차이를 이해하게 되었다. 베르나르는 성녀 푸아의 기적을 체험한 사람들과의 대화를 통해서, 조각상 안에 있는 소녀의 유골이 천상과 지상을 연결한다는 사실을 깨달았다. 물론 그 조각상은 성녀 푸아를 상기시키는 예술품일 뿐이었다. 그러나 그것은 그 이상이기도 했다. 베르나르는 조각상의 아름다움이 천상의 영광을 어렴풋이 반영하는 역할을 함으로써, 지상의 사람들이 기도를 쏟아부어 신성한 힘에 접근할 수 있는 길을 열어주었다고 말한다. 실제로 그는 성녀 푸아의 조각상이 이스라엘인의 언약궤보다 "더 귀중하다"고 평가했다.

베르나르는 성인의 힘과 수도원의 중요성에 관한 이야기, 평신도가 성인과 수도원에 헌신할 필요성에 관한 이야기를 들려주기 위해서 제르베르의 시력 회복과 같은 기적들을 열거한다. 그는 『성서』 속의 역사에 담긴 이야기, 즉 "사실"을 훨씬 뛰어넘는 "진실"을 드러낼 목적의 서사도 들려주었다. 『성녀 푸아전』은 이치에 맞지 않는 듯한 세계와 위기의 순간을 이해하기 위한 시도이다. 베르나르의 관점에서 볼 때 이 세계는 성을 가진 자, 즉 성주가 가끔은 이교도 신보다 더 강력하며 그만큼 부도덕해 보이는 세계였고, 하느님이 성인을 통해 개입하여 바로잡아야 하는 세계였다.

성녀 푸아와 그 추종자들의 이야기는 사실 신흥 귀족계급, 다시 말해 훗날 전투, 후원, 동맹, 종교에 대한 헌신 및 관심 등을 바탕으로 중세 유럽 사회의 구조를 재편할 하급 지도층의 발흥에 관한 이야기이다. 카롤루스 왕조의 왕국들이 분열하고 바이킹, 마자르인, 아라비아인이 미치는 외부적인 압력이 증가한 이후, 최후의 승자는 귀족계급이었다. 그들은 서로 편을 가르며 토지 불하권과 양여권을 둘러싼 흥정과 협상을 통해서 특권을 늘려갔다. 왕과 고위 귀족들은 외부 침공을 격퇴하고 내부 반란을 진압할 병력이 필요했고, 결과적으로 새로운 군인계급—카스텔란(castellan), 말 그대로 "성(castle)", 즉 카스텔룸(castellum)을 가진 성주"라는 뜻이다—이 부상하게 되었다. 그 군인들은 앙제의 베르나르의 글에 나오는 악당들이고, 기 같은 사람들이고, 콩크의 주민들을 괴롭히는 자들이다.

그러나 그들은 우리가 중세에 대해서 생각할 때 종종 떠올리는 육중한 석성(石城)을 다스리지는 않았다. 흔히 "성"이나 "기사" 같은 단어를 들으면, 할리우드 영화에 나오는 거대한 건물이나 머리부터 발끝까지 갑옷에 둘러싸인 사람들의 모습을 떠올리기 쉽다. 실제로는 그 신흥 귀족들은 모트-베일리(motte-bailey)라는 목조 구조물을 지었다. 모트-베일리는 인공 언덕 아래의 나무 울타리로 에워싸인 지원용 구조물 몇 개와 인공 언덕 위의 건물 하나로 이루어져 있었다. 목조 구조물은 매력적인 정착지는 아니었지만, 외부의 침입을 막을 수가 있었다. 즉, 성주가 안에서 밖으로 나가 공격할 수 있고, 자칫하면 다시 안으로 후퇴할 수 있는 곳이었다. 모트-베일리는 비교적 값싸고 쉽게 지을 수 있었다. 그곳에서는 주로 농민이나 예속 노동자들이 생산한 농작물을 통한 수입이 발생했고, 나중에 그 수입은 시시각각 변하는 동맹에 속한 실력자들 사이에서 분배될 수 있었다. 지방 귀족들은 해당 지방의 영주가 여러 성들의 재산으로부터 작은 부분만 차지하도록 총수입을 나누고는 했다. 여러 세기 전에 카롤루스 마그누스가 휘하의 귀족들을 달래고 평화를 유지하기 위해서 했던 일을 소규모로 재현한 것이었다.

그러나 그 복잡한 경제적, 정치적 협정은 상호의존적인 관계를 형성하기는커녕 끊임없이 이어지는 파괴적인 소규모 분쟁을 유발했다. 목조 요새를 짓는 데에는 왕이나 고위 귀족의 허락이 필요하지 않았고, 개인의 주도력과 자원만 있으면 되었다. 왕과 공작이 권력을 행사하지 못하는 상황에서 목조 요새들은 유럽의 모든 곳에 지어졌다.

『성녀 푸아전』에는 원시적 형태의 성이 급속도로 늘어난 데에 따른 파멸적 결과의 징후가 담겨 있다. 콩크 주변에는 독자적인 성주들이 있었다. 그들은 가끔은 다른 성주나 더 힘 있는 귀족과 느슨한 유대관계를 맺었고 보통은 독자적으로 활동했는데, 결국에는 본인의 세력 강화가 우선이었다. 예컨대 베르나르는 레농이라는 성주의 이야기를 꺼낸다. 레농은 콩크의 수도사 한 사람을 습격해 그의 말들을 뺏고 싶어했다. 그러나 레농은 불행한 최후를 맞이했다. 말을 타고 그 수도사에게 덤벼들다가 떨어져서 목이 부러졌기 때문이다. 또다시 사람들을 지켜주는 어린 성녀의 능력이 입증된 것이었다. 성녀 푸아는 콩크 수도원이 가지도록 약정된 땅을 빼앗으려고 했던 귀족 퐁스의 악행도 막았다. 그는 또다른 악행을 꾸미다가 벼락을 맞아 죽었다. 그런 사례들은 『성녀 푸아전』뿐만 아니라 유럽 도처의 여러 문헌들에도 몇 번이고 되풀이하여 실렸다. 점액질을 뿜어내는 뱀과 주인공이 눈을 되찾는 부분이 때때로 생략되기는 했지만 말이다.

이 시기의 연대기와 편년사는 쉴 새 없는 전쟁, 교회에 대한 습격, 전반적인 무질서의 소음으로 가득하다. 평화를 지켜줄 국왕도, 황제도 없었다. 『성녀 푸아전』을 포함한 여러 문헌의 저자들이 볼 때, 유럽 서부의 대부분은 저급하고 끊임없는 분쟁으로 가득 찬 여러 부분들로 쪼개지면서, 이제는 중심부와 주변부 모두가 완전히 불안정한 상태였다. 아무도 다른 누구를 끝까지 책임지지 않았다. 최소한 여러 관찰자들의 시각에서는 그저 힘이 정의인 것 같았다. 정의는 칼의 날카로운 끝부분으로만 집행되었다. 골목대장들이 힘을 과시했다.

그러나 좀더 깊이 들여다보면, 이 시기의 저자들은 골목대장들에게 저항하는 사람들이 있었다는 점도 밝힌다. 기와 레농, 퐁스 같은 자들도 있었지만, 수도원과 교회를 돕는 성주들도 있었고, 국왕의 사법권이 행사되지 않아서 생긴 공백을 채우는 일에 뛰어든 하급 귀족들도 있었다. 베르나르는 한때는 성주였던 기몽이라는 수도사를 언급한다. 기몽은 콩크 수도원에 몸담은 후에도 전투 장비를 가지고 있었는데, 성녀 푸아의 정당성을 의심하는 옛 동료들과 싸우기 위해서 돌진했다. 수도사라는 직업과 실제 전투가 뒤섞인 이 사례는 11세기에 유례가 없는 일은 아니었지만, (아직은) 흔한 일도 아니었다. 중세 초기의 기독교 이야기에서 군인의 길을 포기한 전사들은 대부분 평화롭게 지냈다. 알다시피 7세기 말 브리튼 섬의 크로랜드에서 활동한 성 구틀락은 그의 표현에 따르면 전사의 길을 포기하고 기독교에 "귀의"한 것이 아니라(이미 기독교인이었기 때문이다) 자신이 저지른 폭력 행위가 불멸의 영혼에 미칠 영향을 두려워한 나머지 수도원 생활에 "귀의했다."

구틀락보다 더 유명한 주인공은 4세기에 로마 군인으로서의 역할을 포기하고 은둔자로 살고 싶은 마음을 다음과 같이 표현한 투르의 성 마르티노이다(그는 여러 세대에 걸쳐서 본보기가 되었고, 그의 무덤은 인기 높은 순례 행선지로 거듭났다). "나는 그리스도의 군인이다. 내가 싸우는 것은 율법에 맞지 않는다."

그러나 10세기 초에 이르자 상황이 바뀌기 시작했다. 부르고뉴의 소도시 클뤼니 수도원의 원장 외드는 오리야크 출신의 지방 귀족 제랄도에 대해서 썼는데, 그는 각별히 칭찬할 만한 삶을 보냈다. 가난한 자들을 보호했고 죄를 멀리했고 순결하게 살았으며 수도사, 사제, 주교의 말에 귀를 기울였다. 그러나 제랄도는 평화를 깨트리는 자들에 맞서 군대를 이끌고 싸움터로 달려가기도 했다. 그러나 칼등으로만 싸웠고 결코 상대방에게 상처를 입히지 않았다. 어느 날, 제랄도는 그 지역의 주교를 찾아가 수도원에 입회하게 해달라고 부탁했다. 주교는 거절했지만, 제랄도가 수도사처럼 몰래 삭발하는 것은 허락해주었다. 추측건대 그후로 제랄도는 절대로 칼을 잡지 않았을 것이다.

그 주교의 반응은 익히 알려진 수백 년 전의 인물 히포의 아우구스티누스까지 거슬러올라가는 기독교 전통의 본류 깊숙이 자리 잡은 것이었다. 기독교로 개종한 후에 4세기 말부터 5세기 초까지 북아프리카에서 주교로 활동한 아우구스티누스는 전쟁이 방어적 성격을 띠고 평화를 목표로 한다면 정당화될 수 있으며 하느님도 수용하실 것이라고 주장했다. 그것이 바로 그의 "정의로운 전쟁" 이론이었다. 무엇보다도 로마인이었던 그는 자신의 세상이 위태로워지고 문명 세계라고 생각해온 세계의 범위가 점점 작아지는 듯한 시대에 살았다. 그런데 아우구스티누스의 사상은 기독교 통치자들이 여전히 정치 권력의 지렛대를 움직이던 이후의 여러 세기 동안, 정의를 집행하고 평화를 유지하는 과정에 폭력이 필요할 때마다 쉽게 적용될 수 있었다. 그리고 지금 우리는 10세기에 이르렀다.

아우구스티누스 같은 4세기와 5세기의 주교가 로마 제국 전체에 적용할 수 있었던 사상이 10세기에는 부르고뉴 지역의 수도사가 현지의 성주에게 적용할 수 있는 것이 되었다. 진실은 결과를 통해서 명백히 드러났다. 하느님의 권능에 힘입어 제랄도는 모든 전투에서 이겼고, 많은 성주들이 그에게 처벌을 받는 대신 순순히 항복했다. 외드가 내린 결론에 따르면, 그 모든 것은 제랄도의 고결함과 하느님에 대한 그의 친밀감을 암시했다. 제랄도가 죽은 후에 외드 같은 수도사들은 그를 성인으로 추앙했고, 그의 유해를 담을 황금 조각상을 만들었다. 그로부터 100년 후에 앙제의 베르나르는 콩크로 가던 길에 오리야크에서 제단 위쪽에 설치된 성 제랄도의 조각상을 보았다. 이렇듯이 제랄도, 훗날의 성 제랄도의 이야기는 정치적 안정화의 (그러므로 경제적, 사회적 안정화의) 역사이자, 자신이 사는 세계에 평화와 질서를 되찾아 줄 신의 임재를 기대하던 사람들의 역사이기도 하다.

외드가 쓴 『오리야크의 제랄도의 생애(*Vie de saint Géraud d'Aurillac*)』

나 베르나르가 쓴 『성녀 푸아전』 같은 문헌들은 승리의 분위기를 띠는 것처럼 보이겠지만, 실제로는 저자와 그들이 소개하는 인물들의 삶을 둘러싼 불확실성의 심층을 드러낸다. 귀족, 특히 성주뿐만이 아니라 수도사 신분의 저자들—글의 소재인 귀족들과 거의 언제나 관계를 맺고 있었다—은 사실상 10세기의 침략 사태 이후에 조장된 권력의 초국지화(hyperlocalization)를 틈타서 세계의 질서에 나름의 공간을 마련한 벼락 출세자들, 즉 신흥계급이었다. 그들의 형제는 수도원에서 생활했고, 그들의 삼촌과 사촌들이 근처의 성뿐 아니라 종종 경쟁자의 성도 지배했다. 그들은 주변 세계에서 보이는 무질서와 제국의 붕괴를 통해서, 카롤루스 마그누스 시절까지 거슬러올라가는 문화와 계보를 공유했다. 1000년경에도 그들은 하느님의 새로운 선민으로서 유산을 기억했다. 아울러 그들은 스스로 얼마나 몰락했는지를 알고 있다고도 생각했다. 그들은 국왕이나 황제가 아니었다. 프랑크인과 싸운 프랑크인, 그리고 퐁트누아에서 기독교인과 싸운 기독교인 때문에 선민이라는 확신이 깨졌다면, 서로 전쟁을 벌이는 성주들도 똑같은 짓을 저지르는 셈이지 않았을까? 그들은 죄의 고리에 갇힌 것이었을까? 그들은 성스러운 역사 이야기에 나오는 악인이었을까?

이 질문들에 대답하기는 쉽지 않고, 국왕이나 황제 휘하의 관료제적 구조 속에서 일할 수도 없었기 때문에 그들은 당연히 자신의 영혼을 염려했다. 마르티노와 구틀락 같은 성인들은 그들에게 삶을 버리라고 조언했다. 제랄도는 폭력을 부정하는 한, 사회에 남아 있어도 좋다고 말했다. 여하튼 그들은 하느님과의 더 밀접한 관계가 필요하다는 점을 아는 듯했다. 그들이 땅을 둘러싼 전쟁을 벌일 때 동맹이 필요했듯이, 구원을 위한 전쟁에서도 동맹이 필요했다. 그들에게는 푸아 같은 친구가 필요했고, 콩크 수도원처럼 그런 성인들이 사는 곳과의 연관성도 필요했다.

때때로 성주들은 카롤루스 왕조 시절의 본보기로 돌아가서 땅이나 돈을 수도원에 기부하고 자신을 위해서 기도하는 사람들을 보호해주는 등 익숙한 방식을 활용했다. 어떤 성주들은 직접 수도원을 세우며 왕이 없는 상황에 왕권을 흉내 냈다. 그들은 비교적 새로운 그 수도원 출신의 수도사들에게 기존 교회를 개혁하는 일을 맡기기도 했고, 소속 종교 공동체를 통해서 이질적인 지역들을 하나로 묶고 대륙을 아우르는 관계망을 만들어내기도 했다.

구원의 길은 수도원을 통해서만 펼쳐지지는 않았다. 더욱 구체적으로 말해서 그 길은 수도원의 수호성인을 통해서 닦을 수 있었다. 성녀 푸아의 경우처럼, 성인들은 찬란하게 빛나는 성골함 속의 유해를 통해서 현실 세계에 남아 있었다. 투르에 있는 마르티노의 무덤 위쪽에 새겨진 비문은 다음과 같다. "이곳에⋯⋯거룩한 기억으로 남아 있고 그 영혼을 하느님이 거두신 마르티노가 누워 있다. 그러나 그는 이곳에 완벽히 존재하고 온갖 기적에 임재하며 그 기적들을 통해서 분명히 드러났다." 그 성인은 어떤 면에서 보면 마지막 안식처에 얽매인 채 지상에서 분주히 움직인 것이다. 그러나 그것이 영원한 상태는 아니었다. 인간과의 호혜적 관계가 틀어지면, 성인의 보호를 받는 자들(수도사나 성주)을 원래의 자리로 되돌려놓기 위한 징벌이 정당화되면, 성인들은 떠날 수 있었다. 사람들을 지켜주던 손을 거둘 수 있었다.

　오리야크의 제랄도를 다룬 책의 저자인 클뤼니의 외드는 어느 지방 귀족에게 오를레앙에서 멀지 않은 곳인 플뢰리-쉬르-루아르에 있는 수도원을 개혁해달라는 부탁을 받았다. 그 수도원에 도착해보니 문이 잠겨 있었고, 담장 위의 수도사들은 그에게 돌을 던지며 접근을 막았다. 그들은 약속된 "개혁"에 그다지 관심이 없었다. 그래도 외드는 버텼다. 그가 담장 밖에서 사흘을 보낸 후에 문이 열렸고, 그를 기다리던 수도사들은 용서를 구했다. 기쁘면서도 어리둥절한 외드는 무슨 영문인지 물었다. 플뢰리의 수도사들은 그들 중에 한 사람이 간밤에 수호성인인 성 베네딕토의 환영을 보았다고 말했다. 베네딕토가 그 수도사에게 너무 고집을 부리지 말고 외드를 들여보내고 나서 그의 개혁 조치를 받아들이라고 외쳤다. 수도사들이 그렇게 하지 않으면, 베네딕토는 플뢰리 수도원과 그들을 저버리고 그들을 지켜주던 손을 거둘 참이었다. 수도사들은 굳이 위험을 감수하고 싶지 않았고, 이튿날 새벽에 문을 열었다.

　그런데 성인들(또는 하느님)이 원하는 바를 알기는 그렇게 쉽지 않았다. 빈틈없는 관찰과 해석이 필요했고, 자칫 추측이 틀리면 치명적인 결과가 초래될 수 있었다. 하느님과 성인들은 전쟁과 평화를 통해서, 폭력과 번영을 통해서 만족과 불만을 명백히 나타냈다. 하느님이 원하는 바를 추측하기 위해서 성직자들의 공의회가 소집되어 세상을 재통합할 방법을 논의했다. 그 집회는 "신의 평화"로 알려진 운동으로 이어졌다. 종교 지도자들은 평화를 유지할 수 있는 일련의 조치들을 논의하기 위해서 공의회에 모이고는 했다. 성인들이 눈여겨 지켜보는 가운데 종교 지도자들이 그렇게 했다는 점이 중요하다.

앙제의 베르나르는 한 가지 사례를 들어 다음과 같이 서술했다. "로데즈의 주교인 아르날은 종교회의를 소집했다.……[그리고] 성골함이나 황금상에 담긴 성인들의 시신이 수도사들과 성당 참사회원들의 다양한 단체에 의해서 이 종교회의가 열린 장소로 운반되었다. 그 성인들의 시신은 목초지에 설치된 크고 작은 천막 안에 배치되었다.……특히 성 마리우스의 황금상……그리고 성 아망의 황금상……그리고 성 사투르니누스의 황금 성골함과 거룩한 마리아의 황금상……그리고 성녀 푸아의 황금상이 그 장소를 멋지게 장식했다." 가을 태양의 금빛 아래에서 프랑스 남부의 금빛 밀에 둘러싸인 채 거룩한 순교자들의 황금 성골함이 빛나는 동안, 주교와 수도사들, 농민과 귀족들, 남자와 여자들이 이 세상에 대한 하느님의 계획을 이해하고자 함께 머리를 모았다.

공의회는 평화를 유지하겠다는 맹세와 가난한 사람들을 보호하겠다는 약속으로 보통 마무리되었다. 위반자들은 교회로부터 파문당할 수 있다는 위협과 영원한 저주를 받았다. 교회나 사제의 물건을 훔친 자들, 빈민이나 여자들의 가축이나 농작물을 빼앗은 자들은 영원한 처벌을 받을 것이었다. 여기에서 잠시 그런 범죄들에 대해서 생각해보자. 수백 년 전, 그런 범죄들은 국왕의 사법권에 의해서 처리되었다. 그러나 이제 더는 아니었다. 그 공백에 발을 들여놓기 위해서는 또 다른 권력이 필요했다. 달리 말해, 공의회는 국왕을 대신하고 있었다.

공의회는 부재한 통치자를 대신하여 초자연적 힘—푸아 같은 성인들의 보복 위협—으로 세속적인 권력의 빈틈을 채우려고 했다. 사람들은 전반적으로 신의 개입을 그들이 사는 세계에 실질적인 효과가 있는 힘으로, 억압을 당하는 상황에서 약간의 위안을 줄 수 있는 힘으로 생각했다. 중세인들은 끊임없는 폭력에 시달리는 사회에서 살고 싶어 하지 않았기 때문이다. 그들은 더 나은 방식을 찾고 있었다. 과거에는 하느님이 왕이나 황제와 함께, 혹은 왕이나 황제를 통해서 일을 행한 듯했지만, 그런 통치자들이 없는 지금은 이 세상에서 직접 일하셔야 했다.

그러나 이따금 공의회는 직접 행동에 나섰다.

11세기 말 프랑스 중부의 도시 부르주 인근에서 대주교가 지휘하는 군대가 집결했다. 현지 주교들의 공의회를 소집한 후에, 대주교는 전투가 가능한 연령의 모든 남자들을 징집하고 맹세를 시켜서 그들을 결속시키기로 마음먹었다. 평화를 깨트리지 않겠다는 맹세뿐 아니라 저항하는 평화 파괴자들에 맞서서 전쟁을 벌이겠다는 맹세도 시킬 생각이었다. 연대기 저자 플뢰리의 앙드레는 그 군대가 악의 있는 자들에게 잔뜩 겁을 주었기 때문에 실제로 한동안 평화가 유지되었다고 기록했다. 적어도 당시의 연대기 저자 한 사람이 볼 때, 그 지역은 하느님에게 사랑받는 새로운 이스라엘로 탈바꿈한 것 같았다. 그러나 유감스럽게도 탐욕이 스멀스멀 고개를 들었다. 그 군대는 결국 대주교가 굳이 그럴 가치도 없는 자를 상대로 군대를 동원하여 여자와 아이들을 학살했을 때 파멸을 맞았다. 그러자 하느님이 불만을 드러냈다. 이어진 전투에서, "하늘로부터 [대주교의 군대가] 퇴각[해야 한다는 점을 암시하는] 소리가 났다. 주님이 더는 그들을 이끌지 않으시기 때문이었다. 대주교의 군대가 그 조언을 따를 기색이 보이지 않자 엄청나게 크고 둥근 섬광이 그들 한가운데에서 번쩍였다. 그러더니 『성서』 구절이 재현되었다. '번개를 치시고 화살을 쏘아대소서!'(「시편」 144편 6절)" 대주교 휘하의 군인들이 너무 많이 죽은 나머지 셰르 강이 막힐 정도였고, 워낙 많은 시체가 쌓이다 보니 사람들이 건널 수 있는 다리 같은 것이 생겼다고 한다.

제르베르가 시력을 회복한 것과 대주교의 군대가 파멸을 맞이한 것에 이르기까지의 모든 사례에서 요점은 당대인들이 하느님이 여전히 세상사에 개입한다고 확신했다는 사실이다. 확실히 많은 사람들은 하느님이 새로운 선민들을 저버리지 않았다는 점에 안심했다. 그러나 그런 마음가짐은 프랑크인들에게 성스러운 역사의 진전에 대한 책임을 환기하고 여태까지 얼마나 그 책임을 다하지 못했는지를 상기시켜서 당대의 문화적 고민의 깊이를 더하는 데에 일조했다. 그런 깨달음은 더 폭넓은 시각에서 볼 때 특히 절실했다. 결국 성스러운 역사는 항상 필연적인 것―계시와 묵시―을 향해 나아갔다.

부르주 대주교의 불운한 군대, 성녀 푸아의 기적을 기록한 베르나르와 동시대를 살았던 수도사 샤반의 아데마르는 설교를 통해서 필연적인 종말을 묘사했다. 그는 묵시가 내려지면, 성인들이 한자리에 모여 모든 기독교인들의 영혼을 살펴보고 최종적인 심판을 내릴 것이라고 설명했다. 최후의 심판의 장면은 12세기 내내 유럽 전역의 대성당

서쪽 벽면에 새겨져 있었기 때문에 성당 문을 지나가는 사람들 모두에게 익숙했다.

심판은 사람들에게 무기력만 심어주지는 않았으며 오히려 동기를 부여할 수도 있었다. 그것은 그 시기에 소집된 신의 평화 공의회인 로데즈의 종교회의―선한 기독교인들이 하느님 앞에서 성인들에게 도움을 구했다―에서 빛난 황금의 또다른 모습이다. 유럽에서 제1천년기가 저물 무렵, 눈부시게 아름다운 성골함과 석회암으로 만든 기대의 조각상은 이 세상이 기껏해야 다음 세상과 비슷하리라는 점을 가장 뚜렷하게 상기시키는 징후였다. 새로운 천년기로 넘어가는 유럽에서, 여기 지상에서의 정의와 평화의 희망은 다른 곳에, 천상에, 시간의 끝에 있는 듯했다. 다음 세기에 그 불안은 유럽 도처의 소영주들이 행동에 나서고 새로운 선민이라는 지위를 되찾고 뉘우치도록, 그리고 예루살렘을 탈환하려는 행동을 통해서 역사를 앞으로 나아가도록 이끌었다.

9

거룩한 예루살렘의
반짝이는 보석들

1099년 7월 중순, 십자군 전사들이 예루살렘에 입성했을 때 그들의 여정은 끝난 듯했다. 성벽을 목표로 한 공격이 몇 차례 실패한 뒤, 드디어 예루살렘의 방어선이 뚫리고 성문이 열렸다. 성벽 밖에 모여 있던 프랑크인들이 성으로 쏟아져 들어가 적들을 닥치는 대로 죽였다. 그로부터 몇 년 후에 작성된 연대기에서 그 공격에 참전한 사제 레몽 다길리에는 "솔로몬 성전"에서 자행된 살육이 너무 심한 나머지 말을 탄 군인들의 무릎 높이까지, 그들을 태운 말의 고삐 높이까지 피가 차올랐다고 묘사했다. 저자인 레몽 다길리에에 따르면, 그것은 하느님의 심판이었고 신성 모독자들의 피로 성스러운 장소를 정화하려는 것이었다. 이교 신앙은 위축되었고, 기독교는 고양되었다. 레몽은 다음과 같이 말을 이었다. "이날은 여호와께서 내신 날, 다 함께 기뻐하며 즐

거워하자."(「시편」 118편 24절)

종교적 폭력, 특히 성전에 관한 중세 기독교의 전통은 현대인들에게 암흑시대의 가장 어두운 순간으로 다가온다. 그리고 우리는 그 끔찍한 참상에 반론을 제기할 생각이 없다. 11세기 말의 그 원정에 대해서 그로부터 약 400년 전에 이슬람 세력이 먼저 지중해 곳곳의 기독교 지역을 정복했기 때문에 그에 따른 정당한 방어적 대응이었다고 변명하는 사람들이 실제 오늘날에도 너무 많다. 그런 생각은 현대적 감수성, 즉 현대 정치에 보탬이 되는 실존적 "문명의 충돌"을 수용하는 태도의 또다른 표현이다. 그러나 그 갈등들을 인간의 어지럽고 복잡한 과거의 일부분으로 이해할 수 있도록, 가능한 한 중세 유럽인의 시선으로 기독교적 성전의 관행을 바라볼 필요가 있다. 그렇게 하면 그 전쟁들이 영원하거나 필연적인 것이 아니었음을 알게 될 것이다. 중세인이 얼마나 자주 그들의 덧없는 순간을 우주의 시간표 속에 배치하려고 애썼든 간에 말이다(때로는 현대의 역사가들도 그런 식으로 배치하려고 한다).

전혀 의심할 바 없이, 1099년에 예루살렘에서는 학살이 자행되었다. 모든 사료에 따르면 수천 명이 살해되었다. 그러나 레몽의 이 유명한 연대기에 나오는 표현은 특이하다. 솔로몬 성전에서 말의 고삐 높이까지 피가 차올랐다? 그 정도로? 학자들은 흔히 그것을 살육의 규모를 암시하는 과장법으로 여긴다. 아마 그럴 것이다. 그러나 이 특정한 표현에는 더 많은 것이 담겨 있다. 그 표현은 『성서』를 참고하여 「요한의 묵시록」에서 거의 그대로 옮겨온 것이다. 「요한의 묵시록」 14장에는 의인의 구원과 의인이 아닌 자들을 향해서 던지는 악행을 그만 두라는 마지막 경고가 실려 있다. 이 경고를 거부한 자들은 솔로몬 성전에서 낫을 들고 나타난 천사를 만났다. 천사는 낫을 땅에 휘둘러 땅의 포도를 거두었고, 그들을 하느님의 진노의 포도주 틀에 던져 넣었다. 포도주 틀에서 피가 흘러나와 말의 고삐에까지 닿았다(「요한의 묵시록」 14장 15-20절).

레몽은 하늘과 땅이 만난 듯한 순간, 성스러운 역사가 관람자들에게 보이는 순간을 서술하고 있었던 것이다. 이런 식으로 읽으면 레몽이 「요한의 묵시록」 구절을 불러낸 다음 "여호와께서 내신 날"에 관한 「시편」의 구절을 활용한 점이 이해된다. 두 구절은 저자인 레몽 자신이 하느님의 뜻을 이해한다고 생각하고 있음을 보여주고자 짜맞춘 것이다. 기독교를 신봉하는 프랑크인들의 군대가 불신자로 보이는 자들을 도살했을 때, 하느님은 이 세상의 예루살렘에서 일하셨다. 그것은 오랫동안 기다렸던 묵시의 사례이자 새로운 선민들에 의해서 펼쳐진, 그들에 의해서 존재하게 된 성스러운 역사의 연장선이었다.

우리는 "묵시"를 "종말"이라는 뜻으로 생각하는 경향이 있지만, 묵시는 "변화"로 이해하는 편이 더 낫다. 묵시를 의미하는 영어 아포칼립스(apocalypse)의 뿌리인 그리스어 "아포칼립시스(ἀποκάλυψις)는 "드러내다"나 "보이게 하다"라는 뜻이다. 한때 숨겨져 있던 것, 아마 우리가 과거에 알던 것보다 더 진실에 가까운 것이 이제는 보이고, 세상은 이전과 달라진다. 예컨대 「요한의 묵시록」에서는 하느님이 성스러운 역사의 최종적인 진실을 드러낼 때 요한이 지켜보는 가운데 세상이 반복적으로 변화한다. 그 진실은 언제나 있었지만, 이제 다시 요한이 그것을 본다. 이것은 묵시의 역설이다. 감추어진 것과 보이는 것의 역설이다. 공포 대 기대의 역설이다. 다가오는 변화에 직면한 마비 상태 대 그 변화가 생기도록 하려는 왕성한 활동의 역설이다.

우리는 비잔티움 세계와 라틴 기독교 세계에 초점을 맞춘 앞의 여러 장들을 통해서 이 역설을 지켜보았다. 고대와 중세의 기독교인 저술가들은 스스로를 성스러운 역사의 원 안에, 즉 천지창조와 최후의 심판 사이의 어딘가에 배치하려고 했다. 그러나 그들은 그 시간표에서 자신이 어디에 있는지에 관한 의견이 전혀 일치하지 않았고, 따라서 각자 자기 인생에서 그 지점에 도달하는 데에 필요하다고 생각한 일을 했다. 맥락이 중요했다. 그들의 의견이 일치한 부분은 반짝이는 보석들이 궁극적인 끝을 환하게 밝힌다는 점이었다.

「요한의 묵시록」의 끝에 나오는 21장은 변화한 세계에서 시작한다. 하늘과 땅이 사라지고 새로운 하늘과 새로운 땅이 빈 자리를 차지했다. 새로운 하늘과 새로운 땅은 새로운 예루살렘으로 연결되었다. 반짝이는 보석들로 장식된 그 도시는 하늘에서 내려온다. 벽옥으로 된 성벽은 너무 환해서 맑은 수정 같다. 성문들을 영원히 닫히지 않을 것이다. 그 도시는 해나 달의 비침이 필요 없다. 그 광휘가 스스로 빛을 만들어내기 때문이다.

그러나 빛에 이르기 위해서는 어둠을 거쳐야 했다. 새 예루살렘은 선과 악 사이의 마지막 우주 전쟁 이후에야, 역병과 박해, 죽음, 멸망 이후에야 나타났다. 새 예루살렘, 세계의 변화, 올바른 사람들의 정당성 입증은 하느님과 성인, 천사들의 편에 서서 악마의 책동에 맞선 선민들에게만 주어지는 보상이었다. 또한 그 싸움은 새 예루살렘이 내려와 옛 예루살렘을 뒤덮고 넘어설 바로 이 땅에서 펼쳐지게 되어 있었다. 이 세상을 되도록 다음 세상과 흡사하게 만들며 길을 닦고 예정된 묵시의 시간, 예정된 세계 변화의 시간을 앞당긴다는 희망을 품는 것이 핵심이었다.

11세기 프랑크인은 여러 세계들과 가까워지려고 시도하면서, 자신들의 행동을 더 큰 무대에서 펼쳐지는 것으로서 바라보고자 했다. 유럽의 기독교인들은 11세기 내내 성스러운 역사의 움직임, 그리고 하느님이 성인을 통해 일을 행하는 방식을 깊이 이해한다고 자부한 듯싶다. 그들이 보기에 세계는 선과 악, 하느님의 선민과 그들을 괴롭히는 자, 즉 "그리스도의 군인들(milites Christi)"과 "그리스도의 적들(inimici Christi)" 사이에 싸움이 벌어지는 전쟁터였다. 이 우주 전쟁이 새로운 관념은 아니었지만, 이 시기에는 다른 방식으로 통용되면서 그 매우 특정한 시기에 매우 특정한 이유로 기독교인들의 마음을 움직였다.

기독교적 성전이라는 관념은 초기 기독교 시대부터 오늘날까지 존재해왔다. 예수의 초기 추종자들이 로마 군대에 속해 있었다는 분명한 증거가 있고, 게다가 4세기에는 로마의 국가 조직이 당대의 기독교회와 무척 쉽게 융합되었다. 로마 군단이 정복한 신은 새로운 신으로 아주 쉽게 바꿀 수 있었던 것 같다. 물론 그것은 필연적이거나 예정된 전개 과정이 아니었다. 예수의 초기 추종자들은 인간이 타인을 살해한다는 관념에 노골적인 적대감을 드러내지는 않았어도 모호한 태도를 보이는 경우가 많았다. 그러나 로마인과 이스라엘인은 모두 지중해 세계의 일원이었고, 지중해 세계는 공식적으로 용인된 폭력이 삶의 일부분으로 자리 잡은 지역이었다. 지중해 세계에서 폭력이란 정치 권력을 행사하는 방법, 사회의 특정 영역을 통과하는 방법이었다. 군대는 하류층과 상류층 모두에게 부와 사회적 출세의 통로였다.

히포의 아우구스티누스가 중세 유럽의 지적 문화의 발전에 미친 영향은 아무리 과장해도 지나치지 않다. 전쟁이 방어적인 성격을 띠고 평화가 목표라면 허용될 수 있다는 "정의로운 전쟁" 이론에 관한 그의 사상은 11세기에 라틴 기독교 세계 곳곳에서 공인되었다. 물론 아우구스티누스는 11세기와는 매우 다른 시대에 활동한 인물이었다. 그의 시대는 향수에 빠진 채 로마의 권력이 옛 영화를 되찾기를 바라고, 지중해 전역에 평화가 도래하기를 원하던 시대였다. 진정한 평화는 천상에만 존재하겠지만, 기독교를 믿는 통치자들은 "야만인들"을 성문에서 막아야 할 책임이 있었다.

그 책임은 9세기까지, 그리고 9세기 이후에도 유럽의 기독교도 국왕과 황제들이 맡았다. 순백색 상아가 달린 코끼리 아불-아바스가 머무는 아헨의 궁정 이곳저곳에도 책임감이 감돌았다. 로마의 권력은 프랑크인들이 계승했다. 그 점은 특히 800년에 카롤루스 마그누스가 황제로 즉위한 후에 명백해졌다. 그러나 이후 10세기와 11세기에 접어들자 왕들과 멀어지면서 이념이 권력과 함께 움직였다. 어쨌든 그 모든 것이 예견된 일이었을까?

 이상화된 로마-기독교 권력과 프랑크인들의 향수―정치적으로 안정되어 있으며 자신들이 선민이라고 확신할 수 있는 시대를 향한 염원―가 뒤섞인 상태는 한 번도 본 적 없고, 들은 적도 없는 민족과 싸우기 위해서 예루살렘까지 3,200킬로미터 넘게 걸어간 사람들이 품은 주된 동기였던 것 같다. 이른바 제1차 십자군 원정의 발단에 대해서 여러 학자들의 설명은 단 하나의 순간에 초점을 맞춘다. 1095년 11월 클레르몽 외곽의 들판에서 열린, 전사와 성직자들의 공의회 석상에서 교황 우르바누스 2세가 연설을 한 순간이다. 그럴 만한 충분한 이유가 있다. 그 순간에는 몇몇 당대인들이 열거한 극적인 시각 효과가 있었다(그들 중 일부는 그 공의회에 직접 참석했을 것이다).

 설교를 통해서 큰 목소리로 외치는 교황, 환호하는 군중, 십자가를 만들려고 자기 옷을 찢고 예루살렘까지 행군하겠노라 다짐하는 사람들의 이야기가 전해진다. 게다가 그후에 시작된 원정은 한층 더 극적이었다. 대규모 군대가 집결했다. 라인란트 지방, 오늘날의 프랑스 북부, 아키텐, 이탈리아 남부 등 여러 지역에서 사람들이 모여 대군을 이루었다. 그 군대들은 각각 천천히 동쪽으로 이동했다. 동쪽으로 향하는 길에 그들은 유대인을 학살하고 강제로 개종시키고 농촌을 약탈하고 이따금 같은 기독교인인 비잔티움인들과 소규모 접전을 벌이기도 했다. 그들은 지어진 지 600년이 넘은 콘스탄티노폴리스의 거대한 성벽 앞에 모이기 시작했다. 그곳에서부터 이야기는 원정의 신성한 성격에 대한 훨씬 더 많은 증거를 당대인들에게 보여주며 훨씬 더 개연성이 없는 쪽으로 흘러간다. 원정은 튀르키예를 거쳐 아르메니아의 도시 에데사에 이르렀지만, 안티오키아 외곽에서 교착 상태에 빠지고 만다. 그러나 1098년에 기독교인 지도자가 에데사의 문루(門樓)를 지키는 자 한 명을 매수했고, 성벽을 포위하던 십자군 전사들이 쏟아져 들어가며 수비대를 성채 안으로 퇴각시켰다. 그것은 시기적절한 공격이었다. 모술에서 출발한 대규모 이슬람 군대가 며칠 후에 도착했기 때문이다.

성채 안의 수비대와 성벽 밖의 지원군 사이에 갇힌 채 배고픔에 시달리던 기독교 전사들은 이판사판의 심정으로 이슬람 지도자 카르부가에 맞서 성 밖으로 돌격했다. 여하튼 그들은 이겼고, 남쪽의 예루살렘을 향해 최후의 진군을 시작했다.

예루살렘 포위전은 약 한 달 만에 끝났다. 예루살렘의 성벽은 이미 1년 전에 셀주크인들로부터 그 도시를 빼앗은 파티마 왕조의 군대의 공격으로 부서진 상태였다. 1099년 7월 15일, 사다리 몇 개가 성벽에 설치되었고, 거점을 확보한 기독교인 전사들은 수비대를 물리쳤다. 성문이 열렸다. 기독교인 전사들이 쏟아져 들어갔다. 솔로몬 성전이 피로 붉게 물들었고, 기뻐 날뛰는 승자들은 예수의 무덤 위에 지어진 것으로 추정되는 성소인 성묘교회에서 미사를 올렸다. 그 원정에서 벌어진 일과 관련해서는 역사가들 사이에 큰 논란이 없다. 다만 그 일이 당시에 의미했던 바, 그리고 지금 의미하는 바는 심각한, 때로는 격렬한 논쟁의 대상이 되었다.

1099년에 일어난 예루살렘 탈환을 둘러싼 "무엇"과 "언제"에 대해서 토론할 바는 거의 없고, "어떻게"와 "왜"에 관해서는 논의와 토론의 여지가 더 많다. 사료들은 천지창조부터 묵시에 이르는 역사 속에 사건들을 배치하려고 노력한다. 단순한 사건의 나열보다는 영적 의미(혹은 때때로 우화적 의미)를 전달하는 데에 열중하는 것이다. 다시 말해서 『프랑크인 열왕편년사』와는 거리가 멀다. 가령, 우리는 교황 우르바누스 2세가 클레르몽 외곽의 들판의 설교단에서 연설하면서 무슨 생각을 하고 무슨 말을 했는지를 모른다. 결코 알 수 없다. 사람들이 끝없이 증쇄하고 종종 숨을 헐떡이며 복창했던 그 5개의 연설문 판본은 그가 연설한 지 대략 10년에서 15년 후에, 즉 예루살렘을 탈환하고 원정이 "성공한" 후에 작성되었다. 그 연설문 판본의 저자들은 모두 결말부터 시작했다. 하느님이 행한 기적을 보면서 "적합한" 원동력을 거꾸로 투사하며 써내려가기 시작한 것이다.

학식을 갖춘 성직자였던 당시 연대기 저자들 모두는 오늘날의 우리가 알아야 하지만 자주 잊어버리는 사실을 알고 있었다. 성전의 명분이 단 하나가 아니라는 사실을 말이다. 그들은 또한 자신이 특정한 지적 전통에 속해 있다는 사실도 알고 있었다. 그들의 지적 전통은 예루살렘 탈환보다 훨씬 이전으로 거슬러올라갔다. 그들의 영광스러운 선조들은 아헨에서 활동했고, 콘스탄티노폴리스와 로마에서 머물렀으며, 이스라엘 성전에서 유리한 지반을 발견했다. 따라서 그들은 적을 부당한 침략자로 만들고, 그런 악행에 보복한 선례가 있다는 점을 보여주고, 다가올 싸움이 성스러운 역사의 전체적인 흐름 속에 포함되도록 해야 했다. 따라서 그들은 예루살렘과 기독교 세계 전체가 직접적인 위협에 노출된 것처럼 묘사했고, 여러 세대 전의 프랑크인들이 거둔 승리를 상기시키고, 『성서』에서 참고한 내용을 잔뜩 반영했으며, 진군 중인 기독교인들의 행동을 예언의 실현이라고 주장했다. 그들은 직접 목격한 모습이나 전해 들은 말만 기술하지 않았다. 오히려 기적으로 보이는 사건들이 일어난 과정을 정당화하고 당대인들에게 설명하기 위한 지적 구조를 만들어냈다.

당대의 저자들은 적들이 기독교인의 땅을 훔쳤다는 데에 모두 동의했다. 그들이 볼 때, 적들은 극악무도한 짓을 저지르고 여자와 아이들을 살해하고 교회를 모독하고 있었다. 비잔티움 제국은 팔다리가 이미 잘려버렸고 무너지기 직전이었다. 그러나 카롤루스 마그누스 같은 위대한 선조들은 그리스도의 적들을 무찔렀고, 가난한 자들의 외침에 귀 기울였다. 일부 저자들에 따르면 카롤루스 마그누스는 친히 예루살렘까지 갔다(실제로는 그러지 않았다). 그들은 독자들을 향해 과거를 기억하라고, 사람들을 타락의 늪에 빠트린 원죄를, 그리고 하느님의 은혜를 다시 입는 데에 필요한 것을 명심하라고 충고했다. 그리고 이번이 바로 악행에 보복하도록 정해진 시간이라고 끝을 맺었다. 『구약 성서』와 『신약 성서』 모두에 거론된 순간이 바로 그때라는 것이었다. 성스러운 역사는 원을 그리며 반복되었다. 11세기의 프랑크인은

갈라 플라키디아 영묘의 천장. 이탈리아, 라벤나. 별로 가득한 하늘의 네 모서리에 복음서의 저자인 마태오, 마르코, 루가, 요한을 가리키는 상징이 보인다. 5세기 초. (Wikimedia Commons, user Incola)

갈라 플라키디아 영묘의 모자이크. 성 라우렌티우스가 불에 태워져 죽임을 당할 때에 사용되었다는 석쇠를 묘사한 작품일 가능성이 가장 크다. 위쪽의 별들과 아래쪽의 바다도 눈여겨보라. (Alamy, Veronika Pfeiffer)

성 소피아 성당의 실내. 튀르키예, 이스탄불. 원래는 6세기 초 비잔티움 제국의 수도 콘스탄티노폴리스에 세워진 교회였다. 15세기에 이슬람교 사원으로 바뀌었다가 20세기에 박물관으로 변신했으나 2018년에 다시 이슬람교 사원이 되었다. (Alamy, John Bedford Photography)

산 비탈레 성당에 남아 있는 테오도라 황후의 모자이크. 이탈리아, 라벤나. 산 비탈레 성당의 건축 공사는 비잔티움인이 동고트족으로부터 라벤나를 빼앗기 전부터 시작되었고, 나중에 모자이크 작업을 끝으로 마무리되었다. 6세기 중반.

루스웰 십자가. 스코틀랜드. 지금은 작은 교구 교회 안에 있지만, 원래는 들판에 서 있었을 것이다. 덩굴 소용돌이 무늬와 측면에 새겨진 동물들이 예수와 마리아 막달레나 등의 조각상과 어우러지는 방식을 눈여겨보라. 8세기경으로 추정. (Courtesy Dr. Heidi Stoner)

머시아 왕국의 국왕 오파를 위해서 주조된 금화의 앞면과 뒷면. 앞면에 "오파 렉스(Offa Rex, 오파 왕)"라는 라틴어 문구가 뚜렷하게 보인다. 아바스 왕조의 칼리파 알-만수르가 주조한 8세기 초의 디나르 금화를 흉내 내려고 애쓰며 장인이 새겨넣은 것으로 보이는 가짜 아라비아어에도 주목하라. 8세기 말. (Trustees of the British Museum)

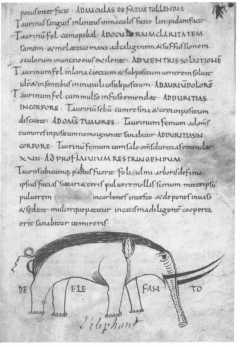

어느 프랑스어 필사본에 실린 코끼리 그림. 이 필사본에는 식물과 동물에 대한 과학적 내용이 담겨 있다. 10세기. (Den Haag, Huis van het boek, MMW 10 D 7, f. 88r.)

덴마크의 옐링에서 발견된, 예수의 십자가형 장면을 새겨넣은 입석. 여기에 새겨진 룬 문자의 내용에 따르면, 이 입석들은 국왕 하랄드 블라톤이 덴마크와 노르웨이를 정복하고 기독교로 개종한 자신의 업적을 기념하기 위해서 만들도록 한 것이다. 표면을 살펴보면 원래 사용된 도료가 군데군데 눈에 띈다. 10세기. (National Museum, Denmark—Roberto Fortuna)

덴마크의 옐링에서 발견된 또다른 입석의 복원물. 2003-2004년에 에리크 산드크비스트가 제작한 이 복원물처럼, 모든 입석들은 원래 환하고 선명한 색깔로 칠해져 있었을 것이다. (National Museum, Denmark—Roberto Fortuna)

바이외 태피스트리의 세부. 프랑스, 노르망디. 1066년에 노르망디의 공작 기욤이 잉글랜드를 정복한 일을 기념하기 위해서 제작되었다. 헤이스팅스에서 모트-베일리를 짓는 장면이 표현되어 있다. 일꾼들이 땅을 파서 둔덕에 쌓고 있는데, 이 둔덕 위에 요새가 건축된다. 11세기. (Courtesy City of Bayeux, Bayeux Museum)

크리스토 데 라 루스 성당의 후진(後陣). 스페인, 톨레도. 1000년 직전에 이슬람교 사원으로 지어진 이 건물은 톨레도가 알폰소 6세에게 함락된 후에 1085년에 성당으로 탈바꿈했다. 12세기 말에 아라비아어 글귀가 새겨진 후진이 추가로 설치되었다. 11–12세기. (Wikimedia Commons, user G41rn8)

아리스토텔레스가 주해자 한 사람과 대화하는 모습을 묘사한 필사본의 삽화. 이라크, 바그다드. 이 필사본에는 다양한 동물의 특징과 쓰임새를 다루는 동물 우화집이 수록되어 있다. 13세기. (BL Or 2784 f. 96r, Courtesy Qatar Digital Library)

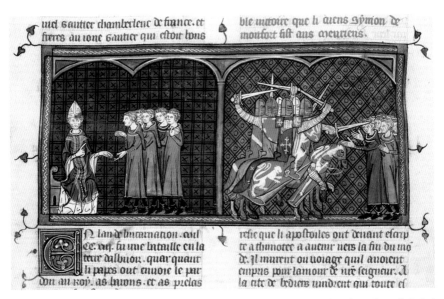

교황 인노켄티우스 3세가 이단자들(카타리파)을 파문하는 모습과 십자군이 프랑스 남부에서 카타리파 신자들을 살해하는 모습을 표현한 필사본의 삽화. 출처가 노르망디 지방인 이 필사본에는 『프랑스 대연대기(*Grandes Chroniques de France*)』의 개정판이 실려 있다. 14세기 중반. (BL Royal MS 16 G VI, f. 374v, Courtesy Granger Historical Picture Archive)

종교적 영감을 받아 밀랍 서판에 글을 쓰면서 전속 서기인 볼마르와 이야기를 나누는 빙엔의 힐데가르트. 원래의 필사본에서는 저자의 권위를 드러내기 위해서 이 그림이 앞부분에 배치되었지만, 제2차 세계대전 때 분실되거나 훼손되었다. 12세기 말. (Alamy)

파리의 생트-샤펠 성당에서 상층부의 제단 뒤를 장식하는 스테인드글라스 창. 수난의 이야기가 제단 바로 뒤에 펼쳐져 있다. 화창한 날에 스테인드글라스 창으로 들어오는 빛은 그야말로 휘황찬란하다. 13세기 초. (Jean-Christophe Benoist)

중국 원나라 때 제작된 몽골족의 안전 통행증. 쿠빌라이 칸의 치세에 사용된 것으로 추정된다. 해당 소지자가 칸에게 보호를 받는 사람임을 나타내는 이 증표는 외교관과 여행자에게 지급되었다. 13세기 말. (Courtesy Metropolitan Museum of Art, NYC)

연옥의 문 쪽으로 건너가기 전, 별이 가득한 하늘 아래 물가에 서 있는 단테와 베르길리우스. 이 필사본에는 『신곡』의 본문 전체가 실려 있다. 아라곤과 나폴리와 시칠리아의 국왕인 알폰소 5세가 한동안 이 필사본을 가지고 있었을 것이다. 15세기 중반. (BL Yates Thompson 36, f. 68, Courtesy Granger Historical Picture Archive)

새로운 마카베오인들이었다. 이집트를 탈출하는 새로운 이스라엘인들이었다. 다윗 왕과 솔로몬 왕의 새로운 군대였다. 이사야와 다니엘, 아모스를 비롯한 선지자들이 바로 이곳의 이 순간을 거론했다. 저자들 중의 한 사람인 랭스의 성 레미기우스 수도원의 수도사는 자신이 설명한 사건들이 예수의 부활 이래 가장 위대한 기적이라고 말했다.

선과 악 사이에서 벌어진 우주 차원의 투쟁이 이 지상으로 옮겨졌고, 하느님은 대리인들을 통해서 사탄의 종들과 맞섰다. 그것은 돈 때문에 가담했다거나 그저 피에 굶주린 광신자들이어서 참전했다거나 까닭 없는 도발에 대응해 진지하고 군사적으로 정당한 방어적 결단을 내렸기 때문이라는(최악의 변명이다), 중세의 성전(聖戰)에 대한 극도로 단순하고 냉소적인 변명보다 더욱 복잡한 설명이다. 그것은 빛의 시대의 방식이다. 정복을 당한 도시가 비명을 지르는 와중에 불타오르는 건물의 불길에서 광명이 퍼져나올 때, 우리는 지극히 인간적인 이 중세인들의 내면을 살피고 그들이 본 것처럼 우주를 보고 "어떻게"와 "왜"를 묻도록 애써야 한다.

이렇듯이 그들의 관점에서 보면 그 기독교인들이 거둔 승리의 파장이 어째서 1099년에 끝나지 않았는지를 알 수 있다. 예루살렘을 탈환함으로써 그 투쟁은 새로운 국면으로 접어든 것 같았다. 세상에 대한 하느님의 계획은 명백히 알려졌다. 모두가 프랑크인들의 행동을 통해서 확인할 수 있을 만큼 분명해졌다. 중세의 연대기 저자들은 기독교를 믿는 왕이 예루살렘의 옥좌에 앉았다고 썼다. 기독교회의 지도하에 군인들이 하느님 대신 행동에 나서는 새로운 형태의 종교전쟁은 그 정당성이 입증되었던 것 같다. 성스러운 역사의 원은 구부러지고, 성전의 피는 예루살렘과 새로운 주민들을 정화하고, 하늘의 예루살렘의 반짝이는 보석들은 지평선에 모습을 드러내고 있었다.

그러나 그것은 **그들의** 설명이었다. 우리가 그들처럼 설명할 필요는 없다. 지금까지 이 사료 요약본은 너무 순진하게 해석되는 경우가 많았다. 마치 이 사료들이 신학적이고 논쟁적인 문헌이 아니라, 과거를 볼 수 있는 투명한 창인 것처럼 말이다. 예컨대, 1099년의 예루살렘 함락으로 이어진 사건들은 고대 말기에 시작되어 중세에도 계속되었고 식민주의 시기에 변신을 거쳐 21세기까지 이어지고 있는, 이슬람교와 "서양"(사실상 "기독교"를 의미한다) 사이의 끝나지 않는 전쟁인 "문명의 충돌" 속의 특정한 시발점으로 여겨졌다. 종교적 증오만 보는 사람에게는 그 투쟁들이 암흑시대의 가장 어두운 부분인 반면인 동시에, 지금 여기에서 종교적 폭력을 추구하려는 자에게는 가장 선명한 명분이다. 중동에서 전쟁을 팔아먹는 정치 전문가와 보복 전쟁을 외치는 전사들뿐 아니라 국내 테러 행위를 선동하고 실행하는 극우 민족주의자와 백인 우월주의자들이 내뱉는 달콤한 유혹의 말이다. 그 명분은 극단적인 수니파 이슬람 원리주의 무장단체인 이라크 레반트 이슬람 국가(ISIL)의 테러 공격을 정당화하는 데에 쓰였고, 그 공격 이후 소셜 미디어를 통해서 떠들썩하게 외쳐졌고, 버지니아 주의 도시 샬러츠빌에서 열린 백인 우월주의 집회의 참가자들이 손수 만든 나무 방패에 장식되었으며, 뉴질랜드의 도시 크라이스트처치에서 살인자의 총에 낙서처럼 적히기도 했다.

그러나 극단주의자의 이야기를 우리의 이야기로서 받아들일 필요도 없다. 그 특별한 투쟁이 벌어진 이유의 근거를 분명히 밝혔기 때문에 당시에 공존이 가능했다는 점도 알 수 있다. 우리는 공존의 모습을 11세기 이전에도 목격했다. 비잔티움 제국의 황제들이나 바이킹 지도자들과 아바스 왕조의 칼리파들은 정상화된 외교관계를 맺었고, 심지어 꿍음을 내는 코끼리를 바그다드에서 아헨까지 선물로 보낸 사례도 있었다. 그리고 예루살렘에서 학살이 벌어지고 나서 얼마 지나지 않아, 또다른 새로운 세계가 다시 열리는 모습을 보게 될 것이다.

〈⁓〉

1180년대 초, 시리아의 어느 귀족이 책을 썼다. 일관성 있는 서사라기보다는 일련의 일화에 가까운, 우사마 이븐 문키드의 『명상록(*Kitab al-I'tibar*)』에는 그가 기독교화된 예루살렘으로만 알던 세계가 묘사되어 있다(예루살렘은 그가 네 살 때 기독교인들에게 함락되었다). 그 세계에서 우사마는 어떤 프랑크인들과는 맞서 싸우고 또 어떤 프랑크인들과는 친구로 지낸다. 그는 예루살렘을 방문했을 때 겪은 사건 하나를 설명한다. 그는 성전산 위의 알-아크사 사원에 인접한 어느 작은 사원에서 기도를 드렸다. 메카가 있는 남쪽을 향한 그에게 예루살렘에 막 도착한 프랑크인이 말을 걸었다. 흥미롭게도, 기독교인인 그 프랑크인은 이슬람교도인 우사마가 기도를 드리는 것을 문제 삼지 않고, 우사마가 잘못된 방향을 바라보고 있다는 점을 지적하려고 했다―기독교의 교회는 제단이 동쪽에, 출입구가 서쪽에 배치되어 있다. 그 기독교인이 생각하기에 우사마는 동서 방향을 향해 있어야 했다. 우사마는 몹시 당황하고 소스라치게 놀랐다. 우사마의 프랑크인 친구들이 문제의 프랑크인을 데리고 나갔고, 그 프랑크인의 결례를 대신 사과했고, 우사마가 기도를 마칠 수 있도록 옆에서 지켜주었다.

물론 우사마의 친구들이 곁에 있었던 것은 다행이었지만, 놀라운 일은 아니었다. 기독교인들에게 "솔로몬 성전"으로 알려진 알-아크사 사원은 성전기사단이 본부라고 부른 곳이었다. 그런 곳에서 기독교인인 프랑크인들과 평생 싸우고 그들을 죽인 이슬람교도이자 시리아의 귀족이었던 사람이 기독교화된 예루살렘의 어느 사원에서 예배를 드리다가, 기독교 기사수도회—그리스도의 적들에 맞선 성전을 맹세한 기사들의 단체—의 보호를 받았다.

그렇다면 우리는 이 일화에서 무엇을 배울 수 있을까? 요컨대 성전은 결코 변함없지 않았다. 11세기와 12세기의 기독교인과 이슬람교도들은 때때로 적이었고 이따금 친구였지만, 어느 경우든 간에 함께 살았다. 지중해 동부 연안을 따라서 펼쳐진 전쟁들과 민족, 왕국, 종교의 역사는 중세의 모든 것들처럼 혼란스럽고 복잡하고 인간적이었다. 중세인이나 현대인이 그 역사를 선 대 악, 동양 대 서양, 기독교인 대 이슬람교도 등 단순한 서사와 연결 짓고자 하고, 말세에 벌어지는 우주 전쟁이라는 프레임으로 해석하려고 애써도 말이다.

10

세 종교의 도시에서
햇빛으로 아롱지는 탑들

1140년대에 한 여행자가 남쪽으로 향했다. 그는 평범한 여행자가 아니었다. 부르고뉴 지방의 유력한 클뤼니 수도원의 원장이자 (최소한 비공식적으로는) 유럽 대륙 도처의 1,000곳이 넘는 수도원으로 이루어진 관계망의 수장인 가경자(可敬者) 피에르는 과감히 피레네 산맥을 넘을 수밖에 없었다. 클뤼니 수도원에도 당시 유럽 최대 규모의 도서관이 있었지만(현존하는 당대의 도서 목록에는 약 600종의 필사본이 등록되어 있다), 그에게는 한 권의 책이 필요했다. 오랜 궁금증을 푸는 데에 필요한 해답을 알려줄 책이었다. 그러나 프랑스, 이탈리아, 독일의 어디에도 없는 책이었다. 그 책은 아직 라틴어로 번역되지 않았다. 바로 『쿠란(*Quran*)』이었다.

이 이야기는 빛의 시대의 수많은 이야기들과 마찬가지로, 단순히 지적 탐구를 둘러싼 이야기가 아니다. 공존과 폭력 모두를 향한 욕구가 담긴, 여러 문화들 사이에서 이루어진 복잡한 상호작용의 상징이기도 하다.

　피에르의 전임 원장은 이미 레온-카스티야 연합 왕국의 국왕을 상대로 연줄을 만들어놓은 상태였다. 그 왕국의 한가운데, 즉 오늘날의 마드리드 남서쪽에는 톨레도라는 도시가 있었다. 클뤼니 수도원의 수도사 한 사람은 톨레도 대주교로 재직했다. 그 대주교는 이슬람교의 중앙 사원으로 쓰이던 건물인 톨레도의 새로운 대성당 안팎에서, 아라비아어를 쓰지만 라틴어를 배운 모사라브인(무슬림에 정복된 이베리아 반도의 토착 기독교인/옮긴이)과 라틴어를 쓰지만 남쪽으로 내려와 아라비아어를 배운 북쪽 사람들이 주도하는 번역자 모임을 끌어들일 만한 문화를 조성했다. 피에르가 결국 찾아낸 사람인 케튼의 로저는 후자에 속했다. 잉글랜드 출신인 로저는 아라비아어로 번역된 아리스토텔레스의 저작뿐 아니라 알-콰리즈미가 아라비아어로 쓴 대수학 논문도 읽기 위해서 그곳으로 건너왔다.

　클뤼니 수도원으로 돌아올 때 피에르는 피레네 산맥을 다시 넘었다. 이번에는 최초의 라틴어 『쿠란』을 손에 들고 있었다. 그 라틴어 『쿠란』은 직역이 아니라 로저가 보기에 원문의 의미를 담은 것이었다. 물론 모든 번역은 해석이지만, 12세기의 『쿠란』 번역 작업에서 로저가 결정을 독단적으로 내리지 않았고, 아마도 모사라브인, 이슬람교도, 유대인 등으로 구성된 번역자 모임 소속으로서 작업했다는 사실을 알 수 있다. 라틴 기독교인인 로저는 이주자 신분이었다. 다른 사람들,

즉 각각 기독교, 이슬람교, 유대교의 전통을 따르는 사람들은 수백 년 동안 톨레도와 주변 지역을 고향으로 생각했다. 빛의 시대가 문화적 투과성의 무한한 잠재력을 만들어내는 접촉과 변화의 수많은 중첩적 관계망으로 이루어져 있었다면, 톨레도 같은 도시들, 특히 가경자 피에르가 방문한 대성당 같은 기관들은 그 관계망의 교차점이었다.

피에르의 동기가 중요하다. 그가 피레네 산맥을 넘은 것은 예루살렘을 정복한 지 불과 한 세대 이후의 일이었다. 성전기사단—전사 겸 수도사들의 단체—을 공식적으로 인정한 트루아 공의회가 열린 지 10년이 조금 넘은 시기였다. 클뤼니 수도원의 수도사들 대부분이, 그리고 특히 피에르는 이베리아 반도와 동방에서 기독교인이 벌이는 성전을 열렬히 지지했다. 궁극적으로 피에르가 이슬람교의 "오류"를 더 잘 이해하기 위해서는 『쿠란』이 필요했다. 그래야 더 많은 기독교인이 입과 잉크, 칼로 이슬람교와 싸우도록 독려할 수 있었다. 이슬람교도와 기독교인, 유대인이 함께 일하는 작업실에서 만들어진 『쿠란』 번역본은 성전에 쓰일 무기가 될 것이었다.

공존과 폭력이 함께 있었다. 우리는 우사마 이븐 문키드가 기독교화된 예루살렘의 이슬람교 사원에서 기도를 드릴 때 그를 지켜준 프랑크인 친구들이 성전에 나선 전사들이기도 했다는 역설을 통해서 공존과 폭력의 긴장 상태를 확인했다. 그리고 그 긴장 상태는 예루살렘에서 바다를 건너 서쪽으로 3,520킬로미터 떨어진 매우 다른 환경에서도 벌어졌다.

이베리아 반도는 언제나 유럽인의 상상 속에서 기묘한 곳으로 여겨진 듯싶다. 이베리아 반도는 안이자 밖이고, 흔히 유럽의 일부분이자 유럽에서 멀리 떨어진 곳으로도 묘사된다. 이것은 여태껏 학자들이 유럽의 중세를 연구해온 방식과 중세인이 자신의 세계를 개념화한 방식에도 적용된다. 중세 이베리아 반도의 이슬람교도, 기독교인, 유대인(그리고 그들의 종교적 전통에 속하는 다양한 집단들) 사이의 역사적으로 맥락화된 관계를 이해하려면, 이베리아 반도가 여러 세기에 걸쳐서 더 광범위한 지중해와 맺은 관계를 되돌아볼 필요가 있다.

카르타고의 속주였던 이베리아 반도는 기원전 3세기 말부터 로마에 흡수되었지만, 약 200년 후인 기원전 19년경에야 완전히 로마화되었다. 이후로는 히스파니아 속주로 불렸다. 새로운 도시들이 건설되었고 도로가 가설되었으며 주민 전체가 제국에 통합되었다. 사실, 황후 갈라 플라키디아(450년 사망)는 물론이고 황제 트라야누스(재위 98~117), 하드리아누스(재위 117~138), "대제" 테오도시우스 1세(재위 379~395) 같은 황제들도 모두 히스파니아 출신이었다.

그러나 이베리아 반도는 4세기와 5세기에 다른 속주들과 똑같은 운명을 맞이했다. 제국의 중앙집권적인 권력이 위축되자 로마 군단들이 철수했고, 로마화된 현지인들은 때때로 불편한 동맹과 타협을 맺으며 자활해야 했다. 이베리아 반도의 경우, 결국 그런 상황은 5세기 말과

6세기 사이에 서고트족의 왕국으로 통합되는 결말을 맞았다.

원래의 정착지였던 아키텐 지방에서부터 남쪽으로 밀려난 서고트족은 7세기 초에 왕국을 건설했다. 서고트 왕국은 이베리아 반도 대부분을 아울렀고, 톨레도를 수도로 삼았다. 서고트족 치하의 이베리아 반도는 중세 초기의 서로 연결된 지중해 세계의 일부분이었다. 당시 서고트인들은 북쪽의 바스크인과 프랑크인들, 남쪽의 비잔티움인들과 접촉했고 자주 충돌했다. 서고트인들은 711년에 아라비아인과 북아프리카의 민족들이 나타나서 서고트족의 왕통을 끊어버릴 때까지 거의 2세기 동안 이베리아 반도를 지배했다. 북아프리카인과 그들의 동맹들은 마치 파도처럼 반도를 가로질러 북진하며 피레네 산맥을 넘었고, 약 20년 후에 오늘날의 프랑스 도시 투르에서 멀지 않은 곳에서 기력이 다해 멈추어섰다.

오래 전부터 역사 교과서들은 732년의 투르 전투(이따금 푸아티에 전투로 불리기도 한다)를 종종 "유럽과 기독교 세계를 구한" 전투로 묘사하면서 세계사적 의미가 있는 사건으로 높이 평가했다. 그러나 그런 평가는 투르 전투 자체와는 별로 관계가 없다. 프랑크인은 그저 습격대를 격파했을 뿐이다. 또한 그 전투의 관건은 누가 아키텐을 통치할 것인지였다. 즉, 한 기독교인 영주가 징집한 이슬람교도 군인이 다른 기독교인 영주에 맞서 싸운, 기독교인 영주들 간의 시시한 싸움이었다. 그것이 과거의 진실이다. 그러나 우리가 오늘날에도 그 전투를 알고 있는 까닭은 이슬람교를 혐오하고 국수주의적인 18세기와 19세기 유럽의 역사가들이 그 전투를 과장했기 때문이다. 그들은 투르 전투르를 국민국가(nation-state)의 형성을(더 나중에는 가짜 "문명의 충돌"을) 둘러싼 더 웅장한 서사를 구축하기 위한 순간으로 활용했다. 그 역사가들은 투르 전투를 그들의 정치적 의도에 보탬이 되는 더 큰 서사에 끼워 맞추고 싶어했다. 사람들이 이슬람 세계를 독특하고 비유럽적인 세계로, 용감한 백인계 유럽 열강들에 의해서 격퇴되어야 할, 성문 앞의 또다른 "야만스러운" 세계로 바라보도록 유도하고자 했다.

반면, 중세 당대의 사료들은 그런 관점을 취하지 않았다. 오히려 중세의 사료들은 711년에 과달레테 강 근처에서 서고트족 왕의 군대를 상대로 벌인 결정적인 전투에서, 왕좌를 두고 경쟁하던 기독교도 서고트족 지지자들이 북아프리카인 군대의 전력을 강화시켰다는 점을 암시했다. 8세기 초에 일어난 사건들에 대한 가장 유용한 사료는 『754년 연대기(*Chronicle of 754*)』에 실려 있다. 이 책은 711년에 서고트 왕국이 멸망한 사건을 서고트 왕국의 왕위 찬탈자에 대한 일종의 징벌이라고 해석한다. 북아프리카인들이 서로 경쟁하던 왕위 요구자들 중의 한 사람과 손잡고, 어떤 의미로는 내전을 종식했다는 식으로 말이다. 『754년 연대기』는 라틴어로 작성되었으며, 이 책의 저자는 십중팔구 코르도바의 새로운 이슬람교도 통치자들 밑에서 일하는 기독교도 관료였을 것이다. 시기적으로 한참 후에 이븐 아브드 알-하캄이 집필한 『서사(*Narrative*)』 같은 아라비아어 사료들에도 흡사한 이야기가 담겨 있다.

로마 치하에서 히스파니아로 불렸다가 711년부터 700년 동안에는 알-안달루스라고 불린 이베리아 반도에서 이슬람교도와 기독교인들의 관계는 언제나 문제로 가득하고, 복잡하고, 우리의 상상보다 더 혼란스러웠다. 이 장소와 이 시기를 논할 때는 기독교인과 이슬람교도들에 대해서만 이야기하는 것이 아니라는 점을 명심해야 한다. 여러 다른 지역들과 대조적으로, 이베리아 반도에는 상당한 규모의 유대인 인구도 있었다. 유대인들은 로마 시절부터(어쩌면 그 이전부터) 이베리아 반도에 있었고, 서고트족에게 때때로 극심한 박해를 당하다가 나중에는 이슬람 세력의 치하에서 불편을 겪었다.

중세 내내 이베리아 반도에서 서로 이웃하며 함께 생활한 그 세 민족들 간의 관계는 오래 전부터 "콘비벤시아(convivencia)"(문자 그대로 함께 산다는 뜻)라고 불렸다. 그러나 콘비벤시아의 역사는 "레콩키스타(reconquista)"(재정복)와 뒤엉켜 있다. 보통 사람들이 떠올리는 중세 이베리아 반도의 역사는 상상 속의 두 세계, 즉 종교적 폭력이 끼어든 조화로운 공존의 세계, 그리고 기독교인이 "마땅히 그들의 것"인 땅을 되찾았을 때 비로소 멈춘 종교적 박해의 세계 사이에서 오락가락하는 경향이 있었다. 그러나 이는 극단적인 입장이다. 19세기와 20세기의 스페인 민족주의와 로마 가톨릭교 반동주의의 영향으로 주류에 편입되었고 제2차 세계대전 직전 스페인의 독재자 프란시스코 프랑코 휘하의 파시스트가 수용한, 중세의 일부 라틴어 사료들을 순진하게 해석하며 한층 더 뻔뻔해진 인식 범주들이다.

콘비벤시아와 레콩키스타라는 용어 사이의 경계선은 20세기에 벌어진 갈등 때문에 선명해졌다. 콘비벤시아는 중세적 취약성의 상징으로 묘사되었다. 기독교인들이 달리 어쩔 도리가 없어 "억지로" 관용을 베풀었다는 해석이다. 프랑코가 볼 때는 레콩키스타가 더 현실적인 것, 더 진정한 것이었다. 즉, 자신과 과거를 연결해주는 무지개였다. 그는 자신의 권력을 정당화하기 위해서 레콩키스타에 의존했다. 프랑코의 권위주의적 향수에 의하면, 중세의 기독교인이 이슬람에 맞서 싸웠듯이 자신도 조국을 또다시 되찾기 위해서 공화주의자, 무정부주의자, 공산주의자들에 맞서 싸우는 셈이었다. 놀랄 필요 없는 사실 하나는 그런 식의 프레임이 오늘날까지 만연해 있으며 아직도 서양 각국의 극우파가 "레콩키스타"라는 용어를 공감의 의미로 사용한다는 점이다. 또 하나 놀랄 필요 없는 사실은 우파가 레콩키스타라는 용어를 전용한 데에 따른 반응으로 좌파가 20세기 말에 콘비벤시아를 자유주의적 가치로 탈바꿈시켰다는 점이다. 콘비벤시아에 담긴 다문화주의, 즉 기독교인과 유대인, 이슬람교도가 서로 바로 옆에서 살았다는 사실은 현대의 공화주의적 스페인의 독특함과 강력함에 대한 역사적 선례로 평가되었다.

그런데 이러한 프레임의 문제점은 실제의 과거에는 관심을 두지 않고 현대의 의제에만 부합하는 뻔뻔한 인식의 범주들이라는 사실이다. 두 용어 모두 정치와 종교를 둘러싼 특정한 인식에 의존하며, 궁극적으로는 정치와 종교의 간격을 벌리는 개념화에 기대고 있다. 이런 사고방식에서 보면 종교는 내부적인 것이었다. 그밖의 모든 것, 모든 행위는 정치적인 것이었다. 그것은 19세기의 종교적 변화 이후의 시기에 살던 백인계 유럽인들에게는 당연한 견해였다. 당시 그들의 종교관은 외부로(즉, 처음에는 지리적으로 식민지들에, 나중에는 연대기적으로 과거에) 투영되었다. 그들은 익숙하게 느껴지는 것들을 모색했다. "신앙"처럼 느껴지는 것이라면 무엇이든 "실제"보다 더 중요했다. 종교는 시간을 초월하여 그 어떤 외부적인 역사적 변화와도 무관한 내부적인 것으로 묘사되었다.

그러나 우리가 내내 지켜보았듯이, 중세 세계에서는 그 범주들이 그런 식으로 작동하지 않았다. 약 1,000년에 걸친 히스파니아, 알-안달루스, 나바라 왕국, 레온 왕국, 카스티야 왕국, 아라곤 왕국, 포르투갈 왕국의 상황은 각각 전혀 달랐다. 711년에 서고트족 군인들은 북아프리카 군대가 로데리쿠스 왕을 무찌르도록 도왔다. 카스티야 왕국의 장군 엘 시드는 11세기와 12세기에 쉽사리 편을 바꾸어가며 기독교인과 이슬람교도를 위해서, 혹은 그들에 맞서 싸웠다. 13세기와 14세기의 그라나다 출신 이슬람 용병들은 레콩키스타, 즉 국토회복운동에 나선 아라곤 왕국의 왕들 편에 섰다. 카탈루냐의 기독교인 용병들은 하프스 왕조 술탄들의 경호원으로 복무하려고 북아프리카로 떠났다. 그 모든 사례 때문에 종교와 정치, 문화에 대한 우리의 자기만족적인, 그리고 너무나 현대적인 범주들은 복잡해진다. 그 사례들은 우호적인 공존의 정태적 상태를 통해서 분출된 현상도 아니고 서로 다른 공동체 간의 끝없는 적대감을 짙게 나타내지도 않는다.

그러므로 분석의 다중적이고 중첩적인 범주들을 풀어헤치고 이베리아 반도 사람들의 생생한 경험을 이해하기 위해서, 톨레도로 돌아가보자. 가경자 피에르가 1140년경에 방문한 톨레도는 한때 서고트족 통일 왕국의 수도였으나 711년에는 북아프리카에서 건너온 사람들에게, 1085년에는 레온-카스티야 연합 왕국의 국왕 알폰소 6세에게 함락된 도시였다.

서고트족의 왕통이 끊어진 후에 톨레도는 처음에는 다마스쿠스를 본거지로 삼은 우마이야 칼리파국의 일부분에 불과했다. 그러나 8세기 중반에 우마이야 왕조가 아바스 왕조에 의해서 전복되고 수도가 바그다드로 바뀌었을 때, 알-안달루스는 아바스 왕조에 저항했고 독자 노선을 취했다. 11세기에 알-안달루스의 집중화된 권력이 무너지기 시작하자 톨레도는 완전히 독립적인 타이파(taifa : "분파"나 "무리"를 가리키지만 본질적으로는 "왕국"을 의미하는 아라비아어)가 되었다.

알-안달루스 내부의 정치적 투쟁을 겪던 그 300여 년 동안 톨레도는 북쪽을 바라보기 시작했다. 그 결과 알폰소 6세가 1085년에 톨레도를 정복할 무렵이나 그다음 세기에 가경자 피에르가 그곳에 도착할 무렵, 연관성은 이미 여러 세대를 거쳐 맺어진 상태였다. 기독교를 믿는 서고트인이 반복적으로 가하는 심각한 박해에도 불구하고, 또는 아마 그런 박해에 대한 반응으로, 톨레도의 유대인 공동체는 10세기에 이르러 인구가 수천 명까지 불어났다. 어떤 의미에서 그것은 알-안달루스 전역에서 유대인 공동체가 성장했음을 보여준다. 비록 10세기와 11세기에 코르도바 혹은 그라나다와는 달리 톨레도에서는 명성을 떨친 비범한 유대인이 없었지만 말이다. 코르도바에서는 시인과 예술가들이 맹활약했고, 하스다이 이븐 샤프루트 같은 (10세기 초의) 유대인들은 칼리파의 고문 등 중요한 관직에 임명되기도 했다. 그라나다에서는 (11세기 초의 유대인) 사무엘 이븐 나그릴라와 그의 아들 요셉

이 대신이 되어 통치자의 고문 역할을 맡았고, 전투에서 그라나다 군대를 지휘하기도 했다. 그렇기는 했어도, 특히 11세기에 알-마문의 치하에서 톨레도는 이베리아 반도의 한가운데라는 위치를 활용하여 문화적 요람과 정치적 망명지가 되었다.

톨레도는 예전부터 중요한 도시였다. 8세기에 정복된 이래로 톨레도에는 상당히 많은 기독교인들이 남아 있었고, 카롤루스 마그누스의 치세에 톨레도의 대주교 엘리판두스가 예수의 본성에 관한 이론(이른바 "양자론[養子論]")을 수용했을 때, 진지한 관심을 끌었을 만큼 피레네 산맥 북쪽의 지적 세계와 여전히 연결되어 있었다(양자론은 800년경에 프랑크 왕국에서 열린 몇몇 공의회의 관심사였다). 실제로 톨레도는 그 300여 년간 항상 저 멀리 아헨까지는 아니어도 꾸준히 북쪽을 바라보았고, 톨레도의 통치자들은 레온과 카스티야와 나바라 같은 왕국의 기독교인 통치자들과 (때로는 불편한) 관계를 유지하면서 다른 타이파들에 맞서는 데에 필요한 군사적 원조를 몇 차례 요청하기도 했다.

이 같은 상황이 바로 1085년에 톨레도가 알폰소 6세에게 넘어갔을 때의 맥락이다. 1065년에 아버지가 사망하자 차남인 알폰소 6세는 레온 왕국을 물려받았고, 그의 형과 동생은 각각 카스티야 왕국과 갈리시아 왕국을 물려받았다. 쉽게 예상할 수 있듯이, 곧바로 내전이 벌어졌다. 알폰소 6세는 형이자 카스티야 왕국의 국왕인 산초 2세가 막내인 가르시아 2세의 갈리시아 왕국을 빼앗도록 도왔지만, 나중에는 알폰소 6세와 산초 2세 사이에 다툼이 일어났다. 전투에서 패한 알폰소

6세는 1072년 초에 이슬람교 도시인 톨레도로 피신해 몇 달을 머물렀고, 그해에 산초 2세가 죽은 후에 레온 왕국으로 돌아오자마자 세 왕국을 다시 통일했다.

기회주의적이게도 알폰소 6세는 이웃의 기독교 왕국인 나바라 왕국을 상대로 싸웠지만, 그의 시선은 주로 남쪽에 쏠렸다. 망명했을 때 그를 보호해준 알-마문이 1074년에 세상을 떠나자 톨레도에서는 권력 투쟁이 벌어졌다. 알폰소 6세는 그 기회를 백분 활용하여 국경을 조금씩 넓혀가며, 알-마문의 손자인 알-카디르를 지원하고 그 대가로 양보를 이끌어냈다. 1085년에 이르러 알-카디르는 한계에 봉착했다. 톨레도의 지도층 인사들을 달래지 못했고, 여전히 외부적 압력에 시달렸다. 알-카디르는 그곳을 떠나고 싶었고, 결국 톨레도와 주변 영토를 알폰소에게 넘겼다. 그 대가로 알폰소 6세는 알-카디르가 남동쪽의 발렌시아에 정착하도록 도왔다. 톨레도를 통치하던 이슬람교도들은 성문을 열어 알폰소 6세를 맞이했다.

기독교인들이 톨레도를 장악한 직후에는 그다지 많은 변화는 일어나지 않았다. 알폰소 6세는 유대교 예배당과 이슬람교 사원이 교회로 바뀌지 않을 것이라고 약속했고, 이슬람교도 공동체, 유대인 공동체, 라틴 전례 예식을 따르는 기독교인 공동체에 각각 독자적인 법률에 따라서 통치될 권리가 부여되었다. 그러나 그런 상태는 오래가지 못했다. 유대인 공동체는 한동안 꽤 안정적으로 유지되었지만, 기독교를 믿는 토착 모사라브인들―8세기 초의 서고트족에게서 유래한 전례 예식을 따르지만 문화적으로는 아라비아화된 사람들―은 타협적 조치의 대상에서 배제되었다. 그리고 부유한 이슬람교도 일부는 톨레도에 남았고 소수는 기독교로 개종했지만, 대부분은 톨레도를 떠나 남쪽으로 피신했고, 1087년에는 톨레도의 이슬람교 사원이 압류되어 대성당으로 바뀌었다.

몇 년에 불과한 그 짧은 기간은 콘비벤시아 같은 현대적 범주를 중세 과거에 투영하는 것의 문제를 보여주기에 충분하다. 기독교인 통치자가 한 도시를 정복하지만, 실제로는 이슬람교도들이 그에게 넘겨준 것이다. 세 종교의 도시에서 주민들은 더불어 살고 있지만, 기독교인 통치자가 이슬람교 사원을 대성당으로 바꾸고 세 종교 공동체 모두 사전에 약속된 보호를 받지 못하면서 긴장감이 흐른다.

학자들은 톨레도에서 비기독교인들에 대한 태도가 강경해진 것을 1085년으로 거슬러올라가 알폰소 6세의 부인인 콘스탄사 왕비와 그녀의 고해사제인 베르나르의 탓으로 돌리는 경우가 많았다. 베르나르는 그 얼마 전까지 레온 왕국에 있는 사아군 수도원의 원장으로 재직했다. 사아군은 알폰소 6세가 아버지가 죽은 후에 형에게 쫓겨 망명했던 곳이자 공교롭게도 그가 사후에 묻힌 곳이기도 하다. 그러나 더 중요한 연결점은 베르나르가 원래 클뤼니 수도원 소속 수도사였다는 사실, 그리고 아마 1080년경에 알폰소 6세의 예비 신부인 콘스탄사와 함께 피레네 산맥을 넘었을 것이라는 사실이다. 콘스탄사는 부르고뉴 공작의 딸이자 클뤼니 수도원 원장의 조카였고, 프랑크 카페 왕조의 직계 후손이었다. 그런 연관성을 고려하면 알폰소 6세가 1085년에 톨레도를 점령한 직후에 베르나르가 톨레도 주교에 임명된 것이 그다지 놀랍지 않다. 주교는 영적 직분일 뿐 아니라 정치적 직분이기도 했다.

그 두 사람에게 책임을 전가하는 태도는 종교 간 분쟁을 유발한 책임을 외부인에게 물으면서 콘비벤시아와 레콩키스타라는 양자택일적 프레임에 열중하는 것이나 다름없다. 그런 태도는 아마 어느 정도 정당하겠지만, 시민 생활에서 폭발음을 일으키는 책임이 "외부의 선동자들"에게 있다는 발상은 거의 항상 정치적 동기에 따른 것이다. 콘스탄사도, 베르나르도 수년간 레온 왕국에 깊이 뿌리를 내리고 있었다. 이 부분에서 명심해야 하지만 종종 잊어버리는 더 중요한 사실이 있다. 1085년에 톨레도 주교에 임명되었을 때, 베르나르가 이미 주교직에 있었던 누군가를 대신했다는 사실이다!

칼리파국의 일부분이었던 시절과 독자적인 타이파로서 보냈던 시절 내내 톨레도에는 상당한 규모의 기독교 인구가 있었다. 톨레도의 기독교인 공동체는 성직자 교계제도를 갖추고 있었고, 서고트족 통치자들 치하에서 사용된 똑같은 대성당에서 똑같은 전례 예식을 거행했다. 기독교를 믿는 토착 모사라브인들은 알폰소 6세가 톨레도를 정복해도 별로 기뻐하지 않았다. 그들이 보기에 1085년에 톨레도에 나타난 레온 왕국 사람들은 다른 문화적 관습과 다른 언어(라틴어), 다른 예배 관행(로마와 연관된 전례 예식)을 지닌 침입자들이었기 때문이다.

그러므로 1085년에 베르나르를 주교에 임명한 것은 1087년에 이슬람교 사원을 대성당으로 바꾼 것과 함께 이해해야 한다. 현지 기독교인 공동체의 지도자를 제거했을 뿐만 아니라 그 공동체가 신성하게 여기는 장소의 위치도 옮긴 그 두 가지 조치는 토착 기독교인들을 이슬람교도들만큼, 혹은 그 이상으로 겨냥한 것이었다. 서로 맞물린 두 가지 조치에 힘입어 알폰소 6세는 톨레도를 통치하는 데에 필수적인 자리에 측근을 배치하며 권력을 교체할 수 있었고, 그 결과 새로운 수도에 대한 지배권을 강화할 수 있었다. 동시에 그 조치들 덕분에 일련의 연관성이 생겼다. 베르나르와 새로운 대성당을 통해서 톨레도는 지적, 물질적 측면에서 북쪽으로 피레네 산맥을 거쳐 클뤼니 수도원까지 연결되었고, 그곳에서 다시 남쪽으로 알프스 산맥을 넘어 로마와 교황까지 연결되었다. 톨레도에서 함께 살아간 세 공동체는 서로 혼란스러운 관계를 맺고 있었지만, 그것은 명확한 위계 속에서 확실히 규정된 관계이기도 했다.

그것이 바로 그다음 세기에 언어와 종교, 공동체 간의 합류점으로 탈바꿈할 톨레도의 모습이었다. 그러나 그 합류점에서는 권력의 출처인 곳과 권력의 출처가 아닌 곳이 너무나 분명히 드러나 있었다.

❧

빛의 시대라는 개념과 마찬가지로, 콘비벤시아는 복잡하고 인간적인 개념으로 이해되어야 한다. 콘비벤시아와 빛의 시대, 이 두 개념 모두 때때로 상대방을 이해하고 상대방과 함께 일하기 위해서, 또 이따금 상대방을 미워하고 해치기 위해서 결정을 내리는 사람들과 관계가 있다. 협력의 꽃이 만발한 곳에서 이념적 증오의 뿌리도 엿보인다. 따라서 우리는 향기로운 꽃도, 그후의 참상도 눈여겨보아야 한다. 12세기 말에 이르러, 톨레도의 새로운 대성당 안팎에서 갑자기 공식 번역 작업실들이 생겨났다. 그것은 새로운 대성당에서 비롯된 권력관계, 즉 서로 협력하는 관계이면서도 분명히 정의된 위계제 속의 관계가 반영된 현상이었다. 1220년대의 가장 유명한 번역자인 미카엘 스코투스는 아부테우스 레비타소라는 유대인 학자와 협력했고, 아마 모사라브인, 이슬람교도, 유대인들도 채용했을 것이다. 그들의 번역 실력을 탐내는 사람들이 많았다. 미카엘은 흑마술을 써서 언어 사이를 오가는 마술사나 점성술사로 여겨졌기 때문에 시칠리아 섬의 팔레르모까지, 그리고 황제 프리드리히 2세의 궁정까지 불려가기도 했다. 아마 미카엘은 아베로에스라는 이름으로 불리기도 하는 이븐 루시드의 저작을 라틴어로 번역한 일로 가장 유명할 것이다.

1126년에 코르도바에서 태어난 이븐 루시드는 비범한 사상가의 반열에 오른 인물이다. 그의 주요 작업은 12세기 초에 알-가잘리(라틴어 이름은 "알가젤")가 내놓은 연구 결과에 응답한 것이었는데, 일찍이 알-가잘리는 이븐 시나(라틴어로는 "아비센나")가 11세기 초에 발표한 논문에 응답한 바 있었다. 이븐 루시드는 이슬람교의 일신교적 신 관념과 그리스 철학의 신 관념을 조화시키려고 시도하면서 이븐 시나의 사상을 옹호하고 확장했다. 그 작업의 일환으로 이븐 루시드는 아리스토텔레스가 남긴 저작의 주해서를 집필했다.

이븐 루시드의 연구 활동은 그다음 세기에 알프스 산맥 북쪽에 중대한 영향을 미쳤다. 그가 세상을 떠난 지 30년도 흐르지 않았는데도, 공사 중인 노트르담 대성당 바로 밖—확실히 노트르담 대성당이 보이는 곳—에 위치한 파리 대학교의 학생들은 이븐 루시드의 업적에 너무 매료되었다. 이 때문에 13세기 초 기독교회 당국은 파리 대학교가 "아베로에스주의자들"에게 넘어갔다고 우려했다. "새로운" 아리스토텔레스 철학이 없었다면, 이븐 루시드와 그와 동시대에 활약한 유대교-이슬람교 사상가인 마이모니데스("모세 벤 마이몬"으로 불리기도 한다/옮긴이)가 없었다면, 토마스 아퀴나스는 13세기 말에 집필한 저서 『신학대전(Summa Theologiae)』을 완성하지 못했을 것이다. 그 모든 인물들은 아리스토텔레스에 몰두하고 그 고대 철학자에 대한 서로의 주해에 집중하는 지식인들의 광범위한 국제적, 교차문화적, 다세대적, 다언어적, 다종교적 관계망의 일부분이었다.

그러나 교황과 파리 주교는 아리스토텔레스와 아베로에스주의자들에게 불만을 느꼈고, 이교도적인 학식이 기독교적 담론에 스며드는 현상을 불편해했다. 그들은 확실히 독립성을 주장하면서 독자적으로 교과 과정을 설정할 권리를 내세우는 대학교를 싫어했다. 그래서 교황이 행동에 나섰다.

자신의 카테드라(cathedra : 주교가 앉는 자리, 즉 주교좌. 대성당이나 주교좌성당을 의미하는 단어 cathedral이 바로 이 단어에서 비롯되었다)에서, 파리의 주교 에티엔 탕피에는 1277년에 대학교에서 가르치는 내용을 조사하며 교황의 요구를 수행했다. 그는 219개의 명제를 비정통적인 것, 따라서 더는 가르칠 수 없는 것으로 정죄했다. 아리스토텔레스와 이븐 루시드의 저작, 심지어 토마스 아퀴나스의 몇몇 저작들도 금서로 지정되었다. 토마스 아퀴나스의 저작에 대한 금지령은 약 50

년 후인 1323년에 그가 성인품에 올랐을 때 일부분만 해제되었다. 어떤 사람들은 종교적 전통 간의 경계선이 완화되는 듯이 보이는 그 지적 "공생"에 위기감을 느꼈고, 협력을 중단시킴으로써 경계선을 재강화하려고 애썼다. 관념의 교류와 이동의 이면에 있는 동기가 중요하다. 그리고 중세인들은 타자에 관한 지식을 습득한 목적이 오직 그들의 견해를 논박하기 위해서인 경우가 많았다. 그러나 관념과 민족들은 움직였다.

11

나일 강에서 반사되는
거룩한 빛

1170년경, 다윗이라는 이름의 유대인 보석상이 수단으로 건너가 거래하기 위해서 이집트를 떠났다. 수단까지의 여정은 길고도 험난했다. 일단 남쪽으로 나일 강을 거슬러올라간 후에 대상(隊商)에 합류해 사막을 건너야 했지만, 그 숱한 위험에도 불구하고 홍해의 항구 아이드하브에서 물건을 구입하면 막대한 이윤을 챙길 수 있을 듯했다. 다윗이 카이로에서 출발할 때 그의 형 모세는 동생에게 아이드하브보다 더 멀리 가지는 말라고 분명히 일러두었지만, 다윗은 아이드하브에 도착하자마자 최근 그 항구에 인도산 화물이 도착한 적이 없다는 사실을 발견했다. 그래서 다윗은 형에게 편지를 보내 사정을 설명하면서 인도로 가는 배를 타겠다고 썼다. 그는 형에게 자신의 아내와 "꼬맹이"와 누이를 안심시켜달라고 부탁했고, 사막을 무사히 건넜으니 항해도 무탈할 것이라고 장담했다.

다윗과 그의 가족은 원래 코르도바 출신이었는데 한동안 모로코의 도시 페즈에서 살다가 얼마 전에 이집트에 정착했다. 이베리아 반도 출신의 이 유대인 가족이 남아시아에서 무역을 하려고 나섰을 때, 다윗이 항해를 좋은 수라고 생각한 데에는 이유가 있었다. 상인들은 빛의 시대 내내 포도주빛 바다를 건너 다양한 정치체와 종교 공동체들 사이를 쉽게 왕래했다. 다윗이 여정에 나서기 얼마 전에, 베냐민이라는 이름의 유대인 상인이 기독교인이 지배하던 이베리아 반도의 소도시 투델라를 떠나 지중해 전역을 돌아다녔고 모든 여정을 기록으로 남겼다. 그는 우선 바르셀로나 해안으로 이동한 후에 프랑스 남부를 거쳐 이탈리아 곳곳을 여행했고, 콘스탄티노폴리스, 예루살렘, 다마스쿠스, 바그다드 등지를 방문하고 나서 아라비아 반도를 일주한 후에 알렉산드리아와 카이로에 도착했고, 그곳에서 다시 시칠리아를 경유해 이베리아 반도로 돌아왔다. 여행 도중의 모든 곳에서 그는 기꺼이 자신을 도와주려는 유대인들을 만났다. 유대인들은 기독교인 공동체나 이슬람교도 공동체와 더불어 살고 있었다. 이렇듯이 사람들은 멀리 여행을 떠났고, 종종 무사히 돌아와 여행담을 들려주었다.

그러나 모두가 행운아는 아니었다. 다윗은 인도로 가다가 익사했고, 행선지에 도착하지 못했다. 모세는 훗날 그 일을 자신에게 닥친 최악의 불행이라고 일컬었고, 다윗의 죽음으로 1년 동안 앓아누웠다고 썼다. 모세는 그 일로 금전적인 타격도 입었기 때문에 생업인 의사 생활에 더욱 전념할 수밖에 없었다. 그는 훌륭한 의사였고, 마침내 재상에게 발탁되어 이집트의 술탄인 살라딘의 궁정에서 의사로 근무하게 되었다.

다종교적 세계에서 조성된 공존의 긴장 상태는 이베리아 반도에 국한되지 않았고 아라비아 해와 지중해, 인도양에 인접한 육지에도 감돌았다. 빛의 시대 동안 다윗의 보석과 같은 물건들, 그리고 아리스토텔레스와 이븐 시나의 철학과 같은 관념들이 줄기차게 동쪽과 서쪽의 수평선을 향해서 움직였다. 한 페르시아인은 아리스토텔레스를 세상 사람들에게 설명해줄 수 있었다. 잉글랜드인은 이베리아 반도에서 수학을 공부할 수 있었고, 어느 프랑스인 수도사가 『쿠란』을 읽도록 도와줄 수도 있었다. 코르도바 출신의 유대인은 결국 카이로에서 술탄을 섬길 수 있었다. 그리고 그가 쓴 책들이 세계 곳곳을 누빌 수도 있었다.

그렇다. 우리가 살펴보았듯이, 이런 상호작용이 언제나 평화롭게 이루어지지는 않았고 폭력과 박해를 수반하는 경우도 많았다. 어느 페르시아인의 책들은 파리에서 불태워질 수 있었다. 프랑스인 수도사의 『쿠란』에 대한 해석은 편협한 논쟁과 십자군을 통한 살인을 유발할 수 있었다. 코르도바 출신의 유대인은 이슬람교의 순수한 원리로 회귀하려는 이슬람교도들에 의해서 추방당할 수 있었다. 간혹 움직임이 결코 자발적이지 않을 때가 있기 마련이다. 협력과 폭력 속에서, 그런 모습들은 빛의 시대에서 드러나는 투과성의 긴장 상태(그리고 투과성의 불확실성)를 보여준다.

중세, 또는 시대를 막론하고 중요한 인물로 전해져 내려오는 주인공은 동생인 다윗이 아니라 형인 모세이다. 앞에서 살펴본 유대교와 이슬람교 사상가 마이모니데스와 동일 인물인 모세는 당시에는 『방황하는 자들을 위한 안내서(*Moreh Nevukhim*)』의 저자로 가장 유명했다. 철학 서적인 이 책에서 그는 아리스토텔레스의 논리학을 응용하여 하느님의 본질, 우주의 구조, 예언과 시간의 기능, 그리고 올바르고 도덕적인 인간이 되는 방법—그 세 가지 요소와 경전의 계율을 고려해 도출한 방법—을 설명했다. 그는 상인이자 의사로서 이 세상의 복잡성에 깊이 휘말리기도 했다. 그는 종교적 지식과 세속적 지식을 조화시키려고 했고, 논리학을 혼란스러운 세상—동생이 바다를 건너려고 나섰다가 돌아오지 못할 수도 있는 세상—을 이해하기 위한 도구로 활용하고자 했다. 그는 고대 그리스인들의 철학에서, 그리고 자신처럼 아리스토텔레스의 가르침을 당대의 상황에 적용하려고 애쓰는 비교적 동시대의 사상가들이 남긴 저작에서도 해답을 발견했다. 그 사상가들의 업적과 삶은 과거와 현재, 동양과 서양, 이슬람교와 유대교, 기독교를 연결한 시대를 구체적으로 보여준다.

모세는 1138년 이베리아 반도 남부, 더욱 정확하게는 코르도바에서 태어났다. 그는 유대인 법관의 아들이었고, 한동안 상승세를 탔던 무라비트 제국의 주민이었다. 당시 무라비트 왕조는 오늘날의 모로코에 해당하는 지역의 도시 마라케시를 근거지로 통치했고, 사하라 사막 이남의 서아프리카에서부터 지브롤터 해협, 그리고 바다 건너 유럽까지 영향력을 확대했고, 오래 전부터 확립된 사하라 사막의 종단 무역로를 통해서 얻은 이익을 바탕으로 거대한 국가를 세웠다. 이 책에서 사하라 사막 이남 지역에 많은 분량을 할애할 수는 없지만, 그 지역에는 금, 국가 건설, 지적 생활과 투쟁으로 이루어진 나름의 빛의 시대가 있었다. 그리고 유럽이 자체적인 금을 거의 보유하지 못했다는 점을 감안하면, 금화를 주조한 모든 통치자와 황금 성배를 눈여겨본 모든 예배자는 어떤 의미에서 아프리카와 아시아를 대상으로 하는 무역의 결실을 얻었다고 볼 수 있다.

마이모니데스가 태어나고 얼마 후에 무라비트 제국은 휘청대기 시작했다. 기독교 왕국인 레온 왕국의 국왕들이 북쪽에서 지속적으로 가하는 압력, 리스본을 장악한 후에 포르투갈이라는 기독교 왕국을 수립한 십자군, 그리고 남부 모로코의 민족들 사이에서 새로 일어난 이슬람교 운동이라는 세 가지 요인이 맞물려 이베리아 반도 남부의 정치적 지형이 바뀌었다.

무와히드 제국은 북아프리카의 이슬람교 설교자인 아부 아브드 알라 무함마드 이븐 투마르트의 가르침과 위업에서 그 기원을 찾을 수 있다. 이븐 투마르트는 지지자들의 재결집을 유도하는 이슬람교의 구세주에 가까운 모습을 제시하며 1120년경에 모로코의 산악지대에서 독자적인 지배권을 확립한 예언자적 인물이었다. 1130년경 그가 세상을 떠나자 지지자들은 산악지대 밖으로 퍼져나갔고, 우선은 같은 이슬람교를 믿는 무라비트인들을 공격했다. 무와히드인들은 모로코를 정복한 후에 재빨리 북아프리카와 지브롤터 해협을 거쳐 알-안달루스로 이동했다. 1148년, 그들은 마이모니데스의 고향인 코르도바를 정복했다. 1170년경, 무라비트인들은 사실상 무와히드인들에게 자리를 빼앗겼다.

종교적 혁신을 계기로 정치적 격변이 벌어진 일이 유난히 이례적인 현상은 아니지만, 이 일련의 일들은 중세 이슬람교의 다양성과 중세의 여러 민족들 사이에서 엿보이는 이슬람교의 다양한 발현 형태를 드러낸다. 지금까지 누차 확인했듯이, 각 종교의 가르침을 실천하는 중세인들은 그 실천을 둘러싸고 새로운 관념과 양식이 끊임없이 등장하는, 유동적이고 생기 넘치는 전통 속에 존재하고 있었다. 어떤 경우에는 새로운 관념이 현지의 종교 당국에 의해서 정통성 있는 것으로 수용되었다. 또다른 경우에는 정통파를 비정상 혹은 이단이라고 판단한 집단이나 종교적 혁신을 중심으로 조직되어 현 상태를 전복하고 새로운 정통파로 자리 잡고자 하는 집단들이 추방되기도 했다. 또 어떤 경우에는 하나의 정치체 안에 다양한 종교적 전통들이 단기간 혹은 장기간 공존하는 모범을 보여주기도 했다. 마이모니데스가 누볐던 이베리아 반도와 북아프리카는 그 모든 경우가 때때로 발생하는 곳이었다.

북아프리카의 설교자 이븐 투마르트와 그의 추종자들은 특히 의인화된 하느님의 모습을 부정했고, 하느님을 둘러싼 궁극적 불가지성을 주장했다. 아울러 추종자들은 개혁가인 그에게 구세주의 속성이 있다고 보았다. 또다른 아브라함계 종교적 전통을 실천하는 사람들이 대부분 그렇듯이, 대다수의 이슬람교도들은 기본적으로 직선형인 시간관을 따른다(직선형 시간관에는 종결점이 있다). 게다가 구세주 같은 인물이라는 개념은 7세기 말의 이슬람교에는 낯선 것이었지만, 나중에는 훨씬 더 익숙한 것으로 자리를 잡았다. 예를 들면, 시아파 이슬람교는 이 세상을 정의롭게 만들 최후의 지도자인 이맘의 부활을 예언하지만, 이븐 투르마트는 신이 임명한 입법자이자 최후의 날 이전에 나타나 온 세상 사람들을 이슬람교로 개종시키는 영적 지도자 마흐디로 자처하면서 다른 구세주 전통과 맞닿았다(그 왕조 창건자의 공식적인 이야기를 들려주는 전기 작가들에 따르면 그러했다). 결정적으로 이븐 투마르트의 추종자들은 만약 마흐디가 이미 나타났다면, 이슬람 사회에서 이슬람교도가 아닌 사람들의 지위를 보호해주는 딤미 제도를 유지할 필요가 없다고 생각했다. 그러므로 비록 실제로 시행될 때에는 다소 달라지기는 했지만, 정복자인 무와히드인의 공식적인 정책은 유대인과 기독교인이 개종과 죽음 중에서 하나를 택해야 한다는 것이었다.

무와히드 제국이 출현하기 전 중세의 아프리카 북서부와 알-안달루스 남부는 여러 언어가 쓰이고 여러 종교로 이루어져 있으며 각 종교에 관대한 사회였고, 공동체 간의, 그리고 지역 전체를 아우르는 경제적, 문화적 교류를 통해서 이익을 챙기는 사회였다. 그러나 앞에서 살펴보았듯이, 정복 활동이 반드시 서로의 차이를 지워버리는 결과로 이어지지는 않는다고 해도 종교 간의 공존은 종교적 경계를 넘어 갈

등의 조건을 빚어낼 수 있다.

실제로 얼마나 많은 유대인들이 강제로 개종했는지는 알 수 없다. 유대인의 삶이 이전과 별로 달라지지 않았다는 약간의 증거가 있다. (오늘날 확인할 수 있는 편지와 매매증서, 그밖의 개인적, 상업적 문서 같은 증거를 남긴) 유대인 상인들은 국경을 넘나들었고, 그들의 동료들이 어쩔 수 없이 개종하거나 살해되거나 추방당할 것이라고 염려하지 않았다. 사실, 이 무렵 이베리아 반도에서는 기독교인이나 유대인보다는 이슬람교도의 상황이 더 나빴을지도 모른다. 무와히드인들이 세력을 확장하던 시기에 그들의 교리를 따르지 않은 사람들, 즉 새로운 이슬람교의 정통성에서 배제되어 이단자로 낙인이 찍힌 사람들은 이븐 투마르트와 그의 후계자들에게 "비(非)신자들"보다도 더욱 위협적인 존재로 평가되었던 듯싶다. 또한 초기의 정복 활동 이후, 새로운 통치자들은 유대인과 기독교인의 딤미 신분을 유지해주는 문제와 관련해 수니파의 전통적인 교리로 돌아갔다.

결론적으로, 학자들은 무와히드인들이 실제로 제국 전역의 유대인 거주자에게 개종을 어느 정도로 강요했는지에 대해서는 의견이 갈리지만, 많은 유대인들이 고향을 떠나 망명길에 나섰기 때문에 강제 개종이 그럴듯한 시나리오였을 것이라거나 적어도 상당히 자주 벌어졌을 것이라는 데에는 이견이 없는 듯싶다. 일부 유대인이 살해되었다는 증거도 있다. 위대한 이베리아계 유대인 학자 아브라함 이븐 에즈라는 무와히드인에게 빼앗긴 도시들을 열거하고 각 도시에서 사라진 생명, 신앙, 아름다움을 애도하는 시를 남겼다. 그는 이렇게 썼다. "기이한 신앙을 강요받은 딸들, 목숨을 빼앗긴 세비야의 순교자와 아들들을 위해서 나는 삭발한 채 울부짖는다. 코르도바는 황량한 바다 같은 폐허로 변했다. 그곳의 귀족들과 현인들은 굶어 죽었다." 물론 이 시는 실상의 직접적인 증거로 채택될 수는 없다. 그러나 이 작품은 무와히드인에게 정복된 상황을 둘러싼 세밀한 기억을 드러내고 있다. 이븐 에즈라는 무와히드인들에게 정복된 후 이베리아 반도를 떠나 프랑스와 이탈리아에서 지냈고, 아마 저 멀리 바그다드까지 여행했을 것이다. 그는 『성서』 비평, 과학, 문법 분야의 저작을 통해서, 그리고 알-안달루스와 북아프리카의 유대-아라비아어(마이모니데스가 사용한 언어) 대신에 히브리어로 꾸준히 글을 쓰기로 선택함으로써 유산을 남겼다.

마이모니데스의 가족도 이베리아 반도를 떠났다. 처음에는 지브롤터 해협을 건너 남쪽의 마그레브 지역(오늘날의 모로코, 알제리, 튀니지를 아우르는 지역/옮긴이)으로 갔고, 나중에는 페즈로 이동해 거처를 마련했다. 그는 북아프리카로 탈출한 후에 잠시 압력을 이기지 못해 이슬람교로 개종한 것 같지만, 실제로도 개종했는지는 학자들과 현대 종교인들 사이에 뜨거운 논쟁거리로 남아 있다. 실제적인 증거가 불분명할 뿐 아니라 오늘날의 다양한 집단들이 마이모니데스의 유산을 차지하고 싶어하기 때문이다.

우리는 그가 구체적으로 경험한 바를 결코 알지 못하리는 사실을 인정해야 한다. 설령 개종하지는 않았어도, 그는 최소한 무와히드인의 압력에 못 이겨서 개종을 택한 유대인을 많이 만났을 것이다. 그가 강제 개종에 대한 생각을 글로 남겼다는 점은 인상적이다. 마이모니데스는 말년에 예멘이 있는 유대인들에게 편지를 썼다(그 유대인들도 서로 경쟁하는 이슬람교 파벌 간의 싸움으로 빚어진 비슷한 혼란을 겪었다). 1170년대에 살라딘에 맞선 시아파의 반란은 유대인에 대한 박해로 이어졌다(수니파도 박해를 당했는데, 그런 격변은 같은 종교를 믿지만 교리적 정체성에서 벗어난 집단에 가장 심각한 피해를 입히기 마련이다). 예멘의 일부 유대인들은 개종했지만, 유대교 율법학자들로 구성된 특정 파벌은 이슬람교를 믿는다고 거짓으로 고백하느니 차라리 순교를 택하는 편이 더 낫다고 주장했다. 마이모니데스는 그들과 의견이 달랐다. 그는 죽거나 진심으로 유대교를 저버리는 편보다는 개종하는 척하는 편이 더 낫다고 썼다. 그는 거짓으로 개종했다고 해서 훗날 위기가 지나가거나 유대인에게 비교적 관대한 곳으로 탈출했을 때 원래의 신앙으로 복귀하는 데에 걸림돌이 되지는 않는다고 주장했다. 따라서 마이모니데스가 그 예멘의 유대인들에 관한 글을 쓰면서 자신을 비롯한 과거의 이베리아인에 관해서도 글을 썼는지 자연스럽게 궁금할 것이다.

결국 마이모니데스는 1160년대 말 모로코를 떠나 이집트로 건너갔다. 당시의 이집트는 다소 엉망인 상태였다. 파티마 왕조의 대신들(통치자들)이 카이로와 알렉산드리아를 점령한 예루살렘의 기독교인 왕에게 금을 조공으로 바치고 있었던 것이다. 이슬람 장군인 살라딘이 권력을 잡고 세상을 뒤집어놓은 1169년에야 정세가 안정되기 시작했다. 살라딘은 널리 알려진 인물이지만, 아마 기독교 십자군 국가들을 사실상 말살시키고 1187년에 예루살렘을 탈환한 일로 가장 유명할 것이다. 모술 근처 출신의 쿠르드족인 살라딘은 정말 비범한 재능을 타고난 통치자이자 장군이었다. 그는 처음에는 알레포를, 나중에는 다마스쿠스를 근거지로 삼은 통치자들과 연관된 군대에서 산전수전을 겪으며 출세한 인물이었다. 살라딘은 이집트를 진정시키는(다시 말해서 평정하는) 작전을 돕기 위해서 파견되었고, 그 혼란의 와중에 이집트의 총독에 임명되었다가 1171년경에는 술탄이 되었고, 북아프리카와 중동의 이슬람 세계 전체를 거의 통일하는 데에 성공했다.

살라딘의 치세는 흔히 소(小)지하드(lesser jihad), 즉 비잔티움 제국과 예루살렘의 기독교인 통치자들에 맞서 성전을 펼치는 것과 연관된다. 그러나 앞에서 살펴보았듯이 이 시기의 기독교인과 이슬람교도 간의 관계는 복잡했다. 살라딘은 가끔 두 기독교 세력과 유익한 관계, 심지어 우호적인 관계를 맺었고, 자신의 권위를 지속적으로 위협하는 다른 이슬람교 집단들에 맞서 기독교 세력들과 연합군을 형성하기도 했는데, 그것은 당시 무척 일반적인 행태였다. 그리고 대규모의 유대인 주민들이 특히 이집트에서 번성한 것 같다.

마이모니데스는 살라딘 치하의 이집트에서 안정성을 확인했다. 그는 모세 오경을 공부했고, 이집트 현지의 유대인 정치계에서 왕성하게 활동했으며, 가업인 무역업에도 힘을 보탰다. 그는 이슬람교를 믿는 이집트인들과 예루살렘의 기독교인 왕이 대립하던 시절에 잡혀간 유대인 포로들을 몸값을 지불하고 구해내는 일을 도왔다. 마이모니데스가 1171년부터 1173년까지 라이스 알야후드, 즉 이집트의 유대인 공동체의 지도자로 일한 덕분에(이후 철천지원수에게 지도자 자리를 빼앗겼지만 1195년에 지도자로 복귀했다) 몸값 영수증을 비롯하여 그가 직접 쓴 글이나 서명을 남긴 문서가 오늘날까지 많이 남아 있다.

마이모니데스는 정치계에서 활동했을 뿐만 아니라 의료업에도 종사했다. 일찍이 그는 페즈에서 의학 교육을 받았다. 의학이라는 전문 분야를 배우는 과정에서 그는 유대교의 과학적 전통과 더불어 고대 그리스, 페르시아, 시리아, 로마의 과학적 전통의 덕을 많이 보았다. 물론 그 모든 과학적 전통은 아라비아어로 작성된 문헌으로 마이모니데스에게 전달되었다. 당시에는 공식적인 의과 대학이 없었다. 의사는 흔히 가문 대대로 내려오는 직업이었다. 그런 의미에서 보면 의사는 장인에 가까웠다. 그러나 다른 의미에서 보면, 의학 같은 전문 지식은 철학적 성격이 강하기도 했다. 이렇듯 신학, 철학 관련 저술로 가장 유명한 마이모니데스는 이븐 시나와 이븐 루시드의 뒤를 잇고 있었다(이븐 시나와 이븐 루시드는 둘 다 아리스토텔레스 학설의 신봉자이자 신학자, 의사였다). 그러나 정치인, 의사, 철학자, 신학자의 역할을 동시에 수행하기는 쉽지 않았다. 그는 친구 유다 이븐 티본에게 보낸 편지에서 이집트로 오지 말라고 당부했다. 아라비아어를 히브리어로 옮긴 작품으로 유명한 그라나다 출신의 유대인인 유다 이븐 티본은 당시 무와히드인에게 정복된 고향을 떠나 프랑스 남부에 정착해 있었다. 편지에서 마이모니데스는 이렇게 말했다. "술탄을 모시는 나의 책무는 매우 엄중하네. 날마다 술탄을 뵈어야 하지.……[그리고] 하루의 대부분을 궁전에 머물러야 해. 또 관리들 한두 명이 병에 걸리는 일도

자주 있어서 그들을 치료하는 데에 힘써야 한다네. 오후에야 [집으로] 돌아오지. 그때쯤이면 배가 고파 죽을 지경이야.……문간방은 사람들로 가득 차 있어. 유대인과 기독교인, 귀족과 평민, 법관과 집행관, 친구와 적, 그러니까 내가 돌아오기를 기다리는 온갖 사람들 말이야." 의학, 철학, 정치를 병행하는 것은 힘든 일이었다.

관념의 전파에 대해서 논의할 때 우리는 직선적으로 생각하는 경향이 있다. 관념이 이 사람에게서 저 사람에게로, 또 그 사람에게서 또다른 사람에게로 전파된다고 말이다. 즉, 철학자와 예언자들이 서로 공통점이 없고, 확실히 종교적 전통은 다른 종교적 전통의 관념과 진지하게 접촉하지 않는다고 생각하는 경향이 있다. 그러나 빛의 시대에는 관념이 그런 식으로 전파되지 않았다. 마이모니데스를 비롯해 아리스토텔레스의 철학을 해석한 유대인과 이슬람교도, 기독교인들은 논리학에 의지하여 각자의 신앙을 실천했지만, 그들의 관념은 서로 얽히고 충돌하고 교류했다. 마찬가지로 그 세 가지 일신교에는 학문적 전통과 겹치고 학문적 전통을 보완하고 의심하는 신비롭고 예언적인 전통이 늘 있었다. 같은 사람이 그 두 가지 전통 모두를 어느 정도 구현하는 경우도 가끔, 혹은 자주 있었다. 예컨대 마이모니데스가 의인화되지 않은 하느님의 본질을 파고든 것이 이븐 투마르트와 그 추종자들의 우려에 영향을 받았기 때문은 아닐까? 이 질문에는 답할 수 없지만, 그 우려의 유사성은 인상적이다.

이렇듯 아시아의 이븐 시나 같은 초기의 이슬람 사상가들에서부터 무와히드인이 지배한 코르도바의 이븐 루시드에, 그리고 마이모니데스에, 결국에는 피레네 산맥 북쪽의 기독교인 신학자들에 이르기까지, 아리스토텔레스와 (그리고 어느 정도는 플라톤과) 접촉한 사례들을 일일이 추적할 수 있는 단순한 직선은 없다. 어떤 저술가가 정확히 어떻게 다른 저술가로부터 관념을 끄집어냈는지 설명할 수 있는 경우는 극히 드물다. 그러므로 우리는 그런 움직임은 불가피한 것이 아니었으며 유럽을 향한 관념의 필수적인 "진화"가 아니었다라는 점을 되새길 수 있다. 그 대신, 다른 교류 형태와 중첩되는 지적 전파의 복잡한 관계망, 여러 개의 방향성을 가진 관계망을 떠올려보는 것이 더 낫겠다. 예를 들면 아부 나스르 알-파라비―학자들 사이에 이견이 있지만, 페르시아의 시아파 이슬람교도로 추정되는 인물이다―는 10세기 중반에 바그다드와 다마스쿠스에서 살았다. 그는 음악과 물리학, 수학에 관한 글을 썼을 뿐 아니라 아라비아어로 아리스토텔레스에 관한 방대한 주해도 남겼다(그리스어 원서를 아라비아어로 번역하는 초반 작업은 이미 완료된 상태였다). 알-파라비는 개인이 행복을 누릴 수 있도록 사회 구조를 짜는 최선의 방법이 무엇인지 알아내고자 했다. 그는 그 분석을 뒷받침하기 위해서 종교 철학을 발전시켰다. 알-파라비의 업적은 그의 동시대인에 가까운 이븐 시나에게 포착되었다. 이븐 시나는 의학과 자연과학, 철학 연구를 접목하여 수백 편의 논문을 집필했고, 하느님의 필연적 존재를 입증하기 위해서, 그리고 관찰 가능한 자연 현상이나 과학 현상을 이슬람교에 대한 자신의 독실한 헌신과 조화시키기 위해서 아리스토텔레스의 논리적 증명을 활용했다. 이슬람교가 득세한 중세 초기의 아시아에서, 이븐 시나의 영향력은 그의 책이 전해질 수 있고 필요하다면 번역될 수 있는 만큼 널리 퍼져나 갔다.

중세의 많은 사상가들에게 아리스토텔레스에 대한 이븐 시나의 주해는 그 그리스 철학자의 저작 자체보다 더욱 중요했다. 예를 들어, 이븐 루시드는 무와히드인 치하의 이베리아 반도에서 코르도바의 수석 법관이자 칼리프의 의사로 일했다(이븐 루시드와 마이모니데스는 한 가지 이상의 공통점이 있다. 대략 동시대인으로 볼 수 있는 그들은 서로 종교적 전통은 달랐지만 둘 다 의료업에 종사했고, 비슷한 철학적 수단을 통해서 비슷한 질문을 던졌다). 이븐 루시드와 이븐 시나는 아리스토텔레스 형이상학의 복잡한 문제에 관해 종종 견해가 달랐고 그런 차이는 관념의 역사에서 보면 사소하지 않았지만, 이븐 시나가 죽은 지 1세기도 흐르지 않아 그의 저작이 이라크에서 이베리아 반도로 건너갔다는 점에 주목하기 바란다. 그 사실은 활발한 도서 판매 시장을 비롯하여 정보 흐름의 지속적인 관계망을 보여준다. 그 관계망 속에서 아리스토텔레스에 대한 토론은 작은 부분을 차지할 뿐이다.

마이모니데스는 그 관계망의 일부분이었다. 그는 의학과 철학 분야의 다양한 책을 썼지만, 그중에서 『방황하는 자들을 위한 안내서』가 가장 유명하다. 신학을 연구할지 혹은 철학을 공부할지 선택의 기로에 놓인 어느 학생에게 보낸 편지 형식의 이 책에는 그 두 가지 사유 양식이 통합될 수 있다는 내용의 방대한 주장이 실려 있었다. 마이모니데스는 일단 신의 본질에 대한 분석으로 시작하면서 신학적 의인화, 즉 신인동형론(神人同形論)을 비판했다. 이번에도 그 비판의 근거는 무와히드인의 견해였을 것이다. 그는 하느님이 그저 특별한 힘을 가진 인간 같은 존재가 아니라, 부정하지 않고서는 뭐라고 설명할 수 없을 만큼 막연한 어떤 존재라고 주장한다. 그가 볼 때, 하느님은 인간의 이해력을 훨씬 뛰어넘기 때문에 인간의 말은 신을 설명하기에 부적합하다. 예컨대 "훌륭함"을 훨씬 넘어서기 때문에 "훌륭함"이라는 말을 쓰는 것은 하느님의 속성에 오히려 해를 입힌다. 그러므로 하느님의 속성이 아닌 것—약하지 않다, 악하지 않다—부터 시작하고, 그렇게 한 후에 남는 하느님의 속성들을 이해하도록 해야 한다.

이렇듯이 마이모니데스는 하느님을 초인으로 바라보는 관점에 반대하면서, 지식이 하느님을 알고 사랑할 수 있는 최선의 길이라고 역설했다. 논리학이 출구를 제시했다. 논리학은 악의 문제와 예언의 어려움을, 그리고 『성서』 속의 서사와 거룩한 율법의 복잡성, 모순을 밝힐 수 있는 열쇠를 내놓았다. 아우구스티누스와 이븐 시나처럼, 그리고 다양한 전통을 물려받은 수많은 중세의 지식인들처럼, 제2의 모세인 마이모니데스도 고대의 학문, 방법론, 그리고 자신이 견지하는 일신론 사이의 긴장 상태를 느끼지 않았다.

아리스토텔레스가 바그다드와 시리아와 이집트에서, 그리고 북아프리카와 이베리아에서 토론—형이상학적 분석상의 미묘한 차이에 관한 주장을 펼치는 사람들뿐 아니라 그런 생각을 이단으로 여기는 아브라함계 종교를 믿는 사람들 사이에서도 벌어졌다—의 주제로 단단히 자리를 잡다 보니 지중해의 북쪽 연안에서도 자연스럽게 그 주제에 관심을 쏟게 되었다. 훗날 13세기에 토마스 아퀴나스 같은 학자들은 (마이모디네스를 비롯한 아라비아인 주해자, 유대인 주해자, 이슬람교도 주해자들을 통해서 여과된) 아리스토텔레스 철학을 라틴 기독교인의 지적 생활에 도입했다. 파리 대학교가 1229년에 아리스토텔레스와 그의 저작에 주해를 단 사람들에 대한 수업을 금지한 후에도, 남쪽의 도시 툴루즈에 신설된 대학교의 관계자들은 과감하게도 **자신들**의 대학교에서는 "본질의 가장 깊숙한 곳을 낱낱이 살펴보고 싶은 사람들이 파리에서 금지된 아리스토텔레스의 책으로 공부할 수 있다"고 선전하며 불만을 품은 학생들을 모집했다.

오늘날의 이라크, 이베리아 반도와 아일랜드에서도, 그리고 클뤼니, 카이로와 콘스탄티노폴리스에서도 중세인은 중세 이전의 그리스인과 로마인들에 관한 지식을 결코 잃어버리지 않았다. 그리고 중세인은 자신들이 고대 그리스인과 로마인의 업적에 의지하고 있고 종교적 경계를 넘고 있으며 자신들 고유의 전통을 위협하지 않으면서도 그렇게 할 수 있다는 점을 모두가 알고 있었다. 어떤 의미에서 볼 때, 신의 본질에 관한 일신론자들의 질문에 대답하기 위해서 아리스토텔레스의 철학을 응용한 것은 거친 상상력을 발휘하여 고전 철학의 방법론을 구사한 것이라고 평가할 수 있다. 그리고 과학에 반대하기는커녕 아직 남아 있는 고대의 교훈을 보존하고 번역하고 응용한 주체, 그 교훈을 중요한 의미가 있는 질문에 적용한 주체는 바로 중세의 종교 기관들이었다.

마이모니데스의 이야기는 시대를 통틀어 가장 위대한 철학자에 대한 이야기이자 국경을 넘는 민족과 관념의 이동에 대한 이이기이며,

논리와 신앙의 통합에 대한 이야기인 동시에 중세의 사상가들이 과거와 관련하여 그들 스스로를 어떻게 이해했는지에 대한 이야기이다. 물론 고전적인 요소들이 그 이야기를 들려주었다. 알려진 바에 따르면, 12세기 초의 교사인 샤르트르의 베르나르(베르나르두스 카르노텐시스라고 불리기도 한다/옮긴이)는 자신과 제자들이 "거인들의 어깨 위에 앉아 있는 난쟁이들"에 불과하다고 평가했다. 그와 당대인들이 선조보다 더욱 멀리 볼 수 있는 것은 고대인이 그들을 더 높은 곳으로 들어올렸기 때문이라는 뜻이다. 결코 당대의 기본적인 전제는 아니었지만, 그런 평가를 통해서 우리는 샤르트르의 베르나르와 당대인들이 선조로부터 입은 은혜와 본인의 장점을 얼마나 인식하고 있었는지를 엿볼 수 있다. 그들이 높은 곳에 앉아 있는 것은 선조들 덕분이기는 해도, 그들은 선조보다 더 멀리, 더 많이 볼 수 있었다. 관념은 빛의 시대의 처음부터 끝까지 이동했다. 그러나 번뜩이는 창의성의 순간들은 위인들만의 것이 아니었다. 빛의 시대가 빛을 폭넓게 발산한 데에 힘입어 우리는 다른 순간과 다른 사람들도 볼 수 있다. 그들 역시 지금까지 이 장에서 언급된 모든 일에, 아니 그 이상의 일에도 참여한 사람들이었다.

12

뿔이 달린,
환히 빛나는 흰 암사슴

암사슴 한 마리가 새끼를 데리고 조용히 걸어갔다. 녀석은 놀랄 만큼 아름다웠다. 온몸이 빛나는 흰 털로 뒤덮여 있고 머리 위로는 뿔이 높이 솟아 있었다. 초목으로 가득한 숲의 신록과 그 짐승의 눈부신 흰색이 대조를 이루었다. 그런데 별안간 붉은색이 나타났다.

화살이 암사슴의 이마에 맞았고, 암사슴이 쓰러졌다. 그러나 암사슴이 채 쓰러지기도 전에 화살은 화살을 쏜 사람 쪽으로 튕겨 나갔다. 자기가 쏜 화살에 허벅지를 맞자 그는 비명을 지르며 타고 있던 말에서 떨어졌다. 그가 낙마한 곳 바로 옆에 치명상을 입은 암사슴이 쓰러져 있었다.

암사슴이 입을 열었다.

"당신이 쏟는 사랑 때문에 이 세상의 모든 여자가 알고 있던 것보다

심한 고통과 번민을 겪을 여자"를 만나기 전까지, 그의 상처가 낫지 않을 것이라는 저주를 걸었다. 화살을 쏜 기사 기주마르는 깜짝 놀랐다. 암사슴인데도 뿔이 달린 그 흰 암사슴이 사람처럼 말을 했기 때문도 아니었고, 화살을 맞아 쓰러졌는데도 화살이 튕겨 나갔기 때문도 아니었다. 그가 충격을 받은 까닭은 자신이 그토록 사랑할 여자를 만날지도 모른다는 말을 들었기 때문이다.

기주마르는 그 여자를 만나기 전에는 죽을 수 없다고 마음먹었다. 길을 나섰고, 침대가 놓여 있는 마법의 배를 발견했고, 그곳에서 쉬어 가기로 했다. 그가 잠들어 있는 동안 배가 저절로 움직이더니 고전 시대의 광경을 묘사하면서 고대 로마의 시인 오비디우스와의 관련된 벽화로 가득한 벽으로 둘러싸인 탑 근처에 이르렀다. 그 탑에는 잔혹하고 나이가 (훨씬) 많은 남편이 가두어놓은 젊은 여자가 있었다.

그녀는 기주마르를 가엽게 여겨 돌보아주었고, 기주마르는 건강을 되찾았다. 물론 두 사람은 금세 사랑에 빠졌고, 결국 그는 "허벅지에 입은 부상"을 "회복했다." 그들은 서로에게 사랑을 고백했고, 남들이 흔히 즐기는 "마지막 단계"에 들어섰다(아직까지 불분명한 사실이기는 해도, 성관계에 관한 이야기로 추정된다).

여하튼 기주마르는 여자의 남편이 모르게 1년 반 동안 탑에 머물렀다. 그러나 두 사람의 불륜관계가 남편에게 발각되자 기주마르는 마법의 배에 올라타서 바다로 나갈 수밖에 없었다. 그가 배를 타기 전에 여자는 기주마르의 셔츠 끝부분을 매듭으로 묶었고, 기주마르는 그녀의 아랫배 부분을 띠로 단단히 졸라맸다. 그들은 각자의 정절을 보증

하는 그 매듭이나 띠를 풀 수 있는 사람이 나타나면 그 사람을 사랑하기로 약속했다.

서로 떨어져 있는 동안 그들은 서로를 그리워했다. 어느 날 마법의 배가 다시 탑 근처에 나타났다. 그녀는 탑에서 탈출했지만, 해안에 도착하자마자 어느 기사에게 잡히고 말았다. 그 기사는 그녀에게 구애했다. 그녀는 아랫배를 휘감은 띠를 보여주었지만, 기사는 띠를 풀지 못했다. 기사는 뾰족한 수가 없어서 일단 그녀를 가두는 것이 가장 좋겠다고 생각했고, 실제로 그렇게 했다. 어느 날 기사는 마상 무술 시합을 열었고, (마침) 기주마르도 출전했다. 그녀는 금방 기주마르를 알아보았고, 그의 셔츠에 묶인 매듭을 풀었다. 그녀를 알아보기까지 다소 시간이 걸렸던 모양인지 몰라도 기주마르는 그녀의 아랫배를 휘감은 띠를 보고 나서야 그녀의 정체를 파악했고, 즉시 띠를 풀었다. 마침내 다시 만난 두 사람은 기사에게 석방을 요청했지만, 기사는 거절했다. 그래서 기주마르는 기사의 성을 포위한 후에 성 안으로 들어가 모두를 죽였다. 두 사람은 말을 타고 석양 속으로 사라졌다.

෬෨

12세기 말의 이 이야기는 다양한 색깔들로 가득한 세계, 마법의 배와 용감한 기사들, 흉악한 적, 고통에 시달리는 여성이 등장하는 세계를 그리고 있다. 모든 일은 수컷도 암컷도 아닌 짐승의 백색 광채에서 시작된다. 기묘하면서도 익숙한 이야기이다. 그러나 결국은 에로스(성애)—열정과 연관된, 성과 연관된 낭만적 사랑—에 대한 이야기이다. 실제로 중세인들은 성관계를 맺었고, 성관계를 좋아했고, 성관계에 대해서 생각했고, 아마 성관계에 대해서 훨씬 더 많은 글을 남겼겠지만, 여전히 기독교인으로 자처했다. 에로스는 기주마르와 그의 연인을 맺어주었고, 고대 로마의 시인 오비디우스는 벽화를 통해서 두 사람의 사랑을 부추겼지만, 사회는 두 사람을 떼어놓으려고 했다. 이 이야기에는 우연한 만남과 질투, 그리고 너무 심한 나이 차이로 흔들리는 애정 없는 결혼 생활, 질투심 많은 다른 구혼자들, 위험한 싸움 등이 있다.

　표면적으로는 기사 기주마르가 처녀를 구해주는 것처럼 보인다. 어쨌든 이 이야기의 제목은 그의 이름에서 딴 것이다. 그러나 표면상의 모습에 속으면 곤란하다. 이 이야기는 "그"에 관한 것, 심지어 "그들"에 관한 것이 아니라 "그녀"에 관한 것일지도 모른다. 이 작품의 저자는 단순한 현실 도피 대신에 12세기 말의 여자들이 실제로 어떤 힘을 가지고 있었는지를 보여준다. 기주마르, 그리고 이 이야기의 독자들은 한 남자가 부인을 희한한 방식으로 대우하고 학대한다는 데에 충격을 느낀다. 더 면밀히 살펴보면 처음에는 탑에, 나중에는 성에 갇힌 그 여자가 스스로 행동하고 사건에 영향을 미치는 등 주체적인 인물이라는 점이 보일 것이다. 그녀는 기주마르를 치료한다. 그를 사랑하기로 선택한다. 남편에게서 벗어난다. 자신을 가둔 두 번째 남자의 구애를 거부한다. 연인을 알아보고, 마침내 그와 함께 일생을 보내기로 한다. 그러나 그 모든 행동들에도 불구하고 그녀는 이름조차 없다. 기주마르의 이야기에는 한때 "12세기 르네상스"로 알려진 것과 연관된 모든 요소들이 담겨 있다. 12세기가 유럽사에서 의미심장한 세기라는 데에는 의심의 여지가 없다. 12세기는 도시의 시기, 급속한 경제 성장과 인구 성장의 시기, 중앙집권화하는 군주들의 시기, 증가하는 예술과 문학 작품의 시기였다. 12세기는 로맨스 소설과 서사시의 시대, 훗날 대학교로 탈바꿈할 기관의 시대, 훗날 정규 시장으로 거듭날 정기시(定期市)의 시대(정규 시장은 훗날 도시로 변모해 번창했다)이다. 그러나 12세기를 재발생의 시대로 규정할 수는 없다.

"12세기 르네상스"라는 국면과 가장 흔히 연결되는 것은 찰스 호머 해스킨스가 1927년에 발표한 책 『12세기 르네상스(*The Renaissance of the Twelfth Century*)』인데, 이 책은 지금까지 중세 세계에 대한 연구와 떼려야 뗄 수 없는 관계를 맺고 있다. 과거를 응시하는 우리의 눈에는 아직 봉우리와 골짜기가 있는 시간의 움직임이 보인다. 그저 우리를 새로운 부활로, 새로운 "부흥"으로 이끌기 위해서 움직이는 필연성이 보인다. 카롤루스 왕조의 "르네상스"는 우리를 로마의 "멸망"이라는 늪에서 꺼내주고, 12세기 "르네상스"는 바이킹족의 공격에서 벗어나게 해준다. 공정하게 말하자면 19세기 말과 20세기 초의 여러 역사가들뿐 아니라 해스킨스도 유럽의 중세를 정치적 안정성과 문화가 결여된 침체와 쇠퇴의 시기로 바라보는 관념에 반발하고 있었다. 그 오래된 시각에서 보면, 문명은 14세기와 15세기에야, 즉 대(大) "르네상스"에야 비로소 이탈리아에서 회복되었을 뿐이다.

해스킨스는 그 훨씬 이른 시기의 편견에 맞서서 12세기의 유럽에도 번성하는 문학계, 급성장하는 학교, 중앙집권화하는 국가들 등 부활의 모습이 있었다고 주장했다. 12세기는 그야말로 십자군의 시기, 황제와 교황의 시기, 철학과 학술 논문의 시기였다. 12세기에 스콜라 철학이 본격적으로 번성하기 시작했고, 아리스토텔레스에 대한 연구가 재개되었다. 12세기는 클레르보의 베르나르(베르나르두스 클라라에발렌시스라고 불리기도 한다/옮긴이)라는 인물의 신비주의적 신학과 격렬한 신앙심을 보여준 시기이기도 했다. 헨리 2세(재위 1154-1189)와 사자심왕 리처드 1세(재위 1189-1199) 같은 잉글랜드 왕들은 아서 왕과 같은 선조들의 신화에 힙입어 실질적 권력과 권위에 대한 자격을 확장했다.

그러나 여기에는 두 가지 문제가 있다. 첫째, 해스킨스는 특정한 정치적 모형에 갇혀 있었다(그리고 지금 21세기의 우리도 마찬가지이다). 그 정치적 모형에 입각하면 "르네상스"는 안정적이고 중앙집권화된 정치체와 관계가 있어야 한다. 9세기에는 제국이 있었기 때문에, 12세기에는 훗날 근대적인 국민국가로 변모할 중앙집권화되는 왕국이 있었기 때문에, 14세기에는 현명한 통치 권력 아래에서 이탈리아의 도시들이 번영했기 때문에 그런 정치체가 있었다고 할 수 있다. 그러나 과거에는 위대한 백인 남성다운 행동을 하는 위대한 백인 남성들만 있지는 않았다. 역사가 조앤 켈리는 14세기와 15세기에 대해서 다음과 같은 유명한 질문을 던졌다. "여성들에게 르네상스가 있었는가?" 그녀는 아니라는 결론을 내렸다. 우리가 그 "부흥"으로 추정되는 것을 판단할 때 사용하는 기준이 중요했기 때문이다. 실제로 우리가 당시의 여성에게 관심을 기울여보면 그들의 삶은 1500년에 이를수록 뚜렷하게 나빠졌다.

확실히 "부흥"의 정체에 대한 해스킨스의 편협한 이해는 두 번째 문제와 관계가 있다. 중세 유럽의 "암흑시대"를 반박하는 과정에서 그는 무심코 새로운 시대를 만들어냈다. 그가 12세기의 학교들과 그곳에 다닌 사람들을 집중적으로 조명하는 바람에 12세기 이전 세기들은 말할 것도 없고 12세기의 나머지 요소들—지중해 세계의 토착 문화, 여성, 나머지 모든 사람들(말하자면 기독교인이 아닌 사람과 백인이 아닌 사람들)—이 그림자에 가려지고 말았다. 그리고 그 사람들은 그림자 속에서 많은 일을 했다. 그러므로 이리저리 둘러보며 그 시기를 더 멀리 조명하면, 클레르보의 베르나르 옆에는 빙엔의 힐데가르트(힐데가르디스 빙겐시스라고 불리기도 한다/옮긴이)라는 여성이 있었다는 사실 그리고 헨리 2세의 궁정이 기품을 갖출 수 있었던 것은 부인인 아키텐의 알리에노르뿐 아니라 고대 프랑스어로 작성된 이야기인 「기주마르」의 저자 마리 드 프랑스의 덕분이기도 했다는 사실을 알 수 있을 것이다.

우리는 마리 드 프랑스의 인간적인 면모에 대해서는 잘 모른다. 그녀는 『단시집(Les Lais)』(기본적으로 짧은 이야기로 구성되어 있고, 그중 하나가 「기주마르」이다) 외에 세 편의 작품을 더 썼다. 그리고 "익명"의 저자들이 가장 많은 작품을 내놓던 시절, 자신의 네 작품 중 세 작품에서 "마리"라는 본명을 밝혔다. 확실히 그녀는 궁정 사회의 일원으로 헨리 2세의 영향력 안에서 활동했고, 그녀의 짧은 이야기는 그녀가 살던 세계를 진단했다. 가령 마리는 환상적 요소에도 불구하고 「기주마르」를 통해서 귀족 문화, 왕조 정치의 압력, 일상생활에서의 가정 구조 등에 대한 심오한 이해를 보여준다. "랑발(Lanval)"이라는 단시를 통해서도 마리는 자신이 12세기 프랑스와 잉글랜드의 궁정 생활과 더 폭넓은 지적 세계에 익숙하다는 점을 드러낸다. 그보다 더 중요한 점은 "랑발"이 미묘한 정치적, 사회적 비판으로 읽힐 수 있다는 사실이다. 아마 궁정에서 쓴 시라기보다 궁정을 겨냥한 시일 것이다. 찬사보다는 진단이나 경고에 가까울 것이다.

아서 왕의 확장된 우주에 둘러싸인 랑발이라는 이름의 기사는 불공평하게도 왕의 기억에서 사라진 존재이다. 그에게는 부인이나 토지도 없다. 그러나 어느 날, 랑발은 낯선 땅에서 건너온 신비한 여성(아마 요정의 여왕일 것이다)을 만난다. 두 사람은 금세 사랑에 빠지고 성관계를 맺는다. 그녀는 그에게 비밀을 지키겠다는 맹세를 하도록 다그친다. 만약 자신과의 관계를 입 밖에 내면 영원히 떠나버리겠다고 경고한다. 랑발은 그녀의 말에 수긍하고, 궁정으로 돌아와 훌륭한 행동을 선보인다.

그의 새로운 태도는 사람들의 이목을 끈다. 유명한 원탁의 기사들인 가웨인과 이베인은 랑발을 그들의 모임에 초대한다. 랑발의 공적에 놀란 귀네비어 왕비도 그에게 주목하고 그를 유혹하려고 한다. 그러나 랑발은 여왕에게 퇴짜를 놓는다. 평소 제멋대로 하는 데에 익숙한 귀네비어는 그의 성 정체성을 의심하며 랑발을 조롱한다. 그것은 랑발이 그녀의 구애를 거부해야 하는 유일한 이유가 될 수 있다. 랑발은 불쾌감을 느끼고, 자신의 애인이 여왕보다 훨씬 더 아름답다고 대꾸한다. 그 말에 귀네비어는 앙심을 품고 복수를 다짐한다. 랑발이 자신을 유혹했다고 남편인 아서 왕에게 거짓말을 한다. 발끈한 아서 왕이 랑발을 체포한다. 재판은 신속하게 진행되지만, 랑발은 요정의 여왕이 그를 구하려고 법정에 제때 나타난 덕분에 벌을 받지 않는다. 모두가 그녀가 세상에서 가장 아름다운 여인이라고 입을 모으고, 랑발과 요정의 여왕은 말을 타고 석양 속으로 사라진다.

마리가 헨리 2세의 궁정에서 또는 궁정 근처에서 그 작품을 쓰고 있을 무렵—아마 1170년대였을 것이다—에 아서 왕의 신화는 앙주 왕조의 세계에서 비교적 널리 알려져 있었을 것이다. 오늘날 우리가 "아서 왕"으로 인정할 만한 누군가를 최초로 언급한 사례는 9세기의 네니우스라는 웨일스의 수도사로 거슬러올라간다. 그러나 그 전설은 와스와 크레티앵 드 트루아 같은 시인들과 몬머스의 제프리가 갑자기 새로운 작품을 여럿 선보인 12세기에야 본격적으로 인기를 끌게 되었다(그 모든 작품들은 몇 가지 측면에서 헨리 2세나 알리에노르와 연결되었다). 따라서 마리가 활용한 아서 왕의 전설은 궁정 독자들의 공감을 얻었을 것이다.

흔히 우리는 헨리 2세가 이익을 챙기려고, 그 신화상의 조상을 "영국"의 왕이라고 주장하려고, 카멜롯에 있었다는 궁전을 본떠서 자신의 궁정을 꾸미려고 아서 왕의 전설을 이용했다고 생각하는 경향이 있다. 꽤 타당한 생각이다. 헨리 2세는 치세 내내 자신의 통치를 정당화하는 데에 보탬이 되는 훌륭한 선조를 찾아 여기저기 살폈고, 잉글랜드뿐 아니라 웨일스에 대한 권리도 주장하기 위해서 전설을 이용했다. 1154년에 헨리 2세가 정권을 잡기 직전인 "무정부 시대"(잉글랜드에서 내전이 벌어진 1135-1153년의 18년/옮긴이)로 알려진 그 시기는 내전으로 점철되었기 때문에 확실히 헨리 2세는 안정성을 강화하고 정통성을 부여해줄 영기(靈氣)가 필요했고, 과거로 시선을 돌렸다. 앞에서 살펴보았듯이 카롤루스 마그누스도 로마의 황제와 이스라엘의 왕들에게로 시선을 돌렸다. 그러나 12세기 중반에 이르러 그런 본보기들은 더 이상 "남아 있지 않았다." 이제 프랑스의 국왕들과 독일의 황제들은 카롤루스 마그누스를 독자적인 본보기로 삼으려고 서로 다툼을 벌였다. 잉글랜드, 영국에는 고유의 전설적 영웅이 필요했고, 그래서 아서 왕을 통해서 그런 영웅을 "찾아냈다."

그러나 "랑발"의 차별성은 왕의 궁정에 대한 비판에 있다. 그 이야기에는 혼란에 빠진 왕국의 모습이 담겨 있다. 가치를 제대로 인정받지 못하는 귀족 기사와 무능한 왕, 비열한 왕비가 등장한다. 아서는 나약하다. 그는 충직한 부하를 무시(하고 푸대접)한다. 왕비의 뜻을 따른다. 법의 집행 과정을 제대로 통제하지 못한다. 귀네비어는 음탕하고 불성실하고 옹졸하다. 원탁의 기사들은 랑발을 제외하면 모두 변덕스러우며 훌륭한 행동보다는 명성에 관심이 많다. 이 이야기에 나오는 영웅은 외부인과 귀족이다. 즉, 욕심 없는 요정의 여왕, 유명무실하기는 해도 충직한 기사, 그리고 재판에서 랑발을 동정하는 남작들이다. 이 이야기는 의도적으로 왕에 대한 개입을 시도한다. 아마 왕의 현재 왕비에 대한 경고일지도 모른다.

그러므로 마리가 "랑발"을 집필한 시기가 중요하다. 헨리 2세는 마리가 『단시집』을 집필한 기간과 거의 동시대인 1173년과 1174년 사이에 내전을 맞이했다. 그의 부인인 알리에노르의 지원을 받은 아들들이 반란을 일으켰다. 알리에노르는 점점 커지는 남편의 제국을 경계의 눈초리로 바라보았고, 아들들도 마찬가지였다. 그들은 모두가 자기만의 권력을 원했다. 여기에서 우리는 카롤루스 왕조에서 벌어진 내전의 메아리를 들을 수밖에 없다. 그리고 9세기에 그러했듯이, 12세기에 통치자의 아들들이 일으킨 이 반란도 결국 실패로 막을 내렸다. 헨리 2세의 아들들은 화평을 청했다. 알리에노르는 사로잡혔고 이후 헨리 2세가 죽을 때까지 감옥에 갇혀 있다가 1189년에 아들 리처드 1세가 권좌에 오르고 나서야 석방되었다.

알리에노르의 평판이 훼손될 일은 또 있었다. 그녀가 살아 있는 동안에도 이른바 검은 전설―잇따른 불륜을 저질렀다는, 혈족을 상대로 자주 간통을 저질렀다는 소문―이 그녀를 따라다녔다. 궁정에서는 그녀의 가족이 악마의 자손이라는 풍문마저 나돌았다. "랑발"이라는 작품으로 알리에노르가 왕의 궁정에서 일어난 문란한 일 때문에 비판을 받듯이, 실제로 그녀는 평생 끊임없이 비난을 받았고 1170년대와 1180년대에 일어난 잉글랜드의 내전에서 맡은 역할 때문에 책망의 대상이 되었다.

1124년에 아키텐의 백작 기욤 10세의 딸로 태어난 알리에노르는 특별 교육을 받고 1137년에 아버지가 죽었을 때 토지를 물려받은 것으로 보인다. 프랑스의 국왕 루이 6세(재위 1108–1137)는 그녀의 후견인이 되었고, 알리에노르를 훗날의 루이 7세(재위 1137-1180)인 자신의 아들과 약혼시켰다. 루이 7세는 알리에노르의 땅을 원했다. 그녀는 정치적 수완이 뛰어났고, 얼마 지나지 않아 루이 7세가 가장 신뢰하는 조언자로 변신했다. 그러나 그런 상황은 오래가지 않았다. 1147년에 그녀가 루이 7세와 함께 십자군 원정에 나서면서 두 사람의 관계는 파국으로 치달았다. 1147년의 십자군 원정은 재난이자 극적인 사건이었다. 두 사람이 동행하기로 결정한 것은 알리에노르가 자기 고향 출신의 군대에 대한 강력한 대표성을 확보하려는 목적의 영리한 정치적 행보였을 것이다. 게다가 성직자들은 대체로 여자가 원정에 나서는 것을 좋아하지 않았지만, 여자들은 자주 그렇게 했다. 그러므로 어쨌거나 여성이 가담하는 바람에 그 군사 행동이 실패했다는 이후의 비난은 고약한 위선의 냄새를 풍기는 또다른 "검은 전설"인 듯하다.

1147년 십자군 원정의 실패―거의 모든 부분이 실패였다―는 루이 7세와 그의 참모들 탓으로 돌려야 마땅하다. 당시 안티오키아를 다스리던 삼촌의 충고를 받아들인 알리에노르는 남편 루이 7세에게 군대를 알레포 쪽으로 이동시켜야 한다고 다그쳤다. 그러나 루이 7세는 망설였고, 결국 알레포 대신에 다마스쿠스를 공격하기로 마음먹었다. 그런데 다마스쿠스 사람들은 오래 전부터 기독교인과 휴전을 맺고 있었고, 알레포 사람들에게 반감을 품고 있었다. 알리에노르가 안티오키아의 삼촌과 간통을 저질렀다는 소문 때문에, 그리고 그녀를 희생양 삼아 입지를 강화할 기회를 포착한 궁정의 아첨꾼들 때문에 더 불붙었을 공산이 커 보이는 남편과 부인 간의 다툼은 마침내 결혼 생활의 파탄으로 이어졌다. 십자군 원정이 실패로 돌아간 후에 두 사람은 파리로 돌아왔고 1152년에 이혼했다.

알리에노르는 이혼하자마자 노르망디 공작인 앙리 플랑타주네와 재혼했다. 그는 얼마 후에 잉글랜드의 국왕 헨리 2세가 되었다. 두 사람은 적어도 처음에는 진정한 동반자 관계를 맺었다. 알리에노르는 20여 년의 결혼 생활 동안 상당한 권력과 위신을 누리면서 헨리 2세의 부재 시에는 몇 차례 섭정을 맡기도 했고, 훗날의 리처드 1세와 존(재위 1199-1216), 그리고 나중에 카스티야 왕국의 왕비와 시칠리아 왕국의 왕비가 될 두 명의 딸을 비롯하여 자식도 여러 명 낳았다. 그녀는 평생 자식들에게 헌신적이었고, 이미 언급했듯이 아버지에 맞서 반란을 일으킨 아들들 편에 서기도 했다.

그러므로 우리는 "랑발"에서 1173년부터 1174년까지 벌어진 사태의 (부분적으로 왜곡된) 반영을 볼 수 있을 것이다. 엉뚱한 곳을 노리는 왕, 충성심이 의심스러운 신하들을 통제하지 못하는 왕이 보인다. 그러나 진정한 악당은 귀네비어 왕비이다. 그녀는 음모를 꾸미고 음탕하며 비열하게 복수를 노린다. 『단시집』의 어느 지점에서, 마리는 질투에 빠져 자신을 비방하며 소문을 퍼트리는 자들로부터 명예를 지키기 위해서 글을 쓰고 있다고 말한다. "랑발"에서 그 말은 알리에노르를 둘러싼 "검은 전설"의 단편(斷片)이라는 형태로 투사되었을 것이다. 그 말은 남편 휘하의 기사들(은유적 의미의 자식들) 사이의 불화를 유발하고 나름의 의제가 있는 여성 권력자에게 마리가 보내는 경고일지도 모른다.

만약 그 말이 왕을 향하여 정의를 구현해달라는 간언이었다면, 혹은 왕비를 겨냥하여 변덕을 부리지 말라는 간언이었다면, 마리는 그런 간언을 한 첫 번째 여성은 아니었다. 1170년이 저물기 전의 어느 시점에 수녀인 빙엔의 힐데가르트(1179년 사망)는 헨리 2세에게 보낸 답장에서 폭정을 경계하라고, 공정하게 재판하라고, 아첨꾼의 속삭임을 피하라고 당부했다. 힐데가르트는 알리에노르에게도 가타부타 하지 말고 하느님에게 돌아가 불변의 원칙을 찾도록 조언했다. 반면, 마리의 충고는 당사자들이 원한 것이 아니었다. 그전에 헨리 2세와 알리에노르는 힐데가르트에게 직접 서신을 보내서 도움을 구했고, 그녀를 당시 유럽에서 가장 막강하고 영향력이 큰 인물로 인정했다.

　우리는 힐데가르트의 초기 생애에 관해서 아는 바가 거의 없다. 다만 그녀는 불과 여덟 살이었던 1106년에 마인츠 남서쪽의 디지보덴베르크에서 유타라는 이름의 여성 은둔자와 함께 암거를 시작한 것 같다. 그녀가 1113년에 공식적으로 수녀가 되었을 때, 그들의 은신처는 우리가 이미 중세 초기의 영국에서 마주친 바 있는 남녀가 함께 생활하는 수도원의 일부분에 속해 있었다. 1136년에 유타가 세상을 떠나자 힐데가르트는 그곳의 수녀들을 이끌었다.

　1150년, 힐데가르트는 수녀들과 함께 원래의 수도원에서 나와 새로운 수도원으로 옮겼다. 그녀는 1179년에 생을 마감할 때까지 그곳에 머물렀다. 현지의 대주교들과 다툼을 벌였고 수녀 공동체가 1178년과 1179년 사이에 파문을 당했지만, 힐데가르트는 황제인 붉은 수염 프리드리히 1세, 교황, 그리고 유럽의 여러 권력자들과 대체로 각별한 관계를 유지했고, 그러는 동안 꾸준히 글을 썼다.

힐데가르트는 다섯 살 때부터 환각을 경험했다고 주장했다. 계시로 추정되는 그 순간들은 그녀가 집필한 대다수 저작의, 특히 가장 유명하고 분량이 가장 많으며 1141년에서 1151년 사이에 쓴 작품인 『길의 조명(Scivias)』의 토대가 되었다. 『길의 조명』, 특히 환각을 겪었다는 주장이 교황의 관심을 끌었고, 진상을 조사할 위원들이 파견되었다. 위원들은 조사 결과에 만족했고, 교황은 힐데가르트에게 그녀가 겪은 모든 환각을 알리도록 명령했다. 힐데가르트는 명령에 따랐다. 그녀가 남긴 서신들, 즉 황제와 왕과 교황들, 그리고 12세기 유럽 사회 각 계각층의 저명인사들과 주고받은 편지들은 현존하는 가장 대단하고 귀중한 중세 사료이다. 게다가 그녀는 주로 음악, 과학, 의학, 성인전, 수도원 생활, 신학 분야의 논문도 썼는데, 아마 가장 중요한 분야는 개혁과 교회의 방향과 직결되는 신학일 것이다.

신학 분야는 여성에게 위험한 영역이었다. 물론 여성 종교인이 12세기의 기독교에 완전히 새로운 존재는 아니었지만, 성녀의 신성한 존엄성은 대부분 글쓰기가 아니라 행동을 통해서 인정되었다. 신의 계획을 해석하는 능력은 남성의 전유물이나 다름없었다. 12세기에는 학식을 갖춘 기독교인(역시나 주로 남성)이 신성한 과거뿐 아니라 신성한 현재와 미래도 더 깊이 이해하기 위해서 신성한 책을 열심히 읽었고, 『성서』에 주해를 붙이는 작업이 엄청난 인기를 끌었다. 환각을 통해서 하느님과의 대화에 끼어들 수 있는 힐데가르트의 그 능력은 비범했다. 그녀는 처음에는 신으로부터 직접적으로, 나중에는 교회의 교계제도를 통해(1147-1148년에 교황을 통해) 권위를 부여받고, 또 이후에는 심지어 유명한 수도원장인 클레르보의 베르나르에게도 권위를 인정받으면서 여성의 권위에 대한 가부장적 제약을 피할 수 있었다(다만 클레르보의 베르나르는 힐데가르트의 권위를 인정하는 데에 소극적이었다). 그러므로 황제와 국왕, 교황들이 그녀의 조언을 구하고자 한 것은 놀랄 일이 아니다.

일례로 그녀가 헨리 2세에게 보낸 서신은 정신적 위안을 권하는 단순한 간언이 아니다. 그것은 왕국을 다스리는 방법에 대한 강력한 조언이다. 그녀는 헨리 2세에게 왕이 갖추어야 할 최선의 자세를 알려주었다. 그리고 힐데가르트는 헨리 2세뿐 아니라 콘라트 3세(재위 1138-1152)와 프리드리히 1세(재위 1152-1190) 같은 황제들에게도 비슷한 내용의 편지를 보냈다. 그런 유형의 조언은 최소한 카롤루스 마그누스의 시절로 거슬러올라가는 유서 깊은 관행이지만, 힐데가르트는 심사숙고한 발언을 통해서 여성으로서 하느님과의 대화에 끼어들며 완전히 새로운 유형의 조언을 내놓았다. 그녀는 모든 저작들에서 자신을 변변찮고 배움이 비교적 얕은 사람으로 묘사한다. 그녀는 클레르보의 베르나르에게 보낸 편지에서 이렇게 말한다. "나는 「시편」, 복음서, 그리고 『성서』의 다른 책들을 내면으로 이해합니다. 그래도 나는 독일어로 이 지식을 습득하지는 않습니다. 나는 정식 훈련을 받은 경험이 전혀 없습니다. 심오한 분석이 따르지 않는 가장 기초적인 수준[라틴어]만 읽을 줄 알기 때문입니다.⋯⋯나는 배우지 못했고, 내면 밖의 자료로 훈련을 받지 않았습니다. 내면적으로만, 나의 영혼 속에서만 배웠을 뿐입니다." 그러나 그녀의 편지와 환각 체험담을 보면 교부들의 시절까지 거슬러올라가는, 『성서』에 주해를 붙이는 수도사의 오랜 전통과 직접적인 관계가 있는 『성서』 인용구뿐만이 아니라 고대 그리스와 로마의 저자들에 대한 암시로 가득하다.

그녀의 겸손이 냉소적 의미에서 비롯된 것은 아닐지라도 본인이 억지로 꾸며낸 태도라는 결론을 내릴 수밖에 없다. 이 시기의 남자들도 항상 겸손을 활용했다. 힐데가르트는 가부장적 사회에 속한 여성이었고, 우리는 그녀의 주체성을 확인하는 순간에도 가부장제를 지워버릴 수 없다. 즉, 그녀가 속해 있던 맥락을 감안할 때 케튼의 로저나 토마스 아퀴나스 같은 남자는 훈련을 통해서 "아욱토리타스(auctoritas, 권위)"를 이끌어낼 수 있었지만, 힐데가르트의 권위는 교육에서, 기독교적 전통에 따라 『성서』를 이해하는 방법을 배우는 훈련에서 비롯될 수 없었다는 말이다. 힐데가르트가 클레르보의 베르나르에게 보여준 그 비굴한 태도는 되풀이되어야 했다. 권위는 이중 증명 절차와 비슷했다. 권위는 그녀가 "예언자"로서 환각을 통해서 성령과 맺은 연관성으로부터 비롯되어야 했고, 그런 다음에도 교황의 승인을 얻어내야 지속될 수 있었다.

여성의 권위는 항상 위태로운 상태에 놓여 있었다. 힐데가르트의 명예와 권위가 드높았을 때조차 그녀는 의심을 받았다. 황제와 국왕, 교황들의 은혜를 입은 그 여성 예언자는 1178년에 마인츠 대주교에게 파문을 당했다. 그전에 힐데가르트는 자신이 이끄는 수녀 공동체 안의 거룩한 땅에 파문을 당한 한 남자의 시신을 매장할 수 있도록 허락한 적이 있었다. 그때 힐데가르트는 그 남자가 죽기 전에 기독교회와 화해했다고 말했다. 그러나 마인츠 대주교는 의견이 달랐고, 그녀를 파문하도록 명령했다. 힐데가르트는 일단 자신이 옳다는 점을 알고 있다는 예언자로서의 권위에 호소했지만 받아들여지지 않았다. 그것은 권위와 교계제도를 둘러싼 논쟁이었고, 그녀가 언제나 질 수밖에 없는 싸움이었다. 파문 조치는 그녀가 겸허한 자세로 마인츠 대주교의 권위에 복종했을 때에야 비로소 철회되었다. 힐데가르트에게는 권력과 위신이 있었겠지만, 12세기에는 여성 예언자조차 자기 분수를 알아야 했다.

이제 힐데가르트는 이 장을 마무리하기에 적절한 위치에 서 있다고 볼 수 있다. 그녀는 알리에노르처럼 가장 높은 수준의 권력을 누렸고 자기 운명의 주체적 행위자였지만, 한계가 있다는 사실을 뼈저리게 느꼈다. 1170년대 무렵, 한때 외부적인 것으로만 보였던 위협이 기독교 세계를 엄습한 듯했던 그 순간에, 유럽의 역사가 방향을 틀기 시작하면서 알리에노르와 힐데가르트가 몰락하는 모습을 지켜보자. 권위는 더 단단히 통제될 필요가 있었고, 그 권위를 나누어줄 수 있는 자들은 더 단단히 통제했다. 질서와 안정성을 위협하는 상황은 이전보다 더 실존적인 성격을 띠게 되었다. 이제 여성 예언자가 아니라 가짜 예언자가 활보했다. 그리고 공동체를 정화하며 기독교 세계의 안전을 유지할 수 있는 유일한 방법은 불로 더러운 요소들을 태워버리는 것이었다.

13

불타는
도시들

1202년 11월, 십자군이 달마티아 해안의 도시 차라의 성벽 밖에 진을 쳤다. 당시 차라는 헝가리 국왕의 보호 아래에 있었지만, 베네치아 공화국이 영유권을 주장하던 도시였다. 베네치아는 십자군을 수송할 대규모 함대를 건조했지만, 함대가 출항하기 전에 우선 차라를 평정해야 한다고 주장하면서 "베네치아 소유의" 그 도시를 되찾고 싶어했다. 십자군 지도자들 대다수가 베네치아의 주장에 동조했지만, 귀족인 시몽 드 몽포르와 레-보-드-세르네 수도원의 원장인 기가 이끄는 무리가 거세게 반대하고 나섰다. 반대자들은 십자군이 이집트와 예루살렘으로 가서 이슬람교도들과 싸워야 한다고 주장했다. 그들은 같은 기독교인들과 싸우려고 십자군에 가담한 것이 아니며, 만약 다른 십자군 지도자들이 차라를 공격한다면 파문을 당할 것이라고 경고했다.

실제로 가장 먼저 십자군 원정을 요구한 교황 인노켄티우스 3세(재위 1198-1215)는 십자군에게 차라를 공격하지 말도록 명시적으로 지시했다.

그러나 반대자들의 경고는 무시되었고 십자군은 차라를 점령했다. 그런데 비잔티움 제국에서 망명한 황자(皇子)가 기회를 엿보기 시작하면서 십자군의 계획은 더욱 크게 요동쳤다. 콘스탄티노폴리스를 공격하면 그 대가를 지불하겠다는 황자의 제의를 십자군이 수락했고, 결국 십자군의 주력군이 콘스탄티노폴리스를 포위했다. 그것이 바로 제4차 십자군 원정으로 알려진 사건이다. 이 사건은 비잔티움 제국의 황자에게 유리하게 흘러가지 않았고(그는 훗날 감옥에서 교살을 당한다), 플랑드르 출신의 백작이 십자군이 세운 라틴 제국의 초대 황제 자리에 오르면서 끝난다. 잠시 그 반대자들에게로 시선을 돌려보자. 시몽드 몽포르, 레-보-드-세르네 수도원 원장인 기, 그리고 기의 조카이자 수도사인 피에르를 비롯해 공격에 가담하지 않은 사람들은 차라에서 원정대를 이탈했고, 성지 순례라는 목표를 완수하기 위해서 배를 타고 성지로 향했다.

차라에서 극적인 의견 대립이 벌어지고 7년이 지났을 때, 프랑스 남부의 기독교 도시인 베지에의 성벽 밖에 또다른 십자군이 진을 쳤다. 포위를 당한 베지에의 주교는 타협을 이끌어내려고 애를 썼다. 그는 성벽 안의 무신론자와 이단자들을 성 밖의 십자군에게 넘기자며 사람들을 설득했다. 그러나 주민들은 거부했다. 베지에는 거센 공격을 받았고 성벽은 무너졌고 주민들은 학살되었다.

그 살육의 와중에 일부 군인들은 십자군에 속한 시토 수도원의 원장에게 선한 기독교인과 악마의 자식을 어떻게 구별할 수 있는지 물었다. 시토 수도원 원장은 "모조리 죽여라. 하느님은 백성을 알아보실 것이다"라고 대답했다고 한다. 그 말을 들은 군인들은 신이 나서 주민들을 몰살했고, 다수의 주민들은 생-나제르 대성당으로 피신했다. 기독교인의 칼이 그 신성한 장소의 회중석을 기독교인의 피로 붉게 물들였다. 그 직후 시토 수도원 원장은 교황 인노켄티우스 3세에게 보낸 서신에서 군인들이 신의 복수를 대행하여 지위, 성별, 나이에 상관없이 총 2만 명(살짝 과장된 수치이다)을 죽이고 단 한 명도 살려주지 않았다고 보고했다. 1217년에 이르러 교회법에 대한 주해에는 다음과 같이 확신에 찬 주장이 담겨 있었다. "어떤 도시에 일부 이단자가 있다는 사실이 증명될 수 있다면, 모든 주민을 불태워 죽일 수 있다." 틀림없이 그로부터 8년 전에 베지에에서 일어난 사건을 염두에 둔 말일 것이다.

학살 사건이 잇달았다. 이단을 겨냥한 특별한 전쟁, 즉 "알비 십자군 운동"은 1209년부터 1229년까지 20년간 계속되었다. 당시 몇몇 연대기 저자들은 그 "영광스러운" 공로를 기록했다. 그들이 남긴 연대기는 이단자를 화형시킬 때 쓰인 장작더미의 활활 타오르는 불로 가득했다. 그들 중에 실제로 알비 십자군과 동행했고 "기독교 군사들"이 베지에에서 벌인 행위를 아주 만족스럽게 서술한 연대기 저자가 바로 레-보-드-세르네 수도원의 수도사 피에르였다. 그리고 알비 십자군의 지도자들 중에는 그의 삼촌이자 레-보-드-세르네 수도원의 원장인 기가 있었다. 군대를 이끌고 프랑스 남부 지방에서 이단자를 색출한 귀족들 중에 한 사람이 바로 시몽 드 몽포르였다. 프랑스 남부의 이단에 대한 전쟁을 요구한 사람이 바로 교황 인노켄티우스 3세였다.

1202년에 차라에서 반대 의견을 내세웠고, 십자군이 파문을 당할 것이라고 경고했고, 같은 기독교인을 죽이는 대신 원정대를 이탈했던 주요 인사들이 이제는 1208–1209년에 일어난 그 잔인한 폭력 사태를 열렬히 찬성하고 나섰다.

도대체 무슨 변화가 있었던 것일까?

변화(일단 변화가 있었다고 가정해보자)는 시몽과 수도원장 기와 수도사 피에르가 성지로 출발한 이후 제4차 십자군 원정에서 벌어진 일과 깊은 관계가 있다. 어느 참전자의 보고에 의하면, 십자군의 콘스탄티노폴리스 포위전은 실패하는 중이었기 때문에 십자군 소속의 성직자들이 공의회를 열기로 결정했다. 성직자들은 하느님이 십자군이 실패하도록 만들며 그들을 다그치고 있다고 생각했다. 십자군은 그 원정이 정말 "하느님의 뜻"인지 알고 싶어했다. 주교들은 열정적인 연설을 통해서 십자군의 명분이 옳다고 말했다. 콘스탄티노폴리스를 지키는 비잔티움인은 "반역자이자 살인자, 불충한 자"였고, "유대인보다 더 나쁜 자"였다. "[그러므로 십자군은] 저 그리스인을 공격하는 것에 주저하지 말아야" 했다. "그들은 하느님의 적들"이었다.

과거는 되풀이되지 않는 법이지만, 제4차 십자군 원정에서는 분명히 과거가 메아리치고 있었다. 주교들이 연설에서 사용한 표현은 라틴 기독교인이 동쪽으로 진군하며 처음에는 라인란트 지방의 유대인들을 공격하고 나중에는 예루살렘의 거리를 "그리스도의 적들"의 피로 물들였던 이른바 제1차 십자군 원정에서도 사용되어 익숙했을 것이다. 그로부터 약 100년이 흐른 그때, 그 표현이 다시 등장했다. 유럽의 군인들은 1090년대에는 콘스탄티노폴리스의 기독교인을 지켜주기 위해서 진군했지만, 1204년에는 그 도시를 약탈했다. 며칠 동안 새로운 로마 곳곳에서 거센 불길이 타올랐다.

이 지점에서 쟁점은 대규모 폭력 사태가 아니다. 사람들이 누구를 죽였는지도 아니다. 고대부터 지금까지 기독교인은 다른 기독교인을 죽였다. 중세 내내 그래왔고, 중세가 저문 지 한참 후에도 마찬가지였다. 관건은 어떤 종류의 폭력이 정당한가, 그 순간이 언제 찾아오는지를 누가 결정할 수 있는가, 폭력에 따른 죄악을 어떻게 처리할 것인가, 어떤 상황에서 살인이 정당화될 수 있는가 등을 규정하는 것이었다. 알다시피 히포의 아우구스티누스는 수 세기 전에 지침이 되는 두 가지의 이상적 기준을 내놓았다. 비록 중세인이 그 기준을 얼마나 엄격하게 따랐는지에 대해서 학자들이 과장하는 경향이 있기는 하지만, 그 두 가지 기준은 중요한 프레임으로 남아 있었다.

첫 번째 기준은 "정의로운 전쟁"의 개념—무력은 향후에 평화를 실현한다는 목표 아래에 외부의 침략으로부터 주민을 지키기 위하여 행사해야 한다—이었다. 아우구스티누스의 두 번째 기준은 「루가의 복음서」14장 15-24절과 관계가 있는 주해에서 비롯된다. 예수는 잔치를 여는 한 남자의 이야기를 제자들에게 들려준다. 남자는 모두를 초대하지만 아무도 참석하지 않는다. 화가 치민 그는 초대를 받은 사람들을 찾아서 강제로 데려오라고 종들에게 말한다. 아우구스티누스는 이 우화가 다양한 기독교들이 존재하지만 여전히 지배적인 정통성, 즉 정상에서 벗어난 기독교에 "이단"이라는 낙인을 찍을 정통성을 모색하던 당대에 중요한 의미를 띤다고 생각했다. 그 우화는 다양한 종류의 기독교와 관련된 이야기였다. 즉, 남자는 정통성이고, 잔치는 천국이고, 초대를 거절한 자들은 이단자들이고, 종들이 초대를 받은 자들을 강제로 데려오는 것은 하느님이 권능을 행사한 것이다. 기독교 공동체 안에서 기강을 세우는 문제와 관련해, 아우구스티누스는 올바른 종교를 지키려는 목적의 모든 무력은 정당하다고 주장했다.

덕분에 우리는 그로부터 800년 이후인 13세기에 무슨 일이 벌어졌는지를 분명하게 안다. 정의로운 전쟁은 기독교인들이 다른 집단에 어떻게 대응해야 하는지를 둘러싼 대외적인 관념이다. 반면 "콘펠레 인트라레(conpelle intrare)", 즉 강제권 이론은 내부의 이단 집단에 어떻게 대처해야 하는지에 대한 지적 공동체의 대내적인 관념이다. 그러므로 누가 "내부"에 있고 누가 "외부"에 있는지를 정하는 사람이 누구인지가 결정적인 쟁점이다.

시몽 드 몽포르와 레-보-드-세르네 수도원 수도사들에게 당대의 그 쟁점을 해결하는 것은 매우 간단한 해답이 있는 매우 간단한 질문이었다. 그들이 볼 때에는 오직 교황만이 기독교의 경계를 결정할 수 있었다. 인노켄티우스 3세는 (애초에) 차라의 주민과 비잔티움인은 정의로운 전쟁의 프레임 안에 있지만, 베지에의 주민과 아키텐, 랑그도크의 주민은 "콘펠레 인트라레"에 의해서 통치된다고 생각했다.

교황이 실질적인 권력을 언제나 가진 것은 아니었다. 기독교의 경계를 결정할 권력이 자신에게 있다고 오랫동안 주장하기는 했지만 말이다. 예컨대 7세기에는 교황들이 로마에 대한 지배권을 유지하려고 애썼고, 최소한 부분적으로는 콘스탄티노폴리스의 독실함에 가려진 측면이 있었다. 9세기에는 프랑크 왕국의 국왕들 자신만이 "선민"이라며 선을 그으려고 했고, 그 선을 통해서 다른 기독교 민족들—그들이 정복한 민족들—을 배제했다. 10세기에는 주로 수도사들이 진정한 독실함의 판정자 역할을 맡았다. 그런 상태는 11세기까지, 즉 황제와 교황 간의 충돌이 벌어질 때까지 이어졌다. 두 세력 모두가 자기 진영의 명분하에 종교 지도자들을 규합하고 서로를 가짜 기독교인이라고 부르며 벌이던 서임권 투쟁(새로운 주교를 "서임할" 수 있는 사람, 즉 누군가를 힘 있고 품격 높은 자리에 앉힐 수 있는 사람이 누구인지를 둘러싼 논쟁)은 결국 직접적인 유혈사태로 이어졌다.

그 논쟁이 교황에게 유리하게 해소된 데다가 우르바누스 2세가 주창하고 황제는 반대하던 예루살렘 정복이 1099년에 완수되자, 힘의 균형은 (한동안) 교황에게 유리한 쪽으로 쏠렸다. 적어도 이론상으로는 세속의 왕과 황제들이 여전히 사람들의 몸을 맡았고, 교황이 사람들의 영혼을 보살폈다. 예전부터 천국으로 향하는 길은 교회의 교계제도에, 사제와 수도원장과 주교들에게 달려 있었다. 다만, 로마 주교인 교황이 그 교계제도의 맨 꼭대기에 앉아 있다는 사실을 유럽의 기독교인들이 더 폭넓게 인정했다는 것이 새로워진 점이었다.

변화를 일으키는 개인이 경로나 역사를 바꾸는 주체인지, 혹은 체계의 변화 속 촉매제일 뿐인지를 판단하는 일은 늘 까다롭다. 12세기 교황의 방대한 권력과 심오한 고민은 역사상 가장 젊은 교황이 선출되면서 정점을 찍었다. 30대 후반의 남성 로타리오 디 세니는 교황 카일레스티누스 3세가 1198년에 세상을 떠나자 교황에 선출되었고, 우리가 알지 못하는 이유로 인노켄티우스 3세라는 이름을 선택했다. 1160년에 로마 바로 외곽의 귀족 가문에서 태어난 로타리오는 어린 나이에 성직자가 되었고, 로마 안팎에서 수준 높은 교육을 받다가 열다섯 살쯤에 파리로 유학을 떠났다. 당시에 정식 우니베르시타스("대학교")는 아니었지만 노트르담 근처의 주교좌 성당 학교는 유럽 최고의 학교로 널리 인정받는 곳이었고, 유럽 도처의 학생과 교사들(모두가 성직자였다)이 아리스토텔레스를, 그리고 그의 철학을 연구한 아라비아계나 라틴계 학자들을 공부하도록 이끌었다.

학업을 마친 로타리오는 자유7과 과정의 수많은 학생들이 여러 세기 동안 밟아온 길을 따라갔다. 유럽에서 가장 역사가 깊은 대학교이자 로마법과 교회법 연구의 최고 중심지인 볼로냐 대학교에서 법학을 공부하기 시작한 것이다. 그 과정에서 교황의 측근들과 인연을 맺었고 1189-1190년에는 로마에 있는 성 세르기오스와 성 바코스 성당의 부제 추기경에 임명되었다. 전임 교황 휘하의 측근으로 특별한 지위를 누린 로타리오는 동료 추기경들에 의해서 유례없이 어린 나이의 교황으로 선출되었다.

교황 자리에 올랐을 때, 로타리오는 성전에 집착하고 있었다. 1187년 예루살렘은 살라딘이 이끄는 이슬람교도들의 손아귀로 넘어갔고, 유례없는 규모로 감행한 원정은 비참하고 명백한 실패로 돌아갔다. 당시 유럽에서 가장 강력하던 3명의 통치자들이 이끌었고 막대한 자금이 조달되었으며 대규모 군대가 동원되었지만, 그 원정은 지중해 연안의 몇몇 도시들을 탈환하고 그때까지 남아 있던 곳들을 지켜내는 데에 그쳤다. 잉글랜드의 국왕이자 프랑스에 많은 영지를 보유한 리처드 1세는 살라딘에 맞서 수년간 싸웠지만, 끝내 예루살렘에 도달하지 못했다. 황제 붉은 수염 프리드리히 1세(재위 1155-1190)는 원정의 선봉에 섰지만, 아나톨리아에서 강을 건너다가 익사했고 군대는 흩어지고 말았다. 필리프 2세(재위 1180-1223)도 참전하여 아크레 탈환 작전을 지원하기 시작했지만 "병에 걸렸고", 프랑스로 돌아와서는 리처드 1세의 영지를 공격했다. 결국 예루살렘은 살라딘의 손아귀에서 벗어나지 못했다.

그래서 인노켄티우스 3세는 또다시 십자군 원정을 요구했다. 그렇게 소집된 십자군은 차라로 떠났고, 그곳에서 다시 콘스탄티노폴리스로 향했다. 한편, 십자군이 차라를 점령한 바로 그 순간까지 교황은 십자군의 행보에 격노하고 있었다. 그는 십자군에게 차라를 점령하지 말도록 명령했고, 이후에는 명령을 따르지 않은 십자군을 파문해버렸다. 애초의 약속과 달리 십자군이 이집트가 아닌 콘스탄티노폴리스로 향하자 그는 경악을 금치 못했고, 콘스탄티노폴리스로 가지 말고 그리스도의 진짜 적들과 싸우라고 경고했다. 그렇지만 십자군은 고집을 꺾지 않았고, 인노켄티우스 3세는 그 결과에 대처해야 했다.

바로 그때 인노켄티우스 3세의 말투가 갑자기 극적으로 바뀌었다. 그것은 폭력에 대한 관념이 새로운 환경에 적응하기 위해서 어떤 식으로 바뀔 수 있는지를 보여주는 증거이기도 하다. 1204년 11월에, 또 1205년 1월에, 그는 십자군에게 보낸 장문의 편지에서 하느님이 일하신 신비로운 방식을 찬미했다. 콘스탄티노폴리스의 정복은 "그리스인들"(비잔티움인들)과 라틴인들을 하느님의 적들에 맞서 단결할 수 있는 하나의 교회로 통합시킨 성스러운 역사의 진전이었다. 그는 이를 「요한의 묵시록」에 대한 당대의 『성서』 주해자들이 쓴 글을 읽고 나서 깨달았다고 말했다. 인노켄티우스 3세는 1099년을 상기하고 있었다. 그는 묵시론적 희망으로 충만했다.

묵시, 성스러운 폭력, 자신들의 역사적인 위치 등에 대한 중세인의 사고방식은 간과되거나(이 경우에 종교는 "있는 그대로의" 경제적 행위나 정치적 행위를 감추는 연막으로 전락한다) 그들이 분별없는 종교적 광신자였다는 증거로서 쓰이는 경우가 너무 많다. 두 가지 모두 옳지 않다. 중세인은 현실을 이해하기 위해서, 그리고 누구나 그렇듯이 삶의 방향을 잡기 위해서 정신세계를 구축했다. 그들이 답을 찾은 곳은 바로 『성서』였다.

수도원장이자 『성서』 주해자인 피오레의 요아킴(혹은 "조아키노 다 피오레"라고도 불린다/옮긴이)은 수많은 저작을 통해서 성스러운 역사의 진전이라는 새로운 미래상을 제시했다. 일반적으로는 기독교적 시간을 2차원적이고 직선적인 것으로 본다. 즉, 기독교적 시간은 어딘가에서 시작하고 필연적으로 다른 어딘가를 향한다. 그러나 최소한 고대인과 중세인은 시간을 더 입체적으로 바라보았다. 그렇다. 역사는 어느 지점에서 시작되었고(창조), 어딘가를 향하지만(최후의 심판), 그 중간은 대혼란의 상태였다. 예수의 죽음 이후 성스러운 시간은 엉망진창이 되어버렸고, 「요한의 묵시록」의 사건들이 벌어질 때까지 수사적인 어구가 되풀이되고 주기가 반복되는 공백으로 전락했다.

요아킴은 그 혼돈 상태에 질서를 세웠다. 그는 시간을 서로 겹치는 세 가지의 "단계"로 나누었다. 그 단계들은 각각 성부의 상태, 성자의 상태, 성령의 상태에 해당한다. 요아킴의 사상이 12세기 말부터 13세기(그리고 그후)에 휘두른 강력한 영향력은 굳이 과장할 필요가 없을 것이다. 요아킴의 그 막강한 영향력은 그가 이 세상이 지금 두 번째 상태와 세 번째(마지막) 상태 사이의 중첩되는 시기를 지나고 있다고 가정한 데에서 비롯되었다(훗날 인노켄티우스 3세도 그렇게 가정했다). 마지막 상태, 즉 성령의 상태란 영혼이 구원받을 뿐만 아니라 외부의 적들(악마의 종들)에 맞서 단결하기 위해서 모든 기독교인이 통합되는 상태를 가리켰다. 모든 기독교인의 통합을 위해서는 국외자들도 거둬들여야 했다.

그러나 사실이 감정과 일치하지 않으면 문제가 될 수 있다. 그럴 경우 적어도 의도가 바뀔 수밖에 없다. 인노켄티우스 3세는 그리스인들이 재빨리 로마에 복종하지 않으리라는 사실을 곧 깨달았다. 게다가 동유럽의 불가르인들이 비잔티움 그리스를 침략했고, 하드리아노폴리스에서는 그 새로운 제국에 혹독한 패배를 안겼다. 그 전투에서 보두앵 1세(플랑드르의 백작이었으며 당시 라틴 제국의 황제였다)가 죽었고 새로운 정권은 매우 불안정해졌다. 인노켄티우스 3세는 군인들이 그 도시를 빼앗을 때 저지른 짓들 때문에 하느님의 은혜를 입지 못했다고 탓하기 시작했고, 특히 그들이 교회를 약탈했으며 수도사와 수녀, 사제들을 죽이거나 겁탈했다는 의혹에 초점을 맞추었다. 그러나 그는 결코 묵시론적 희망을 잃지 않았다. 어쨌든 묵시는 무한히 연기될 수 있다. 하느님은 틀릴 수 없지만, 인간은 신호를 잘못 읽을 수 있다. 아마도 인노켄티우스 3세는 비잔티움인들을 라틴 교회의 품으로 거둬들이는 문제와 관련해 오류를 범했을 것이다. 그러나 불과 몇 년 후의 그에게 프랑스 남부의 고집불통 기독교인들은 또다른 신호로 보였다. 성스러운 역사를 전진시키는 데에 보탬이 될 만한 또 하나의 기회로 보였던 것이다.

이단은 중세 유럽에 새로운 현상이 아니었다. 그러나 당시 프랑스 남부에서 벌어진 일은 이전의 사태와는 성격이 달랐다. 우리는 사료들을 근거로, 그 모든 반대자들을 "카타리파"로 통칭하고 그들이 형식화된 이원론적 신학―즉, "이 세상의" 것과 "영적인" 것의 철저한 분리―을 만들어냈다고 보는 경향이 있다. 가령, 카타리파는 성관계를 삼가고 채식을 하며 공식적인 제도적 구조를 갖춘 집단으로 여겨져왔다. 그러나 그것은 "선한 남자들"이나 "선한 여자들"로 자처한 사람들의 적들이 수 세기에 걸쳐서 내놓은 저작들에 영향을 받아 굳어진 모습일 뿐이다. 현실은 훨씬 더 혼란스러웠다.

"카타리교"라는 종교는 없었다. 그러나 사제들에 대한 광범위하고 뿌리 깊은 적개심("반교권주의")은 있었다. 사제단(司祭團)의 가치를 둘러싼 회의적인 태도에서, 그리고 세속적 부를 거부하는 더 순수하고 "사도다운" 생활방식을 향한 욕구에서 비롯된 것이었다. 그런 적개심이 툴루즈의 백작들의 영지에만 퍼져 있지는 않았다. 지나치게 세속적인(음탕하고 탐욕스럽고 욕심 많은) 사제와 수도사들에 대한 비판은 실제로 중세 문학, 특히 파블리오―사제들과 정을 통하지 마라, 아내는 이런 식으로 바람을 피운다 등의 도덕적 교훈을 담은 짧은 우화로, 외설에 가깝고 매우 저속한 경우가 많았다―의 기본 주제였다. 그러나 인노켄티우스 3세 같은 대학 교육을 받은 지도급 성직자들에게 충격과 놀라움을 선사한 흥미로운 독실함이 프랑스 남부의 평신도들 사이에 있었던 것 같다.

물론 그렇다고 해서 프랑스 남부의 주교와 사제들이 기존 교리에 반대하는 신앙체계의 조력자거나 옹호자였다는 말은 아니다(프랑스 북부의 주교와 사제들은 그렇게 단정하고 비난하는 경우가 많았다). 아울러 그 지역의 주민들이 기독교인이 아니었다는 말도 아니다. 다만, 제1천년기가 끝난 후 중세 내내 이어진 "이단"을 둘러싼 우려가 급증한 이유들 가운데 최소한 일부분은 다른 사람들의 종교에 관한 발언이나 행동에 관심을 기울이던 사람들 탓으로 돌릴 수 있다는 것이다. 예를 들면 "거룩한 그레이하운드"(그렇다, 여기에서 그레이하운드는 진짜 개를 가리킨다)인 성 긴포르에 대한 13세기의 이야기는 간혹 농민들이 믿는 미신의 사례로 취급되는 경우가 있지만, 더 면밀히 살펴보면 정통과 비슷한 부분이 있다. 리옹 인근의 주민들이 높이 떠받드는 이야기에 따르면, 긴포르는 뱀에 물릴 뻔한 아이를 구했지만 마침 집으로 돌아온 아이의 아버지가 상황을 오해해 긴포르를 죽였다. 본질적으로는 충성스러운 사냥개에 관한 구전이 성인과 결합되어 계급적 대립의 요소(배은망덕한 개 주인)가 강조된 것이었고, 사실상 기독교의 매우 전통적인 관례와 성인들의 이야기, 그리고 꽤 오랫동안 구술되어 온 스토리텔링의 요소가 결합한 것이었다. 이 이야기는 이단자들을 찾아다니던 파리 대학교 소속의 탁발수도사가 리옹 인근 지역을 방문하고 나서야 오늘날의 우리가 알고 있는 이유 때문에 "정통이 아닌 것"으로 분류되었다.

다른 많은 경우처럼 이 이야기도, 로마의 고전과 교부들의 저작을 읽으면서 공부한 13세기의 성직자들은 과거의 투쟁들을 당대의 시각에서 이해하려고 했고, 오래된 어휘로 그들이 속한 세계를 묘사했다. 예컨대 카타리파에게 제기된 여러 혐의는 3세기와 4세기의 초기 기독교인에게 물은 책임과 똑같았다. 1,000년이 지난 후에 새로운 "도나투스파"와 "마니교도들"이 등장한 셈이었다. 인노켄티우스 3세 같은 사람들이 사는 지적 세계는 세계를 바라보는 프레임을 제시했지만, 그 프레임은 기독교의 영웅적인 과거에 대한 향수 속에 갇혀 있었다.

그런 사고방식 때문에 프랑스 남부의 고집불통 기독교인들은 모든 곳의 진짜 선한 기독교인에게 실존적인 위협을 가하는 자들처럼 보였다. 12세기 중반, 클뤼니 수도원의 원장은 성전기사단의 단장에게 물었다. "당신과 당신의 부하들은 누구와 싸워야 합니까? 하느님을 알지 못하는 이교도들인지요? 아니면 말로는 하느님을 믿는다고 하면서 행동으로는 하느님과 싸우는 기독교인들인지요?" 그러나 이것은 명확하게 대답할 수 있는 수사적 질문이었다. 가짜 기독교인들이 더 위협적인 자들이었다.

툴루즈 주변 지역들에서는 얼마 전부터 말썽이 있었다. 그곳에는 최소한 몇 세대 전부터 베지에 학살이 벌어질 때까지, (자칭) "선한 기독교인들"이 요새화된 마을과 도시에서 활동하고 있었다. 처음에는 북쪽 지방 출신의 설교자들, 그중에서도 주로 시토 수도회 수도사들이 남쪽의 성직자 사회를 개혁하고 "선한 기독교인들"과 토론을 벌이도록 파견되었다. 그러나 "정통"과 "이단"을 구별하기 힘든 경우가 많았다. 삶의 현실이 그 북쪽 출신 성직자들의 마음속에 있는 관념과 결코 일치하지 않았기 때문이다.

인노켄티우스 3세가 등장하면서 상황이 바뀌었다. 그는 「마태오의 복음서」 13장 24-30절을 본보기로 삼았다. 그 우화에서 농부의 밭은 그의 원수가 저지른 짓 때문에 엉망이 되고 만다. 농부의 밭에는 그가 심은 밀과 잡초가 함께 자란다. 결국 농부는 추수할 때까지 밀과 잡초가 동시에 자라도록 내버려둔다. 밀은 거두고 잡초는 한데 모아서 불태우면 되니까 말이다.

인노켄티우스 3세는 이 우화가 당대에 딱 들어맞는다고 생각했다. 교회는 기독교가 점점 강해지리라는 희망을 품고 좋은 씨앗을 뿌렸지만, 악마와 그 대리인들이 훼방을 놓으며 반대 의견, 잡초를 퍼트렸다. 반대자를 진짜 선한 기독교인과 구별하기가 어려웠기 때문에 그대로 밭에서 자라도록 내버려두었다. 추수할 때, 다시 말해서 묵시의 순간에 비로소 반대자와 진짜 선한 기독교인이 분리될 것이다. 이단자들은 폭력을 통해서 파멸을 맞을 것이고, 진짜 선한 기독교인들은 구원을 받을 것이다. 인노켄티우스 3세는 묵시론적 희망을 결코 버리지 않았다. 교회는 밭에 씨앗을 뿌렸고, 악마는 밭을 엉망으로 만들었다. 이제 프랑스 남부에서는 곡식과 잡초를 구분할 수 없게 되었다.

교황 자리에 오르고 나서 약 10년 동안, 인노켄티우스 3세는 청빈과 금욕적 생활방식에 헌신하는 새로운 방랑 설교자 집단을 승인하면서까지 프랑스 남부에서의 설교 활동을 강화했다. 도밍고 데 구스만이라는 카스티야인이 이끌던 그 집단은 얼마 지나지 않아 도미니코회로 거듭났다. 인노켄티우스 3세의 적극적인 노력은 열매를 거두는 듯했고, 잡초는 제대로 관리되는 것 같았다.

그런데 1208년 1월, 교황의 특사가 살해되는 사건이 일어났다. 이단을 진압하는 문제로 교황과 갈등을 빚던 툴루즈의 백작이 그 사건에 연루되었는지는 알 수 없지만, 확실히 그는 교황의 특사가 죽었을 때 기분이 나쁘지는 않았다. 교황은 필리프 2세에게 개입을 요구했지만, 필리프 2세는 거부했다. 그러나 인노켄티우스 3세는 다른 관계자들, 즉 프랑스 북부 지방의 귀족들이 그리스도의 적들을 무찌르고 정복하는 활동을 통해 프랑스 남부 지방에서 영지를 확장하려고 한다는 사실을 알아챘다. 영성과 실리주의는 언제나 불가분의 관계이기 마련이다. 그렇게 소집된 군대가 남쪽으로 진군했다. 첫 번째 목표는 베지에였다. 추수의 시간이 다가왔다. 잡초를 태워버릴 시간이었다.

카타리파(알비파라고 불리기도 한다)와의 전쟁은 1208년부터 1229년까지 계속되었다. 속개와 중단을 반복한 그 전쟁의 와중이던 1215년 11월에 인노켄티우스 3세는 로마의 라테라노 궁전에서 대규모 공의회를 열었다. 그 공의회에는 주교, 대주교, 추기경, 수도사, 수도원장들과 프랑스, 헝가리, 예루살렘, 아라곤, 키프로스의 왕들, 그리고 독일과 콘스탄티노폴리스의 황제들, 프랑스 남부에서 벌어진 성전에 가담한 지도자들을 비롯한 수많은 인사들이 참석했다. 11월 하순, 라테라노 공의회에서는 71개의 법령 조항에 합의했고, 그 조항들은 널리 채택되었다.

제1조는 "신앙"에 대한 언명으로 시작한다. 라틴어 피데스(fides)는 신념을 뜻하기는 해도 신념보다는 충실과 더 관계가 있다. 제1조는 삼위일체 교리, 예수의 인성, 그리고 예수의 희생이라는 개념의 중요성을 역설한 후에 다음과 같이 말한다. "믿는 자들의 보편 교회가 하나 있고, 그 보편 교회 밖에는 절대로 구원이 없다." 그러나 공의회에 따르면 교회는 모두에게 열려 있었다. 세례를 하면 누구나 들어올 수 있고, 회개하면 이미 떨어져 나간 누구라도 공동체로 돌아올 수 있다. 나머지 조항들은 정통파의 개념을 카타리파와 대비하여 정의하고, 느슨하게 감독하는 바람에 이단이 설치도록 방치한 사제들을 질책하고, 비정상으로 판단된 자들에 대한 폭력을 정당화하면서 제1조의 내

용을 강조하고 명백히 밝힌다. 라테라노 공의회에서 발표한 법령들은 마지막 제71조에서 다시 처음으로 돌아온다.

제1조에 따라 정의되어 통합된 공동체는 시선을 밖으로 돌렸다. 제71조는 성전—성지를 겨냥한 새로운 원정—을 요구한다. 라테라노 공의회는 모든 선량한 기독교인이 죄를 회개하도록, 피뎀(fidem, 신앙)을 교회로 되돌리도록, 하느님의 적들에 맞서 싸우도록 요구한다. 하느님은 정화된 신봉자들에게 승리를 안겨주실 것이다. 그러나 "협조하기를[성전을 돕기를] 거부하는 자들에게⋯⋯사도좌(Apostolic See : 교황이나 교황청을 가리키는 용어/옮긴이)는 그들이 최후의 날에 끔찍한 법관 앞에서 우리에게 변명을 내놓아야 할 것이라고 단호히 주장한다." 인노켄티우스 3세와 라테라노 공의회는 사람들에게 밀이 잡초와 함께 자랐으며 추수의 시간이 다가오고 있음을 상기시켰다. 시간은 얼마 남지 않았다. 잡초의 첫 번째 묶음은 콘스탄티노폴리스에서, 두 번째 묶음은 베지에에서 불태워졌다. 추수를 앞둔, 곧 불태워질 다음 도시이자 마지막 도시는 예루살렘이었다.

14

스테인드글라스와
불타는 책들의 냄새

남쪽을 바라보는 노트르담 대성당의 웅장한 스테인드글라스 창을 통해서 햇빛이 쏟아졌듯이, 화려한 스테인드글라스로 벽이 뒤덮여 있으며 하늘 높이 솟은 생트-샤펠 성당의 실내를 폭포처럼 쏟아지는 촛불의 빛이 환하게 밝혔다. 그러나 불은 주변을 밝히기도 하지만 주변을 집어삼키기도 한다. 불은 밀을 수확하는 사람들을 이끈다. 불은 잡초라고 생각되는 것을 파괴하도록 허락한다.

13세기 파리는 건축과 권력의 상호작용, 그리고 왕위, 장소, 관념들이 그 모든 것을 만들어낸 방식에 관한 이야기를 들려준다. 루이 9세(재위 1226-1270)는 새로운 세대의 통치자였다. 그는 12세기에 이루어진 법적, 경제적, 정치적 발전을 발판으로 새로운 형태의 통치권을 확립했고, 프랑스의 전임 국왕들이 가능하다고 상상했을 법한 수준보다 더 넓은 영토에 대한 지배권을 더욱 확고히 다졌다. 그는 권력을 집중화하려는 조치의 일환으로, 그의 궁전을 돋보이게 할 새로운 예배당인 생트-샤펠 성당을 세우기로 결정했다. 생트-샤펠 성당 안에 높이 솟은 스테인드글라스 창은 기독교 세계에서 가장 성스러운 유물인 가시 면류관이 예수의 머리에서부터 콘스탄티노폴리스의 새로운 로마로, 또 그곳에서 다시 프랑스 국왕의 예배당으로 건너온 여정을 상세하게 묘사하며 "황제권 이양(translatio imperii)"의 이야기를 들려준다.

시테 섬에서 센 강 너머의 건너편, 그러니까 완공 직전인 노트르담 대성당의 바로 맞은편이자 한창 건설 중이었을 생트-샤펠 성당이 보이는 센 강의 오른쪽 강변에서, 주변을 밝히는 동시에 집어삼키는 불이 붙었다. 1241년 6월, 오늘날의 파리 시청사 바깥에 있는 그레브 광장에 군중이 모여 있었다. 이 광장은 중세 도시 파리에서 공개 처형장이었기 때문에 사람들은 자주 그곳에 모이고는 했다. 그러나 1241년 6월 그레브 광장에 사람들은 죄인의 몸이 아니라 손수레 20대 정도 분량의 책, 즉 위험하고 이단적인 것으로 간주되는 『탈무드(Talmud)』를 태우려고 모여 있었다.

제13장에서 살펴본 "카타리파"에 대한 성전은 이론상으로 그때로부터 10년 전에 끝났지만, 이단은 여전히 교황 인노켄티우스 3세의 후계자들의 두드러진 관심사였고(그들은 이후에도 이단 문제로 계속 골머리를 앓았다) 이는 비단 프랑스 남부 지방만의 문제가 아니었다. 기독교회는 잡초들 사이에서 밀을 골라 거두어들일 사람들이 아직 필요했다. 교황 그레고리우스 9세는 새로운 수도회들을 유럽 전역으로 파

견하여 이단을 "심문(inquisitio)"하도록 했다("이단심문"을 뜻하는 영어 단어 inquisition이 이 라틴어 단어에서 유래했다). 그 새로운 수도회들이 바로, 각각 창설자의 이름을 딴 도미니코회와 프란치스코회였다.

설교자들의 수도회로 불리기도 하는 도미니코회는 이 책의 제13장에서 프랑스 남부를 다루며 이미 이야기했다. 프란치스코회는 아시시의 프란치스코(1226년 사망)에 의해서 도미니코회와 거의 같은 시기에 설립되었다. 이탈리아 중부에서 비단 상인의 아들로 태어난 프란치스코는 젊은 시절에 쾌락에 빠져 살다가, 어느 거지를 만난 후에 청빈의 미덕을 칭송하면서 자신의 생활방식을 사람들, 새들, (그의 전기 작가에 따르면) 심지어 늑대에게 설파했다고 한다. 1215년의 제4차 라테라노 공의회에서 그는 교황 인노켄티우스 3세로부터 청빈과 설교에 주안점을 두는 수도회를 창설하도록 허락을 받았다. 제13장에서 살펴보았듯이, 그때 교황의 머릿속에는 틀림없이 "카타리파"의 위협과 "십자군"이 무겁게 자리를 잡고 있었을 것이다. 실제로 프란치스코와 도미니코의 추종자들은 얼마 지나지 않아 유럽 도처에서 이단에 반대하는 설교를 했고, 이단자들을 다시 정통파 신앙의 품으로 돌려보내려고 애썼다. 훗날 두 수도회는 모두 헌신과 전향(덜 활발한 종교적 관행에서 더 활발한 종교적 관행으로 방향을 바꾸는 것)의 새로운 본보기를 제시하면서 중세 유럽의 지적, 정신적 삶에 필수적인 역할을 맡았고, 대륙 간의 교섭과 충돌을 둘러싼 매개체가 되었다. 특히 도미니코회는 이단에 맞선 교황의 사명을 대신 수행하고 정통성이 의심스러운 자들을 가차없이 색출함으로써 "주님의 사냥개들(Domini canes)"이라는 별명을 얻었다.

　이렇듯이 이단심문의 불길이 유럽 곳곳에서 타오르는 상황에서 그레고리우스 9세가 1239년에『성서』의 진실에서 벗어난 듯싶은『탈무드』의 이단 여부를 조사하도록 기독교 세계의 모든 통치자들에게 요구한 것은 전혀 놀라운 일이 아닐지도 모른다. 대다수 통치자들은 교황의 요구를 무시했지만, 프랑스의 젊은 국왕 루이 9세는 열광적으로 반응하며 자신의 어머니가 주관할 이단심문 재판소를 출범시켰다.

　1240년에 아직 젊은 루이 9세는『탈무드』를 조사해달라는 그레고리우스 9세의 요구를 진지하게 그리고 말 그대로 받아들였다. 이후 파리 대학교 총장, 파리 주교, 상스 대주교, 그리고 몇 명의 탁발수도사들이 박해를 주도했다. 그 사건의 피고인은 의심스러운 기독교 이단자들이 아니라, 파리의 유대교 율법학자들이었다.『탈무드』를 이용하는 유대인은 유대교 내부의 이단자라는 혐의가, 율법과 전통에 관한 그 해설집에는 히브리『성서』에서 벗어난 책이라는 혐의가 씌워졌다.

　물론 그것은 결론이 정해진 싸움이었다. 파리의 유대인들이 활개 치도록 결코 방치하지 말아야 한다는 결론 말이다. 그들은 기독교 세계인 유럽에서 이론상의 보호를 받는 지위를 누렸지만, 그 지위는 물리적 폭력으로 분출될 수 있고 또 실제로도 종종 분출된 지적 적대감에 여전히 에워싸여 있었다. 우리에게 친숙한 아우구스티누스는 일찍이 유대인의 굴종적 지위가 기독교의 진리를 "증명한다"고, 또 이스라엘인의 성전이 파괴되고 기독교가 발흥한 것으로부터 이 세상에 대한 하느님의 계획이 예수를 받아들이지 않은 유대인에 대한 "징벌"이라는 사실이 역사적으로 입증되었다고 주장했다. 중세의 기독교인이 볼 때, 유대인은 폭력—괴롭힘, 차별, 때로는 폭행과 살인—을 당하는 경험을 통해서 굴종적 지위를 상기할 필요가 있었다. 따라서 교황이 요구하고 프랑스의 국왕이 지원하고 기독교 성직자들이 참여한 재판의 결과에는 전혀 의심의 여지가 없었다.

　기독교인 배심원들 대다수는 『탈무드』가 불경하고 금지되어야 하며 불태워야 마땅하다는 점에 합의했다. 그래서 1241년 6월에 사람들은 수천 권은 아니어도 수백 권의 『탈무드』 필사본을 그레브 광장으로 옮겨 차곡차곡 쌓은 후에 불을 붙였다. 불길이 너무 높이 솟구친 나머지 아마 센 강 건너편에 있는 노트르담 대성당의 스테인드글라스에 반사되었을지도 모른다. 1241년에 『탈무드』가 불타는 모습을 직접 목격한 유대교 율법학자 로텐부르크의 마이어는 13세기 말에 다음과 같이 개탄했다. "모세가 석판을 깨트렸고, 나중에 또다른 사람이 그 바보짓을 되풀이했다네 / 율법을 불태우면서…… / 나는 저들이 그대로부터 약탈품을 거두어들여 / 광장 한가운데에 모아두고……하느님의 전리품을 불태우는 모습을 보았다네." 마이어는 빛의 도시인 파리에서 그토록 높이, 그토록 환하게 타오르는 불길이 역설적으로 "나와 그대를 어둠에 빠트린다"며 애통해했다.

파리가 언제나 왕권의 중심지였던 것은 아니다. 당시 파리는 왕권의 중심지로 발돋움한 지 얼마 되지 않은 도시였다. 중세 유럽의 많은 통치자들이 왕을 자처했지만, 왕이라는 칭호만으로는 권력을 행사할 수 없었다. 관건은 그가 군인을 얼마나 동원할 수 있는지, 세입을 얼마나 안정적으로 확보할 수 있는지, 혹은 궁정 밖에서 사법권을 얼마나 행사할 수 있는지였다. 따라서 왕들은 사람들의 청원을 듣거나 자신의 존재감을 드러내기 위해 영토 곳곳을 돌아다니면서 권위를 확인했다. 예컨대 카롤루스 왕조의 제국이 분열되었을 때, 서프랑크 왕국의 국왕 카롤루스 2세 칼부스와 그의 후계자들이 끊임없이 돌아다녔던 탓에, 콩피에뉴에 있는 궁전을 비롯한 몇몇 궁전들, 상리스 주교구 같은 몇몇 주교구들, 그리고 생-드니 수도원 같은 몇몇 수도원들이 권력의 중심지 역할을 맡았다. "경건왕" 로베르 2세(재위 996-1031)의 치세에 권력을 잡은 카페 왕조는 도시 오를레앙과 플뢰리 수도원에 더 가까운 루아르 강 주변에 주목했다. 로베르 2세의 손자인 필리프 1세(재위 1060-1108)의 치세에, 정확히는 1100년 이후에야 비로소 프랑스 국왕의 눈길이 일-드-프랑스(Île-de-France : 프랑스 수도권을 가리키는 용어/옮긴이)와 파리 인근으로 더 확실히 쏠리게 되었다.

필리프 1세는 권력을 위협하는 노르망디의 공작과 플랑드르의 백작 같은 주요 영주들을 견제하기 위한 하나의 방편으로, 군주제와 파리 북쪽의 생-드니 수도원 사이의 관계를 복원했고, 생-드니 수도원의 수도사들에게 아들─장래의 루이 6세(재위 1108-1137)─의 교육을 맡김으로써 향후 그 수도원이 누리게 될 중요성을 예고했다. 그 무렵에 루이 6세와 쉬제라는 수도사─루이와 나이가 비슷했다─는 서로 가까워졌고, 이후 평생토록 절친한 관계를 이어나갔다. 1122년경에 생-드니 수도원의 원장직에 올랐고 나중에는 아키텐의 여공작 알리에노르에게 골칫거리가 된 쉬제는 왕실과 교황청에서 엄청나게 많은 시간을 보냈다. 나중에 그는 루이 6세의 아들이자 후계자를 대신하여 섭정을 맡았고, 생-드니 수도원뿐만 아니라 파리의 물리적 풍경도 바꾸어놓았다. 그는 공간을 재구성하여 웅장함과 빛을 통해서 왕의 위엄―특정 왕의 위엄뿐만이 아니라 기독교적 왕권이라는 개념의 위엄, 그리고 왕권과 교권이 맺은 관계의 위엄―을 드높일 수 있다고 생각했다. 물론 그의 생각이 실현되자 생-드니 수도원의 위엄도 왕의 위엄과 함께 드높아졌다.

훗날 남긴 글에서 쉬제는 원장이 되었을 때 생-드니 수도원의 물리적 상태가 개탄스러웠다고 주장했다. 그래서 당장 재건에 나섰다. 그것은 최소한 일부분은 통찰력 있는 척하는 지도자가 이끄는 "개혁"이 필요하다는 주장에 불과했다(설령 그의 주장이 어느 정도 진실이었다고 해도, 정통성이 필요한 지도자에게는 오직 자신만 해결할 수 있는 문제가 있어야 하는 법이다). 여하튼, 근본적으로 재해석되어 재건축된 생-드니 수도원 성당은 1140년대 초에 완공되어 하늘을 향해 치솟았다. 오래 전부터 지금까지 그 건물은 고딕 양식의 발상지로 불려왔다. 구조물을 든든히 지탱하기는 해도 창문을 뚫어 빛이 들어올 여지는 좀처럼 없었던 육중하고 두꺼운 벽에서부터 탈피한 양식 말이다.

생-드니 수도원 성당은 번쩍번쩍 빛났다. 쉬제가 성당을 그렇게 만든 데에는 의도가 있었다. 그는 관람자를 지상에서 천상으로 옮겨주는 한편, 하느님의 대리인이라는 군주의 주장을 뒷받침할 성스러운 공간을 만들려고 했다. 중세의 군주들은 군대, 세제 개혁, 사법적 통제 같은 다양한 수단으로 위엄을 드높였다. 그러나 그런 수단이 계속 효과를 내려면 이야기가 필요했다. 그래서 쉬제 같은 종교인들, 그리고 그들이 의뢰한 예술품이 활용된 것이었다. 가령, 쉬제는 프랑크 왕국의 왕들의 이야기와 1099년에 예루살렘을 정복한 이야기를 창문에 묘사하도록 의뢰했다. 쉬제는 필요한 금과 보석의 무게를 꼼꼼하게 기록하면서 성당에 돈을 쏟아부었다. 훗날, 기독교회의 치부 행위를 비판한 클레르보의 베르나르와 아시시의 프란치스코 같은 사람들은 쉬제의 그런 과시적인 행동을 퇴폐적이라고 여겼을지 모르지만, 쉬제는 청빈을 역설하면서도 사치스럽게 생활하는 위선자는 아니었다. 그 진지한 성직자는 광명—스테인드글라스를 통해서 쏟아지고 보석에 반사되어 번쩍이는 금빛 광선—을 지상에서 천상을 재현하거나 사람들을 지상에서 천상으로 올려줄 수 있는 가능성이 가장 높은 수단이라고 생각했다.

암흑시대라는 개념을 지지하는 사람들에게는 높이 솟은 아치, 빛나는 금속, 번쩍이는 스테인드글라스조차 쇠락의 징후이다. "고트족의"라는 뜻인 "고딕"은 16세기 이탈리아의 건축가 조르조 바사리가 중세의 예술을 부정적으로 표현하려고 고안한 용어였다. 그는 중세의 예술을 로마를 약탈한 고트족처럼 야만스러운 예술이라고 비난하고자 했다. 훗날, 거대하고 화려하게 장식된 교회들은 부자가 노동자를 억압하려고 종교를 어떻게 활용했는지를 드러내는 착취의 상징이 되었다. 그러므로 현대의 편견을 배제하고 중세의 예술, 중세의 위엄을 그대로 직면하는 태도가 더욱 중요하다. 쉬제는 자신의 저작과 의뢰한 예술품들에 최선을 다했다.

예를 들면 쉬제는 장인들을 시켜서 생-드니 수도원 성당의 청동 문에 다음과 같은 글귀를 새기도록 했다. "금과 비용이 아니라 작품을 만든 장인들의 솜씨에 경탄하라. 고귀한 작품은 빛난다. 그러나 고귀하게 빛나는 이 작품은 마음을 반짝이게 하여 마음이 참된 빛들을 통해 그리스도가 참된 문이 되신 곳, 그야말로 참된 빛에 이르도록 해야 한다." 대성당 건축가들이 성스러운 설계의 지적인 본보기를 통해서 만든 공간, 특히 빛을 극대화한 공간을 통해서 빛의 시대의 관람자들은 우화적 차원에서 또다른 장소인 천상으로 움직일 수 있었다.

그러나 권력과 아름다움은 그대로 남아 있기 어렵다. 생-드니 수도원 성당의 재건 사업은 12세기 말부터 13세기 초까지 파리 안팎에서 일종의 건축적 "군비경쟁"을 일으켰다. 파리가 왕권의 중심지로 자리를 잡자 파리의 각 세력은 성은을 입으려고 다투었고, 군주제와 신을 연결하는 중심을 차지하기 위해서 경쟁했다. 먼저 공세에 나선 것은 파리의 주교들이었다. 그들은 생-드니 수도원 성당의 재건 공사가 거의 완료된 직후에 노트르담 대성당을 재건하기로 결정했다.

약 1세기 이후인 1250년경에 완공된 건물은 2019년 4월에 비극적으로(그리고 뜻하지 않게) 불타버린 상징적 건물과 똑같지는 않았다. 대신에 그 건물에는 구원의 역사에서 성모 마리아(노트르담은 "우리의 여인", 즉 "성모 마리아"를 뜻한다)가 어떤 역할을 맡는지, 그리고 파리의 주교들이 어떻게 성모 마리아의 유산을 지키는지, 또 성모 마리아를 파리와, 따라서 왕과, 따라서 왕국 전체와 어떻게 연결하는지에 대한 더욱 일관적인 건축적 언명이 담겨 있었다.

이따금 우리 현대인들은 중세 교회들의 노출된 석재와 장엄한 공간을 되돌아보면서, 그 석재와 공간이 영국의 어느 들판에 서 있던 돌 십자가와 마찬가지로 총체적인 감각적 경험을 의도한 것이라는 사실을 잊어버린다. 레베카 발처의 말을 빌리자면, 석조 파사드(façade : 건물의 정면/옮긴이)를 장식하는 조각품은 중세의 방문객에게 "그가 구원에 대해서 알아야 하는 모든 것들을 시각적으로 묘사한 대형 게시판"의 구실을 했다. 노트르담 대성당의 석조 파사드는 이스라엘 왕국과 유다 왕국의 왕들부터 시작해 예수 그리스도의 강생(降生)을 거쳐, 드니(파리의 초대 주교)를 지나, 최후의 심판에 이르는 역사를 들려주었다. 방문객들이 노트르담 대성당 안으로 들어가면, 줄기차게 울려 퍼지는 미사곡 사이로 향이 타는 냄새가 났다. 그들은 파리 주교를 통해서 성모 마리아와 13세기의 파리를 연결하고, 또 성모 마리아와 국왕을 연결하도록 구조화된 전례 성가를 들었다. 더 안쪽으로 걸어들어가서 성인들의 유물이 보관된 지하실로 내려가면 신성함을 맛볼 수 있었을 것이다. 실제로 성당 관계자들은 방문객들이 기도를 드리다가 성골함의 보석이나 천 조각, 심지어 뼈까지 조금씩 훔쳐갈까 봐 유물 주변에 경비병을 배치해야 할 때가 많았다. 텅 빈 회중석에 서 있으면, 특히 화창한 날에는 피부로 색을 느낄 수 있었다.

새로운 고딕 양식에서는 모든 것이 위쪽으로 이어졌다. 고딕 양식으로 지어진 성당의 회중석의 천장은 흔히 10층 높이 이상이었다. 끝이 뾰족한 첨두 아치와 "버팀도리"로 불리는 부벽은 천장의 무게를 덜어주면서 바깥쪽으로 분산했고, 덕분에 튼튼하고 요새 같던 외벽이 우아하고 가벼운 외벽으로 바뀌었다. 목재로 이루어진 세계에서 석재는 주목을 끌었다. 그러나 전기가 출현하기 전의 세계에서는 그보다는 빛이 더 중요했다. 그 세계는 불에 의해서만이 아니라 태양에 의해서도 밝아지는 세계였고, 태양의 역할이 더욱 중요했다. 햇빛이 **건물 안**에 비치도록 하는 것, 실내가 환해지도록 하는 것은 성스러운 요소를 포착하는 것과 같았다. 따라서 무거운 석벽은 반투명하고 빛을 내는 스테인드글라스로 대체되었다.

성당은 동서 방향으로 지어진다. 출입구는 서쪽 끝에, 제단은 동쪽 끝에 있다. 중세의 대다수 대성당에서 스테인드글라스는 회중석의 양쪽에, 즉 남쪽과 북쪽에 설치되었다. 그것은 신학적 언명이었다. 북반구의 여느 곳과 마찬가지로 파리에서도 모든 건물의 남쪽 면이 햇빛을 더 많이 받는다. 따라서 중세의 성당에서 『신약 성서』의 장면은 『구약 성서』의 장면이 그늘에 가려진 경우에도 햇빛을 받아 환했을 것이다.

1200년경 파리의 노트르담 대성당은 파리 주교가 머무는 주교좌 성당이라는 점 외에도 몇 가지 이유 때문에 중심이 되었다. 1100년경부터 소수의 상류층을 대상으로 하는 교육은 지방의 수도원이 아니라 도시와 대성당에서 이루어지기 시작했다. 더 큰 도시들이 출현하고 경제가 안정되고 종교적, 정치적 구조가 더 체계화되자, 도시들은 더 매력적인 교육의 현장으로 발돋움했다. 글을 읽고 쓸 줄 아는 사람들이 늘어나는 세계에서, 즉 더 복잡한 형태의 종교법과 세속법을 고집하는 세계에서 보조의 손길이 필요했던 성직자와 귀족들은 새로운 대성당 학교를 졸업한 학생들에게 눈독을 들였다. 그리고 12세기가 차츰 무르익는 동안, 젊은 남자들(그리고 여자들도!)이 유럽 전역에서 파리로 찾아오면서 노트르담 대성당의 부속 학교가 가장 환하게 빛나기 시작했다.

그러다가 1200년에 파리의 어느 술집에서 싸움이 벌어졌다. 센 강의 왼쪽, 즉 남쪽 강변에 살면서 노트르담 대성당 학교에 다니던 어느 독일인 학생과 그의 친구들이 술집에서 포도주를 마시려고 했다. 그런데 아마 술집 주인이 속임수를 쓰는 바람에 독일인 학생 일행(충격적이게도 당시에 술에 취해 있었던 모양이다)이 짜증이 나서 술집 주인을 폭행하고 술집을 부숴버린 것 같다. 술집 주인은 당국에 신고했고, 당국은 치안대를 동원했다. 치안대는 문제의 학생들을 상대로 난투를 벌였고, 그 과정에서 학생 여러 명이 사망했다. 학생들과 연대한 노트르담 대성당 학교의 교사들은 강의를 거부했고, 국왕이 정의를 구현하지 않는다면 학교를 다른 곳으로 옮기겠다고 으름장을 놓았다. 국왕은 그렇게 했다. 관리들과 치안대는 투옥되었고, 필리프 2세는 노트르담 대성당 학교와 교사, 학생들을 보호하는 칙령을 반포했다. 그는 그 학교의 교사와 학생들이 법적 권리를 누리는 집단이라는 사실을 인정했다. 우리는 그들을 "법인"이라고 부를 수 있겠고, 그들은 스스로 우니베르시타스라고 일컬었다.

13세기 말에야 공식적으로 우니베르시타스라고 불렸지만, 파리 대학교(노트르담 대성당 학교의 후신이다/옮긴이)는 꾸준히 국왕의 후원을 받았다. 그러나 파리 대학교는 대성당을 바탕으로 설립된 학교였기 때문에 파리 주교와 그의 추종자들은 그 집단에 통제권을 계속 행사하기를 원했고, 이미 탈바꿈한 그 대학교를 지배하고 싶어했다. 그들의 대성당이 하늘을 향해서 솟구치는 상황에서도 말이다.

　그러다가 술집 싸움이 또 일어났다.

　1229년의 어느 날, 한 무리의 학생들이 술집 주인과 술값을 둘러싸고 시비가 붙었다. 그날은 학생들이 싸움에서 졌지만, 이튿날 그들은 앙갚음하려고 돌아와 술집을 박살냈다. 역사는 되풀이되지 않지만, 가끔 메아리칠 때가 있다. 아들인 루이 9세의 섭정인 블랑카 데 카스티야는 학생들을 체포하도록 지시했으며 학생들의 숙소를 휩쓸어버렸고, 그 과정에서 학생 여러 명이 다치고 몇 명이 죽었다. 또다시 교사들은 학생 편에 섰고, 정의의 실현을 요구했다. 그러나 이번에는 그들의 뜻이 관철되지 않았다. 블랑카 데 카스티야와 파리 주재 교황 특사, 파리 주교는 그들의 요구를 들어주지 않았다. 당대의 연대기 저자인 매슈 패리스에 의하면 교사들의 요구를 거절한 이유는 전적으로 "특사의 음경" 때문이었지만(교황의 특사가 블랑카 데 카스티야와 바람이 났다는 소문이 있었다), 그 세 사람 모두 대학교에 강경한 태도를 보인 이유가 있었다. 블랑카 데 카스티야는 애초 학생들을 체포하라는 명령을 내린 장본인이었기 때문이고, 파리 주교와 교황 특사는 점점 커지는 학교의 힘을 억누르고 싶어했기 때문이다. 그 집단, 우니베르시타스는 해체되었다. 교사와 학생들은 1229년 봄에 파리를 떠났고, 적어도 6년 안에는 돌아오지 않겠다고 맹세했다. 어떤 사람들은 프랑스의 다른 대성당 학교로 갔고, 또다른 사람들은 옥스퍼드 대학교로 떠났고, 일부는 이탈리아나 스페인에 있는 "집"으로 돌아갔다.

루이 9세와 블랑카 데 카스티야, 그리고 교황은 대학교의 폐쇄 조치에 화들짝 놀랐다. 당시에도 학교는 공동체가 누리는 번영과 위신의 동력이었기 때문이다. 그 위기는 1231년에 교황이 대학교의 자치권을 사실상 인정하고, 교사와 학생들에 대한 왕과 주교의 통제권을 제한하는 칙령을 반포하면서 해소되었다. 그 칙령의 서두는 다음과 같다. "학문의 부모이자……문필의 도시인 파리는 정말 맑고 크게 빛나지만, 교사와 학생들에게 훨씬 더 큰 희망을 드높인다." 악마는 대학교를 파멸시키고 유럽을 암흑의 늪에 빠트리려고 몸부림쳐왔다. 그러나 자유가 허용되고 우니베르시타스가 공식적으로 인정되면서, 파리에 빛이 되돌아오려고 했다.

그러나 1230년대에 재건 중이던 노트르담 대성당으로부터 벗어난 것은 그 새로운 대학교만이 아니었다. 노트르담 대성당은 완공되기도 전에 이미 건축적 측면의 경쟁에서도 패배를 맛보았다. 이전부터 건축과 도상학 차원의 군비경쟁은 계속되었는데, 이번에는 그 경쟁이 센강 한가운데의 시테 섬에 있는 맞은편의 건물, 루이 9세가 의뢰한 새로운 예배당인 생트-샤펠 성당 쪽으로 옮겨갔다.

어머니의 섭정 이후 루이 9세가 친정을 펼치기 시작할 무렵, 파리는 의심할 바 없는 군주제의 중심지였다. 그는 관료제, 법률, 재정 부분의 실질적인 개혁을 통해서 신민에 대한 통치권을 강화해온 전임 국왕들의 중앙집권적 조치의 덕을 크게 보았다. 일부 역사가들이 말하는 행정적 왕권의 성장에는 긴장이 수반되었다. 잉글랜드에서는 격렬한 내전이 몇 차례 벌어졌고, 그중 하나는 국왕이 이론적으로 왕권을 제한하는 대헌장에 서명하는 결과로 이어졌다. 여러 측면에서, 카타리파를 상대로 벌어진 전쟁—주로 교황을 위한 것이었지만 프랑스 국왕의 영토에서 동원한 군대가 수행한 전쟁—은 또다른 내전으로 볼 수 있다. 이 전쟁들은 궁극적으로는 프랑스 남부에 대한 국왕의 통제권을 보장했다. 그리고 이제 그 통제권은 파리라는 도시를, 더 구체적으로는 센 강 한가운데, 즉 파리 한가운데의 섬을 중심지로 삼았다.

13세기 초까지 프랑스 국왕들은 시테 섬 서쪽 끝에 있는 궁전인 팔레 드 라 시테에 주로 거주하며, 맞은편의 노트르담 대성당이 점점 높아지는 모습을 바라보았다. 그러나 1238년에 이르자 그 궁전은 갑자기 주인이자 국왕인 루이 9세가 아닌, 이른바 왕 중의 왕인 그리스도에게 충분하지 않은 공간이 되어버렸다. 그해에 루이 9세는 궁지에 몰린 라틴 제국을 상대로 복잡한 채무 탕감 협상을 맺음으로써 콘스탄티노폴리스로부터 그리스도의 수난 유물, 그중에서도 가시 면류관을 구입하는 개가를 올렸다.

중세의 모든 기독교인 지도층 인사가 그랬듯이 비잔티움 제국의 황제들도 종종 유물을 몰래 거래했다. 대체로 성십자가의 나뭇조각이나 성스러운 피 몇 방울이나 작은 뼛조각처럼 특정 유물의 일부분만 떼어내 선물로 보내기는 했지만 말이다. 가시 면류관, 성십자가의 나뭇

조각 등 예수의 수난과 연관된 유물들을 운반하는 일(translatio)은 귀한 유물을 선물로 보내는 전통에서 비롯되었지만, 그 전통을 훨씬 뛰어넘었다. 성스러운 유물들이 이동할 때에는 가상의 세계 지리가 재편된다. 혹은 최소한 그러한 재편에 대한 논거를 주장할 수 있기 마련이다. 루이 9세와 지지자들은 기독교 세계의 중심이, 그리스도가, 예루살렘이 그 유물들과 함께 왔다고 주장할 수 있었다. 『성 다니엘의 생애(*The Life of St. Daniel*)』의 저자들이 콘스탄티노폴리스가 5세기에 새로운 예루살렘이 되었다고 주장했듯이, 루이 9세는 예루살렘이 콘스탄티누스의 도시(콘스탄티노폴리스)에서 파리라는 도시까지 훨씬 더 먼 거리를 움직였다고 주장할 수 있었다. 그런 주장은 예술적 노력과 정치적 의례를 통해서 강화되었다. 엄숙한 행렬을 이끄는 루이 9세는 파리에 도착한 가시 면류관을 반갑게 맞이했다. 그는 로마 시대의 헐렁한 웃옷만 걸친 채 맨발로 걸으며 성골함을 손수 들었다. 가시 면류관은 노트르담 대성당에 잠깐 멈추었다가, 잠시 후 다시 출발했다. 가시 면류관의 최종 목적지는 따로 있었다. 바로 루이 9세의 궁전에 있는, 그리고 성 니콜라우스에게 헌정된 그의 개인 예배당(12세기에 건축된 성 니콜라우스 성당/옮긴이)이었다.

유물들을 구입하고 나서 얼마 지나지 않아 루이 9세는 가시 면류관을 위해서 궁전 예배당을 재건하는 일에 착수했다. 유물이 도착할 무렵에는 완공 전이었지만, 그 예배당은 1248년에 봉헌되었다. 그리고 행렬을 이끌며 보여준 루이 9세의 행동은 매우 의도적인 것으로, 그가 마음속에 그리던 파리의 대성당(그리고 주교)과 돌, 유리로 표현된 자신의 "거룩한 예배당"(생트-샤펠 성당) 사이의 관계를 암시하는 듯했다. 성모 마리아("우리의 여인", 즉 노트르담)는 물론 중요했지만, 하느님의 아들인 예수 그리스도만큼 중요하지는 않다는 뜻이었다.

생트-샤펠 성당은 완공되기도 전부터 교황권에 직속되어, 주교의 관할권으로부터 면속된다는 특혜를 받았다. 즉, 파리 주교는 같은 시테 섬 안에 있으면서도 생트-샤펠 성당에 대한 통제권이 없었다. 생트-샤펠 성당은 왕과 교황에게만 소속되었다. 생트-샤펠 성당은 왕궁 안의 개인 예배당이었지만, 일반인들도 특별한 축일에는 왕궁의 안뜰과 생트-샤펠 성당에 들어갈 수 있었던 것 같다. 성당 안에서 그들은 거의 스테인드글라스로만 이루어진 벽면을 쳐다보았다. 눈부신 파란색과 붉은색의 스테인드글라스를 통과한 햇빛이 금색의 성골함을 반짝이게 했고, 벽면을 장식하는 선명한 그림들을 환하게 밝혔다.

생트-샤펠 성당은 왕권에 대한 이야기를 들려주었다. 좌우 벽면에는 사도들의 조각상이 서 있었고, 스테인드글라스는 구원의 역사를 둘러싼 명확한 이야기를 보여주었다. 그러나 그 이야기는 예루살렘을 중심으로, 또 예루살렘이 "움직인" 과정을 중심으로 펼쳐졌다. 북서쪽 모퉁이를 기점으로 설치된 북쪽 벽면의 패널에는 「창세기」부터 「판관기」의 성지 쟁탈전에 이르기까지 『구약 성서』의 이야기가 담겨 있었다. 제단과 가시 면류관을 에워싼 동쪽 끝 벽면은 우화와 역사의 정점이다. 여기에는 이새의 나무(이새부터 그리스도까지의 계보를 나타내는 그림/옮긴이)가 선지자 이사야와 짝을 이루고 있고, 그다음에 복음사가 요한과 어린 시절의 예수가 차례로 보인다. 수난의 이야기는 제단 바로 위에서 펼쳐진다. 끝으로 비유적으로나 문자 그대로나 햇빛 덕분에 더 밝은 남쪽 벽면은『구약 성서』의 통치자들을 통해서, 그리고 루이 9세가 프랑스에서 유물을 맞이하는 모습이 묘사된 내닫이창을 통해서 왕권을 더욱 직접적으로 지향한다. 그리고 모든 창문이 프랑스 왕국의 백합 문장으로 장식되어 있다.

생트-샤펠 성당 안에 묘사된 이야기는 감지하기 어렵지 않았다. 이미 우리는 구원의 역사를 살펴보았지만, 생트-샤펠 성당의 경우 구원의 역사는 결국 "가장 기독교적인 왕(christianissimus rex)"인 루이 9세로 이어졌다. 실제로 예술사가인 앨리스 조던은 창문에 표현된『성서』의 장면에 가끔 사제가 보이지 않는다고 지적했다. 예컨대 남쪽 벽면을 따라서 묘사된 대관식 장면에서는 사제들이 아니라 왕권의 본보기들(즉, 이스라엘의 왕들)이 왕들에게 관을 씌워주고, 귀족들이 아니라 백성 전체가 왕들에게 환호를 보낸다. 그런 예술적 표현에 힘입어 세속의 통치자들은 사제나 주교, 교황을 상대할 필요가 없는, 신의 대리인이라는 지위에 오른다. 생-드니 수도원 원장이 시작하고 파리 주교가 이어받은, 성스러운 건축물을 둘러싼 그 군비경쟁은 왕이 그 모든 것을 지워버리며 종식되었다.

1250년에 이르러 프랑스는 파리 정중앙에 높이 솟아 있는 새로운 대성당과 눈부시게 화려하고 독자적인 예배당 덕분에, 더는 파리 북쪽에 있는 생-드니와 그 수도사들의 보호를 받지 않게 되었다. 더는 성모 마리아와 파리 주교의 보호를 받을 필요가 없어진 것이다. 프랑스에는 새로운 국왕이 있었다. 촛불과 빛 한가운데에서 파란색과 붉은색에 둘러싸인 채 전임자들, 기독교의 『구약 성서』와 『신약 성서』 모두에 나오는 이스라엘의 왕들을 응시하며 서 있는 왕이 있었다.

✦

1240년, 『탈무드』에 대한 판결이 선고되었다. 그러나 『탈무드』를 불태우는 일은 벌어지지 않았다. 『탈무드』 분서 사건은 그로부터 1년 후에 일어났다. 모든 역사는 우연성, 내려질 법하지 않았던 결정이나 다르게 전개될 수 있었던 과정과 관계가 있다. 그 "재판"에 참여한 배심원들 중에서 가장 힘 있는 인물이었던 상스 대주교가 중재에 나섰고, 유대인 공동체에 『탈무드』를 돌려주도록 루이 9세를 설득했다. 교황도 『탈무드』의 "불쾌감을 주는" 내용은 검열 대상이지만, 『탈무드』 자체를 금서로 지정하거나 불태워버릴 수는 없다고 말했다.

그러나 교황의 명령과 상스 대주교의 이의 제기가 무색하게도, 루이 9세의 요구에 따라서 손수레 여러 대 분량의 『탈무드』가 그레브 광장으로 운반되었다. 루이 9세는 자신이 배운 교훈을 명심했다. 아울러 수도원과 교회, 궁전, 예배당을 둘러싼 이야기에서 배운 만큼 그도 가르쳐야 했다. "가장 기독교적인" 왕에게는 하느님을 위해 백성을 보살필 책임이 있고 그 책임에는 열의가 필요했다. 왕은 가난한 자들을 열심히 보살피고 열정적으로 정의를 실현해야 했다. 그러나 비잔티움에서 건너온 가시 면류관을 받은 가장 기독교적인 그 왕은 중세인들의 관점에서 주님을 박해하는 자들에게 열정적으로 맞서야 하기도

했다. 유대인은 처벌의 대상이었다. 이슬람교도는 정복과 개종의 대상이었다. 세상은 정화되어야 했고, 지상의 대리인인 루이 9세 자신에 의해서 하느님에게 인도되어야 했다.

　그후 이어진 수십 년간 화려한 스테인드글라스의 아름다움에 둘러싸인 채, 루이 9세는 종속적 위치를 상기시키기 위해서 유대인을 개종시키려는 노력을 강화했다. 그후 이어진 수십 년간 루이 9세는 북아프리카에서 이슬람교도를 상대로 성전을, 그것도 한 번이 아니라 두 번이나 펼쳤다. 그후 이어진 수십 년간 루이 9세는 아마도 생트-샤펠 성당 밖에 서서 자신이 그레브 광장에 붙인 불과 이집트의 다미에타를 포위하며 붙인 불에 대해서 숙고했을 것이다. 어쩌면 그는 자신이 전혀 본 적이 없는 불, 예컨대 당시 저 멀리 떨어진 땅에서 일어나고 있었지만 결코 무시할 수 없는 몽골족의 정복 활동으로 붙은 불도 마음속에 그리고 있었을지 모른다. 루이 9세는 십중팔구 대칸국의 수도인 카라코룸을 환하게 밝힌 불에 대해서도 오래도록 골몰했을 것이다. 특히 몽골로 파견된 그의 사절이 동맹 가능성에 관한 소식을 듣고 파리로 돌아온 1259년에는 더 그러했을 것이다. 이단자와 불신자, 자기 권력의 장애물로 보이는 자들을 우선 제거했다면, 루이 9세처럼 몽골족도 끝내 성지를 되찾으려는 신의 의지의 대리인들(루이 9세는 자신을 그렇게 여겼다)이 될 수 있었을까?

15

동쪽 대초원 지대의
반짝이는 눈

뭉케 칸(몽골 제국의 제4대 칸/옮긴이)의 조신들은 서쪽에서 건너온 자들이 맨발인 까닭이 궁금했다. 그들이 기독교인이라는 점이나 스스로를 너무 중요하게 여긴다는 점은 이상하지 않았다. 그 두 가지 점은 몽골 제국 곳곳에 익히 알려져 있었다. 그러나 대초원 지대의 날씨는 확실히 추웠다. 발가락에 동상이 걸려도 상관이 없는 것일까? 조신들의 궁금증은 뭉케 칸의 조정에서 그를 섬기던 헝가리 출신의 하인 덕분에 풀렸다. 그 헝가리인에 따르면, 그들은 루이 9세의 지시에 따라 몽골족을 기독교로 개종시키려고 찾아온 프란치스코회의 탁발수도사들이었다.

헝가리 출신의 그 기독교인은 뭉케 칸과 조신들에게 탁발수도사의 청빈 서약에 대해서 설명해주었다. 극단적인 종교적 고행은 아시아 대륙의 광범위한 종교적 관습에서도 쉽게 찾아볼 수 있었기 때문에 다들 마음을 놓았다. 뭉케 칸의 비서실장에 해당하는 신하(그는 중동부 아시아 지역에서 가장 우세한 기독교 형태인 네스토리우스파 신자였다)가 서쪽에서 건너온 그 탁발수도사들에게 숙소를 마련해주었다. 나중에 뭉케 칸은 그들에게 탁주를 하사했고, 프랑스의 농업 자원에 관한 질문을 퍼부었고, 자신의 조정에 머물거나 아니면 근처에 있는 수도인 카라코룸으로 가서 추운 계절이 끝날 때까지 안전하게 기다리라고 말했다. 그들은 뭉케 칸의 말을 따랐고, 원래의 임무를 완수하지는 못했지만 신발을 신게 되었다. 그 탁발수도사들은 1253년과 1255년 사이에 드넓은 아시아 대륙을 횡단했고, 들려줄 이야기, 그리고 멀쩡한 발가락과 함께 돌아왔다.

서유럽의 역사에 대한 전통적인 인식에서 볼 때, 프란치스코회의 탁발수도사들이 몽골 제국으로 건너온 사건은 후진적인 서양이 드디어 세련된 아시아에 도달했다는 변화를 나타내는 것처럼 보일 수 있다. 여기에는 진실의 핵심이 담겨 있을 것이다. 몽골족은 대초원 지대에서 벗어나 더 넓고 더 도회적이고 더 농업 중심적인 세계로 진출한, 중국 땅 주변부의 유목 민족이었다. 유럽인들이 카라코룸에 도착할 무렵에 몽골족은 이미 유례없는 규모의 제국을 건설한 상태였다. 여러 요인들 중에 특히 몽골족이 아시아의 광활한 땅에 부여한 단일성, 다시 말해 피와 죽음을 바탕으로 이루어졌을 뿐만 아니라 도로의 안전을 유지하기 위해서 배치된 넉넉한 병력 덕분에도 조성된 단일성이 아시아 대륙의 대부분을 가로질러 안전하고 수월하게 이동할 수 있는 비결이었다. 유럽 출신의 라틴 기독교인들은 몽골족 세계의 내부와 주변부에 있는 여러 민족들처럼 그 이동의 편의성을 활용했다. 그러나 앞에서 확인했듯이 빛의 시대 내내 사람들은 자의든 타의든 간에 경계를 넘어 다녔고, 물질적인 상품과 관념, 심지어 때로는 병원균과 함께 이동했다. 그런 의미에서 볼 때, 아시아의 대부분을 무대로 펼쳐진 몽골족의 정복 활동은 이미 오랫동안 존재해온 관례와 연관성을 증진하고 강화했다.

게다가 지역을 가로지르는 만남이 증가하는 현상은 여러 방향에서 나타났다. 유럽인들은 동쪽으로 갔다. 동아시아인들은 서쪽(그리고 북쪽과 남쪽)으로 갔다. 중앙 아시아인들은 사방으로 이동했다. 사람들은 더 자유롭게 움직였다. 전쟁에 따른 혼란에 휩쓸리거나 노예로 전락하는 바람에 어쩔 수 없이 움직이기도 했고, 그 과정에서 개인적인 성취나 단순한 생존을 위하여 여러 언어들을 습득하는 경우가 많았다. 그러므로 헝가리인이 통역으로 뭉케 칸을 섬기고 있던 것은 놀랄 일이 아니다. 같은 세기(13세기) 말에 베네치아의 상인 마르코 폴로가 몽골족이 통치하는 중국으로 떠나서 쓸모 있는 외국인으로서 쿠빌라이 칸을 섬겼다는 것도 그럴듯한 일이다. 그의 모험담이 진실인지는 확실히 알 수 없지만, 많은 사람들이 일확천금, 명예, 지식, 신성함, 외교, 탈출 따위를 목적으로 고향에서 멀리 떨어진 곳을 돌아다녔다는 것은 분명하다. 몽골족이 발흥하면서 정복과 무역으로 동아시아와 서유럽을 연결하는 고리가 단단해졌고, 개인들이 전근대 세계에서 이동할 수 있는 새로운 가능성이 펼쳐졌다. 수도사들은 중국에서부터 콘스탄티노폴리스, 로마, 바그다드까지 걸어갔다. 상인들은 베네치아에서 중국까지 배를 타고 갔다. 외교관들은 이곳저곳을 왕래하며 체류했다. 유럽이 항상 연결되어 있었다는 사실을 이해하면, 몽골족이 일으킨 변화를 완전히 다른 각도에서 바라볼 수 있다.

༄༅

프란치스코회의 윌리엄 루브룩(빌럼 판 루브뢱)을 몽골 제국의 칸과 카라코룸으로 이끈 유럽의 역사적 사건들은 앞의 몇몇 장들에서 우리가 살펴본 12세기와 13세기 역사의 줄기들을 한데 엮어낸다. 프랑스의 국왕은 가장 웅대한 포부를 품고 있고, 기독교 설교자들은 저 멀리까지 건너갈 태세이고, 이슬람 세계는 강력하지만 분열한 상태이다. 그런데 이때 몽골족이 나타나 세계 지도를 다시 그린다.

훗날 칭기즈 칸으로 불리는 인물은 1162년에 테무친이라는 이름으로 태어났고, 대초원 지대를 차지한 여러 유목 민족들의 틈바구니에서 자랐다. 그가 거대한 초지역적 제국의 통치자로 등극한 것은 조심스럽게 말해서 생각하지도 못할 일이었다. 아마 세계사에서 가장 가능성이 낮은 사건이었을 것이다. 테무친의 아버지는 부족장이었으나 그가 아홉 살 때 살해되었다. 부족 사람들은 테무친을 우두머리로 인정하지 않았고, 그와 가족들은 몽골 사회의 변두리이자 가혹하고 위험한 대초원 지대에서 간신히 삶을 이어나가야 했다. 열일곱 살 때, 그는 적들에게 붙잡혀 감금되었으나 탈출했고, 군사 지도자로서 명성을 쌓기 시작했다.

물론 몽골족 공동체들은 내부적 분쟁과 동맹이라는 복잡한 상호작용을 둘러싼 역사를 거쳐왔지만, 여러 세기에 걸쳐 중국을 지배한 다양한 국가들의 영향 아래에 놓여 있었다. 사실, 아시아의 대다수 지역에서 농업 중심적이고 도회적인 국가들은 경계를 넘어 교류했다. 또한 대규모 축산업을 통해서 생계를 유지하는, 변화무쌍한 목축 유목민 집단들과도 교류했다. 그런 우발적인 만남은 교역과 문화적 교류를 촉진하는 등 유익하게 작용할 수도 있었지만, 유목민이 온갖 이유로 경계를 넘어와 비교적 정주민이 많은 지역을 습격하기 시작하면서 심각한 분쟁을 초래하는 경우도 많았다. 따라서 중국을 지배한 국가들은 국경 지대의 유목민들이 계속 내분에 휘말리도록 유도하는 한편, 개별 유목민 집단에 호의를 베풀어 피보호자 겸 대리인으로 삼기도 했다.

그러나 테무친은 일련의 복잡한 정치적, 군사적 행보를 밟으면서 금나라 북쪽의 민족들을 통합하여 오늘날 우리가 카묵 몽골로 알고 있는 연합체를 세우는 데에 성공했다. 1206년, 그는 "사나운 통치자"라는 뜻의 칭기즈 칸으로 자처하며 새로운 지배권을 드러냈다. 그의 영도 아래에 몽골족은 차츰 중국 북서부의 대부분을 정복하기 시작했다(훗날 그의 후손들이 나머지 부분을 정복했다). 중국 북서부에 본거지를 확보한 그는 실크로드를 거쳐서 서쪽으로 펼쳐진 교역망에 관심을 쏟았고, 교역 문제를 조율하기 위해서 중앙 아시아의 거대한 호라즘 술탄국의 국경 지대로 상인사절단을 보냈다. 그러나 현지의 태수가 상인사절단을 첩자들로 의심했다. 공평하게 말하자면, 그들은 아마 **첩자들이었을 것이다**. 그들은 태수의 명령에 따라서 학살되고 말았다. 다시 파견된 사절단도 굴욕을 당한 후에 살해되었다. 전쟁이 일어났다.

이후 수십 년간, 쌍방이 전력을 다한 일련의 전쟁에서 몽골족을 격파한 군대는 거의 없었다. 기동성이 뛰어난 대초원 지대의 전사들이 불리한 조건에서는 싸움을 피했기 때문이다. 아울러 몽골족은 무자비한 잔학 행위를 저지르며 적들을 응징한 것으로 유명하지만, 칭기즈 칸은 초기부터 피정복 민족들—특히 저항 없이 항복한 민족들—이 자신의 군대와 제국에 투항하도록 퇴로를 열어주는 데에 유의했다. 그는 해묵은 원한을 최소화하고 패배한 몽골족 집단들을 제국에 편입시키기 위해서 몽골족 전체를 아우르는 새로운 정체성을 만들어냈다. 몽골족이 아닌 사람도 대칸을 섬기기로 약속하면 권력, 높은 지위, 많은 재물을 얻을 수 있었다. 어떤 측면에서 볼 때 이 부분은 앞에서 살펴본 프랑크인과 비잔티움인이 시행한 정책과 크게 다르지 않다.

정복 사업을 벌이는 동안에도 칭기즈는 병참과 경제에 주의를 기울였다. 호라즘과 대적하는 동안에도 몽골인들은 도로망을 깔고 곳곳에 소규모 기지인 역참을 체계적으로 배치했다. 역참은 교역소와 우체국의 기능을 결합한 것이었다. 역참에는 교대할 말이 상주했기 때문에 아주 먼 지역에까지 소식을 신속하게 전달할 수 있었다. 역참은 평시에는 제국을 하나로 묶는 관계망 속의 교차점 역할을 맡았다. 몽골인들은 제국의 공식 업무를 수행하는 사람임을 나타내는 안내문이 3개의 언어로 새겨진 금속 마패를 찍어냈다. 교대할 말과 마패가 있었기 때문에 운이 좋으면 몇 주일 만에 아시아의 대부분 지역을 이동할 수 있었다.

12세기에 아시아 중서부는 여러 전통을 가진 이슬람교도들—튀르키예인, 페르시아인, 아라비아인, 쿠르드인 등—이 다스리는 다양한 국가로 이루어져 있었다. 그곳에는 호라즘 술탄국의 도시 사마르칸트와 그보다는 중요성이 덜했던 바그다드, 아프리카의 이집트와 같은 권력의 중심지가 있었다. 그 권력의 중심지들은 하나씩 정복되었다. 칭기즈 칸은 군대를 이끌고 사막을 건넘으로써 사마르칸트로 통하는 더 순탄한 길을 막고 있던 훨씬 더 많은 병력의 적군을 피했기 때문에 호라즘 술탄국을 정복할 수 있었고, 덕분에 중앙 아시아의 교역로와 대도시들에 대한 통제권을 확보할 수 있었다. 서아시아 그리고 현대 중동의 이슬람 국가들의 부가 손짓했다.

그러나 이 정복의 이야기는 문화적, 혹은 종교적 증오의 이야기가 아니었다. 서유럽의 모든 기독교인 통치자와 사제들은 몽골족이 개종할 것이라고(그리고 이미 앞에서 살펴보았듯이 수없이 펼쳐진 성스러운 역사에 대한 미래상이 실현되도록 도울 것이라고) 기대했기 때문이다. 몽골인은 실리적인 이유로, 또 문화적인 이유로 종교에 실용적인 태도를 보였고, 그 덕분에 제국 곳곳을 이동하기가 쉬워졌으며, 탁발수도사들이 환영받을 수 있는 기반이 마련되었다. 몽골인에게 기독교인은 들어보지 못한 사람들이 아니었고, 새로운 금욕주의 종파의 "낯선" 구성원들로 보이지도 않았다.

실크로드는 스스로 고향을 떠나거나 강제로 추방된 이단자들의 피난처 역할을 하는 경우가 많았고, 그런 이질성(異質性)은 계속 유지되었다. 게다가 몽골족의 패권이 확대되는 가운데 그 새로운 제국의 통치자들은 광활한 제국을 운영하기에는 몽골인이 충분하지 않다는 중요한 문제에 직면했다. 이 문제를 해결하기 위해서 대초원 지대의 상류층은 남녀를 불문하고 현지의 지배 가문들과 혼인관계를 맺었고, 새로 차지한 영토를 빠르게 안정시키기 위해서 현지의 권력 관계망과 경제적 관계망을 흡수하여 활용했다. 칭기즈 칸은 외교적 이익을 고려하여 딸들을 새로운 동맹국으로 시집보냈는데, 그의 딸들은 단지 중요한 체스 게임의 말 같은 존재가 아니라 동맹국을 독자적으로 통치하고 관리하는 역할을 맡기도 했다. 그러나 몽골인이 아무리 자식을 많이 낳거나 아무리 혼인관계를 많이 맺어도, 광활한 제국에는 몽골인이 아닌 태수, 관료, 군인, 심지어 장군도 필요했다. 그 외국인들은 대부분 이슬람교도였고, 네스토리우스파 신자도 일부 있었다. 칭기즈 칸을 비롯한 몽골인들은 영원한 하늘을 의미하는 텡그리(Tengri)를 숭배했지만 다른 신들에 대해서도 잘 알고 있었고, 종교를 근거로 다른 민족을 박해하거나 명예를 훼손할 이유가 없었다.

네스토리우스파는 5세기에 성모 마리아와 예수의 본질을 둘러싼 분쟁 때문에 비잔티움 제국에서 추방된 집단인 "이단자들"에 속했다.

네스토리우스파 신자의 관점에서 마리아는 신의 "어머니"가 아니라 인간 예수를 낳은 사람이었다. 그들은 예수의 인성이 어떻게든 예수의 신성과 분리되어 있으며, 아마 실제로 신성한 존재라기보다는 하느님에 의해서 생긴 존재일 것이라고 생각했다. 이 기독교 집단은 비잔티움 제국에서 열린 몇 차례의 공의회에서 혹독한 비난을 받았고, 그래서 제국에서 쫓겨나 동쪽으로 밀려났다.

네스토리우스파는 계속 동쪽으로 이동했고, 훗날 아시아 중동부 기독교의 지배적인 신앙으로 자리를 잡았다. 오늘날 중국에는 네스토리우스파 신자들이 7세기에 당나라의 수도 장안에 도착한 일을 기념하며 세운 비석이 남아 있지만, 그들은 수백 년 후에 중국에서 쫓겨나고 말았다. 그래도 네스토리우스파 신자들은 약 500년이 지난 후에도 아시아 전역에 어느 정도 남아 있었고, 그 시점에 몽골족은 정교회 신자들, 아르메니아 기독교인들과 만나 그들을 정복했다. 프란치스코회 탁발수도사들은 기독교인(그들의 시각에서는 이단자였다)을 아시아에서 마주쳤다는 것에 놀랐지만, 교리상의 차이에도 불구하고 한 대륙에서 온 기독교인들은 다른 대륙에서 만난 기독교인들과 공통점을 발견하는 경우가 많았다. 탁발수도사들의 여정은 이동의 가속화 현상을 드러내는 징후이지만, 전적으로 새로운 것은 아니다.

서유럽의 왕국들도 몽골인에게는 그다지 낯선 대상이 아니었다. 수천 년간 민족과 관념들이 이동하면서 쌓인 유산 덕분에 탁발수도사들은 칸을 알현할 수 있었다. 물론 중앙 아시아의 구체적인 지정학적 변화상이 서쪽으로 전해지기까지는 오랜 세월이 걸렸고, 사람의 입을 통해서 전해지는 과정에서 왜곡되기도 했다. 전쟁으로 인한 불확실성 탓에 세부 사항이 흐릿해졌고, 평시에도 저 멀리 있는 사람들에게는 단편적인 진실을 담은 소식만이 전해지는 경우가 많았다.

시간이 점점 흐르면서 서유럽인들에게 새로운 군대가 이슬람 대도시들을 정복하고 대규모 군대를 무찔렀다는 소식이 들려왔다. 그들은 몽골 군대를 이끄는 기독교인들에 관한 소식을 들었던 것 같다. 살라딘이 이집트에서 창건한 아이유브 술탄국에 맞설 새로운 동맹이 생길 것이라는 희망이 피어났다. 그러자 라틴 기독교인 작가들은 저 멀리 동쪽 어딘가, 아마 인도나 에티오피아에 있다는 사제 겸 왕, 즉 막강한 기독교 군대를 이끌면서 예루살렘을 차지한 이슬람교도들을 정복할 통치자 사제왕 요한이라는 관념을 만들어서 그 희망에 대응했다. 이런 관념이 형성된 과정은 성 긴포르를 둘러싼 관념이 퍼진 과정과 다르지 않았다. 사제왕 요한의 신화는 문학, 예술, 전쟁 연대기 등 중세 문화 전반으로 퍼져나갔다. 사제왕 요한의 성스러운 진실을 드러내거나 현실정책(realpolitik)에 근거한 군사적 제휴관계를 맺으려는 과정에서, 다수의 개인들이 서쪽에서 동쪽으로, 또 동쪽에서 서쪽으로 향했다. 물론 동쪽으로의 움직임은 유럽인의 민족중심주의 때문에 항상 곤란을 겪었다. 학자 시에라 로무토가 입증했듯이, 동쪽으로 떠난 유럽인들은 결코 중립적인 관찰자가 아니었고, 동쪽에서 마주친 사람들의 근본적 인간성을 의심하면서 본인들의 인종적 우월성을 고집했다. 그들은 동쪽에서 본인들과 똑같은 사람을 만날 수 있으리라고 기대했고, 자신들과 달라 보이는 자들을 업신여겼다.

문제의 탁발수도사들은 유럽이 몽골족의 침략으로부터 일시적으로 벗어난 시점에 서쪽으로 갔다. 몽골족의 침략이 잠시 중단된 것은 유럽인들이 취한 행동과는 무관했고, 몽골족의 내부 정치(그리고 아시아 대륙의 거대한 크기)와 깊은 관계가 있었다. 칭기즈 칸은 1227년에 세상을 떠났고, 후계자로 지명된 아들 오고타이가 그의 뒤를 이었다. 몽골족은 또다시 서쪽을 휩쓸었지만, 이 무렵의 몽골족은 여러 갈래로 분열된 상태였다. 새로운 통치자로 등극한 오고타이는 몽골인들의 주요 이동 경로에 위치한 도시 카라코룸을 수도로 삼았지만, 이후 몇 세대 만에 칭기즈 칸의 아들, 딸, 손주들, 온갖 친인척들이 선대의 정복 영토를 나누어 가졌고, 제국은 어느 정도 독자적인 "군주국(칸국)"으로 쪼개지기 시작했다. 카라코룸에 있는 통치자에게 이는 전적으로 달갑지 않은 결과는 아니었다. 통치자들은 효율적인 소통을 위해서 역참망을 확장했지만, 몽골족의 영역이 엄청나게 넓었기 때문에 자치가 필요했다.

유럽인들은 몽골족의 그런 내부 정치를 속속들이 알지는 못했겠지만, 몽골족이 곤경에 빠져 있다는 사실은 알았다. 칭기즈 칸의 손자인 바투 칸은 1237년에 대군을 이끌고 키예프 루스인들의 땅으로 쳐들어갔고, 끝내 하나가 되어 저항하지 못한 슬라브인의 공국들을 무너트렸다. 그다음 몽골족은 저 멀리 서쪽으로 시선을 돌렸다. 1241년, 2개로 나뉜 몽골족 군대가 오늘날의 폴란드와 헝가리를 침공해 큰 승리를 거두었고, 자그레브까지 진격한 후에 빈에 대한 공격을 신중히 고려했다. 그러나 실제로 공격은 이루어지지 않았다. 오고타이가 죽었

고(전해지는 바에 따르면 포도주를 너무 많이 마셨기 때문이라고 한다),
그 소식은 역참망을 통해서 유럽에 진주한 몽골족 군대에 재빨리 전
달되었다. 칭기즈 칸의 자손들은 새로운 대칸을 선출하는 자리에 참
석하고자 카라코룸으로 향했다.

　목숨을 건진 유럽 도처의 기독교인들은 감사 기도를 올렸다. 그러
고 나서 종교, 상업, 외교 목적의 사절단은 도로와 교역소 등 몽골의
기반 시설들을 활용하여 동쪽으로 떠났다. 프란치스코회 수도사들과
후원자들은 선교에 열심인 사람들이었다. 어쨌든 그 수도사들은 저
먼 곳으로 떠나서 물리적 고난을 견딘 사람들, 술탄에게 설교하기 위
해서 이집트까지 갔던 성 프란치스코를 본보기로 삼은 사람들이었다.

　1245년, 교황 인노켄티우스 4세는 탁발수도사 조반니 다 피안 델 카
르피네를 외교적 목적과 종교적 목적을 겸비한 사절로 몽골 제국에
보냈다. 조반니가 이끈 사절단의 탁발수도사들은 기본적인 기독교 교
리를 담은 교황 칙서를 가지고 갔다. 칙서에는 칸이 개종하지 않고 몽
골족의 약탈로 고통받은 기독교인들에게 저지른 죄를 회개하지 않으
면 하느님이 반드시 그와 제국을 무너트릴 것이라는 내용이 담겨 있
었다. 대칸인 구육(오고타이의 아들)의 반응은 예상대로였다. 그는 이
렇게 꼬집었다. "해가 뜨는 곳에서 지는 곳까지 모든 땅들이 짐에게
복종하였노라. 과연 누가 하느님의 명령을 거스르고 이렇게 할 수 있
겠는가?" 그는 오히려 교황이 자신에게 복종하고 찾아와 섬기라고 명
령했다. "나의 명령을 무시하면 짐은 그대들을 적으로 여길 것이다. 그
대들이 달리 행동한다면 짐의 말을 알아듣도록 해줄 것이다. 짐이 무

엇을 할지는 아무도 모른다." 교황과 칸은 누가 더 중요한 인물인지에 대해서는 의견이 갈렸지만, 분명히 똑같은 외교적 언어를 말하고 있었다.

그래도 기독교인의 시각에서 볼 때 조반니의 몽골 방문이 쓸모없지는 않았다. 조반니는 구육 칸이 공식적으로 즉위하는 모습을 목격했고, 몽골족의 나라에 관한 지식을 얻었다. 그와 동행자들은 몽골로 가는 길에 많은 기독교인들을 만났고, 세계 곳곳으로 퍼진 기독교에 대한 정보(아시아 도처에 편히 사는 네스토리우스파 신자가 아주 많다는 사실 등)를 습득했다. 또한 그는 언어적 경계를 넘어 의사소통할 수 있는 방법도 발견했다. 실제로 그들은 라틴어, 이탈리아어, 그리스어, 아라비아어, 페르시아어, 다양한 튀르크계 언어, 몽골어 등 아찔할 정도로 많은 언어와 마주쳤다(구어 형태로만 쓰이던 몽골어는 그 무렵에 위구르 문자를 이용하여 문어로 발전했다). 빛의 시대의 사람들은 거의 언제나 한 가지 이상의 언어를 사용했는데, 몽골족의 패권이 아시아를 휩쓸고 유럽에까지 파고들면서 이미 연결되어 있던 대륙 간의 문화적, 언어적, 경제적 유대가 더 탄탄해졌고, 잠재적인 번역자나 통역가를 찾아내기가 더 수월해졌다.

교황의 사절단이 파견되고 불과 몇 년 후에 루이 9세도 몽골 제국으로 사절단을 파견했다. 이것은 이집트에서 벌어진 군사적 참사의 여파 때문이었는데, 그 참사는 중앙 아시아와 지중해 세계 사이의 지속적인 연관성을 다시 한번 보여주는 사건이기도 했다. 『탈무드』를 불태우고 예수의 유물을 개인적인 예배당에 모신 루이 9세는 예루살렘을 정복하겠다는 포부를 밝히며 전쟁에 나섰다. 이전과 마찬가지로, 이슬람교도를 겨냥한 듯한 호전적 신심(信心)의 순간들은 종종 유럽의 유대인에 대한 폭력과 국가 차원의 박해로 이어졌다. 이집트 원정을 준비할 때 루이 9세는 이자를 목적으로 돈을 빌려주는 행위를 강탈로 규정하며 금지했고, 유대인의 재산을 징발하여 왕실의 금고를 채우라고 지시했다(그 지시가 어느 정도까지 이행되었는지는 불분명하다). 그런 조치들은 이론적으로는 유대인의 기독교 개종을 촉진할 것으로 기대되었지만(유대인과 이슬람교도, 대초원 지대의 다신론자들을 겨냥한 대대적 개종을 둘러싼 환상이었다), 실제로는 훗날 14세기 초에 유대인을 프랑스 밖으로 추방하기 위한 발판을 마련했을 뿐이다.

1248년에 생트-샤펠 성당이 완공되자 건축 공사는 군사적 원정으로 전환되었다. 루이 9세의 이집트 원정은 1249년 여름에 지중해의 주요 항구인 다미에타를 점령함으로써 꽤 순조롭게 시작되었다. 그러나 곧바로 기독교인들과 동맹들은 참사를 맞이했다. 이집트는 날씨가 더웠고, 군인들은 쉽게 병에 걸렸다. 나일 강을 거슬러 카이로를 향하던 루이 9세의 군대는 해마다 일어나는 그 거대한 강의 범람 때문에 진군이 힘들다는 사실을 깨달았다. 몇 주일이 지나 몇 달이 흘렀고, 그들은 진군하는 동안 줄곧 이집트인의 습격에 시달렸다. 한편, 살라딘이 창건한 아이유브 왕조의 술탄 앗-살리흐가 세상을 떠났지만, 그의 부인인 샤자르 알-두르는 남편의 죽음을 비밀에 부쳤다.

바로 이 시기에 아시아의 대초원 지대가 이집트에 도달했다. 샤자르 알-두르는 어릴 적에 노예가 되어 이집트로 끌려온 후에 술탄의 첩이

된 튀르크족 여성이었다. 앗-살리흐가 죽자, 샤자르 알-두르는 자신처럼 노예로 전락하여 이집트로 끌려온 튀르키예 출신 군인들의 충성심을 끌어모았다. 노예로 전락한 사람들(또는 노예로 전락했다가 이슬람으로 개종한 후에 해방된 사람들)을 군인으로 활용하는 것은 당시 여러 이슬람 사회들에서 일반적이던 관행이었지만, 그들이 응집력 있고 독자적이며 종종 권력에 목마른 집단으로 변모할 위험은 항상 존재했다. 이 튀르크족 노예 군인들, 즉 맘루크들은 이전 수백 년에 걸쳐서 아바스 왕조의 칼리파들로부터 권력을 빼앗아왔고, 이제는 이집트를 차지할 기세였다. 샤자르 알-두르는 술탄의 아들 투란샤를 소환했고, 그를 후계자로 선언하는 문서를 위조했다. 다른 맘루크들은 그녀의 책략을 뒷받침했다. 그들은 연합하여 루이 9세와 대적할 태세를 갖추었다.

한편, 루이 9세의 군대는 서서히 진군해 소도시 알 만소라에 도착했다. 맘루크 장군인 바이바르스 알-분두크다리—훗날 주변 지역 전체를 정복한 인물이다—는 프랑스인으로 구성된 기독교 군대가 알 만소라를 무방비 상태라고 생각하도록 성문을 열어두는 방안을 떠올렸다. 기독교 군대는 친절하게도 그 도시 안으로 들어갔고, 맘루크들에게 공격을 당해 격파되었다. 투란샤는 몸소 지휘권을 잡았고, 스스로 술탄임을 선포했다. 몇 주일 후에 루이 9세와 그의 형제들은 사로잡혔고, 다미에타를 넘겨주고 막대한 몸값을 내야 했다. 굴욕을 맛본 루이 9세는 그곳을 떠나 지중해 동해안에 남아 있던 라틴 기독교인들의 정착지로 향했다.

루이 9세가 몽골족이 잠재적 동맹이 될 수 있을지, 사제왕 요한이 마침내 나타났는지 궁금해하면서 동쪽으로 시선을 돌린 것은 그 굴욕 이후였다. 즉, 그가 기독교의 성지에 남아 있는 방어선을 보강하고자 애쓰던 시기였다. 그러나 사절단들이 고국으로 돌아와 풍부한 민족지학적 정보들을 내놓았음에도 불구하고, 이집트나 예루살렘을 정복하기 위한 서쪽의 주요 군사적 원정의 시대는 이미 막을 내렸다.

파리에서 카이로로, 카이로에서 카라코룸으로 향한 움직임에 주목해보자. 몽골 군대는 아시아 전역을 행군했고, 튀르크족 아이들은 노예가 되어 저 멀리 남쪽 도시들의 노예 시장으로 끌려갔으며, 유대인은 프랑스를 떠나 이베리아 반도와 북아프리카로 향할 준비를 했고, 성스러운 물건들은 콘스탄티노폴리스에서 서쪽으로 이동했고, 맨발의 탁발수도사는 동쪽으로 걸어갔다. 그 모든 움직임에는 식량, 특히 배후지에서 시장으로 운반된 곡물뿐만 아니라 장거리를 이동하던 사치품의 일상적인 대규모 흐름도 수반되었다. 그러나 그 어느 움직임도 전적으로 새로운 것은 아니었다. 사람과 문물은 빛의 시대 내내 그 모든 경로를 따라서 이동했다. 몽골인과 맘루크, 왕과 교황들은 오랫동안 존속해온 움직임을 촉진했다.

몽골족의 대침입이 종식되자 지역을 망라하고 종교를 초월하는 연관성이 밝혀진다. 뭉케의 동생이자 몽골 제국의 일칸국(즉, 페르시아 지역)을 통치한 수장이었던 훌레구는 1258년에 이란의 요새들을 격파하고 바그다드를 약탈했는데, 뭉케가 세상을 떠나자 몽골의 권력정치로 눈길을 돌렸다. 훌레구가 자리를 비웠을 때, 몽골 군대는 1260년에 맘루크 군대를 "골리앗의 봄", 즉 아인 잘루트에서 마주쳤다. 그곳에서 몽골족은 거의 최초로 진격에 실패했다. 맘루크 군대의 장군은 바이바르스 알-분두크다리였고, 그는 얼마 후 술탄으로 등극했다. 바이바르스는 어릴 적 부모가 몽골족에게 살해되는 모습을 목격했고, 자신은 노예가 되어 아나톨리아의 시장에서 팔렸다. 그가 이제는 지중해의 남동쪽 지역에 대한 확고한 통치권을 장악했고, 결국 1291년에 아크레를 차지하면서 동쪽에 남아 있던 라틴 기독교인들의 자취를 지워버렸다.

주요 전쟁이 끝나자 경계선에 안정이 찾아왔다. 현지의 최상류층 가문과 결혼한 몽골 지도자들은 이슬람교로 개종하기 시작했다. 다수의 몽골 지도자들은 중국에 있는 작업장을 이용할 수 있어야 부를 축적하거나 유지할 수 있었고, 따라서 무역과 사람들의 자유로운 이동을 유지하는 데에 무척 전념했다. 재화와 관념은 사방팔방으로 퍼져나갔다. 서쪽에서 사절단만, 동쪽에서 비단만 건너오지는 않았다. 예컨대 네스토리우스파 사제인 "라반(스승)" 바르 사우마는 1260년대에 오늘날의 베이징 인근 지역에서 출발하여 예루살렘 순례길에 올랐고, 그 여정을 통해서 평생 동안 중앙 아시아, 바그다드, 콘스탄티노폴리스, 로마를 거쳤으며 다시 바그다드로 돌아왔다. 먼 거리를 여행한 다른 종교인들처럼, 그 역시 사람들을 개종시키는 데에 주력했을 뿐만 아니라 외교적 역할도 맡았다. 실제로 그는 페르시아에 있는 몽골 통치자들이 서쪽의 왕들과 맘루크들을 공격하기 위한 효과적인 군사 동맹을 구축할 수 있도록 노력했다. 그러나 그런 모든 노력이 그렇듯이, 병참 문제, 그리고 다양한 이해 당사자들의 목적이 때때로 상충하는 문제 때문에 효과적인 동맹은 불가능했다. 여정을 마칠 무렵, 그는 바그다드에서 말년을 보내며 그동안 목격한 것을 주제로 글을 썼다. 중국에서 칭기즈 칸의 또다른 손자인 쿠빌라이 칸을 섬기며 수십 년을 보낸 베네치아 상인 마르코 폴로와 그는 길이 엇갈렸을지도 모른다. 마르코 폴로는 긴 여행을 마치고 몇 년 후에 베네치아의 경쟁 도시인 제노바에서 가택연금을 당했을 때, 중세의 로망스 전기문학 작가인 루스티켈로에게 자신의 경험담을 들려주었을 것이다. 마르코 폴로의 진술은 대부분 믿을 만하지만, 그렇다고 해서 진실로 단정할 수도 없다. 중국의 몽골 왕조는 유라시아 대륙 전역에서 외국인을 데려와 궁정에서 일하도록 했는데, 반란의 우려가 있는 중국 최상류층이 힘을 키우지 못하도록 하는 좋은 방안이었다.

어쨌든 마르코 폴로의 여행기는 급속도로 전파되었고 수많은 언어로 번역되었다. 그의 여행기에는 아시아에 관한 유럽인의 관심과 지식이 반영되어 있으며, 그 여행기는 동방으로 건너간 유럽인 여행자들의 하나의 사례로 평가된다. 라반 바르 사우마의 순례나 샤자르 알-두르의 노예화도 마찬가지이다. 사람들은 움직였다. 그러나 현존하는 증거는 거의 없다. 몽골족이 유라시아를 지배한 생동감 넘치는 세기 내내 이어진 여행의 홍수 중에 단 한 방울만 남아 있을 뿐이다.

그러나 사람들이 움직일 때 그들을 따라 인간성도 움직였고, 사람들의 육체는 수많은 문화와 언어, 그리고 사실은 질병의 매개체가 되었다. 그리고 13세기의 어느 시점에 페스트균이 동물에게서 인간에게로 뛰어올랐고, 변이형과 돌연변이를 거쳤고, 대초원 지대를 가로질러 질주했다. 흑사병의 원인인 그 세균은 훗날 중세 세계 전체의 모습을 뒤바꿨다.

16

고요한 촛불과
떨어지는 별들

이탈리아의 도시 시에나에 살던 구두 수선공 아뇰로 디 투라에 따르면, 그곳의 "떼죽음"(흑사병)은 1348년 5월에 시작되었다. 떼죽음은 갑작스레, 그리고 끔찍하게 찾아왔다. 시민들이 감염자들을 격리하려고 하는 바람에 가족들은 생이별을 해야 했지만, 역병은 여전히 "나쁜 숨"에 의해서, 심지어 때로는 눈으로 보기만 해도 퍼져나갔다. 사망자들은 매장되지 않은 채 집이나 길거리에 방치되었다. 아무도 고인들을 애도하기 위해서 교회 종을 굳이 울리려고 하지 않았다. 시 당국은 공동묘지를 만들기 시작했고, 희생자들은 그곳에 내던져졌다. 사람들은 날마다 구덩이를 새로 팠다.

아뇰로는 시에나에서 겨우 몇 개월 만에 8만 명이 죽고 1만 명만이 살아남았다고 추산했다. 귀중품이 거리에 어지럽게 흩어져 있었다.

주워갈 사람이 없었고, 더는 크게 신경쓰는 사람이 없었기 때문이다. 세상이 뒤집어졌고, 물질적인 소유물은 더 이상 귀중하지 않았다. 혹은 더는 필요하지 않은 경우도 많았다. 전염병이 가라앉기 시작했을 때 아뇰로는 결론을 내렸다. "이제 자기 삶의 질서를 회복할 방법을 아는 사람은 아무도 없다."

아뇰로가 제시한 수치를 전적으로 신뢰할 수는 없지만(중세 연대기 자료의 신뢰성은 악명이 높고, 현재의 추산으로는 실제 사망률이 그가 암시한 89퍼센트보다는 낮았을 것이다), 그 수치에는 적어도 아뇰로가 목격한 바의 의미―유례 없는 규모의 대량 사망 사태와 미래가 불투명하고 이전과 완전히 달라진 세상―가 담겨 있다. 10년 후에도 여전히 흑사병이 물러가지 않고 이따금 재발했기 때문에(대다수의 세계적 유행병이 그렇듯이) 사람들은 무슨 일이 벌어졌는지, 그리고 아마 더 중요한 점이겠지만 그 모든 사태가 의미하는 바가 무엇인지 확실히 알지 못했다.

1360년경에 파리에서 글을 남긴 탁발수도사 장 드 베네트 역시 황폐화된 세상을 목격했다. 그러나 그가 글을 쓸 무렵에는 흑사병이 휩쓸고 지나간 세상이 다시 살아나는 듯싶었다. 여자들은 쌍둥이나 세쌍둥이를 종종 낳았다. 그는 이렇게 덧붙였다. "그러나 가장 충격적인 점은 떼죽음 이후에 태어난 아이들이었다.……그 아이들은 치아가 20개 혹은 22개밖에 없었다. 이번 사태 이전에는 정상적인 경우 치아가 32개였다." 그는 이 이상한 현상의 의미가 궁금하다며 독자들에게 큰 소리로 물었고, 마지못해 세상이 새로운 시대로 접어들었다는 결론을 내렸다.

여기에서도 우리는 장 드 베네트의 말을 새겨들어야 한다. 사실, 인간의 생리는 달라지지 않았다. 성인은 치아가 32개인 반면에 아이는 20개이다(지금까지 항상 그러했다). 그의 주장 일부는 널리 인정된 권위와 관계가 있었다. 유럽의 중세 내내 의학 분야와 관련하여 널리 읽힌 저작들을 쓴 고대 그리스의 사상가 갈레노스가 사람은 치아가 32개라고 썼기 때문이다. 그러나 더 중요한 점은 장 드 베네트가 탁발수도사로서 경고를 하고 싶었다는 것이다. 세상이 역병의 형태로 하느님의 진노를 겪었고, 은혜를 입은 후에 또 한 번의 기회를 부여받았지만, 인간들이 그 기회를 허비하고 있다고 말이다. 그에 따르면 하느님은 인간의 체질까지 바꾸어버렸다. 그것은 징조였다.

물론 중세의 민족들이 자기 주변의 세상을 알지 못했고, 흑사병을 계기로 이웃들에게 처음으로 관심을 쏟았으며, 더러운 시체 더미에서 르네상스가 비롯되었다는 말은 아니다. 절대로 그렇지 않다. 그러나 흑사병이 세상을 바꿔놓은 것은 사실이다. 세계적인 유행병—21세기의 우리 모두가 너무 잘 알고 있는 사건—의 광범위한 확산은 종교, 정치, 경제, 문화, 사회 사이에 우리가 때로는 너무 말끔하게 그어놓은 경계들을 넘나들며 단기적, 장기적 영향을 미쳤다. 흑사병은 3개 대륙을 강타하여 500년 혹은 600년 동안 여러 지역에 풍토병으로 잔존했고 수억 명의 목숨을 앗아간 질병이었다. 그러나 흑사병은 전적으로 이전에 이미 쌓여 있던 것들 때문에 그렇게 할 수 있었다. 모든 사회는 역사의 결과를 겪는 법이다. 그리고 빛의 시대도 예외가 아니다.

최근 역병 연구에 일어난 혁명은 흑사병에 대한 새로운 학제 간 접근 법에 힘입어 촉발되었다. 그 새로운 역병 연구에 따르면, 흑사병은 제 2차 페스트 범유행이다(6세기부터 8세기까지 이어진 유스티니아누스 페 스트가 "제1차 페스트 범유행"이다). 런던의 이스트 스미스필드 역병 묘 지를 발굴한 연구진을 비롯한 고고학자들, 그리고 그 질병 자체의 고 대 DNA를 추적해온 유전학자들과의 협력을 통해서 역사가들은 그 역병이 실제로 얼마나 범세계적이고 치명적이었는지를 한층 더 정확 하게 파악할 수 있었다.

세계적인 유행병이 대부분 그렇듯이, 흑사병도 종의 장벽을 뛰어넘 는 사건으로 시작되었다. 즉, 비교적 무해한 세균이 동물에서 인간에 게로 뛰어들면서 시작되었다. 우리는 오래 전부터 그 과정을 이해하 고 있었다. 그러나 역사가들은 흑사병에 대해서 1347–1350년에 국한 하여 논하는 경향이 있었다. 역사가들은 흑사병의 실크로드 기원설과 그 기간 전후 수십 년간에 흑사병이 아시아와 북아프리카를 횡단하여 전파되었다는 가설을 어느 정도 인정하기는 했다. 그러나 여러 분야 의 많은 학자들, 특히 과학의학사가인 모니카 H. 그린의 연구 덕분에 우리는 완전히 새로운 이야기를 써내려갈 기회를 잡았다.

오늘날 우리는 장 드 베네트가 사람의 치아 개수에 관한 사실을 보 고할 무렵, 페스트균의 돌연변이 균주가 약 150년 동안 사람이나 동물을 죽여왔으며, 발원지에서부터 약 6,880킬로미터 이상 여행했고, 유럽을 강타한 그 균주가 최근까지 나타난 수많은 돌연변이들 중의 하나에 불과했다는 점을 알고 있다. 그 균주는 500년 넘게 유럽에서, 그리고 지중해를 건너 사하라 사막 이남에서(아마 다른 변종으로), 아시아 곳곳에서 꾸준히 사람들을 죽이게 된다. 이는 백신이 출현하기 전까지는 질병이 결코 사라질 수 없다는 가혹한 사실을 상기시킨다.

학자들은 오랫동안 당시 역병의 서로 다른 "유형들"—선페스트, 폐페스트, 패혈성 페스트—에 대해서 언급해왔지만, 사실 유형은 하나뿐이고 그 세 가지는 모두 페스트균의 서로 다른 증상의 발현과 관계가 있다. 림프절이 부풀어오르는 증상으로 유명한 선페스트는 감염된 벼룩이나 진드기에 물리는 것으로 시작한다. 혈류가 감염되면 항생제가 없을 경우 1주일 만에 40-60퍼센트가 패혈성 페스트로 사망한다. 폐페스트는 세균을 들이마실 때 발병한다. 폐페스트에 걸리면 더 빨리, 그러니까 며칠 만에 사망한다.

지난날, 우리는 역병을 퍼트린 원흉으로 쥐—더 구체적으로는 쥐와 배—를 지목하고는 했다. 세균은 일단 벼룩이나 진드기의 내장 속에 머물다가 돌아오는 유럽(대부분은 이탈리아)의 상선들에 올라탄 벼룩이나 진드기를 통해서 흑해에서 유럽으로 왔다. 벼룩, 쥐, 사람 모두가 그 질병의 확산을 촉진했다. 그중에 일부는 여전히 유효하다. 쥐는 십중팔구 진드기를 최종 숙주에게 데려가는 매개체였고, 서로 더욱 강하게 연결된 상업 세계가 질병의 확산에 일조했던 것은 분명하다. 그러나 동물에서 인간에게로 넘어간 현상은 애초 고기와 모피 때문에 사냥되던 동물인 마멋(다람쥣과 마멋속에 속한 포유류를 통틀어 이르는 말로 마르모트라고도 불린다/옮긴이)에게서 일어난 일인 듯싶다. 1200년 이후의 어느 시점에 오늘날의 키르기스스탄이나 중국 북서부 지방에서 말이다. 바로 그곳에서 말과 인간의 옷, 그리고 마차에 실린 곡물과 몽골인들의 몸을 통해서 역병이 사방팔방 퍼져나갔다.

13세기에 그 역병은 중국으로 번졌고, 아마 흑해 동부 해안까지 퍼졌을 것이다. 바그다드까지, 또 더 서쪽으로는 시리아에까지 이르렀을 가능성도 있다. 14세기에 이르자 역병은 중국에서 꾸준히 퍼졌고, 유럽 남부에 도달했다. 몇 년 만에 북쪽으로 이동한 역병은 북아프리카를 가로질러 질주했고, 심지어 사하라 사막을 건넌 것 같다. 서쪽으로는 오늘날의 나이지리아에, 동쪽으로는 오늘날의 에티오피아에 도달했으리라. 15세기에는 또다른 파도가 몰려와 흑사병을 오늘날의 케냐까지 남쪽 저 멀리 퍼트렸을 뿐만 아니라 아라비아 반도를 건너 유럽 중앙의 더 깊은 곳까지도 침투했다. 그리고 그곳에서 최소한 19세기까지 역병은 유럽, 아프리카, 아시아 곳곳에서 풍토병으로 자리 잡아 "역병 저수지"에 똬리를 틀었고, 온갖 종류의 설치류의 등에 숨어 있었고, 주기적으로 다시 인간에게 뛰어올라 인구를 감소시켰다.

물론 전근대 세계에 페스트가 낯선 것은 아니었다. 다만 세균에 관해서는 알지 못했고, 대개 무슨 일이 벌어지고 있는지 갈피를 잡지 못했다. 사람들이 보인 반응은 교훈적이다. 그들이 얼마나 비슷했는지뿐만 아니라 그들이 어떻게 고심 끝에 재난을 극복하는 방법을 알아냈는지의 측면에서도 교훈적이다. "암흑시대"를 둘러싼 집요한 신화들 중 하나는 그 시대에 과학이 없었고 미신이 세계를 지배했다는 것이다. 그러나 그것은 부실한 주장이다. 700년 이상의 역사에 누적된 지식이 없다면서 사람들과 사료들을 냉소적이고 편협하게 해석한 것이다. 중국이나 시리아나 이베리아 반도나 프랑스의 관찰자들은 페스트 사태를 제대로 이해하지 못했겠지만(전혀 파악하지 못했다!), 우리가 확보한 사료들을 눈여겨보면 질병이 어떻게 퍼졌는지, 중요한 예방 조치가 어떻게 사회의 이익이 되었는지, 그리고 중세인들이 그 재난을 이해하고자 어떻게 노력했는지를 이해할 수 있다.

14세기 전반기에 시리아의 알레포에 살던 한 관찰자는 그 역병이 인더스 강에서 나일 강까지 퍼졌고, 그 누구에게도 은혜를 베풀지 않았다고 썼다. 그는 원인이 명확하다고 생각했다. 즉, 역병은 믿는 자들에 대한 보상이었고(그들을 순교자들로 변모시켰다는 점에서), 믿지 않는 자들에 대한 응징이었다. 히포크라테스와 갈레노스 등 고대의 지식에 더해 이슬람교도 의학 저술가들의 지식에도 의존한 스페인 남부의 의사 이븐 카티마 같은 이슬람교도 관찰자들은 역병이 감염자에게서 비감염자에게로 얼마나 빠르게 옮아가는지, 손 씻기와 마찬가지로 깨끗하고 순환하는 공기가 그 역병의 확산을 막는 데에 얼마나 보탬이 되는지에 주목했다. 결국, 이븐 카티마도 하느님이 감염될 자와 감염을 피할 자를 결정하는 궁극적인 심판자라고 결론을 내려야 했다.

유럽의 기독교인 권위자들도 중국이나 이슬람권의 권위자들과 비슷하게 반응했다. 그 질병의 궁극적 원인을 하느님께 돌린 여러 대학교의 의사와 교수들도 호흡을 통해서 들이마실 수 있는 "독이 든 공기"를 원인으로 의심했다. 『위대한 외과술(*Chirurgia magna*)』의 저자이자 교황의 주치의인 기 드 숄리아크는 중국과 이슬람권 의사들처럼 역사서의 선례에 기대를 걸었지만 헛수고였다. 그 역시 독이 든 공기를 궁극적인 원인으로 지목했고(육안으로 볼 수 없는 어떤 병원균의 공기 전파―코로나 바이러스 시대에 익숙한 공포), 독이 든 공기가 인체 내부의 체액에 문제를 일으킨다고 생각했다. 독이 든 체액을 배출하고자 애쓰는 과정에서, 인체는 그것을 밖으로 밀어내기 때문에 겨드랑이와 사타구니의 가래톳이 부풀었다. 그러므로 다시, 사혈(瀉血)과 하제(下劑)가 이미 감염된 사람에게 최선의 치료법이 되었다. 여기에서 언급된 치료법들 중에 실제로 질병을 치료한 것은 거의 없었지만, 그 치료법들에 관심을 두어야 한다. 당대인들이 문제를 어떻게 헤쳐 나가고 있었는지를 보여주기 때문이다. 그들의 전제는 틀렸다. 그들은 매균설(전염병의 원인은 미생물에 있다고 보는 학설/옮긴이)을 몰랐다. 그러나 그들은 어떻게든 세균이 움직이는 방식을 효과적으로 설명하기는 했다.

중세 세계 전체에 걸쳐 수치를 정확하게 파악하기는 무척 힘들지만, 흑사병이 대참사였다는 점은 매우 분명하다. 그 역병이 최초로 발생한 후에 중국은 인구의 3분의 1 정도(대략 4,000만 명)를 잃었다. 유럽에서는 약 1340년부터 1400년까지 60년 동안 인구의 무려 50−60퍼센트가 사라졌다. 최근 연구의 추산에 의하면 오늘날의 중동이나 북아프리카 등 이슬람 세계의 사망률도 다른 곳과 엇비슷했다. 전체적으로 인구의 약 40퍼센트가 사망했고, 인구가 밀집한 도시 지역은 당연히 사망률이 훨씬 더 높은 경우가 많았다.

수치를 차치하더라도, 우리가 확보한 사료들에는 세계적인 유행병을 견디며 살아남은 사람들이 겪은 지속적인 고통이 담겨 있다. 이 장의 서두에서 만난 아뇰로 디 투라는 아들 5명을 손수 묻었다고 애통해했고, 죽음이 만연하기 때문에 아무도 더는 슬퍼하지 않는다고 한탄했다. 15세기 초에 쓴 글이기는 해도, 이븐 알리 알-마크리지는 "버려진 사막"으로 전락한 도시 카이로에서 너무 많은 인명이 희생되었다고 회상하며 아뇰로와 동일한 반응을 보였다. 중세 이탈리아의 작가 조반니 보카치오는 『데카메론(Decameron)』에서 역병이 "불길이 닿는 곳에 우연히 놓인, 물기 없거나 기름기 있는 물질에 붙은 불 같은 속도로" 퍼졌다고 말했다. 이어서 그는 의사들과 의술이 역병에 무력한 듯 보이는데, 실제로도 그렇다고 썼다.

물론 빛의 시대에 의사가 유일한 치료자는 아니었다. 프랑스 국왕으로부터 역병에 관한 견해를 제시하라는 요구를 받은 파리 대학교 의학부 교수진은 독을 품은 공기(역시나 보이지 않는 병원균)가 질병의 가장 근접한 원인이라며, 질병에 걸린 사람들을 치료하려면 반드시 의사의 조언을 들어야 한다고 생각했다. 그러나 그들도 사제가 더 중요한 역할을 한다고 왕에게 진언했다. 하느님이 죄인들을 벌했고, 그 죄가 신체적인 병을 통해서 밖으로 드러났다. 하느님의 백성들이 올바른 방식으로 처신하면 하느님이 질병을 이 땅에서 없애줄 것이다.

여태껏 우리가 누차 확인했듯이, 종교는 현대인에게 그러하듯 중세인에게도 현실을 설명하는 프레임을 제시했다. 어떻게 보면 지중해 세계의 일신론자들에게는 보이지 않는 독기를 없애는 것보다는 죄의 세계를 정화하는 것이 개념화하기가 더 쉬웠을 것이다. 실제로 그들은 죄를 일소하려고 몇 차례 시도했다. 머릿속에 금방 떠오르는 대표적인 사례가 바로 제4차 라테라노 공의회의 법령 조항이다. 더구나 그들이 의지할 수 있는 의식 절차와 체계들, 즉 전염병을 이겨내는 데에 도움이 될 만한 기존의 전통적 대응법─대교황 그레고리우스 1세가 제1차 페스트 범유행에 맞서 로마에서 벌인 행진 등─이 많았다. 종교 지도자들의 행동은 모범이 되었다. 자신이 속한 공동체에 머물며 질병으로 괴로워하는 사람들을 최대한 위로했던 기독교 사제, 유대교 율법학자, 이슬람교 성직자들의 사례가 여럿 남아 있다. 그들은 종종 의사와 함께 봉사했고, 하느님의 진노를 가라앉히기 위한 기도와 순례, 희생뿐만 아니라 병자에 대한 자선도 독려했다. 또다시 성자들이 헌신적인 신봉자들을 지켜주는 존재가 되었고, 자선 기부금이 모금되었고, 육체적 유혹을 씻어버리기 위해서 때때로 단식 행사가 기획되었다. 물론 그 모든 것은 적당한 선에서 이루어지거나 극단으로 치달을 수도 있었다.

위기에 직면하면 언제나 극단적인 조치에 기대고 싶은 유혹을 느끼기 마련이다. 흑사병 역시 예외가 아니었다. 유럽에서는 채찍질 고행단(Flagellant : 라틴어 플라겔룸[flagellum]에서 유래한 말로, "채찍질"이나 "천벌"을 뜻한다)으로 불린 집단들이 그 이름에 걸맞게 행동했다. 비교적 단명했고 대부분 라인란트 지방과 저지대국가에 국한되기는 했어도, 그들은 말 그대로 자신의 몸에 채찍질을 하는 등 신체를 훼손하는 일종의 순교 행위를 보여주며 이 소도시 저 소도시를 돌아다니고는 했고, 하느님에게 그 자발적 고통을 살펴달라고, 또 역병이 물러나게 함으로써 참회를 인정해달라고 애원했다. 보통은 평신도들로 구성되었지만, 채찍질 고행단에는 한데 모여서 방랑 공동체를 이룬 채, 관할 소도시나 마을을 제대로 이끌지 못한 현지의 행정관과 사제들에게 분노를 표출하는 성직자도 있었다. 오늘날의 벨기에의 도시 투르네에 살던 한 수도사는 도미니코회 탁발수도사가 이끄는 채찍질 고행단이 도착하자 대규모 군중이 모여들었고, 채찍질 고행단이 광장에서 행진하면서 스스로를 채찍질하는 모습을 지켜보았다고 썼다. 그러고 나서 프란치스코회와 모든 사제들을 향한 분노를 부추기는 설교가 이어졌다. 설교에 따르면 프란치스코회 수도사들은 "전갈들이고 적그리스도"였고, "우리 구세주가 피를 흘리신 것"을 제외하면 채찍질 고행단의 행위가 그 어떤 행위보다 더 칭찬할 만한 것이었다. 당연한 일이겠지만, 그런 식의 설교는 많은 사람들이 교회를 떠나고 전반적인 무질서가 조장되는 사태를 초래했다.

실제로 채찍질 고행단은 라테라노 공의회의 법령 제1조, 즉 기독교회의 체계와 의식 절차가 구원에 이르는 유일한 길이라는 견해를 부정하고 있었다. 그러므로 앞에서 등장한 투르네의 수도사는 간담이 서늘해졌고, 프랑스 국왕과 교황도 채찍질 고행단의 행위를 규탄한다고 기록했다. 그러나 여기에는 또 하나의 중요한 점이 숨어 있다. 물론 도미니코회 수도사들의 설교 일부에는 더 많은 신자를 모집하기 위해서는 채찍질 고행단이 독실한 신앙에 "더 나은" 방법이라는 내용이 담겨 있었다. 그러나 그것은 희생양 삼기의 한 형태이기도 했다. 오늘날 로부터 수백 년 전의 이단자들에게서 확인할 수 있는, 중세 후기의 반 교권주의가 만연했음을 암시하는 것일 수도 있다. 전통적인 형태의 도움은 실패했고, 따라서 채찍질 고행단은 새로운 방향을 모색했다. 모든 권력 구조는 심각한 위기의 국면에 약화되는 법이다. 이 점이 이 시기에 교회를 향한 불만으로 명백히 드러났다.

위기는 거의 언제나 전통적으로 소외된 공동체에 가장 극심한 영향을 미친다. 국가 차원이든 아니든 간에, 기존의 폭력 체계는 가장 취약한 부류에 들이닥친다. 유럽 전역에서 병상에 오래 누워 있던 병자들과 유대인들이 비난의 대상이 되었고, 소름 끼치는 폭력에 노출되었다. 우리가 살펴보았듯이, 역병의 원인이 일종의 "독이 든 공기"에 있다는 관념에 사로잡힌 많은 기독교인들은 유대인이 주류 기독교인에게 복수하려고 우물이나 음식에 독을 탔다고 주장하면서 그들을 가해자로 지목했다. 물론 유대인이 이웃인 기독교인 바로 곁에서 아파하고 죽어간다는 사실은 신경 쓰지 않았다. 유대인에 대한 비난은 라틴 기독교 세계에 내재된 오래되고 뿌리 깊은 반유대주의 성향에서 비롯되었다. 교황 클레멘스 6세는 유럽 도처에서 자행되는 비합법적 박해로부터 유대인을 보호하려고 애썼지만, "유대인의 배신 행위를 혐오해야 마땅해도" 유대인을 해치지는 말아야 한다는 내용의 교황 칙서는 그다지 잘 지켜지지 않았다. 교황이 내린 금지 명령은 그저 유대인에 대한 공격의 무대를 법정으로 옮겼을 뿐이다. 유대인은 흔히 법정에서 기소되어 즉결심판으로 유죄가 선고된 후에 살해되었다.

1348년 7월 초순에 흑사병이 엄습한 직후, 카탈루냐의 소도시 타레가에서는 기독교인들이 "배신자"라고 외치며 이웃인 유대인들을 향해서 행진했고, 결국 그들을 학살했다. 2007년에 공동묘지가 발굴되면서 당시의 사건을 묘사한 기록의 정확성이 입증되었고, 상처가 난 해골의 주인이 유대인이라는 점과 살해된 유대인들 중에는 서너 살에 불과한 아이도 있다는 점이 밝혀졌다. 기독교인들이 유대인을 "배신자"라고 불렀다는 기록에서 동기를 확인할 수 있다. 유대인이 "배반할" 수 있는 유일한 사람 혹은 대상이 예수였다는 것이다. 그 배반 행위, 즉 그 지속된 죄가 중세 기독교인의 현재에까지 메아리쳤고, 유대인 남녀노소로 가득한 수십 개의 공동묘지를 만들었다. 지도자가 위기를 저지하지 못하거나 저지하지 않기로 선택할 때, 혹은 오히려 위기를 악화시킬 때, 흔히 가장 취약한 부류가 방치되거나 학살된다. 14세기 중반의 지도층 인사들은 수많은 사람들의 목숨을 앗아가는 음모론과 희생양 삼기를 선택하는 경우가 너무 많았고, 그로 인해서 수천 명이 목숨을 잃었다.

⁘

흑사병을 논의할 때 우리는 너무 좁은 부분에만 초점을 맞추고는 한다. 우리는 한 대륙만, 몇 년만, 통계만 생각한다. 그러나 우리가 가장 최근인 21세기의 세계적인 유행병(지금도 해결되지 않은 문제이다)에서 배운 교훈이 있다면, 그것은 바로 협소한 사고의 위험일 것이다. 적어도 3개 대륙에서 수백 년이 넘는 간격을 두고 여러 차례 엄습한 흑사병으로 수억 명이 고통 속에 몸부림쳤다. 그 수억 명의 사람들에게는 각자 어머니와 아버지가 있었고, 어쩌면 자식과 배우자와 친구들도 있었을 것이다.

런던의 이스트 스미스필드에 있는 역병 공동묘지를 발굴한 결과, 사망자 대부분이 35세 미만이었다. 대략 750구의 시신 가운데에 33퍼센트 정도(약 250구)가 아이들이었다. 그들 모두가 질병의 희생자였다. 타레가에서 발견된 대략 60점의 해골 중에는 유아도 있었다. 그런데 후자의 경우, 유아들을 죽인 것은 질병이 아니라 사람들이었다. 그러나 모든 사례에서 잃어버린 모든 영혼 곁에는 비탄이 있었다. 남은 자들은 망자들을 애도했다. 우리가 독피지에 새겨진 채 땅속에 묻혀 있던 사료에서 볼 수 있는 고통의 언어는 거의 이해할 수 없는 크기의 고통을 대변한다. 중국과 시리아, 프랑스에서 발견된 모든 사료에는 "왜?"라며 원인을 파악하려고 몸부림치는 사람들의 목소리가 담겨 있다. 그들은 곤혹스러워하며 과거를 되돌아보았고, 두려운 마음으로 하늘을 쳐다보았고, 진짜 원인이 자신의 몸에 있고 육안으로는 거의 보이지 않는다는 사실을 전혀 깨닫지 못한 채 서로를 증오의 눈초리로 바라보았다.

우리는 땅을 휩쓸고 바다를 가로질러 퍼진 질병의 파도를 되돌려서 그 경로를 역추적할 수 있을 것이다. 이나 벼룩에 물려 겨드랑이와 사타구니에서 가래톳이 부어올랐다. 일부 설치류의 경우 잡아먹거나 모피를 얻으려는 인간들에게 사냥을 당하는 바람에, 혹은 도시에서 인간들과 섞여 사는 바람에 사람과의 물리적 거리가 너무 가까워진 쥐, 생쥐, 그밖의 설치류의 몸에서부터 벼룩이 옮겨왔다. 아니면 벼룩의 세균이 일상적인 상호작용을 통해서 이 사람에게서 저 사람에게로 옮겨갔을 수도 있다. 그러나 어느 경우든 간에, 세균을 가진 벼룩이 몸에 붙은 사람과 설치류들이 곳곳에서 감염되었다. 그 벼룩은 몽골 군대와 함께 곡물 수레에 실려왔다. 이탈리아의 항구에서 지중해를 건너 시리아로, 이집트로, 또는 흑해로 떠난 상인들이 그 벼룩과 함께 돌아왔다. 또다른 상인들이 이집트와 시리아로부터 아라비아 반도로, 홍해를 건너 사하라 사막 이남의 아프리카로 그 질병을 퍼트렸다.

흑사병, 즉 제2차 페스트 범유행은 빛의 시대의 이야기이다. 그리고 팽창하는 몽골 제국에 관한 이야기이다. 몽골 제국은 중국뿐 아니라 중동의 대부분도 정복했고, 유럽의 도나우 강까지 이르렀다. 흑사병은 전쟁과 정치를 둘러싼 이야기이다. 아울러 그것은 경제를 둘러싼 이야기, 때로는 수천 킬로미터를 여행해 중국과 유럽을 연결한 상인들, 지중해를 건너고 이따금 사하라 사막도 건넌 상인들에 관한 이야기이다.

14세기 중반 전에도 사람들이 사하라 사막을 건넜다는 것은 오래전부터 알려진 사실이다. 가장 유명한 사례는 1324년에 말리 제국의 통치자 무사 1세(재위 1312–1337)가 메카로 순례를 떠난 일이다. 13세기 초에는 기독교 신자인 누비아의 왕이 콘스탄티노폴리스에서 시간을 보냈고(그곳에서 다시 로마를 거쳐 이베리아 반도 북서부의 산티아고 데 콤포스텔라까지 둘러볼 예정이었다), 14세기 초에는 교황청에 누비아의 사절단이 적어도 한 번 찾아왔는데 그들은 이슬람 세력에 맞서 싸우는 같은 기독교인들을 돕겠다고 제안했다. 그러나 사하라 사막을 가로지르는 무역로뿐만 아니라, 특히 인도양에서 소말리아 반도를 거쳐 내륙으로 들어오는 무역로 역시 범위가 훨씬 더 넓었다. 오늘날까지 파악된 역병의 전파 방식을 고려해보면, 당시 아프리카 동부와 중부의 특정 정착지들에서 인구가 급감하고 심지어 사람들이 아예 사라졌다는 고고학적 증거를 그 무역로들로 충분히 설명할 수 있을 것이다. 그 정착지들로는 대(大)짐바브웨처럼 비교적 규모가 컸을 도시들뿐 아니라 해안의 전초 기지들도 있었다(이 부분에 대해서는 한층 더 많은 연구가 필요하다). 게다가 희소하기는 해도 그 시기의 고대 에티오피아어 저작과 그로부터 세월이 조금 더 지난 후의 수단어 문서들은 전염병의 영향력을 크게 암시한다. 이 문헌들은 15세기경 에티오피아에서 역병을 물리치는 데에 효험이 있다고 여겨진 성인들(이를테면 성 로코)을 새로 숭배하기 시작한 현상을 언급하고 있다.

흑사병의 이야기는 문화의 이야기, 공동체가 참사를 해결하고 이해하고자 힘을 합치기 시작한 과정의 이야기이다. 결국, 흑사병의 역사는 수백, 수천 년간, 그리고 수천 킬로미터에 걸쳐서 느릿느릿 펼쳐진다. 또한 그 역사는 수억 명이 겪은 고통에 새겨졌다.

세계적인 유행병의 첫 번째 파도가 물러감에 따라. 우리는 그것이 세상을 바꾸었다는 장 드 베네트의 견해에 무리 없이 공감할 수 있을 것이다. 인간이 신체적으로 달라졌다는 그의 주장은 틀렸을지 모르지만, 인간이 새로운 현실에 적응해야 한다는 주장은 틀리지 않았다. 다시 말해서 흑사병은 세상의 종말이 아니었고, 오히려 묵시였다. 숨겨진 진실이 드러난 것이었다. 흑사병을 계기로 그동안 사람들이 항상 유럽 안팎으로, 지중해를 가로질러 아시아 안팎으로 이동했다는 사실이 밝혀졌다. 흑사병을 계기로 사람들의 정신적 세계와 물질적 세계가 대서양에도, 태평양에도 닿았다는 사실이 밝혀졌다. 흑사병 이후로 세계는 시선을 다른 쪽으로 옮겨 다른 광점(光點)에 주목하기 시작했다.

흑사병의 기원을 둘러싼 특이한 이론들 중의 하나는 그것이 별 때문에 생겼다는 것이다. 기욤 드 낭지는 1348년 8월에 다음과 같은 글을 남겼다. "매우 크고 밝은 별이 파리 서쪽 하늘에 보였다.……날이 저물자 우리가 지켜보며 몹시 놀랐듯이, 그 커다란 별에서 여러 줄기의 빛이 퍼져나왔다. 그리고 파리의 동쪽 하늘로 광선을 뿜어낸 후에 완전히 자취를 감추었다." 그는 그것이 떼죽음을 예고하는 듯싶다며 글을 마무리했다. 흑사병 때문에 희생자와 이야기꾼들은 이웃들의 입에 주의를 기울이게 되었다. 물론 그러했다. 그러나 흑사병이 창궐해도 사람들은 한편으로는 더 큰 것을 응시했다. 하느님이 이 세상에서 어떻게 일하는지에, 하늘에, 14세기의 몇몇 시인들의 표현을 빌리자면 별에 주목했다.

17

팔각형 돔 위의
별들

때는 1292년이었다. 피렌체 사람들, 즉 "어떤 선한 사람들, 상인과 기술자들"의 분노가 터져나왔다. 양모 상인 겸 은행가이자 시 정부의 부패한 도급업자로 알려진 조반니 빌라니(사망 약 1348년)가 1300년대에 집필한 피렌체의 『신연대기(Nuova Cronica)』에 따르면, 피렌체는 "만사가 즐거워졌고" 시민들은 "넉넉하고 부유해졌다." 그러나 평안은 자만을 부르고 자만은 질투를 부르듯이, 시민들은 서로 싸우기 시작했다. 그중에서 피렌체의 거물들, 명문가들이 가장 나빴다. 『신연대기』의 저자 빌라니의 증언에 의하면, 거물들은 피렌체와 인근 농촌 지역에서 원하는 것을 마음대로 차지했고, 앞길을 막는 자들을 닥치는 대로 죽여버렸다. 이제 그저 유복하기만 한 "중상류층"은 한 가지 선택밖에 없었다. 바로 권력 장악이었다.

그리고 중상류층은 권력을 잡았다. 빌라니의 표현에 따르면 "제2차 민중정부"는 피렌체의 길드 조합원들 중에 최상류층이 아닌 사람들의 지위를 향상시키고, 최상류층 가문의 권력을 제한하여 최고위직을 맡지 못하도록 하며, 귀족의 범죄를 처벌하는 등의 내용이 담긴 정의의 법령을 제정했다. 정권을 잡은 민중정부는 주변을 둘러보았고, 그토록 부유하고 찬란한 도시인 피렌체의 성당이 너무 작다고 판단했다. 1296년, 인민평의회는 성당 재건의 초기 설계와 공사를 진행하기 위한 자금을 책정했고, 조각가를 건축 도급업자로 채용했다. 1300년, 공사가 시작되었다. 시공자들은 파사드를 새로 만들고 평의회에 설계도를 제시했는데 그 설계도를 "웅장하다"라고 표현했다.

그러나 불과 몇 년 후에 공사가 중단되었다. 내전이 또 발발했고, 프랑스 국왕과 교황이 개입했고, 시 정부의 많은 인사들이 살해되거나 추방되었다. 피렌체를 떠나 다시 돌아오지 못한 사람들 중에는 중세의 시인이자 정치인인 단테 알리기에리도 있었다.

1330년대에 이르러서야 피렌체 대성당 공사가 재개되었다. 그 무렵 단테는 망명지인 라벤나에서 눈을 감았다. 그로부터 또 1세기가 흐른 후에야(1436) 피렌체 시민들은 하늘 높이 솟은 팔각형 돔으로 덮인 장엄한 건물, 이른바 이탈리아 르네상스의 위대한 기적인 피렌체 대성당의 봉헌 의식을 치렀다. 그러나 이탈리아 르네상스의 모든 요소들처럼, 피렌체 대성당의 이야기도 그 바탕은 글자 그대로나 비유적으로나 분명히 중세에 있다. 피렌체 대성당의 이야기에는 건물 자체뿐 아니라 그것을 만들어낸 과정과 행정제도, 즉 민주주의도 포함된다.

빛의 시대의 종착점으로 치닫는 이 시점에 서둘러 이 시대의 출발점을 뒤돌아보자.

중세 초기 서유럽에서 도회적인 생활의 범위가 축소되기는 했지만, 도시가 완전히 사라지지는 않았다. 중세를 통틀어 사람들은 다양한 경제 분야에 종사하며 서로 가까운 거리에서 살았고, 배후지는 각 지역의 특색을 가진 시장경제를 통해서 식량과 농산물을 공급하는 역할을 맡았다. 이베리아 반도와 이탈리아 반도의 도시들(여러 세기 전에 생긴 도시도 있었고 베네치아처럼 비교적 역사가 짧은 도시도 있었다)은 중세 초기 서유럽의 역사 내내 존속했다. 그런데 제2천년기로 접어들면서, 그런 활동과 밀집 지역의 중심 무대는 지중해 동부로, 특히 농산물의 생장기가 더 길고 기후가 더 온화한 해안 쪽으로 옮겨갔다. 동쪽으로의 이동은 팽창하는 이슬람 세계에 의해서 촉진된 현상이기도 했다. 당시 이슬람 세계는 도시 개발을 추진했고, 심지어 대규모의 도시(예를 들면 8세기 아바스 칼리파국의 바그다드)를 새로 건설하기도 했다. 저 아득한 북쪽에서도 바이킹족은 항구 도시들을 건설했다. 그 도시들은 지중해의 기준으로는 작았지만 항구 도시로 인정될 만한 수준이었다.

그래도 비잔티움을 제외한 유럽 최대의 도시 주거지들은 여러 세기에 걸쳐 성장을 지속하기 위해서 상당한 정치, 경제, 농업 발전이 필요했다. 축산업과 농업 기술의 변화, 그리고 비교적 온화한 날씨 덕택에 잉여 식량과 잉여 인구가 증가했고 지역 경제들이 싹텄다. 중세 유럽의 일부 지역에서 경제가 발전하자, 정치 권력들은 인구가 더 많고 다양한 정착지들이 이루어낼 수 있는 경제적 이익을 얻는 대신 그 공동체들을 다소 직접적으로 감독하는 것이 유리하다는 사실을 깨달았다. 11세기와 12세기를 기점으로 도시는 다시 한번 서유럽 지형의 핵심적인 특징이 되었다. 도시는 종교 생활과 교육의 중심지(대성당과 대학교의 소재지), 정치 권력의 수도가 되었다. 그리고 도시에는 시민과 문화, 정부가 있다. 중세 민주주의가 있었던 것이다.

도시의 시민권은 일정한 권리와 특권을 부여하는, 배타적이고 종종 성별에 따라 구분되는 공식적인 개념이기도 했지만, 이따금은 특정 장소의 경계 안에서 생활하는 누구에게나 비공식적으로 확장될 수도 있었다. 따라서 시민들은 다양한 형태의 중첩된 공동체에 참여했다. 중세의 도시 거주자는 해당 도시의 시민일 수도 있었고, 특정 교구의 신자, 자발적인 자선단체나 전문 직업인 단체의 회원, 특정한 정치적 지역(예를 들어 선거구)의 주민일 수도 있었고, 살고 있는 동네와 일체감을 느낄 수도, 구조 안의 꽤 많은 하위 공동체들에서 활동할 수도 있었다. 단체들은 종종 여러 기능을 겸비했다. 특정 직업의 길드가 자선활동을 수행할 수도 있었고, 약간의 종교적 성격을 띤 우애단체가 교구의 교계제도 안에 존재할 수도 있었다. 서로 중복되기도 하면서 약간은 평등주의적 성격을 띤 이러한 공동체들은 중세를 엄격한 위계적 사회나 단순한 사회로 바라보는 관념과 상충한다. 현대인과 마찬가지로 중세인은 복잡한 삶을 살았고, 여러 공동체들 사이를 오갔다.

길드는 중세 도시생활에서 빼놓을 수 없는 가장 중요한 특색이었다. 가장 널리 알려진 유형의 길드는 직인 길드나 장인 길드 같은 동업자 길드(상인 길드, 직공 길드, 식료 잡화업자 길드 등)였다. 길드에서는 서로 연관된 직종의 사람들이 결속하여 신입 회원을 훈련시키고 기준을 정하고 가격을 통제하고 경쟁을 최소화하고 다양한 중재, 규제, 축하행사에 참여했다. 교구는 특별한 축제나 공공 의례, 자선행사를 중심으로 종교 길드를 조직했을 것이다. 사교 길드는 한 동네의 사회적 계급이나 자선행사를 중심으로, 아니면 그저 같이 즐겁게 술을 마시기 위해서 결성되었을 것이다. 요컨대 길드의 기능은 서로 겹칠 수 있었고 경제적, 종교적, 사회적 목적이 엄격하게 구분되지 않는 경우가 많았다.

길드는 도시 자치체를 형성하는 과정에서 정관(定款)을 작성하는 전통을 발전시켰고, 매우 독특한 투표제도를 확립했다. 통치 분야의 길드는 시장이나 판사 등 공직자를 선출할 수 있었다. 동네 주민들은 수장이나 다른 관선 대표자를 선출할 수 있었다. 대규모 평의회의 구성원들은 소규모 평의회의 구성원을 투표로 선출했다. 이 모든 제도들이 보편적 민주주의는 아니었다. 도시들은 남성 시민에게만 투표권을 부여했고, 길드들은 흔히 길드장(master)에게만 투표권을 주었고, 지역마다 부와 재산에 근거한 자격 요건이 있기도 했다. 그러나 이런 선택 기준은 현대 선거제도의 위대한 본보기로 선전되는 고대의 공화국(아테네나 로마 등)에도 있었다. 선거제도는 예나 지금이나 사람들을 배제함으로써 유권자를 구성하기 마련이고, 통치자를 선출할 권리는 언제나 이미 권력을 차지한 자들이 조바심을 내며 지키려고 하는 법이다. 그러나 투표는 중세 도시생활의 통상적인 행위였다.

이탈리아 도시들은 하나의 사례일 뿐이지만, 중요한 사례이다. 황제, 교황, 국왕의 권력으로부터 다양한 정도의 감독을 받는, 해안 여기저기의 크고 작은 이탈리아의 공화국들은 지중해 전역으로 배를 보냈다. 공화국들은 해외에서 건너온 상인을 환영했고, 사람들과 상품, 관념이 유럽의 다른 지역들로 퍼져나가도록 하는 역할을 맡았다(모든 사람이 자발적으로 이동하지는 않았다. 몇몇 도시에서는 노예무역이 주요 수입원이었다). 관건은 그 도시들을 중세 유럽사 구조에서의 일탈적인 현상으로 이해하지 말고 정상적인 현상으로 이해해야 한다는 것이다. 그 도시들이 웨일스의 성이나 독일의 대성당, 아이슬란드의 농장만큼이나 "중세"라는 단어와 긴밀히 관련되어 있음을 기억해야 한다. 도시들이 더 광범위한 중세 세계와 연결되어 있었기 때문만이 아니라 도시들의 생활방식과 통치체계, 그리고 도시들이 가담한 물질문화가 런던 사람이나 파리 사람에게, 심지어 들판에서 일하는 농민에게도 익숙했기 때문이다.

투표는 중세 도시생활에서 중요한 역할을 했다. 어떤 경우에는 정치적 독립체 전체를 통치하기 위해서, 또 어떤 경우에는 지방제도를 조직하기 위해서 실시되었다. 중세의 투표제도는 흔히 비밀투표였고 표면적으로는 의원 연합이나 파벌을 결성하는 행위를 제한했지만, 보통은 권력을 가진 자들이 권력을 유지하도록 보장했다. 물론 시간과 장소에 따라서 달라졌지만, 시골풍이 짙은 지역들은 일반적으로 귀족 계급에 의지해 보호를 받았고, 귀족의 경제적, 사회적 변덕에 좌우되었다. 반면 도시들은 집단적 힘을 바탕으로 자신의 이익을 위해서 일하거나 파벌을 만들어 서로에게 대응할 수 있었다. 일례로 중세 잉글랜드의 도시 배스와 웰스에는 여러 직업에 종사하는 지도층 인사들이 가담한 시정 기관이 있었는데, 시정 기관 구성원 간의 의견이 맞지 않을 때에는 내부적 조정 절차를 활용함으로써 다른 종류의 사법 절차를 회피할 수 있었다. 런던이나 파리 같은 수도들은 앞에서 기술한 역할도 맡았을 뿐만 아니라 국왕과의 관계도 협상해야 했다. 런던의 경우, 도시의 지도급 인사들은 지주인 신사계급에 맞서서 국왕 편에 서고는 했고, 덕분에 13세기에 국왕이 양여하는 이권을 통해서 상당한 독자성과 정치 권력을 획득했다.

11세기와 12세기에 자치 형태를 모색하는 도시들의 움직임을 경계하면서 귀족 계급이 도시들을 통제하려고 하자, 도시 거주자들은 반발하며 지방이나 지역의 영주 같은 세습 통치자로부터의 더 큰 독립성을 점점 더 많이 요구했다. 이런 갈등은 때로는 원만하게 조정될 수 있었다. 감세와 통행료 수입을 대가로 국왕, 공작, 백작들이 도시에 대한 고삐를 느슨하게 풀도록 유혹하는 역내 교역과 원거리 무역으로부터 더 큰 이윤을 남길 수 있었기 때문이다. 그런 협정 이후에 "자치체"—자신이 사는 도시를 통치할 방식을 결정하는 시민들로 구성된 공식적인 시정 기관—가 평화롭게 형성될 수도 있었다. 그러나 시간이 흐르고 독립을 모색하는 도시가 점점 더 늘어나자, 도시 지도자들은 신성 로마 제국과 교황 같은 더 큰 권력과의 관계 속에서 도시의 위치를 어떻게 설정할지를 결정해야 했다. 자치체 반란의 시절이 끝나고, 민주적 통치제도가 수백 년에 걸쳐서 정착되었음에도 불구하고 도시의 정치 활동은 파벌 간의 무장 투쟁으로 쉽게 변질될 수 있었다. 세습 통치가 민주주의로 전환하려면, 혹은 최소한 선거를 통해서 성립되는 과두정으로 전환하려면, 폭력이 수반되기 마련인 듯했다.

⁊⁊⁊

주요 정치 권력의 후발 주자였던 피렌체는 지역 귀족, 교황, 황제들 사이에 소란스러운 충돌이 발생하는 와중에 독립을 쟁취했다. 황제 하인리히 5세(재위 1111-1125)가 독일 출신의 충성스러운 백작에게 토스카나 지방을 맡기자 토스카나인들이 봉기했다. 문제의 백작은 전사했고, 토스카나인들은 피렌체를 중심으로 소수의 지도층 귀족 가문이 이끄는 독립적인 자치체를 세웠다. 그들은 엄밀히 말하자면 제국에 속해 있었지만, 그 어느 세습 귀족의 명령도 따르지 않으면서 황제와 불편한 관계를 유지했다. 피렌체는 해안에서 멀리 떨어져 있었지만 드넓은 아르노 강을 끼고 있었기 때문에 국제 무역과 국제 정치에 참여할 수 있었고, 12세기가 펼쳐지는 동안 번영을 구가했다. 피렌체는 붉은 수염 프리드리히 1세의 정복 활동 기간에 잠시 독립을 잃었지만, 1200년에 다시 한번 그 도시에 대한 지배권을 주장했다.

　그러나 제국은 여전히 그림자를 길게 드리웠고, 국제 정치적 문제

등이 도시 간의, 혹은 도시 내부의 파벌 싸움으로 이어졌다. 13세기 말 피렌체에서 단테 알리기에리의 가문이 부상했고, 단테는 가문 최초로 중요한 공직에 올랐다. 바로 그 순간 단테에게는 불행하게도 피렌체의 주요 가문들이 서로 격렬하게 맞서더니 각각 교황파와 황제파를 막연하게 따르는 양대 파벌로 갈라졌다. 한 파벌은 황제를, 다른 파벌은 교황을 지지했다(공정하게 말해서 그 분열은 주요 가문들이 피렌체의 지배권을 두고 싸우려고 내세운 핑계에 불과했다). 싸움은 점점 무자비해졌고, 중립을 지키던 피렌체인들―단테도 여기에 포함된 듯싶다―은 가장 악독한 짓을 저지른 자들을 축출하려고 했다. 단테가 가담한 파벌이 일단 정권을 잡았고, 대성당을 짓기 시작했다. 그러나 1302년에 다른 파벌이 복귀하여 정권을 되찾았고, 정적들을 죽이고 추방했다. 그렇게 단테는 추방되었다. 민주주의가 중세적 현상이었다면 파벌, 유혹, 암살, 패배 따위로 점철된 복잡한 정치도 중세적 현상이었다.

망명 생활 시절, 그러니까 14세기 초에 단테는 『신곡』을 토스카나어(이탈리아 토착어)로 집필하기 시작했다. 『신곡』은 세 편으로 나뉘는 엄청난 분량의 운문으로, 지옥과 연옥, 천국을 방문하는 광경에 초점을 맞춘 작품이다. 「지옥」 제1곡은 저자가 홀로 어둠 속의 숲을 돌아다니는 장면으로 시작한다. 단테는 망명 중이다. 그러나 그는 눈을 들어 일출을 바라보고 나서 빛을 찾아 언덕을 오른다. 『신곡』은 수백 년에 걸친 발전의 절정이자 빛의 시대 자체의 작품이다.

여러 측면에서, 빛을 찾아나서는 그 과정―결국 성공적으로 마무리된다─은 전형적인 중세적 서사이다. 그 서사는 수백 년간의 초지역적 교류, 아리스토텔레스의 사상이 서유럽으로 전파된 결과와 그가 기독교 신학에 미친 영향, 그리고 천문학, 수학, 의학을 둘러싼 중세의 이해에 의존한다. 그러나 『신곡』은 무기력한 신학적 명상록이 아니다. 단테는 결코 잊히지 않을 고전적 과거를 비롯하여 역사에 대한 풍부한 감각에도 기대고 있다. 로마의 시인 베르길리우스는 단테를 지옥과 연옥으로 안내하며 신화상의, 그리고 실제상의 또다른 고전 인물들도 작품에 스며들어 있다. 지옥행을 면한 "덕 있는 이교도들" 중에, 특히 살라딘, 이븐 시나, 이븐 루시드 등이 다른 고전 인물들과 나란히 앉아 있다. 당대의 사회적 시각의 한계로 단테는 비기독교인들이 천국으로 올라가는 것을 용납할 수 없었지만, 그들에게 영원한 고통으로부터 벗어난 장소를 선사했다.

흥미진진하면서도 소름끼치는 「지옥」은 아마 현대인의 상상 속에서 가장 오랫동안 머물 것이다. 그러나 그런 광경의 요점은 그저 도덕적이지만은 않다. 단테는 신랄한 정치적 풍자도 선보인다. 그는 망명 생활에 분노하고, 정적들과 당대의 종교계 인사 수십 명을 지옥에 배치한다. 그는 작품 속의 시적 자아를 통해서 마침내 하느님과 이 세상 간의 관계, 정의의 작용, 그리고 정치의 자연스런 추이를 깨닫는다. 지옥의 가장 깊숙한 부분은 배신자들에게 할애된다. 제9층을 지나가면서 단테는 이탈리아 파벌정치의 최악의 인물들─공모자를 배반하고 공모자와 그 아들들을 함께 감금해 서서히 굶겨 죽인 대주교, 연회에 참석한 손님들을 도륙한 탁발수도사─을, 그리고 세 개나 달린 입으로 유다와 브루투스와 카시우스를 영원히 물어뜯는 악마를 발견한다. 그러나 그 가장 어두운 순간, 단테는 말 그대로 악마의 몸을 기어올라 나아간다. 그가 지구의 중심을 지나 반대쪽으로 나오자 하늘에서 깜박이는 별들이 그를 반긴다. 혼돈과 파벌정치, 죄인들과 그들이 겪는 고통을 거친 단테는 「지옥」이 마무리될 때 현세와 내세에서의 빛과 합일점을 보게 된다.

『신곡』은 전체적으로 "영원한 빛(luce etterna)"을 향해서 나아간다. 지옥은 그 빛이 없는 곳으로 규정되고, 단테는 지옥을 지나간 덕분에 하늘에 가득한 별들이 환하게 밝혀주는 그 빛의 원천으로서 성스러운 사랑을 이해하게 된다. 「지옥」은 단테가 칠흑 같은 어둠 속에 있는 장면으로 시작하지만, 그와 베르길리우스가 말 그대로 지옥 밖으로 기어올라 "별들 아래를 한 번 더 걸어다니는" 모습으로 끝난다. 사실, 단테는 『신곡』의 모든 편을 성스러운 희망의 상징인 "별"로 마무리한다. 「연옥」은 단테가 깨끗하게 거듭나서 천국으로 올라갈 준비를 하고 "겨울의 상처가 치유되고, 완벽하고 순수하며, 별들을 맞이할 자세가 된" 모습으로 끝을 맺는다. 그리고 나서 마지막으로 「천국」의 말미에서 단테는 영원한 빛을 목격한 후에 지상으로 돌아온다. "해와 다른 별들을 움직이는 사랑의 신에 의해서……그의 본능과 지성은 골고루 균형을 이루었다." 그것은 삶과 사후 세계 모두의 모든 피조물들을 연결하는 합일점이다. 결국, 희망은 있다. 언제나 희망은 있다.

이처럼 집요하게 별을 언급하는 것은 우리가 빛의 시대의 막바지에 이르러 라벤나로 돌아가는 지금 의미가 있는 일이다. 유서 깊은 도시의 반짝거리는 모자이크들 사이에서, 망명객 단테는 하느님과 영원성을 묘사하며 찬란하게 빛나는 작품들을 응시할 기회가 숱하게 많았을 것이다. 그는 비록 지옥에서 출발했지만, 안내인들과 함께 연옥을 거쳐 천국에 이르렀다. 천국은 새와 꽃들, 자연의 아름다움으로, 그리고 물론 빛으로 충만하다. 아마 단테는 이 책이 시작된 도시 라벤나에서, 갈라 플라키디아의 깜박이는 별빛의 아래와 그 속에서 영감을 얻었을 것이다. 우리는 단테가 구체적으로 그 영묘에 가서 금빛과 푸른빛의 하늘을 쳐다보았는지 결코 알 수 없겠지만, 「천국」의 어느 지점에서 그가 서사를 중단한 채 직접 연설을 했다는 사실은 알고 있다. 그는 권했다. "독자여, 나와 함께 눈을 들어 저 높은 바퀴들을 보라.……염원을 담아 그 대가(大家)의 예술을 바라보기 시작하라." 그는 이렇게 덧붙인다. "독자여, 이제 자리를 떠나지 말고 그대로 머물며 생각하라.……기운이 빠지기 전에 큰 기쁨을 느낄 것이다."

이제 단테의 마지막 안식처인 라벤나에서 그를 떠나보내자. 그러나 그렇게 하기 전에 살아 있는 그가 천국의 광경을 묘사할 말을 찾고자 애쓴다고 상상해보자. 우리는 갈라 플라키디아의 텅 빈 영묘에서 의자에 앉은 채, 약 1,000년 전에 장인들이 청금석으로 만든 푸른 하늘과 금이 가득한 유리로 만든 별들을 올려다보는 그의 모습을 상상할 수 있다. 망명 생활에 낙담했지만, 천국의 광경에 영감을 받아 첨필을 집어들고는 별들로 가득한 영묘 천장에서부터 그에게 내려앉으며 1,000년을 가로지른 빛에 대한 글을 남김으로써 영원성을 경험하는 여정을 마무리하는 단테의 모습을 상상해보자.

338

암흑시대

1550년, 카스티야 왕국의 도시 바야돌리드에서 열린, 인간이라는 존재의 의미를 둘러싼 토론을 경청하기 위해서 수많은 군중이 대성당에 운집했다. 토론 주제는 이른바 신세계 원주민들이 구체적으로 무엇인지—"누구인지"가 아니었다—였고, 더 나아가 스페인의 군주과 식민지 개척 지주가 원주민에 대해서 어떤 권리를 가지는지도 쟁점이었다. 지주들 편에는 저명한 인문주의자 후안 히네스 데 세풀베다가 있었다. 그는 아리스토텔레스에게 영향을 받은 새로운 그리스 학문의 열렬한 추종자로서 중세 세계의 어둠에서 벗어나고 고대의 빛을 복원하겠다는 목표를 고수하는 인물이었다. 그 반대편에는 이단심문과 십자군 원정이 한창인 와중에 설립된 도미니코회 소속의 탁발수도사인 바르톨로메 데 라스 카사스가 있었다. 그는 한때 신세계에서 지주로 살았지만, 이제는 개심하여 "중세" 최고 수준의 성직자 양성 활동에 매진하고 있었다.

세풀베다는 아메리카 대륙에 대한 스페인의 권력이 거의 무한하다고 주장했다. 아리스토텔레스에 따르면, 아메리카 원주민은 문명을 모르는 "야만인"이었기 때문이다. 세풀베다의 주장에 의하면, 원주민의 열등한 이성 능력은 악마 같은 이교도 신앙에서 명백히 드러나며 따라서 그들은 정복되고 평정되고 결국 개종되어야 마땅했다. 반면, 라스 카사스는 그런 주장이 무자비하고 부당하고 불법적이라고 생각했다. 그 탁발수도사는 콘비벤시아를 상기시키면서, 아메리카 대륙의 토착민들은 물론 다신론자이지만 (기독교인들의 시각에서는) 유럽의 유대인이나 이슬람교도와 전혀 다를 바가 없으며 따라서 여느 사람들처럼 평화롭게 살 권리를 누릴 자격이 있다고 주장했다. 그는 원주민을 강제로 개종시키려고 한다면 원주민의 영혼뿐 아니라 스페인인의 영혼도 실제로 망가질 것이라고 덧붙였다. (라스 카사스가 지지한) 기독교로의 개종은 반드시 평화로운 방식의 전도로만 이루어져야 했다.

국왕의 대리인과 신학자들이 모인 평의회에서 진행된 이 토론은 엄밀히 말하자면 승부가 나지 않은 채 끝났다. 아무런 공식적인 판정도 내려지지 않았던 것이다. 단기적으로는 라스 카사스가 승리한 듯싶었다. 스페인 왕실은 지주들에 대한 직접적인 감독을 확대했고, 학대를 크게 제한하면서 원주민의 복리를 책임졌다. 그러나 장기적으로는 세풀베다가 최후의 승자로 판정되어야 한다. 원주민을 옹호하는 탁발수도사들의 역할은 서서히 줄어들었고, 지주들은 원주민을 희생시키면서 권력을 확대했다. 16세기에 이르자 아리스토텔레스의 "야만성" 개념이 유럽에 팽배했다는 점이 아마도 더욱 중요할 것이다. 이때의 야만성은 종교 전쟁에서 가톨릭교도와 개신교도가 서로를 비난하는 데에 사용된 개념이었으며, 아메리카 대륙의 원주민과 서로에 대한 국가적인 폭력도 정당화했다.

그 토론은 본질적으로 중세 대 근대, 종교 대 세속주의의 토론이었다. 세풀베다는 근대적 세속주의자였고, 중앙집권화하는 국가와 "진보"가 식민화, 폭력, 억압을 정당화하는 데에 아리스토텔레스와 자연법을 활용했다. 반면, 평화와 관용을 옹호한 사람은 중세의 종교인 라스 카사스였다. 당시 본인은 몰랐겠지만, 라스 카사스는 잃어버린 세계, 그늘에 가려진 빛의 시대를 옹호하고 있었다.

1550년에 바야돌리드에서 열린 그 토론의 결과는 다른 어느 순간보다 근대성의 승리를 적절하게 드러낸다. 중세 유럽 세계의 그 모든 복잡성과 가능성, 참상, 희망은 신성 로마 제국의 황제를 대신하여 성당에서, 신학자들 앞에서 스스로 무너져내렸다. 불과 60년 전만 해도 상상을 초월하는 세계에 대해서 토론했음에도 불구하고 말이다.

빛의 시대가 16세기 중반에 막을 내렸다면, 그 쇠퇴 시점은 그보다 훨씬 더 이른 시기로 거슬러올라갈 수 있다. 물론 역사적 시기는 결코 간단하게 "시작하지도", "끝나지도" 않는다. 그러나 누적된 변화는 연구를 무겁게 짓누르기 시작하고, 어느 순간에 이르면 상황이 이전과 질적으로 다르다는 점이 분명해진다. 1370년대에 시인 페트라르카는 당대가 암흑의 시대로부터 막 벗어났다고 너무 확신한 나머지 오늘날에도 우리가 벗어나려고 애쓰는 어둠의 연기를 만들어냈다.

토스카나어(단테가 구사한 언어)로 세속적인 미에 대한 찬사와 종교적인 풍유(諷諭) 사이를 어른거리는 놀랄 만큼 아름다운 시를 쓴 페트라르카는 라틴어로 딱딱한 느낌의 산문도 썼다. 페트라르카는 키케로의 어투를 모방하고 있다고 상상하면서, 비평가들에 대한 불평을 드러냈고 자신이 문화적, 지적 창작의 새로운 시대의 창시자라며 자화자찬했다. 그에 따르면 그는 "르네상스"를 시작한 인물이었다.

그러나 모두가 페트라르카의 견해에 동의한 것은 아니었다. 프랑스 비평가들에게 보낸 "해명"(실제로는 그들에 대한 혹독한 비난)에서 그는 이전 시대의 지적 환경을 개탄하며 예술과 사상이 "캄캄함과 짙은 어둠"에 덮여 있었다고 말했다. 그것이 "암흑시대"였다. 페트라르카는 과거 고대를 "순수한 광휘"의 시대로 규정했고, 다른 서신에서는 고대가 "더욱 상서로운 시대였고, 아마도 그런 시대가 다시 올 것"이라고 썼다. "그 중간, 우리 시대에는 불행과 불명예가 합쳐진 모습이 보인다." 페트라르카는 자신이 그 중간 시대, 즉 중세의 끝부분에 있기를 바랐다.

우리는 암흑시대라는 개념에 대한 책임을 대부분 페트라르카에게 돌리지만(그것이 마땅하기도 하지만), 암흑시대라는 관념이 14세기 말까지의 시간에 완전히 새로운 것은 아니었다. 앞선 세기들의 사상가들은 시간의 구조와 구성에 깊은 관심이 있었다. 그들은 시간의 일반적인 양식이 신성한 경전에 확립되어 있다고 믿었다. 즉, 세상은 필연적으로 최후의 끝 직전에 무질서와 혼돈을 향해 나아가며, 좋다가 나쁘다가 결국 다시 좋아진다고 믿었다. 그러나 페트라르카의 선전 활동은 차원이 달랐다. 선전에 따르면, 우리가 "르네상스"라고 보는 시기는 눈부실 만큼 성공적인 시기였다. 고대의 지식이 1,000년간 사장되었지만, 이제 복원되고 재탄생했으며 14세기와 15세기의 이탈리아어로 번역되었다고 페트라르카와 당대인들은 주장했다. 그 주장은 문화적일 뿐 아니라 정치적인 성격을 띠기도 했다. 가령, 페트라르카는 그가 이상적이라고 생각한 로마인들이 로마에 헌신하여 공화국을 위해서 기꺼이 목숨을 바칠 각오가 되어 있었던 것처럼, 피렌체인들도 피렌체에 헌신하도록 만들고 싶어했다. 얄궂게도 이러한 선전 활동은 고대의 문헌과 지식에 대해서 여러 세기 동안 이어진 참여, 주해, 복원 작업의 전통 덕분에 가능했다. 페트라르카가 자기만의 독특한 시 작품을 내놓으려면, 단테의 작품처럼 이전 시기에 이루어진 문학 전통의 발전이 필요했다. 14세기 말과 15세기 이탈리아에서는 고전적 규범을 적용하는 작업을 중심으로 펼쳐진 혁신적 예술운동이 분명히 있었지만, 그 운동은 기존의 지적, 예술적 삶에 기댄 것이었다. 비록 페트라르카는 부정했지만 말이다. 본인의 주장과 달리 그는 혼자만의 힘으로 혁신적인 예술운동을 이룩하지 않았다.

게다가 페트라르카와 그를 따르는 "인문주의자들"은 자신들의 사명을 매우 긴요하다고 생각했다. 그들이 예술과 아름다움의 찬란한 황금시대를 보내고 있어서가 아니라 상황이 너무 끔찍했기 때문이다. 전쟁과 질병이 이탈리아를 휩쓸고 지나갔고, 파벌정치와 내부 투쟁, 비등하는 폭정, 노골적인 부패, 또 더욱 심한 상황들이 벌어졌다. 1506년에 피렌체의 총사령관은 마키아벨리에게 피렌체 공화국의 역사를 집필하는 계획을 다시 실천하도록 촉구했다. 그는 이렇게 썼다. "이 시절에 대한 훌륭한 역사서가 없다면 미래 세대들은 상황이 얼마나 나빴는지를 결코 믿지 않을 것이고, 그 많은 것들을 그토록 빨리 잃어버린 우리를 절대 용서하지 않을 것이오."

그러나 우리가 중세의 지적 생활과 르네상스의 인문주의를 분리할 수 없듯이, 중세의 관행과 르네상스의 참상을 분리할 수도 없다. 그 성격이 공적이든 종교적이든 개인적이든 간에, 유명한 모든 르네상스 예술 작품은 여러 세기에 걸친 관행으로부터 완전히 새로운 방식으로 이익을 얻으며 더더욱 불평등해지던 세계에서 막대한 부를 축적한 결과였다. 일례로 최근의 학자들은 레오나르도 다 빈치의 "모나리자"의 모델이 노예무역상의 부인이었다고 생각한다. 우리는 "라 조콘다", 즉 "모나리자"를 바라보면서 그녀의 미소와 레오나르도 다 빈치의 탁월한 재능에 감탄할 수 있다. 그러나 동시에 그녀가 속한 계급의 부가 최소한 부분적으로는 대규모 인신매매를 동력으로 삼는 경제의 강화 현상에 힘입어서 확보되었다는 사실을 간과해서는 안 될 것이다. 지금까지 우리가 역사를 통해서 내내 살펴보았듯이, 중세의 모든 사회에서 적어도 일부의 사람들에게는 자유가 없었다. 자유가 없다는 것은 실제로 여러 가지를 의미했다. 자유가 없어도 사람마다 매우 다양한 범위의 권리와 보호책을 누렸고, 갖가지 의무가 따랐으며 자유를 얻을 기회가 있거나 그렇지 못했다. 그렇기는 했지만 동산(動産) 노예제—인간을 사고파는 제도—는 다른 곳보다 도시화된 지중해 지역에서 더 흔했다(도시화로 시장에 더 쉽게 접근할 수 있었다). 고대인, 현대인처럼 중세인들은 인간을 사고파는 원칙을 알고 있었다. 중세 후기에 흑해의 항구들에 접근할 수 있게 되자, 중세의 지중해와 유럽에 새로 노예로 전락한 사람들의 물결이 밀려들었다. 이 흐름은 기독교인과 이슬람교도, 이탈리아인과 이집트인에게 공통된 무역 문화를 형성했다. 또한 중세인들은 대서양 노예무역을 떠받치던, 인종적 차이와 타자성을 둘러싼 근본적인 관념들도 형성했고, 이 관념들은 숱한 비극을 불러왔다. 제럴딘 형, 도러시 킴, 시에라 로무토, 코드 휘터커를 비롯한 여러 학자들이 입증했듯이, 근대의 백인 우월주의의 뿌리는 인종적으로 순수한 유럽(아예 존재한 적 없다)이라는 환상에서 생겨난 것이 아니라, 기독교인과 유대인, 이슬람교도, 몽골인과의 만남을 통해 구축된 지적 토대에서 비롯된 것이다.

오늘날의 암흑시대

이 책의 처음부터 끝까지 우리는 빛으로 가득한 중세 세계를 보여주려고 애썼다. 햇빛이 스테인드글라스를 지나간다. 이단적이거나 유대인이 성스럽게 여긴다고 판결된 책을 불이 집어삼킨다. 전쟁터로 행군하는 군대 위로 들어올려진, 보석으로 장식된 금빛 성골함이 반짝반짝 빛난다. 대규모 화재가 도시들을 집어삼킨다. 향신료를 더한 음식과 훌륭한 문장, 음악, 미술, 고대의 지식, 그 모든 것이 감각과 지성을 자극하고 조명하며 더 큰 중세 세계 곳곳으로 움직인다. 노예로 전락한 사람들이 강제로 고향을 떠나 그 양질의 작품들 바로 옆에서 팔려나간다. 그곳에서는 아마도 서로 다른 세 가지 종교적 전통을 물려받은 학자들이 함께 아리스토텔레스에 대해서 열심히 연구할 것이다. 아프리카인이 영국에서 살고, 유대인이 기독교인의 이웃이고, 술탄과 탁발수도사가 신학 토론을 벌인다. 그러고 나서 흔히 그렇듯이, 그들 모두가 서로에게 폭력을 행사한다. 우리의 빛의 시대는 단순하거나 명확하지 않고, 뒤죽박죽이고 인간적이다. 그리고 우리는 그것이 진실에 가장 가까운 모습일 것이라고 생각한다.

한편, "암흑시대"의 이야기, 고립되고 야만적이고 원시적인 중세 유럽의 이야기는 지속적으로 대중문화에 배어든다. 그 이야기는 전혀 진실이 아니었다. 그러나 그 신화가 발전하고 살아남은 바람에 여러 세기 동안 많은 해악을 끼쳤다. 그 신화가 살아남은 탓에 우리의 낯선 자아를 놓아둘 장소가 생긴다. 우리가 거울을 들여다볼 때 알아채고 싶지 않은 점들을 놓아둘 장소 말이다.

페트라르카와 당대인들은 중세를 후진적이고 어두운 세계로 바라보도록 하는 토대를 닦았을지 모르지만, 17세기와 18세기의 계몽주의는 우리가 여전히 살고 있는 집을 지었다. 유럽의 군주제 열강의 시민들이 그들의 뿌리로 눈길을 돌리면서 자신들이 현재에 이르게 된 과정을 설명하려고 한 시기가 바로 그때였다. 그들은 그들의 세계가 과거의 세계보다 "더 낫다"는 관념에서 출발했다. 유럽이 암흑에서부터 빠져나와 빛을 맞이했다고 추정했다. 암흑과 빛이라는 익숙한 용어들은 과거에 대한 탐색의 이면에 있던 가치 판단, 즉 흰 피부색에 선택적으로 특권을 부여하는 가치 판단을 반영한 표현이었다. 어쨌든 유럽의 군주국들은 부유한 백인 남성이 다른 부유한 백인 남성을 위해서 통치하는 나라들이었다. 따라서 역사를 탐구할 때 부유한 백인 남성들은 알지 못하는 이야기들, 그들처럼 행동하거나 생각하지 않으며 외모가 다르게 생긴 사람들의 이야기들은 무시되었다. 그 이야기들이 유럽과 지중해의 역사에 중심이 되었을 때조차 무시되었다. 지금까지 우리가 이 책의 처음부터 끝까지 들려주고자 한 이야기들, 아라비아어와 튀르키예어, 히브리어를 쓰는 사람들의 관점을 포함해야 하는 역사, 여성과 유색 인종에 의해서 쓰이거나 펼쳐진 이야기들까지도 말이다.

그렇게 쓰인 근대 초기 유럽의 역사는 국가적 전설로 시작되었다. 18세기와 19세기의 사상가들은 4세기의 게르만족을 가치 있게 인정받아야만 하는 독특한 문화적 유산을 가진 순수한 백인 조상들로 생각했다. 그런 접근법은 "과학적" 연구, 과학적 인종 차별주의, 국제 노예무역, 식민주의 등과 맞물리면서 사람들이 과거를 이해하는 방식을 바꾸기 시작했다. 그 사상가들은 "서양"이라는 용어를 사용했다. 더는 개별 국가가 아니라—그리고 북아메리카를 포함해야 하므로 "유럽"이라는 표현이 아니라—백인 남성이 세계를 지배해야 하는 이유를 설명하는, (아마도) 하나의 공통된 유산을 완성하기 위해서였다. 그러자 서양 문명은 그리스에서 로마로, 게르만족으로, 르네상스로, 종교개혁으로, 현대의 백인 세계로 뻗어가며 끊어지지 않을 계보의 이야기로 거듭났다. 그 사이와 중간에, 미신(북유럽의 개신교도 역사가들의 이야기 속 가톨릭교를 의미한다)에 오염된 일탈의 시기가 있었다.

이 때문에 1900년경에 유럽의 지도자들이 중세를 다시 언급함으로써 정치적 서사를 보강하고자 애쓰는 경우가 무척 많았다. 정통성에는 깊은 뿌리가 필요했다. 예를 들면 독일 제국의 황제 빌헬름 2세는 1898년에 부인과 함께 예루살렘에 갔고, 십자군 전사처럼 차려입었다. 심지어 그는 13세기에 황제 프리드리히 2세가 지나갔던 곳으로 예루살렘에 입성해야 하니 그 도시 성벽의 일부를 철거하라며 행사 주최자들을 압박했다. 제1차 세계대전 당시 영국의 몇몇 출판물은 1917년에 앨런비가 예루살렘을 탈환한 사건을 두고, 미완으로 끝난 리처드 1세의 제3차 십자군 원정의 "완성"이라고 일컬었다. 현대의 식민주의적 야심과 정치적 포부를 정당화하기 위해서 중세적 과거로 시선을 돌린 방식에 대해서, 유럽의 거의 모든 나라들에 비슷한 이야기들이 있을 것이다.

물론 미국도 이런 풍조의 일부분이었다. 미국은 "앵글로-색슨"의 유산과 계급, 인종에 근거한 상상의 기사도를 활용하여 남북전쟁 전후로 백인 우월주의를 정당화했다. KKK 단원들이 "기사들"로 자처한 것, 그리고 토머스 제퍼슨 대통령 시절부터 "앵글로-색슨"이라는 용어가 백인계 미국인들의 "격을 높이는" 인종적 범주로서 가치를 인정받은 것은 우연이 아니었다. 매슈 X. 버논과 그밖의 학자들이 입증했듯이, 흑인계 미국인들은 그런 풍조에 대해서 지속적으로 이의를 제기했다. 흑인계 미국인들은 중세 세계가 그들의 것이기도 하다고 주장했고, 그 주장은 올바르다.

그럼에도 불구하고 이러한 조상 중세주의는 18세기와 19세기에 "서양"의 사람들이 제국주의의 필요에 부응하는 유용한 과거를 구축하는 데에 토대가 되었다. 그러나 우리는 그것이 지독한 인종 차별주의적으로 편리한 과거라는 점을 절대 잊어서는 안 된다. 그 과거는 종종 국가주의적 침략 행위와 사회 전반에 퍼진 편견의 확대 현상과 관계가 있다. 그리고 그런 과거에 영향을 받지 않는 사회 부문은 하나도 없었다. 20세기의 학자들은 종종 이 식민주의적 시대의 이상에 동조했다. 그리고 이를 종종 지지하는 서사들을 기꺼이 구축했다.

오늘날, 우리는 나름의 암흑시대에 그 모든 유산과 더불어 살고 있다. 백인 우월주의자들은 꾸준히 중세 유럽의 역사로 손을 뻗는다. 그들에게 중세 유럽의 역사는 백인성, 단지 상상에 불과한 남성성의 상실에 관한, 살상의 필요성에 관한 이야기를 하는 수단이다. 그런 모습은 도처에서 눈에 띈다. 그들은 유럽 곳곳에서 십자군 전사의 복장으로 반(反)이민 집회에 모이고, 버지니아 주에서 열린 집회에서 페인트로 "하느님이 원하신다"라는 문구를 칠한 방패를 휘두르고, 노르웨이에서는 자신들과 상상 속의 새로운 성전기사단을 연결하는 장황한 글을 게시하고, 뉴질랜드에서는 학살을 정당화하려고 이슬람교도들과 기독교인들 간의 싸움을 유발한다. 그들은 "암흑시대"의 대중적, 정치적, 학술적 이야기들에 기대지만, 전 세계를 연결할 수 있는 새로운 기술을 사용한다. 그들은 그들이 상상하는 중세로 돌아가고 싶어 한다. 백인 우월주의자들이 있는 곳마다 중세주의가 있을 것이고, 십중팔구 살인이 벌어질 것이다.

"암흑시대"에 맞선 싸움은 수 세기에 걸쳐 있다. 그 싸움에는 꾸준히 결정적인 중요성이 있지만, 그 까닭은 사람들이 중세에 대해서 그릇된 인상을 품고 있기 때문만은 아니다. 모든 역사적 시기의 진실은 후대의 신화의 무게에 짓눌리기 마련이다. 그 싸움이 결정적으로 중요한 까닭은 중세에 대한 그 모든 전용(轉用) 행위를 하나로 묶는 것이 바로 그 전용 행위의 핵심에 자리 잡은 공백이기 때문이다. 다시 말해서 암흑시대의 독특한 암흑은 긍정적이든 부정적이든 간에 현대의 선입견이 들어갈 수 있는 공허, 거의 무한한 공간을 암시한다. 암흑시대는 보는 사람에 따라 후진적이거나 진보적인 시기, 혐오하거나 흠모하는 시기가 될 수 있다. 암흑시대의 독특한 암흑은 우리가 원하는 대로 활용된다. 즉, 아주 먼 과거로 거슬러올라가므로 그런 관념과 행동들을 "정당화하고" "설명하는" 수단으로 활용된다.

우리는 극심한 세계적 유행병이 퍼지고 급격한 기후변화와 광범위한 정치적 동요가 일어나던 세계적인 격변의 순간에 이 책을 썼다. 우리는 격리 기간에 대부분 각자의 집 안에서 집필하면서 중세가 어떻게 우리의 세계로 뛰어들어오는지 누차 지켜보았다. "역병"과 "십자군"과 "묵시"가 어떻게 현대의 사건들을 묘사하는 흔한 용어가 되었는지를 지켜본 것이다. 다가오는 암흑시대를 그저 한탄하고 싶고, 우리의 초현대적인 경제제도를 "봉건적"이라고 일컫고 싶고, 코로나 바이러스를 흑사병에 비유함으로써 그 바이러스에 대한 2020년의 대응을 비판하고 싶은 유혹이 때때로 압도적일 수 있다. 우리는 오늘날의 세계에서 차마 눈 뜨고 볼 수 없는 것과 거리를 두기 위해서, 그리고 그때와 지금 사이, 참상과 희망 사이에 적어도 어떤 연대기적 차이를 부여하기 위해서 "암흑시대"의 안락함으로 돌아간다.

그러나 우리는 이런 상황을 견딜 수 없다. 현재를 너무 단순하게 과거에 비유하는 태도는 과거의 시대뿐 아니라 우리 시대도 모독하는 짓이다. 이것이 저것과 똑같다고 가장함으로써, 우리는 어떤 것을 "어떻게", 또 "왜" 한탄하고 또 어떤 것을 "어떻게", 또 "왜" 흠모하는지 이해하려는 노력을 외면하게 된다. 역사적 유비(類比)는 필연적으로 복잡한 현상인 것에 대한 단순한 설명이 되고 만다. 그리고 너무 단순한 서사를 제시하는 사람은 무엇인가를 팔려는 사람이라는 사실을 대중에게 상기시키는 것이 언제나 우리 역사가들의 책무이다. "실상은 그것보다 더 복잡하다"라고 말하는 것이 언제나 우리 역사가들의 책무이다. 실제로, 실상은 항상 그것보다 더 **복잡하다**.

우리는 이 책이 이른바 중세의 역사를 조명함으로써 이 도전을 이겨내기를 바란다. 이 책은 라벤나의 영묘에서 천장을 가득 채운 별들을 바라보는 갈라 플라키디아와 멸망하지 않은 고대 로마로 시작했다. 그리고 자신의 글을 통한 여정의 말미에서 갈라 플라키디아가 거의 1,000년 전에 보았던 그 영묘 천장을 보고 영감을 느꼈을 단테로 끝을 맺었다. 아마 두 사람 모두 위쪽에서 반짝이는 모자이크를 응시하며, 단테가 "해와 다른 별들을 움직이는 사랑의 신"이라고 부른 것에 나름대로 기뻐하고 있었을 것이다. 그리고 약 1,000년에 걸쳐 우리는 사람들이 각자의 시대에서 억압 체계가 작동하도록 하고 또 거기에 저항한 과정, 아름다움을 빚어내고 또 공포를 자아낸 과정, 경계선을 뛰어넘기도 하고 또 경계선을 긋기도 한 과정, 완전하고 복잡한 인간으로서 당대를 감당한 과정을 지켜보았다. 사람들은 사랑했고, 미워했다. 먹고 마셨고, 울고 웃었고, 누군가를 지켜주었고 누군가를 죽였다. 사람들은 다채롭게 살았다. 바라건대 이 책을 통해서 그 모든 아름다움과 참상을 볼 수 있었으면 한다. 암흑에서는 조명으로 벗어날 수 있다. 모자이크가 촛불에 반짝반짝 빛나거나 피가 거리에서 희미하게 빛나듯이 말이다. 과거는 가능한 세계들을 보여준다. 밟은 길뿐 아니라 밟지 않은 길까지 보여준다. 바라건대 항상 더 행복하지는 않더라도 더 밝게 조명되는 중세적 과거의 서사가, 다시 말해서 현실과 가능성 모두를 더욱 잘 부각하는 서사가 현대 세계를 살아가는 우리 앞의 길도 더 많이 드러냈으면 한다.

이 책이 우리의 앞길을 밝히는 데에 도움이 되기를 바란다.

감사의 말

이 책을 쓰면서 우리는 일일이 열거할 수 없을 만큼 많은 사람들에게 신세를 졌다. 우선 우리의 대리인 윌리엄 캘러핸과 하퍼 출판사의 탁월한 편집자 세라 하우건에게 감사한다. 두 사람 모두 여러모로 힘썼고, 이 책을 원래 우리가 구상한 것보다 훨씬 좋은 책이 되도록 도와주었다. 그런 의미를 이어서, 롤런드 베턴코트, 서실리아 개포슈킨, 모니카 H. 그린, 콜린 호, 루스 캐러스, 니콜 로페즈-잔첸, 대니얼 멀리노, 제임스 T. 파머, S. J. 피어스, 메리 램버런-올름, 앤디 로미그, 제이 루벤스타인, 레이철 스카인, 안드레아 스터크, 토니아 트리자노, 브렛 윌런 등은 우리가 이 책의 초고를 작성하는 동안 각 장을 읽고 의견과 충고를 아끼지 않았다. 물론, 오류나 누락이 있다면 전적으로 우리의 책임이다.

버지니아 공과대학교, 미네소타 대학교, 도미니칸 대학교의 훌륭한 전현직 동료들에게도 고마움을 전한다. 더 중요하게, 우리의 은사와 제자들에게도 감사한다. 이 책은 기본적으로 강의실에서 우리가 보낸 시간들, 그리고 수업 도중이나 이후에 나눈 애정 어린 대화들로부터 영감을 받았다. 우리의 은사들은 질문을 너그럽게 받아주었고 우리의 관심을 독려해주었다. 이제는 우리가 그런 관행을 계속할 때이다. 질문을 하나만 더 하려고 어슬렁거리는 학생이 종종 있기 때문에 우리는 수업이 끝나도 곧장 나가지 않고 잠시 머무른다. 모쪼록 이 책이 그런 질문들에 해답을 제시하고, 훨씬 더 많은 질문들을 불러일으켰으면 한다.

끝으로, 우리가 1,000년이 넘는 세월을 정신적으로 가로질러 나아가는 동안 변함없이 우리를 뒷받침해주고 인내해준 가족들에게 깊고 따뜻한 감사의 마음을 전하고 싶다. 과거를 조명하며 더 나은 미래로 전진하려고 애쓰는 우리에게 가능한 세계들을 보여주고자 하는 이 책을 가족들에게 바친다.

더 읽을 만한 것들

흔히 인문학 연구는 곰팡내 나는 책들에 홀로 둘러싸인 채 깊은 사색에 빠진 외로운 학자들의 고독한 작업으로 인식된다. 이 책은 전염병이 세계적으로 유행하던 와중에 대부분 집필되었기 때문에, 보통 우리는 컴퓨터 화면의 희미한 불빛에 비추어진, 곰팡내 나는 책들에 둘러싸인 채 홀로 책들 옆에 앉아 있었다. 따라서 이 책의 집필 과정을 말하자면 인문학 연구에 관한 통념이 옳다고 볼 수 있다. 이 책은 중세 세계 전반에 대하여 지속적으로 진행되어온 활발한 학문 연구에 엄청난 빚을 지고 있다. 개별 시기로서 유럽의 중세라는 개념은 14세기 말에야 등장하여 19세기 근대에 이르러서야 학계에 확고히 자리를 잡았지만, 유럽의 중세는 그 시대가 시작된 이래로 연대순으로 기록되었다. 그러나 학자들이 집단적으로 연구하는 사람들, 장소들, 사건들에 대해서 더 솔직하고 새로운(그리고 더 나은) 질문을 고안하려고 애쓴 덕분에, 지난 수년간 우리가 과거를 바라보는 관점에 중요한 변화가 일어났다.

우리가 하나의 장에서 언급한 저작들은 보통 다른 장들에서도 조명되지만, 편의상 한 번씩만 정리했다. 아울러 유럽의 중세를 이해하려면, 여러 나라들의 학문 전통에 대한 조예와 여러 언어에 대한 재능이 필요하다. 그러나 우리는 여기에서 영어로 작성된 저작들만 언급하기로, 또한 상대적으로 더욱 자유롭게 이용할 수 있는 저작들만 참고 문헌으로 추천하기로 결정했다.

여러분이 연구의 드넓은 바다에 조심스럽게 발을 담글 수 있도록 추가로 읽어볼 만한 문헌들을 소개한다. 학문의 바다의 조류는 편안했고 무서웠으며 따뜻했고 차가웠다. 그러나 그 바다의 수수께끼는 언제나 매력적이었다. 우리가 이 책에서 맞이하는 것은 여정의 시작에 불과하다.

머리말 빛의 시대

이 책에서 다룬 모든 주제들은 수십 년이나 수 세기에 걸친 연구와 대화로 이어지는 일종의 토끼굴이자 하이퍼링크, 포털이다. 유럽의 중세는 1,000년 넘게 존재했다는 그 범위를 뛰어넘을 만큼 방대하다. "암흑시대"라는 표현을 비롯하여 중세라는 관념이 형성되는 과정을 둘러싼 전반적인 개요가 궁금하다면 다음 저작을 읽어보기 바란다. Wallace K. Ferguson, *The Renaissance in Historical Thought : Five Centuries of Interpretation* (Houghton Mifflin, 1948) ; Patrick Geary, *The Myth of Nations : The Medieval Origins of Europe* (Princeton University Press, 2003), 이종경 역, 『민족의 신화, 그 위험한 유산』(지식의풍경, 2004) ; John Arnold, *What Is Medieval History?* (Polity, 2008). 우리가 과거를 구분하는 방식, 그리고 사료에 대해서 생각하는 방식을 권력이 통제한다는 점을 깨닫는 것이 중요하다. 이와 관련해서는 다음 저작을 참고하기 바란다. Michel-Rolph Trouillot, *Silencing the Past : Power and the Production of History* (Beacon Press, 1995). 중세 코코넛의 여정과 관련해서는 다음을 보라. Kathleen Kennedy, "Gripping It by the Husk : The Medieval English Coconut," *The Medieval Globe* 3 : 1 (2017), article 2. 최근 들어서 더욱 강력해진 공공 참여의 윤리에 힘입어 각별히 뛰어난 연구 결과들을 더 널리 이용할 수 있게 되었다. 그중에서도 InTheMedievalMiddle.com 같은 블로그들이 돋보인다. Sierra Lomuto, "White Nationalism and the Ethics of Medieval Studies" (December 5, 2016)는 지난 수년간 대화의 기조를 설정한 중요한 사례이다.

1 아드리아 해에서 아른거리는 별들

Judith Herrin, *Ravenna : Capital of Empire, Crucible of Europe* (Princeton University Press, 2020)은 이 책의 출발점이 된 결정적으로 중요한 도시 라벤나의 역사를 풀어낸 가장 최근의 책이다. 그외에 Deborah Mauskopf Deliyannis,

Ravennain Late Antiquity (Cambridge University Press, 2010) 등 많은 책들을 참고하라. 당연히 갈라 플라키디아는 그동안 많은 학문적 관심을 받아왔고, 그녀의 놀라운 삶 전체를 파악하려면 더욱 많은 책들을 읽어야 한다. 다음의 책들이 도움이 될 것이다. Hagith Sivan, *Galla Placidia : The Last Roman Empress* (Oxford University Press, 2011) ; Joyce E. Salisbury, *Rome's Christian Empress : Galla Placidia Rules at the Twilight of the Empire* (Johns Hopkins University Press, 2015). 고대 후기 로마의 여성들에 대한 개요는 다음을 참고하라. Julia Hillner, "A Woman's Place : Imperial Women in Late Antique Rome," *Antiquité Tardive : Revue internationale d'histoire et d'archéologie* 25 (2017) : 75–94. 라벤나에 있는 영묘의 전반적인 웅장함에 관해서는 다음을 참고하라. Gillian Mackie, *Early Christian Chapels in the West : Decoration, Function and Patronage* (University of Toronto Press, 2003). 영묘의 푸른 하늘처럼 꾸며진 천장에 대해서, 그리고 그것이 변화무쌍한 만화경 같은 구실을 한다는 견해에 대해서는 다음을 읽어보기 바란다. Ellen Swift and Anne Alwis, "The Role of Late Antique Art in Early Christian Worship : A Reconsideration of the Iconography of the 'Starry Sky' in the 'Mausoleum' of Galla Placidia," *Papers of the British School at Rome* 78 (2010) : 193–217. 1차 사료를 읽어보고 싶어하는 사람에게 우리가 늘 진심으로 권하는 책은 다음과 같다. Jordanes, *The Gothic History,* translated by C. Mierow (Oxford University Press, 1915).

2 새로운 로마의 반짝이는 타일 조각

로마를 탈환하려고 한 테오도리쿠스의 시도에 대한 알맹이 있는 논의는 다음 책에 실려 있다. Jonathan J. Arnold, *Theoderic and the Roman Imperial Restoration* (Cambridge University Press, 2014). 또한 Averil Cameron, *Procopius and the Sixth Century* (Routledge, 1996)는 역사가 프로코피우스와 그가 섬긴 군주들의 세계를 엿볼 수 있는 훌륭한 입문서이다. 전문적인 분석은 다음과 같은 학술 논문에서 찾아볼 수 있다. Henning Börm, "Procopius, His Predecessors, and the Genesis of the Anecdota : Antimonarchic Discourse in Late Antique Historiography," in *Antimonarchic Discourse in Antiquity,* edited by Henning Börm (Franz Steiner Verlag, 2015) : 305–46. 테오도라가 6세기에 비잔티움 제국

에서 맡은 중대한 역할을 재평가한 책으로는 David Potter, *Theodora : Actress, Empress, Saint* (Oxford University Press, 2015)를 읽어보기 바란다. 그리고 겉으로 보기에 비잔티움 제국을 무너트리다시피 한 듯한 스포츠인 전차 경주의 지속적인 중세적 전통에 대해서 더 알고자 하는 독자에게는 다음 책을 추천하고 싶다. Fik Meijer, *Chariot Racing in the Roman Empire* (Johns Hopkins University Press, 2010). 이 모든 것들 위에 성 소피아 성당이 있다. 성 소피아 성당에 관한 구체적인 내용은 다음을 참고하라. Bissera V. Pentcheva, *Hagia Sophia : Sound, Space, and Spirit in Byzantium* (Pennsylvania State University Press, 2017). 성 소피아 성당의 건축적인 세계에 관해서는 다음을 읽어보라. Robert Ousterhout, *Eastern Medieval Architecture : The Building Traditions of Byzantium and Neighboring Lands* (Oxford University Press, 2019). 늘 권하는 일이지만, 몇몇 1차 사료를 직접 읽어보아도 좋다. 프로코피우스의 글은 흥미진진하다. 러브 고전대역문고(Loeb Classical Library series)에는 번역된 프로코피우스 전집이 포함되어 있다. Procopius, *Secret History,* translated by Peter Sarris (Penguin, 2007), 곽작가 옮김, 『프로코피우스의 비잔틴제국 비사』(들메나무, 2015)도 쉽게 구해서 읽을 수 있을 것이다.

3 예루살렘의 여명

당연한 일이지만, 7세기에 아라비아에서 일어나서 세상을 바꾼 사건들은 인류사의 여느 주제만큼이나 방대한 문학에 영감을 불어넣었다. 그 사건들의 중심에 있는 인물과 함께 시작하려면 다음 책을 추천한다. Kecia Ali, *The Lives of Muhammad* (Harvard University Press, 2014). 아울러 무함마드가 시작한 종교적, 문화적, 정치적 운동에 대해서, 그리고 그 운동이 무함마드가 세상을 떠난 직후 수년 동안 발전한 과정에 대해서 생각해보는 것도 중요하다. 이 부분에 관해서는 다음 책을 읽어보기 바란다. Fred M. Donner, *Muhammad and the Believers : At the Origins of Islam* (Harvard University Press, 2012). 이슬람교도들이 신속하게 아라비아 반도를 벗어나 지중해 전역과 그 너머로 퍼져나가고 비잔티움 제국, 페르시아 제국과 마주친(그리고 무찌른) 과정을 상세히 설명하는 많은 저작들이 있지만, 역사를 가장한 현대의 논쟁에 유의해야 한다. Hugh Kennedy, *The Great Arab Conquests : How the Spread of Islam Changed the*

World We Live In (Da Capo, 2008)과 같은 총론에는 이 시기에 대한 훌륭한 개요가 실려 있다. 팽창의 전체적인 과정은 Michael Flecker, "A Ninth-Century Arab or Indian Shipwreck in Indonesian Waters," *International Journal of Nautical Archaeology* 29 (2000) : 199–217와 같은 전문적인 학문 연구 성과에서 파악할 수 있다. 비잔티움 제국, 그리고 예루살렘 총대주교 소프로니우스와의 조우를 둘러싼 자세한 내용들 역시 굉장히 흥미롭다. 상세한 내용은 Jacob Lassner, *Medieval Jerusalem : Forging an Islamic City in Spaces Sacred to Christians and Jews* (University of Michigan Press, 2017) ; *Byzantium and Islam,* edited by Helen C. Evans and Brandie Ratliff (Yale University Press, 2012)에 실린 시론 모음에서 찾아볼 수 있다. Daniel Sahas, "The Face to Face Encounter Between Patriarch Sophronius of Jerusalem and the Caliph ʿUmar Ibn Al-Khaṭṭāb : Friends or Foes?" in *The Encounter of Eastern Christianity with Early Islam,* edited by Emmanouela Grypeou and Mark N. Swanson (Brill, 2006) : 33–44과 같은 논문들에서는 훨씬 상세한 내용을 확인할 수 있다.

4 황금 암탉과 로마의 성벽

이 장의 서로 뒤얽힌 주요 실마리들 중에 첫 번째는 이탈리아와 중세 초기의 도시 로마의 존속 과정이고, 두 번째는 당시의 여성과 교회 지도자들(그리고 역사가들) 간의 관계이다. 이탈리아에 관해서는 다음을 읽어보기 바란다. Chris Wickham, *Early Medieval Italy : Central Power and Local Society 400–1000* (University of Michigan Press, 1989) ; Christina La Rocca, *Italy in the Early Middle Ages, 476–1000* (Oxford University Press, 2002). 이탈리아 반도, 그리고 로마에 초창기의 교황이 있었고 그 중심에는 대교황 그레고리우스 1세가 있었다. 그레고리우스 1세의 일생을 다룬 전기는 많다. 최근의 전기는 다음과 같다. George E. Demacopoulos, *Gregory the Great : Ascetic, Pastor, and First Man of Rome* (University of Notre Dame Press, 2015). 그러나 이 장에서 보여주려고 애썼듯이 중세 초기의 유럽에 대해서 더 많이 알고 싶다고 해도, 남성은 이 이야기의 일부분이자 그림의 절반에 불과하다는 사실을 알아야 할 것이다. 여성이 맡은 핵심적인 역할에 대해서는 다음과 같은 책들을 추천한다. Jennifer C. Edwards, *Superior Women : Medieval Female Authority in Poitiers' Abbey of*

Sainte-Croix (Oxford University Press, 2019) ; E. T. Dailey, *Queens, Consorts, Concubines : Gregory of Tours and Women of the Merovingian Elite* (Brill, 2015). 더욱 전문적인 논문들은 다음과 같다. Ross Balzaretti, "Theodelinda, 'Most Glorious Queen' : Gender and Power in Lombard Italy," *Medieval History Journal* 2 (1999) : 183–207 ; Walter J. Wilkins, "Submitting the Neck of Your Mind : Gregory the Great and Women of Power," *Catholic Historical Review* 77 (1991) : 583–94. 사료들을 직접 확인하고 싶다면 투르의 그레고리우스와 대교황 그레고리우스 1세가 남긴 저작들을 온라인에서 깔끔한 번역물의 형태로 읽을 수 있다. 다음의 책도 읽어보기 바란다. Gregory of Tours, *A History of the Franks,* translated by Lewis Thorpe (Penguin, 1976).

5 북쪽 들판의 햇빛

중세 초기의 잉글랜드를 상상할 때 당연히 대다수 사람들은 『베오울프』를 보통 떠올리겠지만, 우리는 이 장에서 중세 초기라는 시기와 잉글랜드라는 장소에 얼마나 더 많은 것들이 있는지 보여주고자 했다. 물론 『베오울프』를 읽어야 한다. *Beowulf,* translated by Seamus Heaney (W. W. Norton, 2001)뿐만 아니라 아주 최근에 번역되었으며 우리가 이 장에서 이야기를 다룬 방식에도 부합하는 *Beowulf,* translated by Maria Dahvana Headley (FSG, 2020)도 추천한다. 하나의 기념물에 불과할지도 모르지만, 루스웰 십자가는 위대한 기념물이다. 루스웰 십자가에 대한 탐구는 Eamonn Ó Carragáin, *Ritual and Rood : Liturgical Images and the Old English Poems of the Dream of the Rood Tradition* (University of Toronto Press, 2005)으로 시작할 수 있으며, 우리의 논의는 다음 논문의 통찰력 있는 학문 연구에도 크게 빚지고 있다. Catherine E. Karkov, "Weaving Words on the Ruthwell Cross," in *Textiles, Text, Intertext : Essays in Honour of Gale R. Owen-Crocker,* edited by Maren Clegg Hyer, Jill Frederick, et al. (Boydell & Brewer, 2016) : 183–98. 중세 유럽 예술의 전반적인 개관에 대해서는 다음의 책이 요긴한 도움이 될 것이다. Herbert L. Kessler, *Seeing Medieval Art* (University of Toronto Press, 2004). 여성들은 이번 장(그리고 거의 모든 장)의 이야기에서 중요한 부분을 맡는다. 당연하다. 여왕들에 관한 추가적인 내용은 다음을 참고하라. Theresa Earenfight, *Queenship in Medieval Europe* (Palgrave, 2013). 여성

종교인들에 대해서는 다음을 읽어보기 바란다. Sarah Foot, *Veiled Women : The Disappearance of Nuns from Anglo-Saxon England,* 2 vols. (Routledge, 2000). 그리고 휘트비 수도원의 매력적인 지도자에 관해서는 다음을 읽어보기 바란다. Patrick J. Wormald, "Hilda, Saint and Scholar," in *The Times of Bede : Studies in Early English Christian Society and Its Historian,* edited by Patrick Wormald and Stephen Baxter (Wiley, 2006) : 267–76. 베다의 저작 대부분은 온라인에서 구해 읽을 수 있으며, 그의 가장 유명한 저작은 다음과 같다. *Ecclesiastical History of the English People,* translated by Leo Sherley-Price (Penguin, 1990). 중세 초기 브리튼 섬을 교차로로, 즉 주변부이지만 다른 곳들과 서로 연결된 지역으로 바라보는 견해는 지난 수년간 집중적인 연구 주제였다. 더 큰 세계 안에서 진화하고 수정되는 문화에 대한 전반적인 개관은 Susan Oosthuizen, *The Emergence of the English* (ARC Humanities Press, 2019) 그리고 웹사이트 www.caitlingreen. org에 게재된 케이틀린 그린 박사의 저작을 참고하라. 다음 책도 이 주제를 다룬다. Mary Rambaran-Olm and Erik Wade, *Race in Early Medieval England* (Cambridge Elements, 2021). 아울러 다음과 같은 현지의 연구도 참고하기 바란다. S. E. Groves et al, "Mobility Histories of 7th–9th Century AD People Buried at Early Medieval Bamburgh, Northumberland, England," *American Journal of Physical Anthropology* 150 (2013) : 462–76.

6 우뚝 솟은 상아

카롤루스 마그누스의 궁정을 방문한 코끼리 아불-아바스의 이야기는 여전히 재미있다. 그 코끼리의 이야기는 최근의 다음 논문에서 상세하게 밝혀졌다. Paul M. Cobb, "Coronidis Loco : On the Meaning of Elephants, from Baghdad to Aachen," in *Interfaith Relationships and Perceptions of the Other in the Medieval Mediterranean : Essays in Memory of Olivia Remie Constable,* edited by Robin Vose et al. (Palgrave, 2021). 그리고 아불-아바스가 아헨에 도착한 사건에 내포된 사상적 의미에 관해서는 다음을 읽어보기 바란다. Paul Edward Dutton, *Charlemagne's Mustache and Other Cultural Clusters of a Dark Age* (Palgrave, 2004). 한걸음 물러나 그 시기 전체를 살펴보고 싶다면 Marios Costambeys, Matthew Innes, and Simon MacLean, *The Carolingian World* (Cambridge

University Press, 2011)가 최적의 출발점이 될 것이다. 또한 다음의 책에서 수집되고 번역된 1차 사료도 마찬가지이다. Paul Edward Dutton, *Carolingian Civilization : A Reader* (University of Toronto Press, 2004). 그리고 다음 책의 전문도 살펴보라. *Royal Frankish Annals in Carolingian Chronicles,* translated by Bernhard Walter Scholz (University of Michigan Press, 1970). 카롤루스 마그누스에 대해서 더 많이 알고 싶다면, 오늘날 가장 권위 있는 필독서인 Janet L. Nelson, *King and Emperor : A New Life of Charlemagne* (University of California Press, 2019)를 읽어야 할 것이다. 아울러 다음 책을 읽어보면 황제 카롤루스 마그누스의 여생과 전설에 대해서 더 많은 사실을 알 수 있을 것이다. Matthew Gabriele, *An Empire of Memory : The Legend of Charlemagne, the Franks, and Jerusalem Before the First Crusade* (Oxford University Press, 2011). 두오다에 관해서 더 많은 사실을 알고 싶다면, 그녀의 책을 읽는 것이 최선이다. 다음을 읽어보기 바란다. Dhuoda, *Handbook for William : A Carolingian Woman's Counsel for Her Son,* translated by Carol Neel (Catholic University of America Press, 1999). 또한 Valerie L. Garver, *Women and Aristocratic Culture in the Carolingian World* (Cornell University Press, 2012)와 Andrew J. Romig, *Be a Perfect Man : Christian Masculinity and the Carolingian Aristocracy* (University of Pennsylvania Press, 2017)도 그 시기와 당시의 귀족들을 이해하는 데에 크게 보탬이 된다.

7 볼가 강에서 불타오르는 배

노르드인과 그들의 유산을 다룬 책은 매우 많고, 지난 수년간 여러 권이 출간되었다. 그중 다음 책이 돋보인다. Neil Price, *Children of Ash and Elm : A History of the Vikings* (Basic Books, 2020). 그리고 이보다 몇 년 전에 출간된 다음 책도 여전히 훌륭하다. Anders Winroth, *The Age of the Vikings* (Princeton University Press, 2014). 아울러 바이킹족 세계에 남자들만 있던 것은 아니었다는 중요한 사실을 반드시 기억해야 한다. 이 부분에 대해서는 다음 신간을 참고하라. Jóhanna Katrín Friðriksdóttir, *Valkyrie : The Women of the Viking World* (Bloomsbury, 2020). 바이킹족이 아시아를 항해한 범위를 파악하고 싶다면 다음과 같은 책들을 읽어보기 바란다. Peter Frankopan, *The Silk Roads : A New*

History of the World (Knopf, 2016), 이재황 옮김, 『실크로드 세계사 : 고대 제 국에서 G2 시대까지』(책과함께, 2017) ; Marianne Vedeler, *Silk for the Vikings* (Oxbow Books, 2014). 바이킹족이 멀리 이동한 주된 이유는 사람들을 노예로 삼기 위해서였다. 바이킹족 사회는 노예 사회였으며, 우리는 이 사실을 결코 잊 거나 낭만적으로 묘사하지 말아야 한다. 이 부분에 대해서 더 깊이 알고 싶다면 다음 책을 참고하라. Ruth Karras, *Slavery and Society in Medieval Scandinavia* (Yale University Press, 1988). 더 최근에 출간되었고 더 전반적인 내용을 다루 는 책으로는 Alice Rio, *Slavery After Rome, 500–1100* (Oxford University Press, 2017)을 꼽을 수 있다. 이 시기의 1차 사료들이 여럿 남아 있지만, 애석하게도 사건들이 끝나고 나서 오랜 시간이 흐른 후에야 작성된 것들이 많다. 그런 문헌 들 가운데 다수는 펭귄 클래식 시리즈로 출간되었다. 다음의 두 책 중에서 하나 를 골라 읽어도 된다. *The Vinland Sagas,* translated by Keneva Kunz (Penguin, 2008) ; Snorri Sturluson, *King Harald's Saga,* translated by Magnus Magnusson and Hermann Pálsson (Penguin, 1976). 그리고 균형을 맞추는 의미에서 다음 책 을 읽으면 좋을 것이다. Ibn Fadlan, *Ibn Fadlan and the Land of Darkness : Arab Travellers in the Far North,* translated by Paul Lunde and Caroline Stone (Penguin, 2012).

8 프랑스의 황금 소녀

유럽이 제2천년기로 접어들던 "1000년의 공포"와 "봉건 혁명"의 순간은 후기의 학문적 균열에 빠지는 경향이 있었다. (적어도 영어권에서는) 그 이전의 카롤루 스 왕조 혹은 그 이후의 십자군 원정에만 주목했다. 그러나 이 시기에는 아직 살 펴보아야 할 것들이 많다. 이 장에서는 서로 연관된 종교적 변화와 정치적 변 화를 검토한다. 귀족 사회에 관해서 더 알고 싶다면 다음 두 권의 책을 권하고 싶다. Dominique Barthélemy, *The Serf, the Knight, and the Historian,* translated by Graham Robert Edwards (Cornell University Press, 2009) ; Constance Brittain Bouchard, *Strong of Body, Brave & Noble : Chivalry and Society in Medieval France* (Cornell University Press, 1998). 종교적 변화와 정치적 변화 간의 연관 성에 대해서는 Katherine Allen Smith, *War and the Making of Medieval Monastic Culture* (Boydell & Brewer, 2013)가 큰 도움이 될 것이다. 읽어볼 만한 입문

서로는 내용이 간략한 다음 책이 좋을 것이다. Geoffrey Koziol, *The Peace of God* (Arc Humanities Press, 2018). 성인들에 대한 중세의 종교적 헌신에 관해서는 여전히 Peter Brown, *The Cult of the Saints : Its Rise and Function in Latin Christianity* (University of Chicago Press, 2014), 정기문 옮김, 『성인 숭배』(새물결, 2002)가 필독서이다. 성을 건축한 것도 이 시기의 중요한 발전상이다. 다음 책이 도움이 되었다. Charles Coulson, *Castles in Medieval Society : Fortresses in England, France, and Ireland in the Central Middle Ages* (Oxford University Press, 2003). 중세 초기의 유럽에서 묵시론적 기대의 의미를 재평가하기 위해서는 다음 책에 실린 시론들이 요긴할 것이다. *Apocalypse and Reform from Late Antiquity to the Middle Ages,* edited by Matthew Gabriele and James T. Palmer (Routledge, 2018). 흔히 1000년경이 암흑시대 중에서 가장 어두운 시기로 알려져 있지만, 읽어야 할 사료들이 많이 남아 있다. 우리는 다음 사료들에 주목했다. *Life of Saint Gerald of Aurillac,* translated by Gerard Sitwell, in *Soldiers of Christ : Saints and Saints' Lives from Late Antiquity and the Early Middle Ages,* edited by Thomas F. X. Noble and Thomas Head (Pennsylvania State University Press, 1995) : 293–362 ; Bernard of Angers, *The Book of Sainte Foy's Miracles,* in *The Book of Sainte Foy,* translated by Pamela Sheingorn (University of Pennsylvania Press, 1995).

9 거룩한 예루살렘의 반짝이는 보석들

십자군 원정은 중세 유럽사에서 다른 어느 사건들보다 많은 기록을 남겼을 것이다. 대다수의 1차 사료들은 번역되었다. 라틴어 사료들로부터 발췌한 내용은 쉽게 구해 읽을 수 있는 다음 책에 수록되어 있다. Edward Peters, *The First Crusade : "The Chronicle of Fulcher of Chartres" and Other Source Materials* (University of Pennsylvania Press, 1998). 그리고 가장 많이 필사된 라틴어 전문 설명은 다음 책에서 확인할 수 있다. Robert the Monk, *History of the First Crusade,* translated by Carol Sweetenham (Ashgate, 2005). 히포의 아우구스티누스의 저작들, 특히 대작인 『신국론』(translated by Henry Bettenson [Penguin, 2004])은 그 사건들에 중요한 영향을 미쳤지만 훨씬 이른 시기에 집필된 책이다. 다행히도, 라틴어와 유럽의 토착어를 제외한 언어들로 작성된 사료들 역시 오늘날에는 번역되어 있어서 읽을 수 있게 되었다. 비잔티움인의 시각은 다음 책에 가장 정확히 반영되어 있을 것이다. Anna Comnena, *The Alexiad,* translated by E. R. A. Sewter (Penguin, 2009). 그리고 시리아계 아라비아인의 시각은 다음 책을 참고하기 바란다. Usama ibn Munqidh, *The Book of Contemplation : Islam and the Crusades,* translated by Paul M. Cobb (Penguin, 2008). 현대의 학문 연구와 관련하여 영어 사용자들은 선택의 폭이 너무 넓어 곤란할 정도이다. 우선 간략하고 통찰력 넘치는 다음 책부터 읽어보기 바란다. Susanna A. Throop, *The Crusades : An Epitome* (Kismet Press, 2018). 그리고 다음 책도 빼놓지 말기 바란다. Paul M. Cobb, *The Race for Paradise : An Islamic History of the Crusades* (Oxford University Press, 2016). 십자군 원정의 시작과 관련해서는 Jay Rubenstein, *Armies of Heaven : The First Crusade and the Quest for the Apocalypse* (Basic Books, 2011)가 돋보이는 책이다. 지금까지 다음과 같은 학자들이 기독교적 성전의 미묘한 성격을 파헤쳤다. Elizabeth Lapina, *Warfare and the Miraculous in the Chronicles of the First Crusade* (Pennsylvania State University Press, 2015) ; Beth C. Spacey, *The Miraculous and the Writing of Crusade Narrative* (Boydell & Brewer, 2020) ; Katherine Allen Smith, *The Bible and Crusade Narrative in the Twelfth Century* (Boydell & Brewer, 2020).

10 세 종교의 도시에서 햇빛으로 아롱지는 탑들

클뤼니의 피에르가 남쪽으로 여행을 떠나고 『쿠란』이 라틴어로 번역된 일에 대해서는 Thomas E. Burman, *Reading the Qur'an in Latin Christendom, 1140–1560* (University of Pennsylvania Press, 2009)과 Dominique Iogna-Prat, *Order and Exclusion : Cluny and Christendom Face Heresy, Judaism, and Islam (1000–1150),* translated by Graham Robert Edwards (Cornell University Press, 2003)를 읽어보기 바란다. 다종교적 성격을 띤 이베리아 반도에 대한 전반적인 개요는 María Rosa Menocal, *The Ornament of the World : How Muslims, Jews and Christians Created a Culture of Tolerance in Medieval Spain* (Back Bay Books, 2003)과 Jerrilynn D. Dodds, María Rosa Menocal, and Abigail Krasner Balbale, *The Arts of Intimacy : Christians, Jews, and Muslims in the Making of Castilian Culture* (Yale University Press, 2009)를, 그리고 더 최근에 출간된 Brian A. Catlos,

Kingdoms of Faith : A New History of Islamic Spain (Basic Books, 2018)을 참고하라. 아울러 Hussein Fancy, *The Mercenary Mediterranean : Sovereignty, Religion, and Violence in the Medieval Crown of Aragon* (University of Chicago Press, 2018)은 비교적 좁은 시야로 이들 주제를 다루지만, 중세적 과거로부터 현대에 투영된 종교관을 둘러싼 중요한 견해도 담고 있다. 이와 관련하여 구체적으로 중세 유럽을 다루지는 않지만 토론에서 중요한 역할을 하는 책은 Tomoko Masuzawa, *The Invention of World Religions ; Or How European Universalism Was Preserved in the Language of Pluralism* (University of Chicago Press, 2005)이다. 토론 전체를 둘러싼 이해관계는 다음의 두 논문에서 상세히 검토되었다. Alejandro García-Sanjuán, "Rejecting al-Andalus, Exalting the Reconquista : Historical Memory in Contemporary Spain," *Journal of Medieval Iberian Studies* 10 (2018) : 127–45 ; S. J. Pearce, "The Myth of the Myth of the Andalusian Paradise : The Extreme Right and the American Revision of the History and Historiography of Medieval Spain," in *Far-Right Revisionism and the End of History : Alt/Histories,* edited by Louie Dean Valencia-García (Routledge, 2020) : 29–68. 끝으로, 중세 이베리아 반도의 세 가지 종교적 전통에서 비롯된 1차 사료들은 다음의 책에 잘 수록되어 있다. *Medieval Iberia : Readings from Christian, Muslim, and Jewish Sources,* edited by Olivia Remie Constable (University of Pennsylvania Press, 2011).

11 나일 강에서 반사되는 거룩한 빛

람밤(모스 마이모니데스)의 위대한 생애를 다룬 전기는 무척 많다. 비교적 최근에 나온 전기는 Sarah Stroumsa, *Maimonides in His World : Portrait of a Mediterranean Thinker* (Princeton University Press, 2009)와 Joel L. Kraemer, *Maimonides : The Life and World of One of Civilization's Greatest Minds* (Doubleday, 2010)를 꼽을 수 있다. 이 장에 나오는 또다른 중심인물인 술탄 살라딘의 생애를 다룬 전기도 여럿 있다. Jonathan Phillips, *The Life and Legend of the Sultan Saladin* (Yale University Press, 2019)은 훌륭한 전기이다. 살라딘이 이집트에서 보낸 시절을 다룬 전기로는 다음이 있다. Ya'acov Lev, *Saladin in Egypt* (Brill, 1998). 마이모니데스가 이베리아 반도를 떠나 북아프리카를 거쳐서

마침내 이집트에 도착하도록 이끌며 그의 삶을 좌우한 사회적, 정치적 힘은 그 자체만으로도 흥미진진하다. 이 부분에 대한 더 많은 정보는 다음을 참고하라. Amira K. Bennison, *The Almoravid and Almohad Empires* (Edinburgh University Press, 2016). 구체적으로 이 시기의 개종 문제가 궁금하다면 다음 논문이 도움이 될 것이다. Maribel Fierro, "Again on Forced Conversion in the Almohad Period," in *Forced Conversion in Christianity, Judaism, and Islam,* edited by Mercedes García-Arenal and Yonatan Glazer-Eytan (Brill, 2019) : 111–32. 아울러 이 시기에 북아프리카와 남아시아 사이에서 일어난 접촉(기본적으로는 무역 목적의 접촉)도 흥미롭다. 이 부분은 Shelomo Dov Goitein and Mordechai Friedman, *India Traders of the Middle Ages* (Brill, 2007)를 읽어보기 바란다. 그리고 물론 마이모니데스의 다음 책을 직접 읽어야 한다. Maimonides, *Guide for the Perplexed,* translated by Chaim Rabin (Hackett, 1952).

12 뿔이 달린, 환히 빛나는 흰 암사슴

우리가 마리 드 프랑스의 책을 읽으며 얼마나 큰 즐거움과 기쁨을 느꼈는지는 말로 표현할 수 없다. 여러분이 직접 읽어보기 바란다. Marie de France, *Lais,* translated by Keith Busby (Penguin, 1999), 윤주옥 옮김, 『래 모음집』(아카넷, 2023). 힐데가르트가 겪었다는 환각도 경탄할 만하다(한국어로 번역된 힐데가르트 선집으로는 김재현 엮음, 전경미 옮김, 『빙엔의 힐데가르트 작품선집』[키아츠, 2021]이 있다/옮긴이). 다음을 참고하라. Hildegard of Bingen, *Selected Writings,* translated by Mark Atherton (Penguin, 2001). 그리고 예상되듯이, 마리 드 프랑스와 힐데가르트의 작품에 대한 탁월한 분석이 많다. 그중 하나가 Geoff Rector, "Marie de France, the Psalms, and the Construction of Romance Authorship," in *Thinking Medieval Romance,* edited by Katherine C. Little and Nicola McDonald (Oxford University Press, 2018) : 114–33이다. *A Companion to Marie de France,* edited by Logan E. Whalen (Brill, 2011)에 수록된 여러 시론들과 Sharon Kinoshita and Peggy McCracken, *Marie de France : A Critical Companion* (D. S. Brewer, 2014)도 참고하기 바란다. 힐데가르트에 관해서는 다음과 같은 책들을 추천한다. Sabina Flanagan, *Hildegard of Bingen : A Visionary Life* (Routledge, 1998) ; *A Companion to Hildegard of Bingen,* edited by Beverly Mayne Kienzle, Debra L. Stoudt, and George Ferzoco (Brill, 2013). 이 장에서 집중적으로 조명하는 세 명의 여성들 중에서는 아키텐의 알리에노르가 가장 유명할 것이다. 그뿐만 아니라 그녀는 이상하게도 세 사람 가운데 알려진 사실이 가장 적은 인물이자, 2류 수준의 전기들 때문에 가장 큰 피해를 입은 인물이기도 하다. 알리에노르의 삶에 대해서는 다음 두 권의 책을 추천한다. *Eleanor of Aquitaine : Lord and Lady,* edited by Bonnie Wheeler and John C. Parsons (Palgrave, 2003); Ralph V. Turner, *Eleanor of Aquitaine : Queen of France, Queen of England* (Yale University Press, 2011). 아서 왕의 전설과 관련하여 다음의 책에서 도움을 받았다. Martin Aurell, "Henry II and Arthurian Legend," in *Henry II : New Interpretations,* edited by Christopher Harper-Brill and Nicholas Vincent (Boydell & Brewer, 2007): 362–94. 끝으로, 다음의 책에서는 해스킨스의 주장을 교정한 내용을 찾아볼 수 있다. John Cotts, *Europe's Long Twelfth Century : Order, Anxiety, and Adaptation* (Palgrave, 2012). "르네상스들"에 대한 일반적인 생각은 다음을 참고하라. Joan Kelly-Gadol, "Did Women Have a Renaissance?" in *Women, History, and Theory : The Essays of Joan Kelly* (University of Chicago Press, 1984): 175–201.

13 불타는 도시들

이 장은 제도로서의 교황 정치를 중심으로, 특히 인노켄티우스 3세의 경력을 중심으로 펼쳐진다. 중세의 교황 정치에 관해서 다음의 책보다 더 나은 입문서는 없다. Brett Edward Whalen, *The Medieval Papacy* (Palgrave, 2014). 인노켄티우스 3세에 대해서는 다음의 책을 읽어보기 바란다. John C. Moore, *Pope Innocent III (1160/61–1216) : To Root Up and to Plant* (University of Notre Dame Press, 2009). 우리가 살펴보았듯이, 십자군 원정은 당시 교황의 세계를 지배했다. 동쪽의 이슬람교도와 비잔티움인에 맞선 원정에 대해서는 다음의 두 책을 참고하라. Jessalynn Bird, *Papacy, Crusade, and Christian-Muslim Relations* (Amsterdam University Press, 2018); David M. Perry, *Sacred Plunder : Venice and the Aftermath of the Fourth Crusade* (Pennsylvania State University Press, 2015). 이후 유럽은 안으로 시선을 돌렸고, 이단에 대한 우려에 휩싸이기 시작했다. 이 부분과 관련해 R. I. 무어의 연구는 극히 중요하고 획기적이다. 그

가 가장 최근에 펴낸 책은 *The War on Heresy* (Belknap Press, 2014)이다. 다음과 같은 중세의 이단에 대한 총론도 읽어볼 만하다. Caldwell Ames, *Medieval Heresies : Christianity, Judaism, and Islam* (Cambridge University Press, 2015) ; Jennifer Kolpacoff Deane, *A History of Medieval Heresy and Inquisition* (Rowman & Littlefield, 2011). 구체적으로 알비 십자군을 다룬 책들이 많다. 그런 책들 가운데 다수는 음모론과 뉴에이지풍의 허튼소리를 다룬다. 그런 관행을 단절하는 데에 보탬이 되려면 다음 책을 읽기 바란다. Mark Gregory Pegg, *A Most Holy War : The Albigensian Crusade and the Battle for Christendom* (Oxford University Press, 2009). 너무 놀라워서 믿기 힘든 성 긴포르의 이야기는 다음의 책에서 가장 처음으로 다듬어진 형태로 등장했다. Jean-Claude Schmitt, *The Holy Greyhound : Guinefort, Healer of Children Since the Thirteenth Century,* translated by Martin Thom (Cambridge University Press, 2009).

14 스테인드글라스와 불타는 책들의 냄새

13세기 파리에서 일어난 지적 동요는 따로 책 한 권의 분량으로 다룰 만한 가치가 있다. 곧 출간될 서실리아 개포슈킨의 책에 기대를 걸어본다. 파리 안팎의 멋진 건물들에 관해서는 빛과 교회에 대한 쉬제의 이론을 읽어보기 바란다. Suger of Saint-Denis, *On the Abbey Church of St-Denis and Its Art Treasures,* translated by Erwin Panofsky (Princeton University Press, 1979). 생트-샤펠 성당, 그리고 그 성당과 루이 9세의 연관성에 관해서는 다음의 두 책을 참고하라. Meredith Cohen, *The Sainte-Chapelle and the Construction of Sacral Monarchy : Royal Architecture in Thirteenth-Century Paris* (Cambridge University Press, 2014) ; Alyce A. Jordan, *Visualizing Kingship in the Windows of the Sainte-Chapelle* (Brepols, 2002). 시테 섬에 있는 교회들 간의 경쟁과 관련해서는 다음 논문을 읽어보기 바란다. Rebecca A. Baltzer, "Notre-Dame and the Challenge of the Sainte-Chapelle in Thirteenth-Century Paris," in *Chant, Liturgy, and the Inheritance of Rome : Essays in Honour of Joseph Dyer,* edited by Daniel J. DiCenso and Rebecca Maloy (Boydell & Brewer, 2017) : 489–524. 그러나 우리가 확인했듯이 파리에서는 눈부신 스테인드글라스만 번쩍이지는 않았다. 불도 번쩍였다. 이 시기에 소수 집단, 특히 유럽의 유대인을 대상으로 자행된 박

해의 전반적 개요에 관해서는 다음을 참고하라. David Nirenberg, *Communities of Violence : Persecution of Minorities in the Middle Ages* (Princeton University Press, 2015). 특히 프랑스에서 벌어진 박해에 대해서는 다음을 읽어보기 바란다. William Chester Jordan, *The French Monarchy and the Jews : From Philip Augustus to the Last Capetians* (University of Pennsylvania Press, 1989). 그리고 다음에 포함된 사료도 참고하라. *The Trial of the Talmud : Paris, 1240*, translated by John Friedman and Jean Connell Hoff (Pontifical Institute of Mediaeval Studies, 2012). 박해를 저지른 사람들과 이단심문소가 창설되는 과정에 대해서는 다음의 책을 참고하라. James B. Given, *Inquisition and Medieval Society : Power, Discipline, and Resistance in Languedoc* (Cornell University Press, 2001). 중세 대학교의 탄생과 지성을 일깨우면서도 이견을 용납하지 않은 지적 문화에 관해서는 다음의 책부터 읽어보기 바란다. Ian P. Wei, *Intellectual Culture in Medieval Paris : Theologians and the University, c. 1100–1330* (Cambridge University Press, 2012).

15 동쪽 대초원 지대의 반짝이는 눈

대초원 지대를 가로질러 유럽과 아시아 사이를 왕래한 움직임은 아마도 모든 빛의 시대에서 가장 중대한 움직임일 것이다. 여러 세기에 걸친 그 끊임없는 만남에 대한 논의는 오늘날의 중동에서 일어나는 종교적 접촉을 중심으로 펼쳐지는 경우가 많다. 이 부분에 관해서는 다음의 책이 탁월하다. Christopher MacEvitt, *The Crusades and the Christian World of the East : Rough Tolerance* (University of Pennsylvania Press, 2009). 이 만남의 무대가 특히 13세기와 14세기에 아시아 대륙 더 깊숙한 곳으로 이동하자 탁발수도사들이 등장했다. 다음의 책은 여전히 유용하다. Christopher Dawson, *Mission to Asia* (University of Toronto Press, 1980). 그리고 다음의 책에는 그 탁발수도사들의 일지 하나가 실려 있다. *The Mission of Friar William of Rubruck : His Journey to the Court of the Great Khan Möngke, 1253–1255*, translated by Peter Jackson (Hackett, 2009). 인종 문제에 주목한, 비교적 최근의 연구 성과를 통해서 우리는 이 시기를 논하는 우리의 관점을 재점검할 수 있었다. 다음의 책과 논문을 참고하기 바란다. Shirin Azizeh Khanmohamadi, *In the Light of Another's Word : European*

Ethnography in the Middle Ages (University of Pennsylvania Press, 2013) ; Sierra Lomuto, "Race and Vulnerability : Mongols in Thirteenth-Century Ethnographic Travel Writing," in *Rethinking Medieval Margins and Marginality,* edited by Anne E. Zimo et al. (Routledge, 2020) : 27–42. 이 장에서 우리가 보여주려고 애썼듯이, 몽골족과 실크로드 주변의 다른 집단들을 객체일 뿐만 아니라 주체로도 바라보아야 한다는 점이 무척 중요하다. 이 부분과 관련해서는 다음과 같은 책들을 읽기 바란다. Richard Foltz, *Religions of the Silk Road* (St. Martin's Press, 1999) ; Jack Weatherford, *The Secret History of the Mongol Queens : How the Daughters of Genghis Khan Rescued His Empire* (Broadway, 2011), 이종인 옮김, 『칭기스 칸의 딸들, 제국을 경영하다』(책과함께, 2012). 그리고 몽골 제국이 만들어낸 방대한 연관성에 주목하는 다음의 전문적인 논문들도 참고하라. Hosung Shim, "The Postal Roads of the Great Khans in Central Asia under the Mongol-Yuan Empire," *Journal of Song-Yuan Studies* 44 (2014) : 405–69.

16 고요한 촛불과 떨어지는 별들

유럽과 지중해 전역에서 창궐한 흑사병에 대한 지식을 더 풍성하게 해주는 다량의 사료들을 세심하게 모아놓은 책들이 많다. 다음의 두 권의 책이 바로 그런 책들이다. *The Black Death,* edited by Rosemary Horrox (Manchester University Press, 1994) ; John Aberth, *The Black Death : The Great Mortality of 1348–1350 : A Brief History with Documents* (Bedford St. Martins, 2005). 다음의 책은 역병이 초래한 변화를 검토한다. David Herlihy, *The Black Death and the Transformation of the West* (Harvard University Press, 1997). 그러나 데이비드 헐리히의 결론은 주의 깊게 다루어져야 한다. 새로운 연구를 통해서 그의 가설들 몇 가지가 재검토되어야 한다는 점이 입증되었기 때문이다. 비교적 최근에는 캠벨이 역병 때문만이 아니라 중세 말기의 유럽에서 일어난 의미심장한 기후 변화 때문에도 초래된 전반적인 변화상을 살펴보고자 했다. Bruce M. S. Campbell, *The Great Transition : Climate, Disease and Society in the Late Medieval World* (Cambridge University Press, 2016). 흑사병 자체를 이해하고 싶다면 반드시 모니카 H. 그린의 책부터 읽어야 한다. 그린이 최근에 발표한 다음의 시론은 모든 것에 대한 우리의 사고방식을 바꾸어놓았다. Monica H. Green, "The Four Black

Deaths," *American Historical Review* 125 (2020) : 1601–31. 그리고 *Pandemic Disease in the Medieval World : Rethinking the Black Death,* edited by Monica H. Green (Arc Humanities Press, 2015)에 실린 시론들은 제2차 페스트 범유행이 지구상에서 얼마나 광범위한 영향을 미쳤는지를 보여주기 위한 첫걸음이었다. 그 중에서 로버트 하임즈의 다음 시론은 이 주제를 다룰 때 학제 간 연구가 필요하다는 것을 보여줄 뿐만 아니라 역병의 기원도 보여준다는 점에서 특히 중요하다. Robert Hymes, "Epilogue : A Hypothesis on the East Asian Beginnings of the Yersinia pestis Polytomy," : 285–308. 다음 시론도 아프리카가 이 논의에 일부분이 되어야 하는 이유를 보여준다. Gérard Chouin, "Reflections on Plague in African History (14th–19th c.)," *Afriques* 9 (2018). 끝으로 질병에 대해서 이야기할 때 우리는 중세인이 고통을 느끼는 몸을 가진 사람들이었다는 점을 잊지 말아야 한다. 이 시기의 유럽인이 스스로를 어떻게 생각했는지를 파악하려면 다음을 읽어보기 바란다. Jack Hartnell, *Medieval Bodies : Life and Death in the Middle Ages* (W. W. Norton, 2019).

17 팔각형 돔 위의 별들

단테의 책은 우리 모두의 필독서이다. 가장 쉽게 구해 읽을 수 있는 번역서는 다음과 같다. Dante Aligheri, *The Divine Comedy,* translated by Mark Musa (Penguin, 2014), 김운찬 옮김, 『신곡 : 지옥, 연옥, 천국』(열린책들, 2022). 단테가 피렌체와 라벤나에서 보낸 풍요롭고 예외적인 시기는 그의 저작들 외에도 다음의 책에서 생생하게 되살아나 있다. John Took, *Dante* (Princeton University Press, 2020). 단테의 저작에 대한 주해는 우리가 평생에 걸쳐 읽을 만큼의 분량이 있지만, 라벤나라는 한정된 주제를 다룬 영어 논문으로는 다음을 꼽을 수 있다. Rachel Jacoff, "Sacrifice and Empire : Thematic Analogies in San Vitale and the Paradiso," in *Renaissance Studies in Honour of Craig Hugh Smyth* (Giunti Barbéra, 1985), volume 1 : 317–32. 범위를 더 넓혀서, 모자이크와 비잔티움 양식의 예술, 특히 황제 유스티니아누스 1세를 묘사한 모자이크에 대한 초창기의 논의에 관해서는 다음을 읽어보기 바란다. E. D. Karampetsos, *Dante and Byzantium* (Somerset Hall Press, 2009). 단테의 고향이자 예술과 이른바 이탈리아 르네상스에 관한 학문의 중심지인 피렌체에 대해서는 다음과 같은 저작을 읽어보기 바란다. John Najemy, *A History of Florence* (Wiley–Blackwell, 2008). 혹은 다음과 같은 더 전문적인 논문들도 있다. Franklin K. B. Toker, "Florence Cathedral : The Design Stage," *Art Bulletin* 60 (1978) : 214–31. 물론 중세 후기의 이탈리아 반도에는 또다른 중요한 도시들도 있었고, 그 도시들 간의 경쟁으로 발생한 불안은 당연히 학자들의 끝없는 흥미를 불러일으킨다. 일례로 베네치아에 관해서는 다음을 참고하라. Deborah Howard, *Venice and the East* (Yale University Press, 2000). 개요가 궁금한 독자들은 다음의 책부터 읽기 바란다. Trevor Dean and Daniel Philip Waley, *The Italian City Republics* (Routledge, 2013). 그 도시들에서 펼쳐진 경제적, 사회적 삶에 관해서는 다음의 책을 추천하고 싶다. Sheilagh Ogilvie, *Institutions and European Trade : Merchant Guilds 1000–1800* (Cambridge University Press, 2011). 그러나 이 장에서 우리가 언급하듯이, 그 도시들은 중세적 풍경의 일부분으로 생각해야 한다. 그리고 오늘날 그 도시들을 가장 정확히 이해하는 데에 보탬이 되는 책은 다음과 같다. Miri Rubin, *Cities of Strangers : Making Lives in Medieval Europe* (Cambridge University Press, 2020).

맺음말 암흑시대

탁발수도사 라스 카사스와 인문주의자 세풀베다 사이의, 아마도 빛의 시대의 종말에 관한 흥미로운 토론에 대해서는 시간을 할애해 읽어볼 만한 다음과 같은 저작들이 많다. Anthony Pagden, *The Fall of Natural Man : The American Indian and the Origins of Comparative Ethnology* (Cambridge University Press, 1982) ; Lewis Hanke, *All Mankind Is One : A Study of the Disputation Between Bartolomé de Las Casas and Juan Ginés de Sepúlveda in 1550 on the Intellectual and Religious Capacity of the American Indians* (Northern Illinois University Press, 1994). 그중에서 최근에 출간된 책은 다음과 같다. Rolena Adorno, *Polemics of Possession in Colonial Spanish American Narrative* (Yale University Press, 2007). 그러나 두 사람의 토론으로 "중간" 시기가 설정되지는 않았다. "중간" 시기와 관련해서는 확실히 페트라르카에 꽤 큰 빚을 지고 있는데, 오래되었지만 통찰력 있는 다음과 같은 시론은 오늘날에도 도움이 된다. Theodore E. Mommsen, "Petrarch's Conception of the 'Dark Ages,'" *Speculum*

17 (1942) : 226–42. 그리고 이 부분과 관련해서는 특히 19세기의 역사가 야코프 부르크하르트의 저작도 중요하다. Jacob Burckhardt, *The Civilization of the Renaissance in Italy,* translated by S. G. C. Middlemore (Penguin, 1990), 이기숙 옮김, 『이탈리아 르네상스의 문화』(한길사, 2003). 부르크하르트는 본의 아니게, 중세라는 **관념**이 그 시기에 대한 우리의 관점을 좌우하는 방식을 보여주었다는 점에서 지금도 유용하다. 특히 21세기에 그런 관념들을 연구하는 것은 그시대 자체를 연구하는 것만큼 중요할 수 있다. 다행히도 이 부분과 관련하여 수행된 훌륭한 연구들이 많다. 전반적인 개요가 궁금한 독자들은 다음과 같은 책이나 시론부터 읽기 바란다. David Matthews, *Medievalism : A Critical History* (Boydell & Brewer, 2015) ; Andrew B. R. Elliott, *Medievalism, Politics, and Mass Media : Appropriating the Middle Ages in the Twenty-First Century* (D. S. Brewer, 2017) ; *Medievalisms in the Postcolonial World : The Idea of "the Middle Ages" Outside Europe,* edited by Kathleen Davis and Nadia Altschul (Johns Hopkins University Press, 2010). 끝으로 중세라는 관념의 유산뿐만 아니라 중세의 인종문제 역시 전용되고 활용됨에 따라서 마침내 마땅히 받아야 할 더 폭넓은 학계의 관심을 받고 있다. 다음의 책들을 참고하라. Geraldine Heng, *The Invention of Race in the European Middle Ages* (Cambridge University Press, 2018) ; Cord J. Whitaker, *Black Metaphors : How Modern Racism Emerged from Medieval Race-Thinking* (University of Pennsylvania Press, 2019). 결국, 빛의 시대의 인간성과 참상은 모두의 몫이다. 매슈 X. 버논은 오늘날까지 미국 흑인들이 분석했듯이 중세적 과거를 탐색함으로써 가능한 세계들을 보여준다. 그것은 이 책의 핵심에 매우 가까운 목표이다. Matthew X. Vernon, *The Black Middle Ages : Race and the Construction of the Middle Ages* (Palgrave, 2018).

인명 색인